D1717657

Schriften zum Baurecht

Herausgegeben von

Prof. Dr. Christoph Degenhart, Universität Leipzig

Prof. Dr. Wolfgang Durner, Universität Bonn

Prof. Dr. Annette Guckelberger, Universität des Saarlandes

Prof. Dr. Martin Kment, Universität Augsburg

Prof. Dr. Werner Langen, Kapellmann Rechtsanwälte

Prof. Dr. Thomas Mann,
Georg-August-Universität Göttingen

Prof. Dr. Gerd Motzke, Universität Augsburg

Prof. Dr. Stefan Muckel, Universität zu Köln

Prof. Dr. Sören Segger-Piening, LL.M. Eur., Universität Osnabrück

Prof. Dr. Wolfgang Voit, Philipps-Universität Marburg

Prof. Dr. Heinrich Amadeus Wolff,
Europa-Universität Viadrina Frankfurt (Oder)

Prof. Dr. Dr. h.c. Jan Ziekow,
Deutsches Forschungsinstitut für öffentliche Verwaltung, Speyer

Band 30

Sophia Katharina Klein

Die Fälligkeit der Gesamtvergütung ohne rechtsgeschäftliche Abnahme im Werk- und Bauvertragsrecht

Eine methodische Untersuchung zu § 640 Abs. 2 BGB, § 12 Abs. 5 VOB/B und der Rechtsfortbildung

Nomos

Onlineversion
Nomos eLibrary

Die Deutsche Nationalbibliothek verzeichnet diese Publikation in
der Deutschen Nationalbibliografie; detaillierte bibliografische
Daten sind im Internet über http://dnb.d-nb.de abrufbar.

Zugl.: Universität Augsburg, Univ., Diss., 2024

ISBN 978-3-7560-2989-1 (Print)
ISBN 978-3-7489-5252-7 (ePDF)

1. Auflage 2025
© Nomos Verlagsgesellschaft, Baden-Baden 2025. Gesamtverantwortung für Druck
und Herstellung bei der Nomos Verlagsgesellschaft mbH & Co. KG. Alle Rechte, auch
die des Nachdrucks von Auszügen, der fotomechanischen Wiedergabe und der Über-
setzung, vorbehalten. Gedruckt auf alterungsbeständigem Papier.

Vorwort

Die vorliegende Arbeit wurde im Wintersemester 2024/2025 von der Juristischen Fakultät der Universität Augsburg als Dissertation angenommen. Rechtsprechung und Literatur wurden bis Oktober 2024 berücksichtigt.

Mein herzlicher Dank gilt all jenen Menschen, die mich bei diesem Vorhaben unterstützt haben, allen voran meinem Doktorvater *Herrn Professor Dr. Martin Maties*, der mich in jeder Phase der Entstehung dieser Arbeit konstruktiv begleitet hat und mir stets mit wertvollen Ratschlägen zur Seite stand. *Herrn Professor Dr. Leonhard Hübner, MJur (Oxford)*, danke ich für die zügige Erstellung des Zweitgutachtens.

Weiterhin möchte ich mich bei meinen ehemaligen Kollegen *Simon Lösel, Simon Püschel* und *Manuela Herrnböck* für die schöne gemeinsame Zeit an der Professur und die zahlreichen produktiven Gespräche bedanken.

Meiner Mutter *Claudia Klein* danke ich herzlich für ihre Hingabe und ihre Ausdauer beim Korrekturlesen dieser Arbeit, womit sie einen großen Anteil am Gelingen meiner Dissertation geleistet hat.

Mein besonderer persönlicher Dank gilt meinem Freund *Dr. Nicolas Sander*, der mich mit viel Liebe und seinem unermüdlichen Zuspruch während dieser Zeit ge- und ertragen hat.

Von ganzem Herzen möchte ich mich schließlich bei meinen Eltern *Claudia* und *Roland Klein* für ihre vorbehaltlose Unterstützung auf meinem bisherigen Weg, ihren starken Rückhalt und Respekt sowie die beständige Ermutigung zu und bei der Promotion bedanken. Ihnen widme ich diese Arbeit.

Augsburg, im Januar 2025   *Sophia Katharina Klein*

Inhaltsübersicht

Inhaltsverzeichnis

Abbildungsverzeichnis

Abkürzungsverzeichnis

a.A.	andere Ansicht
Abb.	Abbildung
ABl.	Amtsblatt der Europäischen Union
abl.	ablehnend
Abs.	Absatz
AcP	Archiv für die civilistische Praxis
a.E.	am Ende
a.F.	alte Fassung
AGB	Allgemeine Geschäftsbedingungen
AGBG	Gesetz zur Regelung des Rechts der Allgemeinen Geschäftsbedingungen
allg.	allgemeine/-r/-s
Anh.	Anhang
ATV	Allgemeine Technische Vertragsbedingungen für Bauleistungen
ausf.	ausführlich

BAG	Bundesarbeitsgericht
BauR	Zeitschrift für das gesamte öffentliche und private Baurecht
BayHO	Bayerische Haushaltsordnung
BB	Betriebs-Berater
BBSR	Bundesinstitut für Bau-, Stadt- und Raumforschung
Bd.	Band
BeckRS	Beck-Rechtsprechungssammlung
Begr.	Begründer/Begründung
BerGer.	Berufungsgericht
Beschl.	Beschluss
BGB	Bürgerliches Gesetzbuch
BGBl.	Bundesgesetzblatt
BGH	Bundesgerichtshof
BT-Drucks.	Bundestagsdrucksache

BVerfG	Bundesverfassungsgericht
BVerfGE	Entscheidungen des Bundesverfassungsgerichts
bzw.	beziehungsweise
CDU	Christlich Demokratische Union Deutschlands
CSU	Christlich-Soziale Union in Bayern
d.h.	das heißt
DIN	Deutsches Institut für Normung
DVA	Deutscher Vergabe- und Vertragsausschuss für Bauleistungen
E	Entwurf
ECLI	European Case Law Identifier
Einf.	Einführung
Einl.	Einleitung
einschr.	einschränkend
EuGH	Europäischer Gerichtshof
EUV	Vertrag über die Europäische Union
e.V.	eingetragener Verein
EWG	Europäische Wirtschaftsgemeinschaft
f.	folgende/-r/-s
ff.	fortfolgende/-r/-s
FoSiG	Forderungssicherungsgesetz
FS	Festschrift
GG	Grundgesetz
ggü.	gegenüber
GKG	Gerichtskostengesetz
GRCh	Charta der Grundrechte der Europäischen Union
GRUR	Zeitschrift der Deutschen Vereinigung für gewerblichen Rechtsschutz und Urheberrecht

HGB	Handelsgesetzbuch
HK	Handkommentar
h.M.	herrschende Meinung
Hrsg.	Herausgeber
Hs.	Halbsatz
IBR	Zeitschrift für Immobilien- und Baurecht
i.E.	im Ergebnis
insb.	insbesondere
InsO	Insolvenzordnung
i.R.d.	im Rahmen der/des
i.R.v.	im Rahmen von/vom
i.S.d.	im Sinne der/des
i.V.m.	in Verbindung mit
JA	Juristische Arbeitsblätter
JR	Juristische Rundschau
JURA	Juristische Ausbildung
Kap.	Kapitel
KE	Kommissionsentwurf
KG	Kammergericht
Komm.	Kommentar
KommHV	Kommunalhaushaltsverordnung
LMK	Lindenmaier-Möhring – Kommentierte BGH-Rechtsprechung
MaBV	Makler- und Bauträgerverordnung
mAnm.	mit Anmerkung
m.w.N.	mit weiteren Nachweisen
NJOZ	Neue Juristische Online-Zeitschrift
NJW	Neue Juristische Wochenschrift

NJW-RR	Neue Juristische Wochenschrift Rechtsprechungs-Report Zivilrecht
Nr.	Nummer
NVwZ	Neue Zeitschrift für Verwaltungsrecht
NZA	Neue Zeitschrift für Arbeitsrecht
NZBau	Neue Zeitschrift für Baurecht und Vergaberecht
NZI	Neue Zeitschrift für Insolvenz- und Sanierungsrecht
NZV	Neue Zeitschrift für Verkehrsrecht
o.g.	oben genannte/-r/-s
OLG	Oberlandesgericht
PiG	Partner im Gespräch
RdA	Recht der Arbeit
RegE	Regierungsentwurf
RG	Reichsgericht
RGBl.	Reichsgesetzblatt
RGZ	Entscheidungen des Reichsgerichts in Zivilsachen
RL	Richtlinie
Rn.	Randnummer
RVA	Reichsverdingungsausschuss
S.	Satz/Seite/-n
Slg.	Sammlung
sog.	sogenannte/-r/-s
SPD	Sozialdemokratische Partei Deutschlands
st. Rspr.	ständige Rechtsprechung
u.a.	und andere
Urt.	Urteil
Überbl.	Überblick

v.	vom/vor
Var.	Variante/-n
vgl.	vergleiche
VOB	Vergabe und Vertragsordnung für Bauleistungen
VOB/A	Vergabe und Vertragsordnung für Bauleistungen – Teil A
VOB/B	Vergabe und Vertragsordnung für Bauleistungen – Teil B
VOB/C	Vergabe und Vertragsordnung für Bauleistungen – Teil C
Vorb.	Vorbemerkung
WM	Zeitschrift für Wirtschafts- und Bankrecht
z.B.	zum Beispiel
ZfBR	Zeitschrift für deutsches und internationales Bau- und Vergaberecht
ZGR	Zeitschrift für Unternehmens- und Gesellschaftsrecht
ZGS	Zeitschrift für das gesamte Schuldrecht
zit.	zitiert
ZPO	Zivilprozessordnung
zul.	zuletzt
zust.	zustimmend
ZWE	Zeitschrift für Wohnungseigentumsrecht

Einleitung

Werk- und Bauverträge unterscheiden sich in einem Punkt ganz grundlegend von den übrigen gebräuchlichen Vertragstypen:
„Die Kooperation der anderen Vertragspartei ist Voraussetzung für den eigenen vertraglichen Anspruch."[1]

Was mit dieser Aussage gemeint ist, erschließt sich über einen Blick in § 641 Abs. 1 S. 1 BGB. Der Anspruch des Werkunternehmers auf Zahlung der Gesamtvergütung wird erst mit der Abnahme des Werkes durch den Besteller fällig. Der Werkunternehmer wird dadurch zur Vorleistung verpflichtet.[2] Das allein ist keine Besonderheit, die den Werk- und Bauvertrag von anderen Verträgen abhebt. Vorleistungspflichtig ist beispielsweise auch der Dienstverpflichtete nach § 614 S. 1 BGB. Will er die Fälligkeit seines Vergütungsanspruchs begründen, muss er aber nichts weiter tun, als seine geschuldeten Dienste zu erbringen. Im Werk- und Bauvertragsrecht genügt das nicht. Das Ende der Vorleistungspflicht hängt hier gemäß § 641 Abs. 1 S. 1 BGB wegen des Erfordernisses der Abnahme von der willentlichen Mitwirkung der Gegenseite – also von ihrer Kooperation – ab. In dieser Form ist das im BGB einzigartig.

Die Abnahme ist wesensbildend für das gesamte Werk- und Bauvertragsrecht. Sie bewirkt nicht nur die Fälligkeit der Vergütung, sondern insbesondere auch die Konkretisierung der Leistungspflicht auf das hergestellte Werk.[3] Der ursprüngliche Erfüllungsanspruch besteht nicht mehr schlechthin, sondern ist von nun an nur noch auf die Beseitigung von Mängeln des konkret abgenommenen Werkes gerichtet.[4]

Das macht die Erklärung der Abnahme durch den Besteller fundamental für die Vertragsabwicklung. Diese steht und fällt mit seiner Kooperationsbereitschaft, was den Besteller in eine machtvolle Position versetzt.

---

1 *Retzlaff* BauR 2016, 733.
2 Kniffka/Jurgeleit/*Pause/Vogel* § 641 BGB Rn. 1; BeckOGK/*Lasch*, 01.10.2024, § 641 BGB Rn. 2; HK-WerkBauVertrR/*Herdy/Raab* § 641 BGB Rn. 1.
3 HK-WerkBauVertrR/*Havers/Raab* § 640 BGB Rn. 40; BeckOK BGB/*Voit* § 640 Rn. 1; vgl. Kniffka/Jurgeleit/*Pause/Vogel* § 640 BGB Rn. 10; vgl. *Thode* ZfBR 1999, 116; Kleine-Möller/Merl/Glöckner/*Merl/Hummel* § 14 Rn. 154, die statt von der Konkretisierung der Werkleistung von ihrer „Konzentration" sprechen.
4 Kniffka/Koeble/Jurgeleit/Sacher/*Jurgeleit* Teil 3 Rn. 16; BeckOK BGB/*Voit* § 640 Rn. 1; *Hartung* NJW 2007, 1099 (1102).

Das „Kooperationsverhältnis" zwischen Werkunternehmer und Besteller gleicht deshalb eher einem „Abhängigkeitsverhältnis": Der Besteller könnte die Abnahme nicht erklären, obwohl er es müsste.[5] Ebenso könnte der Besteller unter Verweigerung der Abnahme dem Werkunternehmer jede Möglichkeit nehmen, das Werk selbst abnahmereif herzustellen – beispielsweise indem er ein Baustellenverbot erteilt oder einen Drittunternehmer mit der Beendigung der Arbeiten beauftragt.[6] Dem Besteller ist es dadurch ein Leichtes, den Eintritt der Fälligkeit des gegen ihn gerichteten Vergütungsanspruchs zu vereiteln.[7]

Gesetzgeber und Rechtsprechung versuchen, diesem Missstand entgegenzuwirken und Beiträge zur „Waffengleichheit" zwischen Besteller und Werkunternehmer zu leisten. Grundlage für die Schaffung eines annähernden Kräftegleichgewichts zwischen den Parteien sind Fallgruppen, in denen die *Fälligkeit der Gesamtvergütung ohne die rechtsgeschäftliche Abnahme* eintritt. Diese gelten für Bau- und Werkverträge gleichermaßen. Insbesondere die Rechtsprechung ist in diesem Bereich aber im Detail unklar und teilweise in sich widersprüchlich. Anstatt der erhofften Verbesserung der Rechtsstellung des Werkunternehmers wird in der werk- und bauvertragsrechtlichen Praxis Rechtsunsicherheit erzeugt.

Die folgende Untersuchung soll einen Beitrag zur Systematisierung dieser Fallgruppen und zur Rechtsklarheit in Bezug auf die „Fälligkeit der Gesamtvergütung ohne Abnahme" leisten. Sie gliedert sich in drei Teile.

Den ersten Teil bilden Ausführungen zur rechtsgeschäftlichen Abnahme selbst. Hier ist auf den Begriff der Abnahme sowie auf die Rechtswirkungen im Idealfall der Erklärung der Abnahme durch den Besteller einzugehen. Weil in der bauvertragsrechtlichen Praxis nicht nur die Vorschriften des BGB, sondern häufig auch die spezifischen Bestimmungen der VOB/B Anwendung finden, soll neben der Abnahme nach § 640 Abs. 1 S. 1 BGB die Abnahme nach § 12 Abs. 1 VOB/B beleuchtet werden. Dafür ist es nötig, die Bedeutung und Rechtsnatur der VOB/B sowie ihr Verhältnis zu den Vorschriften des BGB zu klären.

Der zweite und dritte Teil widmen sich den Fällen, in denen die Gesamtvergütung ohne die rechtsgeschäftliche Abnahme fällig wird. Zu trennen ist an dieser Stelle zwischen der Fiktion oder unwiderleglichen Vermutung der

---

5 *Retzlaff* BauR 2016, 733.
6 *Retzlaff* BauR 2016, 733.
7 *Retzlaff* BauR 2016, 733.

Abnahme auf der einen Seite (zweiter Teil) und ihrer Entbehrlichkeit auf der anderen (dritter Teil).

Zu Beginn des zweiten Teils wird § 640 Abs. 2 BGB untersucht, dessen Tatbestand der Abnahmeerklärung gleichgestellt wird. Nach dessen dogmatischer Einordnung und der Herausarbeitung der Tatbestandsvoraussetzungen und Rechtsfolgen, werden die Schwachstellen der Norm in den Blick genommen. Daran knüpfen Überlegungen de lege ferenda an. Sodann folgt eine Untersuchung des § 12 Abs. 5 VOB/B, der in seiner Rechtsfolge § 640 Abs. 2 BGB gleicht. Auch hier ist zunächst eine dogmatische Einordnung erforderlich. Im Mittelpunkt der Prüfung steht dann die Frage nach dem Verhältnis zu § 640 Abs. 2 BGB und der praktischen Bedeutung des § 12 Abs. 5 VOB/B. Hierfür wird eine Inhaltskontrolle der Bestimmung vorgenommen.

Der dritte Teil behandelt die Entbehrlichkeit der Abnahme. Hier wird zwischen der gesetzlich angeordneten Entbehrlichkeit, die nur eine untergeordnete Rolle spielt, und der Rechtsfortbildung unterschieden. Letztere wird auf das fertiggestellte und zur Abnahme angebotene Werk beschränkt und unterteilt sich in zwei Fallgruppen.

Die erste Fallgruppe bildet das sog. Abrechnungsverhältnis. Dessen Untersuchung stellt zugleich den Schwerpunkt der Arbeit dar. Das Abrechnungsverhältnis ist in der bauvertragsrechtlichen Praxis der wohl bedeutendste und zugleich problematischste Entbehrlichkeitstatbestand. Zu Beginn wird eine Auswertung der bisherigen Rechtsprechung vorgenommen. Diese dient dazu, die Tatbestandsvoraussetzungen des Abrechnungsverhältnisses herauszuarbeiten. Daran schließt eine kritische Bewertung der Rechtsprechung an. Diese wirft die Frage der Legitimation des Abrechnungsverhältnisses auf. Im Zentrum der Prüfung steht dann die methodische und verfassungsrechtliche Untersuchung der Zulässigkeit dieser Rechtsfortbildung.

Zugleich wird eine Konkretisierung der tatbestandlichen Voraussetzungen vorgenommen, die die Anwendung des Abrechnungsverhältnisses in der werk- und bauvertragsrechtlichen Praxis erleichtert und auf dogmatisch sauberem Weg eine für Besteller und Werkunternehmer interessengerechte Lösung bietet.

An die Ausführungen zum Abrechnungsverhältnis schließt die zweite Fallgruppe an, die die ernsthafte und endgültige unberechtigte Abnahmeverweigerung behandelt. Auch diese wird auf ihre Legitimationsgrundlage hin untersucht.

Daraufhin wird die vorläufige unberechtigte Abnahmeverweigerung näher beleuchtet. Für diese fehlt es bezogen auf den Eintritt der Fälligkeit der Gesamtvergütung sowohl an einer gesetzlichen Regelung als auch an einer eindeutigen Aussage der Zivilgerichte. Es wird deshalb diskutiert, ob die Gesamtvergütung nach der Konzeption des Werk- und Bauvertragsrechts nicht auch im Zeitpunkt der vorläufigen unberechtigten Abnahmeverweigerung fällig werden müsste.

Am Ende der Untersuchung wird als Ausblick die Frage thematisiert, ob de lege ferenda die Auflösung der Abhängigkeit des Werkunternehmers vom Besteller durch die Abkehr vom Abnahmeerfordernis zu befürworten ist – ob also auf die de lege lata notwendigen Fallgruppen zur Fälligkeit der Gesamtvergütung ohne Abnahme in Zukunft verzichtet werden könnte.

Erster Teil: Rechtsgeschäftliche Abnahme nach BGB und VOB/B

Kapitel 1: Abnahme nach § 640 Abs. 1 S. 1 BGB

A. Begriff und Formen der rechtsgeschäftlichen Abnahme

§ 631 Abs. 1 BGB legt die vertragstypischen Pflichten bei einem Werkvertrag fest. Der Werkunternehmer verspricht die Herstellung des Werkes, der Besteller die Entrichtung der vereinbarten Vergütung. § 640 Abs. 1 S. 1 BGB verpflichtet den Besteller darüber hinaus dazu, das durch den Werkunternehmer hergestellte Werk abzunehmen. Für den in § 650a Abs. 1 S. 1 BGB geregelten Bauvertrag – eine „(bloße) Erscheinungsform des Werkvertrages"[8] – gelten nach § 650a Abs. 1 S. 2 BGB ergänzend die Vorschriften der §§ 650b ff. BGB. Soweit einzelne Sachverhalte darin nicht gesondert geregelt sind, finden die allgemeinen Bestimmungen zum Werkvertrag Anwendung.[9] Das Bauvertragsrecht enthält kein eigenständiges Abnahmesystem. Die Abnahmeverpflichtung aus § 640 Abs. 1 S. 1 BGB besteht deshalb hier gleichermaßen.[10]

Auch das Kaufrecht verwendet den Begriff der Abnahme. Eine entsprechende Pflicht des Käufers ist in § 433 Abs. 2 BGB normiert. Diese Abnahmepflicht korrespondiert mit der Übergabepflicht des Verkäufers aus § 433 Abs. 1 BGB.[11] Die Abnahme im kaufrechtlichen Sinn erschöpft sich deshalb nach allgemeiner Meinung zu Recht in der Entgegennahme der Sache.[12]

Der Abnahme im werk- und bauvertragsrechtlichen Sinn wird dagegen nach herrschender Ansicht ein anderes Begriffsverständnis zugrunde gelegt.

---

8 MüKoBGB/*Busche* § 650a Rn. 5.
9 MüKoBGB/*Busche* § 650a Rn. 2; Grüneberg/*Retzlaff* § 650a BGB Rn. 10.
10 MüKoBGB/*Busche* § 650a Rn. 15.
11 BeckOK BGB/*Faust* § 433 Rn. 62.
12 RGZ 53, 161 (162); RGZ 171, 297 (300); BGH NJW 1972, 99; Jauernig/*Berger* § 433 BGB Rn. 28; HK-BGB/*Saenger* § 433 Rn. 14; Grüneberg/*Weidenkaff* § 433 BGB Rn. 43; MüKoBGB/*Maultzsch* § 433 Rn. 75; BeckOK BGB/*Faust* § 433 Rn. 62.

I. Zweigliedriger Abnahmebegriff

Die Rechtsprechung und Teile der Literatur vertreten den sog. *zweigliedrigen Abnahmebegriff*.[13]

Die Abnahme setzt danach die körperliche Entgegennahme des hergestellten Werkes verbunden mit der Billigung als im Wesentlichen vertragsgerechte Leistung – also der Anerkennung des Werkes als „in der Hauptsache dem Vertrag entsprechend"[14] – voraus.[15]

1. Körperliche Entgegennahme

Unter der körperlichen Entgegennahme ist die vollständige Besitzaufgabe durch den Werkunternehmer auf der einen und die Inbesitznahme der Werkleistung durch den Besteller auf der anderen Seite zu verstehen.[16]

Ist der Besteller im Zeitpunkt der Fertigstellung schon im Besitz des hergestellten Werkes, ist die körperliche Entgegennahme nicht (mehr) möglich. Das betrifft im Bauwesen insbesondere die Renovierung oder Sanierung bewohnter Altbauten.[17] Das gleiche Problem stellt sich, wenn der Werkunternehmer am selben Werk – beispielsweise aufgrund eines weiteren Vertrages – zusätzliche Leistungen ausführen soll und das Werk

---

13 RGZ 57, 337 (339); RGZ 64, 236 (240); RGZ 110, 404 (406 f.); RGZ 171, 297 (300); BGH NJW 1967, 2259 (2260); BGH NJW-RR 2014, 1204 (1205 Rn. 21); Kniffka/Jurgeleit/*Pause/Vogel* § 640 BGB Rn. 3; *Hildebrandt/Abu Saris,* Die Abnahme von Bauleistungen, Kapitel 6 Rn. 2 ff.; HK-WerkBauVertrR/*Havers/Raab* § 640 BGB Rn. 9; MüKoBGB/*Busche* § 640 Rn. 2; NK-BGB/*Havers/Raab* § 640 BGB Rn. 9; a.A. Staudinger/ *Peters* § 640 BGB Rn. 7; *Peters* BauR 2013, 381 ff.; *Jakobs* AcP 183 (1983), 145 (158 f.); BeckOK BGB/*Voit* § 640 Rn. 18; Messerschmidt/Voit/*Messerschmidt* § 640 BGB Rn. 17.

14 BGH NJW 1967, 2259 (2260).

15 RGZ 57, 337 (339); RGZ 64, 236 (240); RGZ 110, 404 (406 f.); RGZ 171, 297 (300); BGH NJW 1967, 2259 (2260); BGH NJW-RR 2014, 1204 (1205 Rn. 21); Erman/*Schwenker/Rodemann* § 640 BGB Rn. 3; HK-WerkBauVertrR/*Havers/Raab* § 640 BGB Rn. 9; Kniffka/Jurgeleit/*Pause/Vogel* § 640 BGB Rn. 3; Grüneberg/*Retzlaff* § 640 BGB Rn. 5; *Hildebrandt/Abu Saris,* Die Abnahme von Bauleistungen, Kapitel 6 Rn. 3 f.; MüKoBGB/*Busche* § 640 Rn. 2.

16 *Hildebrandt/Abu Saris,* Die Abnahme von Bauleistungen, Kapitel 6 Rn. 7; HK-WerkBauVertrR/*Havers/Raab* § 640 BGB Rn. 10; Ingenstau/Korbion/*Oppler* § 12 VOB/B Rn. 8.

17 HK-WerkBauVertrR/*Havers/Raab* § 640 BGB Rn. 10.

zu diesem Zweck vorübergehend in seinem Besitz verbleibt.[18] Eine bereits erfüllte Voraussetzung kann und muss nicht noch einmal erfüllt werden.[19] In diesen Fällen soll es nach Ansicht der Vertreter des zweigliedrigen Abnahmebegriffs nur auf das zweite Abnahmeelement, nämlich die Billigung der Leistung durch den Besteller, ankommen.[20]

2. Billigung der Leistung

Stets erforderlich ist, dass der Besteller einen *Abnahmewillen* zum Ausdruck bringt.[21] Das ist durch ausdrückliche Erklärung, aber auch konkludent, also durch schlüssiges Verhalten, möglich und gegebenenfalls durch Auslegung zu ermitteln.[22]

a) *Vorrangige Auslegungsregel*

Bevor hierauf im Einzelnen eingegangen werden kann, muss klargestellt werden, welche Auslegungsregel bei der Abnahmeerklärung vorrangig heranzuziehen ist: die des § 133 BGB oder die des § 157 BGB. Die §§ 133, 157 BGB gelten unmittelbar nur für die Auslegung von Willenserklärungen – § 157 BGB dabei nicht nur für Verträge, sondern auch für einseitige Erklärungen.[23] Beide Bestimmungen finden auf geschäftsähnliche Handlungen jedenfalls entsprechende Anwendung, sodass es keiner Entscheidung bedarf, ob die Abnahmeerklärung einseitige Willenserklärung oder geschäftsähnliche Handlung ist.[24] Nach § 133 BGB (analog) ist der wirkliche Wille

---

18 *Hildebrandt/Abu Saris,* Die Abnahme von Bauleistungen, Kapitel 6 Rn. 14.

19 HK-WerkBauVertrR/*Havers/Raab* § 640 BGB Rn. 10.

20 RGZ 110, 404 (407); HK-WerkBauVertrR/*Havers/Raab* § 640 BGB Rn. 10; Ingenstau/Korbion/*Oppler* § 12 VOB/B Rn. 8.

21 Vgl. *Meier* BauR 2016, 565 (566).

22 BGH NJW 2013, 3513 (3514 Rn. 18) m.w.N.; HK-WerkBauVertrR/*Havers/Raab* § 640 BGB Rn. 11; MüKoBGB/*Busche* § 640 Rn. 6; Leupertz/Preussner/Sienz/*Hummel/Preussner* § 640 Rn. 66; Kniffka/Jurgeleit/*Pause/Vogel* § 640 Rn. 51; Messerschmidt/Voit/*Messerschmidt* § 640 BGB Rn. 110 f.

23 Staudinger/*Singer* § 133 BGB Rn. 3.

24 Zur analogen Anwendbarkeit der §§ 133, 157 BGB Staudinger/*Singer* Vorb. zu §§ 116 BGB Rn. 2; *Neuner,* BGB Allgemeiner Teil, § 28 Rn. 12; für die Einordnung der Abnahmeerklärung als Willenserklärung HK-WerkBauVertrR/*Havers/Raab* § 640 BGB Rn. 11; Kleine-Möller/Merl/Glöckner/*Merl/Hummel* § 14 Rn. 2; Ingen-

zu erforschen. § 157 BGB (analog) stellt dagegen auf den normativen Willen ab.[25] Maßgeblich ist danach, wie die Erklärung nach Treu und Glauben unter Berücksichtigung der Verkehrssitte vom Erklärungsempfänger verstanden werden muss.[26] Das Rangverhältnis der Vorschriften ist gesetzlich nicht geregelt.[27]

Ausschlaggebend dafür ist, welches der hinter den beiden Normen stehenden Prinzipien Vorrang haben soll: das Prinzip der Selbstbestimmung, das in § 133 BGB zum Ausdruck kommt, oder das Prinzip des Verkehrs- und Vertrauensschutzes, das durch § 157 BGB geschützt wird.[28] Das hängt entscheidend davon ab, ob die Abnahmeerklärung empfangsbedürftig ist.[29] In diesem Fall stünde bei der Auslegung der Vertrauensschutzgedanke im Vordergrund, es könnte also nicht allein auf den wirklichen Willen des Erklärenden ankommen.[30] Empfangsbedürftig ist eine Erklärung, wenn dadurch typischerweise subjektive Rechte anderer beeinträchtigt werden.[31]

Gegen die Empfangsbedürftigkeit der Abnahmeerklärung wird vorgebracht, dass durch die Billigung gerade kein „Eingriff" in die Rechtssphäre des Werkunternehmers stattfinde.[32] Die Rechtsposition des Werkunternehmers werde durch die Erklärung der Abnahme „nur" erweitert, weil sie für den Werkunternehmer unter anderem den Vorteil des Gefahrübergangs, der Beweislastumkehr und der Fälligkeit der Vergütung habe.

Nichtsdestotrotz wirkt die Abnahmeerklärung in erheblichem Maße auf das bestehende Vertragsverhältnis ein und verändert die rechtliche Position des Werkunternehmers. Dieser hat ein schutzwürdiges Interesse daran, sein weiteres Handeln hierauf ausrichten zu können.[33] Unter diesem zentralen Aspekt ist die Abnahmeerklärung als empfangsbedürftig zu betrachten.[34]

---

stau/Korbion/*Oppler* § 12 VOB/B Rn. 1; für die Einordnung als geschäftsähnliche Handlung Messerschmidt/Voit/*Messerschmidt* § 640 BGB Rn. 19; BeckOK BGB/*Voit* § 640 Rn. 5; MüKoBGB/*Busche* § 640 Rn. 4; *Jakobs* AcP 183 (1983), 145 (163).

25 Staudinger/*Singer* § 133 BGB Rn. 3.

26 Staudinger/*Singer* § 133 BGB Rn. 3; Grüneberg/*Ellenberger* § 133 BGB Rn. 9.

27 Staudinger/*Singer* § 133 BGB Rn. 6; *Meier* BauR 2016, 565 (568).

28 Staudinger/*Singer* § 133 BGB Rn. 6; *Meier* BauR 2016, 565 (568).

29 *Meier* BauR 2016, 565 (566).

30 MüKoBGB/*Busche* § 133 Rn. 12.

31 Staudinger/*Singer*/*Benedict* § 130 BGB Rn. 11.

32 *Meier* BauR 2016, 565 (567).

33 Ähnlich Leupertz/Preussner/Sienz/*Hummel*/*Preussner* § 640 BGB Rn. 53 b.2.

34 Ebenso BGH NJW 2019, 2322 (2329 Rn. 79); Leupertz/Preussner/Sienz/*Hummel*/*Preussner* § 640 BGB Rn. 54; Kniffka/Jurgeleit/*Pause*/*Vogel* § 640 BGB Rn. 5; MüKoBGB/*Busche* § 640 Rn. 5; BeckOK BGB/*Voit* § 640 Rn. 16; Soergel/*Buchwitz*

Ihre Auslegung muss sich an der *normativen Erklärungsbedeutung* orientieren.

b) *Ausdrückliche Abnahme*

Schon wenn der Besteller konkret erklärt, dass er die Leistung „in Ordnung" finde, mit ihr „einverstanden" oder „zufrieden" sei, darf ein verständiger Werkunternehmer auf den erforderlichen Willen zur Anerkennung der Werk- oder Bauleistung schließen.[35]

Der Auslegung einer derartigen Erklärung als ausdrückliche Billigung der Leistung steht es nicht entgegen, wenn der Besteller zugleich einzelne Mängel rügt, indem er sich die Geltendmachung von Mängelrechten vorbehält.[36] Das ergibt sich bereits aus § 640 Abs. 3 BGB.[37] Dieser bestimmt, dass dem Besteller die Mängelrechte aus § 634 Nr. 1 bis 3 BGB nur zustehen, wenn er sich diese hinsichtlich der ihm bekannten Mängel *bei der Abnahme* vorbehält.[38] Entscheidend ist die Formulierung des Vorbehalts.[39] Will der Besteller nur für den Fall der Beseitigung von Mängeln abnehmen, erklärt er die Abnahme *unter einem Vorbehalt*. Das darf der Werkunternehmer so lange nicht als Billigung der Leistung verstehen, bis die Mängelbeseitigung vorgenommen wurde.[40] Anders ist es dagegen zu beurteilen, wenn der Besteller die Mängelbeseitigung nicht zur Voraussetzung seiner Abnahmeerklärung macht – mit anderen Worten, wenn er nicht unter, sondern *mit dem Vorbehalt* der Mängelbeseitigung abnehmen will.[41]

---

§ 640 BGB Rn. 16; *Jakobs* AcP 183 (1983), 145 (163); a.A. *Meier* BauR 2016, 565 (566); Ingenstau/Korbion/*Oppler* § 12 VOB/B Rn. 9; Kapellmann/Messerschmidt/*Havers* § 12 VOB/B Rn. 64.

35 Werner/Pastor/*Wagner* Rn. 1769; Messerschmidt/Voit/*Messerschmidt* § 640 BGB Rn. 112.

36 BGH NJW 1971, 99; BGH NJW 1973, 1792; OLG Saarbrücken, Urt. v. 24.06.2003, 7 U 930/01, juris Rn. 106; HK-WerkBauVertrR/*Havers/Raab* § 640 BGB Rn. 13; Messerschmidt/Voit/*Messerschmidt* § 640 BGB Rn. 112.

37 OLG Saarbrücken, Urt. v. 24.06.2003, 7 U 930/01, juris Rn. 106 zu § 640 Abs. 2 BGB a.F.; Messerschmidt/Voit/*Messerschmidt* § 640 BGB Rn. 112.

38 Ausführlich zur Regelung des § 640 Abs. 3 BGB siehe S. 67 f.

39 HK-WerkBauVertrR/*Havers/Raab* § 640 BGB Rn. 13.

40 OLG Saarbrücken, Urt. v. 24.06.2003, 7 U 930/01, juris Rn. 106 f.; HK-WerkBauVertrR/*Havers/Raab* § 640 BGB Rn. 13.

41 So wohl auch HK-WerkBauVertrR/*Havers/Raab* § 640 BGB Rn. 13.

Dass der Besteller im Falle der Mangelhaftigkeit unter Umständen nicht zur Abnahme verpflichtet ist, spielt keine Rolle, solange nur aus objektiver Empfängersicht auf den Abnahmewillen geschlossen werden kann. Die Abnahmepflicht aus § 640 Abs. 1 S. 1 BGB, die an späterer Stelle behandelt wird, korrespondiert mit dem jederzeit bestehenden Abnahmerecht des Bestellers, das er ungeachtet der Vertragsgemäßheit des Werkes ausüben kann.[42] *Jakobs* erläutert hierzu treffend: „Es kommt [...] nicht darauf an, wie nahe die angebotene Leistung der geschuldeten tatsächlich kommt, sondern es kommt einzig und allein auf das an, was der Besteller *will*: die Beschränkung der Leistungspflicht des Unternehmers auf die von diesem angebotene Leistung [...]."[43] Es steht dem Besteller deshalb auch frei, eine Werkleistung abzunehmen, die der Werkunternehmer noch nicht vollständig erbracht hat.[44] Er kann die Abnahme sogar „blind", also ohne das Werk gesehen oder geprüft zu haben, erklären.[45] Hieran kann beispielsweise dann ein Interesse bestehen, wenn der Besteller auf den Gebrauch oder die Nutzung des hergestellten Werkes angewiesen ist.[46]

c) *Förmliche Abnahme*

Die Abnahme ist nicht formgebunden.[47] Diese Formfreiheit kann in der Praxis zu Unklarheiten und vor allem auch zu Beweisschwierigkeiten führen.[48] Um das zu vermeiden, wird gerade dem Besteller daran gelegen sein, die gerügten Mängel zu dokumentieren.[49] Es ist deshalb empfehlenswert und insbesondere bei Bauverträgen mittlerweile der Regelfall, die Abnahme in einer individualvertraglichen Vereinbarung oder in allgemeinen Geschäftsbedingungen bestimmten Formerfordernissen oder Verhal-

---

42 *Meier* BauR 2016, 565 (566); ausführlich zu den Voraussetzungen der Abnahmepflicht S. 83 ff.

43 *Jakobs* AcP 183 (1983), 145 (154).

44 Messerschmidt/Voit/*Messerschmidt* § 640 BGB Rn. 114; BeckOK BGB/*Voit* § 640 Rn. 6.

45 *Meier* BauR 2016, 565 (566).

46 Messerschmidt/Voit/*Messerschmidt* § 640 BGB Rn. 114.

47 Messerschmidt/Voit/*Messerschmidt* § 640 BGB Rn. 112; *Hildebrandt/Abu Saris,* Die Abnahme von Bauleistungen, Kapitel 17 Rn. 1; Kleine-Möller/Merl/Glöckner/*Merl/ Hummel* § 14 Rn. 23.

48 Messerschmidt/Voit/*Messerschmidt* § 640 BGB Rn. 117.

49 Kapellmann/Messerschmidt/*Havers* § 12 VOB/B Rn. 88.

tensweisen zu unterwerfen.[50] In der bauvertragsrechtlichen Praxis wird die Abnahme beispielsweise überwiegend von der Anwesenheit der Vertragsparteien und der gemeinsamen Überprüfung der Bauleistung abhängig gemacht, wobei das Ergebnis in einem sog. Abnahmeprotokoll festgehalten wird.[51] Man spricht in solchen Fällen von einer „förmlichen Abnahme".[52]

Wird die förmliche Abnahme individual- oder formularvertraglich vereinbart, schließt das zunächst jede andere Form der Abnahme aus.[53] Hiervon können die Parteien wegen des Grundsatzes der Privatautonomie zum einen durch ausdrückliche Vereinbarung jederzeit Abstand nehmen. Zum anderen kann die vereinbarte Förmlichkeit auch konkludent aufgehoben werden.[54]

An die Voraussetzungen eines konkludenten Verzichts auf die förmliche Abnahme sind allerdings strenge Anforderungen zu stellen.[55] Dieser kann beispielsweise darin bestehen, dass die Leistung über einen längeren Zeitraum bestimmungsgemäß und rügelos genutzt wird und keine der Parteien auf die förmliche Abnahme zurückkommt.[56] Unerheblich ist dabei, ob die Parteien sich der vereinbarten Förmlichkeit bewusst waren, oder ob sie diese schlichtweg vergessen haben.[57] Hierin liegt dann zugleich die konkludente Abnahme des Werkes.[58]

---

50 Motzke/Seewald/Tschäpe/*Seewald* § 5 A. Rn. 422; HK-WerkBauVertrR/*Havers/Raab* § 640 BGB Rn. 32; zur Möglichkeit, dies sowohl individualvertraglich als auch in AGB zu vereinbaren Messerschmidt/Voit/*Messerschmidt* § 640 BGB Rn. 119.

51 Werner/Pastor/*Wagner* Rn. 1770; MüKoBGB/*Busche* § 640 Rn. 16.

52 *Hildebrandt/Abu Saris,* Die Abnahme von Bauleistungen, Kapitel 17 Rn. 15; MüKoBGB/*Busche* § 640 Rn. 16; BeckOK BGB/*Voit* § 640 Rn. 11.

53 OLG Düsseldorf NJW-RR 2011, 597; *Hildebrandt/Abu Saris,* Die Abnahme von Bauleistungen, Kapitel 17 Rn. 16.

54 BGH NZBau 2001, 132 (135); OLG Düsseldorf NJW-RR 2011, 597; Werner/Pastor/*Wagner* Rn. 1772; *Hildebrandt/Abu Saris,* Die Abnahme von Bauleistungen, Kapitel 17 Rn. 16.

55 BGH NZBau 2001, 132 (135); OLG Düsseldorf NJW-RR 2011, 597.

56 OLG Düsseldorf NJW-RR 2011, 597; OLG Düsseldorf BauR 2020, 991 (995); Kniffka/Koeble/Jurgeleit/Sacher/*Jurgeleit* Teil 3 Rn. 59; Werner/Pastor/*Wagner* Rn. 1772.

57 OLG Düsseldorf BauR 2020, 991 (995); Werner/Pastor/*Wagner* Rn. 1772.

58 OLG Düsseldorf NJW-RR 2011, 597; Kniffka/Koeble/Jurgeleit/Sacher/*Jurgeleit* Teil 3 Rn. 59.

d) *Konkludente Abnahme*

Die konkludente Abnahme wird nicht nur in den Fällen des Verzichts auf die förmliche Abnahme relevant. In der Praxis ist sie von weitaus erheblicherer Bedeutung, weil das Vorliegen einer ausdrücklichen oder förmlichen Abnahme eher die Ausnahme als die Regel bildet.[59]

Voraussetzung der konkludenten Abnahme ist ein nach außen hervortretendes tatsächliches Verhalten des Bestellers, das geeignet ist, dem Werkunternehmer gegenüber eindeutig zum Ausdruck zu bringen, dass er das Werk als im Wesentlichen vertragsgemäß billigt.[60] In die Auslegung des Bestellerverhaltens sind sämtliche erkennbaren Umstände des Einzelfalls einzubeziehen.[61]

aa) *Inbenutzungnahme des hergestellten Werkes*

Ein gewichtiges Indiz für den Abnahmewillen des Bestellers ist grundsätzlich die Inbenutzungnahme des hergestellten Werkes.[62]

Zu berücksichtigen sind aber die Beweggründe für die Aufnahme der Nutzung. Erfolgt diese aus einer Druck- oder Zwangslage heraus, muss in der Inbenutzungnahme nicht zwingend eine konkludente Abnahme liegen.[63] Für einen verständigen Werkunternehmer ist in diesem Fall nämlich erkennbar, dass mit der Nutzung nicht die Billigung der Leistung zum Ausdruck gebracht werden soll.[64] Das wäre beispielsweise der Fall, wenn der

---

59 *Meier* BauR 2016, 565; Beck´scher VOB/B-Komm./*Bröker* Vorb. § 12 Rn. 68.

60 BGH NJW 2013, 3513 (3514 Rn. 18); BGH ZfBR 2014, 362 (363 Rn. 15); BGH NJW 2016, 2878 (2882 Rn. 52); Leupertz/Preussner/Sienz/*Hummel*/*Preussner* § 640 BGB Rn. 66 f.; MüKoBGB/*Busche* § 640 Rn. 17; Der Zugang ist regelmäßig entsprechend dem Rechtsgedanken des § 151 BGB entbehrlich (vgl. Erman/*Schwenker*/*Rodemann* § 640 BGB Rn. 6; BeckOK BGB/*Voit* § 640 BGB Rn. 16; zum Normzweck des § 151 BGB BeckOGK/*Möslein*, 01.02.2018, § 151 BGB Rn. 4).

61 BGH NJW 2013, 3513 (3514 Rn. 18); BGH ZfBR 2014, 362 (363 Rn. 15); BGH NJW 2016, 2878 (2882 Rn. 52); Leupertz/Preussner/Sienz/*Hummel*/*Preussner* § 640 BGB Rn. 67; MüKoBGB/*Busche* § 640 Rn. 17.

62 BGH NJW 1985, 731 (732); BGH NJW 2016, 2878 (2882 Rn. 52); Kniffka/Jurgeleit/*Pause*/*Vogel* § 640 BGB Rn. 55; HK-WerkBauVertrR/*Havers*/*Raab* § 640 BGB Rn. 15; Staudinger/*Peters* § 640 BGB Rn. 26.

63 OLG Düsseldorf BauR 2017, 1540 (1541 f.); OLG Stuttgart NZBau 2011, 167 (169 f.); Kniffka/Jurgeleit/*Pause*/*Vogel* § 640 BGB Rn. 55; Messerschmidt/Voit/*Messerschmidt* § 640 BGB Rn. 136.

64 Kniffka/Jurgeleit/*Pause*/*Vogel* § 640 BGB Rn. 55.

Besteller ein Gebäude nur deshalb bezieht, weil er die vormalig genutzte Wohnung wegen Kündigung räumen musste.[65]

Die Ingebrauchnahme wäre auch dann als erzwungen anzusehen, wenn sie nur Ausübung der Schadensminderungsobliegenheit aus § 254 Abs. 2 S. 1 Var. 2 BGB ist.[66] Der BGH hatte beispielsweise die Eröffnung eines neu zu errichtenden Sportstudios nicht als konkludente Abnahme ausgelegt, weil sie (nach den Feststellungen des Berufungsgerichts) nur erfolgte, um weiteren Schaden in Form von Umsatzeinbußen zu verhindern.[67]

Schwierigkeiten bereitet die Frage, ab welchem Zeitpunkt nach der Nutzungsaufnahme auf die Billigung der Leistung geschlossen werden kann, wenn kein Verhalten des Bestellers hinzutritt, das schon für sich genommen als konkludente Abnahme ausgelegt werden kann.

Es wäre verfehlt, bereits den Nutzungsbeginn – bei einem Bauwerk beispielsweise den Einzug oder die Entgegennahme von Haus- und Wohnungsschlüsseln – als maßgeblichen zeitlichen Anknüpfungspunkt für die konkludente Abnahme zu sehen.[68] Die Aufnahme der Nutzung könnte nur erfolgt sein, um die Erfüllungstauglichkeit festzustellen und damit die Abnahmeerklärung vorzubereiten. Sie muss deshalb nicht zwingend die Anerkennung des Werkes ausdrücken. Soll aus dem Gebrauch des Werkes hervorgehen, dass der Besteller die Werk- oder Bauleistung als vertragsgemäß anerkennt, muss er ausreichend Gelegenheit gehabt haben, sie genau daraufhin zu überprüfen.[69] Eine konkludente Billigung durch Nutzung darf daher erst nach Ablauf einer gewissen Nutzungsdauer, die die

---

65 OLG Düsseldorf BauR 2017, 1540 (1541 f.); HK-WerkBauVertrR/*Havers/Raab* § 640 BGB Rn. 15; Messerschmidt/Voit/*Messerschmidt* § 640 BGB Rn. 136.

66 BGH NJW 2002, 3019 (3020); OLG Stuttgart NZBau 2011, 167 (170); HK-WerkBauVertrR/*Havers/Raab* § 640 BGB Rn. 15; Messerschmidt/Voit/*Messerschmidt* § 640 BGB Rn. 136; BeckOK BGB/*Voit* § 640 Rn. 8.

67 BGH NJW 2002, 3019 (3020).

68 A.A. OLG Hamm NJW-RR 1993, 340 (341), das die Abnahme schon mit der Schlüsselübergabe bejahte.

69 OLG Düsseldorf BeckRS 2001, 14324 Rn. 22; OLG Düsseldorf BauR 2017, 1540 (1541 f.); Messerschmidt/Voit/*Messerschmidt* § 640 BGB Rn. 132; Kniffka/Koeble/Jurgeleit/Sacher/*Jurgeleit* Teil 3 Rn. 52; Kleine-Möller/Merl/Glöckner/*Merl/Hummel* § 14 Rn. 34.

angemessene Prüfung des Werkes – insbesondere seiner Funktionsfähigkeit – ermöglicht, angenommen werden.[70]

Die Dauer der Prüfungsfrist hängt vom jeweiligen Einzelfall, insbesondere von Art und Umfang des herzustellenden Werkes und dem sich daraus ergebenden Prüfungsbedarf, ab.[71] Bei einer Heizungsanlage, die durch den Werkunternehmer geliefert und montiert werden sollte, wurde beispielsweise eine Zeitspanne von sieben Wochen im Winter für angemessen gehalten, um die Funktionsfähigkeit der Anlage gründlich prüfen zu können.[72] Das OLG München hat für Renovierungsarbeiten an einem Wohnhaus (laut Leistungsverzeichnis mit zahlreichen und umfangreichen Einzelleistungen) die konkludente Abnahme frühestens einen Monat nach Bezug des Hauses angenommen.[73]

Bei sehr einfachen Werken muss ebenfalls eine – wenn auch nur kurze – Prüfungsmöglichkeit zugebilligt werden. Die Prüfung kann sich dabei zwar schon in der Inaugenscheinnahme erschöpfen.[74] Die konkludente Billigung darf aber auch hier nicht bereits im Nutzungsbeginn, also in der Entgegennahme, sondern erst im *Behaltenwollen nach Inaugenscheinnahme* gesehen werden.[75]

Von diesen Grundsätzen kann eine Ausnahme gemacht werden, wenn vor der Inbenutzungnahme eine intensive Überprüfung der Werkleistung erfolgt ist.[76] Redlicherweise darf in diesem Fall schon im Zeitpunkt der ersten Benutzungshandlung auf die konkludente Billigung geschlossen werden.[77]

Die konkludente Abnahme durch Inbenutzungnahme kommt in der Regel erst in Betracht, wenn das Werk im Wesentlichen fertiggestellt ist

---

70 BGH NJW 1985, 731 (732); OLG Düsseldorf BauR 2017, 1540 (1541 f.); Messerschmidt/Voit/*Messerschmidt* § 640 BGB Rn. 136; Kleine-Möller/Merl/Glöckner/*Merl/Hummel* § 14 Rn. 34.

71 BGH NJW 1985, 731 (732); OLG Düsseldorf BauR 2017, 1540 (1541 f.); Messerschmidt/Voit/*Messerschmidt* § 640 BGB Rn. 132.

72 OLG München BeckRS 2019, 9398 Rn. 24; weitere Beispiele in Leupertz/Preussner/Sienz/*Hummel/Preussner* § 640 BGB Rn. 78.1.

73 OLG München NJW-RR 2005, 1108.

74 Messerschmidt/Voit/*Messerschmidt* § 640 BGB Rn. 132.

75 A.A. BeckOK BGB/*Voit* § 640 Rn. 7, der auf die Entgegennahme abstellt.

76 HK-WerkBauVertrR/*Havers/Raab* § 640 BGB Rn. 17; Kleine-Möller/Merl/Glöckner/*Merl/Hummel* § 14 Rn. 34; Werner/Pastor/*Wagner* Rn. 1779.

77 HK-WerkBauVertrR/*Havers/Raab* § 640 BGB Rn. 17; Kleine-Möller/Merl/Glöckner/*Merl/Hummel* § 14 Rn. 34; Werner/Pastor/*Wagner* Rn. 1779.

und keine schwerwiegenden Mängel enthält.[78] Anderenfalls darf ein verständiger Werkunternehmer trotz Nutzungsaufnahme nicht auf den Abnahmewillen des Bestellers schließen.[79] Das gilt erst recht, wenn der Besteller wesentliche Mängel rügt.[80] Die Nutzung des Werkes verbunden mit einer Mängelrüge kann, wie bereits dargestellt, zwar als Abnahme unter dem Vorbehalt der Mängelrechte i.S.d. § 640 Abs. 3 BGB ausgelegt werden. Regelmäßig ist aber die Auslegung naheliegender, dass der Besteller die Abnahme nur für den Fall der erfolgreichen Mängelbeseitigung *in Aussicht stellt*.[81] Ist die Rüge wesentlicher Mängel sogar mit einer ausdrücklichen Abnahmeverweigerung verbunden, kann ein redlicher Werkunternehmer erst recht nicht von einer konkludenten Abnahme ausgehen.[82] Unerheblich ist in diesem Fall, ob wirklich Mängel bestehen. Entscheidend ist nur, ob der Werkunternehmer annehmen muss, dass das Werk *nach der Vorstellung des Bestellers* noch nicht im Wesentlichen vertragsgerecht ist.[83]

Die Mängelrüge allein oder in Verbindung mit der ausdrücklichen Verweigerung ist allerdings nur so lange beachtlich, als sie vor Eintritt der konkludenten Abnahme, also vor Ablauf des dem Besteller zuzubilligenden Prüfungszeitraums, erklärt wird. Ab dem Zeitpunkt, ab welchem aufgrund der vorbehaltlosen Nutzung die konkludente Abnahme anzunehmen ist, können Rüge und Verweigerungserklärung die einmal eingetretene Abnahme nicht wieder in Frage stellen.[84]

bb) *Zahlung der Vergütung*

Gewichtiges Indiz für den Abnahmewillen des Bestellers ist neben der Inbenutzungnahme die vorbehaltlose Zahlung der geschuldeten Vergütung.[85]

---

78 BGH ZfBR 2014, 362 (364 Rn. 18); BGH NZBau 2016, 93 (95 Rn. 30); HK-WerkBauVertrR/*Havers/Raab* § 640 BGB Rn. 16.

79 HK-WerkBauVertrR/*Havers/Raab* § 640 BGB Rn. 16.

80 OLG Karlsruhe NJW 2016, 2755 (2757 Rn. 32); Leupertz/Preussner/Sienz/*Hummel/ Preussner* § 640 BGB Rn. 66.

81 BeckOK BGB/*Voit* § 640 Rn. 7.

82 HK-WerkBauVertrR/*Havers/Raab* § 640 BGB Rn. 16.

83 BGH ZfBR 2014, 362 (364 Rn. 18); OLG Karlsruhe NJW 2016, 2755 (2757 Rn. 32); Kniffka/Jurgeleit/*Pause/Vogel* § 640 BGB Rn. 54.

84 Kleine-Möller/Merl/Glöckner/*Merl/Hummel* § 14 Rn. 30.

85 BGH NJW 1970, 421 (422); BGH NJW 1979, 214 (215); BGH NJW 2002, 288 (289); OLG München BauR 2016, 846 (847); HK-WerkBauVertrR/*Havers/Raab* § 640 BGB Rn. 18; Messerschmidt/Voit/*Messerschmidt* § 640 BGB Rn. 138.

Das gilt selbst für den Fall, dass der Besteller einen geringfügigen Abzug vom vereinbarten Betrag als vertragliche Sicherheit wegen unwesentlicher Mängel vornimmt.[86] Behält der Besteller dagegen einen erheblichen Teil der Vergütung wegen schwerwiegender Mängel ein, darf der Werkunternehmer für gewöhnlich nicht mehr auf die Billigung der Leistung schließen.[87]

Die Bezahlung kann auch dann nicht als Billigung aufgefasst werden, wenn sie aus einer Zwangslage heraus erfolgt.[88] So verhält es sich beispielsweise, wenn der Besteller die Vergütung nur deshalb entrichtet, weil ihm die Herausgabe des Werkes unter Berufung auf ein Werkunternehmerpfandrecht ohne Bezahlung verweigert werden würde.[89]

Fraglich ist, ob die Zahlung der Vergütung nur als konkludente Abnahme gewertet werden kann, wenn dem Besteller zuvor die angemessene Möglichkeit zur Überprüfung des Werkes eingeräumt worden ist, wie das im Falle vorbehaltloser Nutzung verlangt wird.[90] Zweck der Inbenutzungnahme des Werkes kann, wie oben dargelegt, die Überprüfung seiner Erfüllungstauglichkeit sein. Die Aufnahme der Nutzung lässt deshalb nicht eindeutig auf den Abnahmewillen schließen, weshalb der Ablauf einer gewissen Nutzungsdauer mit angemessener Prüfungsmöglichkeit abgewartet werden muss.[91] Vergleichbare Zweifel sind bei der Zahlung der vollständigen Vergütung (selbst unter Einbehalt eines nur geringfügigen Betrages) nicht begründet. Angesichts der Tatsache, dass die Vergütung erst mit der Abnahme fällig wird, kann die Billigung des Werkes kaum deutlicher ausgedrückt werden als durch die Äußerung der Zahlungsbereitschaft.[92] Die Zahlung der Vergütung kann deshalb unabhängig von einer angemessenen Überprüfungsmöglichkeit durch den Besteller als konkludente Abnahme ausgelegt werden.

---

86 OLG Stuttgart BauR 2010, 1083; Messerschmidt/Voit/*Messerschmidt* § 640 BGB Rn. 138.
87 Messerschmidt/Voit/*Messerschmidt* § 640 BGB Rn. 138; Kleine-Möller/Merl/Glöckner/*Merl*/*Hummel* § 14 Rn. 31.
88 Vgl. *Koppmann* IBR 2012, 698; ebenso wohl BeckOK BGB/*Voit* § 640 Rn. 7.
89 BeckOK BGB/*Voit* § 640 Rn. 7.
90 Zust. OLG Stuttgart, Urt. v. 15.11.2011, 10 U 66/10, juris Rn. 55; Heiermann/Riedl/Rusam/*Mansfeld* § 12 VOB/B Rn. 16; abl. BGH NJW 1970, 421 (422); BeckOK BGB/*Voit* § 640 Rn. 7; *Koppmann* IBR 2012, 698.
91 Dazu bereits S. 43 f.
92 *Koppmann* IBR 2012, 698.

cc) Sonstiges Verhalten

Eine der Zahlung vergleichbare Wirkung hat die Freigabe einer vom Werkunternehmer gestellten Sicherheitsleistung durch den Besteller.[93] Auch diese ist regelmäßig als konkludente Billigung des Werkes auszulegen.

II. Eingliedriger Abnahmebegriff

Dem zweigliedrigen Abnahmebegriff wird in der Literatur zum Teil ein eingliedriger Abnahmebegriff entgegengesetzt. Die Vertreter des eingliedrigen Abnahmebegriffs befürworten die Beschränkung der Abnahme auf eines der Elemente, die im geschilderten und von der herrschenden Meinung vertretenen Doppeltatbestand enthalten sind.

Peters versteht die Abnahme nur als die körperliche Entgegennahme des Werkes.[94] Insbesondere *Jakobs, Voit* und *Messerschmidt* stellen dagegen alleine auf die Billigung der Leistung ab, während sie auf das Erfordernis der Übergabe des Werkes vollständig verzichten.[95]

1. Abnahme durch körperliche Entgegennahme

Um die Ansicht von *Peters*, die Abnahme erschöpfe sich in der körperlichen Entgegennahme der Sache, nachvollziehen zu können, ist klarzustellen, dass der Besteller sowohl Schuldner als auch Gläubiger der Abnahme ist.

Zum einen enthält § 640 Abs. 1 S. 1 BGB die Verpflichtung des Bestellers zur Abnahme des Werkes. Bietet der Werkunternehmer seine Leistung zur Abnahme an, obliegt sie ihm zum anderen als Gläubiger.[96] Zu Recht bezeichnet *Peters* die Abnahme deshalb als einen „janusköpfigen Vorgang".[97]

---

93 BeckOK BGB/*Voit* § 640 Rn. 7; MüKoBGB/*Busche* § 640 Rn. 17.

94 Staudinger/*Peters* § 640 BGB Rn. 7 ff.; *Peters* BauR 2013, 381.

95 *Jakobs* AcP 183 (1983), 145 (158 ff.); BeckOK BGB/*Voit* § 640 Rn. 18; Messerschmidt/ *Voit*/*Messerschmidt* § 640 BGB Rn. 17; in diese Richtung jetzt auch Bolz/Jurgeleit/*Friedhoff* § 12 VOB/B Rn. 14.

96 *Peters* BauR 2013, 381.

97 *Peters* BauR 2013, 381.

a) *Abnahme als Schuldnerpflicht*

Der Besteller ist zur Abnahme verpflichtet, soweit die Abnahme nicht nach der Beschaffenheit des Werkes ausgeschlossen ist, § 640 Abs. 1 S. 1 Hs. 2 BGB. An die Stelle der Abnahme tritt in solchen Fällen die Vollendung des Werkes, § 646 BGB.[98] *Peters* befürchtet, die §§ 640 Abs. 1 S. 1 Hs. 2, 646 BGB hätten keinen eigenen Anwendungsbereich, wenn es für die Abnahme auf die Billigung der Leistung ankäme.[99] Denn sämtliche Werkleistungen könnten gebilligt oder missbilligt werden. Nicht bei allen Werkleistungen könne dagegen eine Übergabe im Sinne eines Besitzwechsels stattfinden. Die Abnahme könne schon deshalb nur als die körperliche Entgegennahme des Werkes zu verstehen sein.

Dafür spreche auch, dass die Billigung der Werkleistung als Schuldnerpflicht nicht zumutbar sei.[100] Ist der Besteller Laie, sei er zu einer sachgerechten Untersuchung des Werkes möglicherweise außerstande.[101] Selbst unter Hinzuziehung eines Sachverständigen könnten sich schwerwiegende Mängel auch erst lange nach dem Zeitpunkt des Angebots der Abnahme zeigen.[102] Der Besteller könne bei der Abnahme deshalb allenfalls erklären, dass ihm keine Mängel aufgefallen seien. Diese Erklärung könne man nur schwerlich als Billigung des Werkes verstehen.

Schließlich lasse sich durch die Beschränkung der Abnahme auf die körperliche Entgegennahme ein wünschenswerter Gleichlauf mit dem Abnahmebegriff im Kaufrecht herstellen.[103] Die in § 433 Abs. 2 BGB enthaltene Abnahmepflicht wird unstreitig als Pflicht zur Entgegennahme der Sache verstanden.[104] An die Entgegennahme, also an die Übergabe bzw. Ablieferung des Kaufgegenstandes, knüpft nach § 438 Abs. 2 BGB der Beginn der in Absatz 1 genannten Gewährleistungsfristen. Das Ingangsetzen dieser Fristen ist damit zu rechtfertigen, dass der Käufer ab diesem Zeitpunkt die abstrakte Möglichkeit erhält, die Kaufsache zu untersuchen.[105] Nach § 634a Abs. 2 BGB beginnt der Lauf der Gewährleistungsfrist auch im Werk- und

---

98 Ausführlich zum Regelungsgehalt des § 646 BGB S. 51 f.
99 *Peters* BauR 2013, 381 (382); Staudinger/*Peters* § 640 BGB Rn. 8.
100 *Peters* BauR 2013, 381 (382); Staudinger/*Peters* § 640 BGB Rn. 11.
101 *Peters* BauR 2013, 381 (382) mit Verweis auf Protokolle, II, S. 2221 (= *Mugdan*, S. 925); Staudinger/*Peters* § 640 BGB Rn. 11.
102 *Peters* BauR 2013, 381 (382); Staudinger/*Peters* § 640 BGB Rn. 11.
103 *Peters* BauR 2013, 381 (383).
104 Grüneberg/*Weidenkaff* § 433 BGB Rn. 43; MüKoBGB/*Maultzsch* § 433 Rn. 75.
105 BGH NJW 1961, 730; *Saenger* NJW 1997, 1945 (1946); HK-BGB/*Saenger* § 438 Rn. 9.

Bauvertragsrecht mit der Abnahme. Wenn es für den Fristbeginn auf die abstrakte Überprüfungsmöglichkeit des Werkes ankommen soll, ist für *Peters* nicht ersichtlich, weshalb die Billigung des Werkes als weitere Voraussetzung zur Entgegennahme der Sache hinzutreten soll.[106] Schließlich sei im Zeitpunkt der Entgegennahme die Gelegenheit zur Untersuchung der Vertragsgemäßheit eröffnet.

Der gebotene Gleichlauf lasse sich auch anhand der Gefahrtragungsregeln verdeutlichen.[107] Die Abnahme führt nach § 644 Abs. 1 S. 1 BGB zum Übergang der Vergütungsgefahr.[108] Im Kaufrecht ordnet § 446 S. 1 BGB den Gefahrübergang mit der Übergabe der Sache an. Die Vertragspartei, die die tatsächliche Sachherrschaft übernommen hat, soll das Risiko des zufälligen Untergangs oder der zufälligen Verschlechterung der Sache tragen.[109] Das ist gerechtfertigt, weil diese Partei die Obhut über die Sache und damit die Möglichkeit der Risikobeherrschung hat.[110] Derselbe Gedanke müsse § 644 Abs. 1 S. 1 BGB zugrunde gelegt werden.[111] Im Werk- und Bauvertragsrecht könne es demnach nur auf die Entgegennahme der Sache ankommen. Die Bedeutungslosigkeit der Billigung belege auch die Bezugnahme des § 644 Abs. 2 BGB auf § 447 BGB. Seien Sachen zur Reparatur eingesandt worden, werde es während ihres Rücklaufs regelmäßig noch an der Billigung durch den Besteller fehlen. Dennoch erlege das Gesetz das Transportrisiko bereits dem Besteller auf.[112]

b) *Abnahme als Gläubigerobliegenheit*

Bietet der Werkunternehmer die Leistung zur Abnahme an und kommt der Besteller durch Erklärung der Abnahme seiner Obliegenheit als Gläubiger nach, tritt Vertragserfüllung ein.[113] Nach der in Schrifttum und Literatur herrschenden „Theorie der realen Leistungsbewirkung" ist die Erfüllung die

---

106 *Peters* BauR 2013, 381 (386).
107 *Peters* BauR 2013, 381 (388); Staudinger/*Peters* § 644 BGB Rn. 2.
108 MüKoBGB/*Busche* § 644 Rn. 1; Messerschmidt/Voit/*Merkens* § 644 BGB Rn. 1.
109 MüKoBGB/*Maultzsch* § 446 Rn. 3; BeckOK BGB/*Faust* § 446 Rn. 1.
110 MüKoBGB/*Maultzsch* § 446 Rn. 3; BeckOK BGB/*Faust* § 446 Rn. 1.
111 *Peters* BauR 2013, 381 (388); Staudinger/*Peters* § 644 BGB Rn. 2.
112 *Peters* BauR 2013, 381 (388); Staudinger/*Peters* § 644 BGB Rn. 2.
113 Messerschmidt/Voit/*Messerschmidt* § 640 BGB Rn. 53; MüKoBGB/*Busche* § 640 Rn. 51; *Hartung* NJW 2007, 1099 (1102); HK-WerkBauVertrR/*Havers/Raab* § 640 BGB Rn. 38; Protokolle, II, S. 2221 (= *Mugdan*, II, S. 925).

Rechtsfolge der *rein tatsächlichen* Leistungserbringung.[114] Dass gerade kein rechtsgeschäftliches Handeln erforderlich ist, lässt *Peters* darauf schließen, dass der entscheidende Akt der Erfüllung nur die Entgegennahme des Werkes, nicht aber die zumindest als geschäftsähnliche Handlung zur qualifizierende Billigung der Leistung sein könne.[115] Zwar werde der Besteller das Werk nur als Erfüllung entgegennehmen, wenn er es als im Wesentlichen vertragsgemäß billigt. Das sei aber nur Vorfrage zum eigentlich entscheidenden Akt der Entgegennahme.[116]

2. Abnahme durch Billigung der Leistung

Dass der körperlichen Entgegennahme eine Bedeutung im Rahmen der Abnahme zukommt, halten auch die Vertreter der Ansicht, die alleine auf die Billigung der Leistung abstellt, im Kern für zutreffend.[117] Der Besteller werde das Werk regelmäßig erst billigen, wenn es ihm übergeben worden ist.[118] Die Übergabe sei deshalb gewichtiges Indiz für die Billigung. Mehr als eine indizielle Bedeutung komme ihr aber nicht zu.

Jakobs führt aus, dass sich das Erfordernis der Billigung aus dem wesensmäßigen Unterschied zwischen Werk- und Kaufvertrag herleiten lasse.[119] Es handle sich bei beiden Vertragstypen um Veräußerungsverträge.[120] Der Werkvertrag sei aber auf die Veräußerung eines noch herzustellenden Produkts gerichtet. Beim Kauf sei der Leistungsgegenstand hingegen im Zeitpunkt des Vertragsschlusses schon vorhanden und jedenfalls der Gattung nach bestimmt.[121] Im Zeitpunkt des Werkvertragsschlusses bestehe dagegen nur eine Vorstellung der Vertragspartner über den konkreten Vertragsgegenstand.[122] Seine Beschaffenheit bestimme sich alleine durch den Vertragswillen. Es sei beim Werkvertrag deshalb ähnlich wie bei einem

---

114 BGH NJW 2010, 3510 (3513 Rn. 25); BGH NJW 2014, 547 (549 Rn. 21); BeckOK BGB/*Dennhardt* § 362 Rn. 11; MüKoBGB/*Fetzer* § 362 Rn. 10; zu den vormals vertretenen Theorien MüKoBGB/*Fetzer* § 362 Rn. 10; Staudinger/*Kern* Vorb. zu §§ 362 ff. BGB Rn. 9.
115 *Peters* BauR 2013, 381 (384); Staudinger/*Peters* § 640 BGB Rn. 14.
116 *Peters* BauR 2013, 381 (385).
117 *Jakobs* AcP 183 (1983), 145 (158 f.); BeckOK BGB/*Voit* § 640 Rn. 18.
118 *Jakobs* AcP 183 (1983), 145 (158 f.); BeckOK BGB/*Voit* § 640 Rn. 18.
119 *Jakobs* AcP 183 (1983), 145 (150 f.).
120 *Jakobs* AcP 183 (1983), 145 (150).
121 *Jakobs* AcP 183 (1983), 145 (151).
122 *Jakobs* AcP 183 (1983), 145 (152).

Gattungskauf: Die Leistungspflicht des Werkunternehmers bedürfe noch der Konkretisierung. Dafür sei es auch beim Werkvertrag notwendig, dass der Werkunternehmer alles zur Leistung seinerseits Erforderliche getan hat. Er schulde ein Werk von der im Vertrag vereinbarten Beschaffenheit: Der Werkunternehmer müsse jede Eigenschaft hervorbringen, die das Werk nach dem Vertrag haben soll.[123] Ob das hergestellte mit dem geschuldeten Werk, das zunächst gerade nur abstrakt bezeichnet wurde, übereinstimmt, müsse der Besteller überprüfen können.[124] Er solle daraufhin bestimmen können, ob er das ihm als geschuldete Leistung angebotene Werk als gelungenen Erfüllungsversuch anerkenne.[125] Erst wenn der Besteller das erklärt habe, stehe fest, dass der Werkunternehmer mit der von ihm erbrachten Leistung „in der Hauptsache" erfüllt habe.[126]

Ähnlich äußert sich *Voit*, der das Erfordernis der Billigung aus der Tatsache herleitet, dass der Werkunternehmer „einen individuellen, den Bedürfnissen des Bestellers entsprechenden Erfolg" schulde.[127] Damit knüpft er ebenfalls an die Wesensverschiedenheit von Kauf- und Werkvertrag und die nötige Überprüfungsmöglichkeit durch den Besteller an.

Auf das Erfordernis der körperlichen Entgegennahme könne nach *Jakobs*, *Voit* und *Messerschmidt* dagegen vollständig verzichtet werden.[128] Als Begründung zieht *Messerschmidt* § 640 Abs. 2 BGB heran, der eine Abnahmefiktion enthält.[129] Einer Fiktion kraft Gesetzes sei nur der Billigungswille des Bestellers zugänglich, nicht aber die Besitzübertragung.

Nach dem Willen des Gesetzgebers müsse die Abnahme also auch ohne die Entgegennahme des Werkes eintreten können.[130]

Zudem wird argumentiert, dass die Vertreter des zweigliedrigen Abnahmebegriffs zur Bildung von Ausnahmen gezwungen seien, wenn die Übergabe des Werkes nicht möglich oder nicht sinnvoll ist.[131] Diese Ausnahmefälle verdeutlichen aber gerade, dass es für die Abnahme nur auf die

---

123 *Jakobs* AcP 183 (1983), 145 (152).
124 *Jakobs* AcP 183 (1983), 145 (153, 155 f.).
125 *Jakobs* AcP 183 (1983), 145 (153 f.).
126 *Jakobs* AcP 183 (1983), 145 (154).
127 BeckOK BGB/*Voit* § 640 Rn. 1.
128 Messerschmidt/Voit/*Messerschmidt* § 640 BGB Rn. 17; *Jakobs* AcP 183 (1983), 145 (158 f.); BeckOK BGB/*Voit* § 640 Rn. 18.
129 Messerschmidt/Voit/*Messerschmidt* § 640 BGB Rn. 17; zur Abnahmefiktion des § 640 Abs. 2 BGB, insb. ihrer dogmatischen Einordnung S. 133 ff.
130 Messerschmidt/Voit/*Messerschmidt* § 640 BGB Rn. 17.
131 Zu den Ausnahmefällen bereits S. 36 f.; BeckOK BGB/*Voit* § 640 Rn. 18; Messerschmidt/Voit/*Messerschmidt* § 640 BGB Rn. 18.

Billigung ankommen und auf die körperliche Entgegennahme vollständig verzichtet werden könne.[132] Das veranschauliche der einfache Fall einer KfZ-Reparatur:[133] Die Reparaturarbeiten sind abgeschlossen und werden gebilligt. Der Wagen verbleibt wegen eines weiteren, erst jetzt erteilten Reparaturauftrags im Besitz des Werkunternehmers. Auch wenn sich nach Abschluss der ersten Arbeiten die Besitzverhältnisse nicht geändert haben, bestehe kein Anlass an der Wirksamkeit der Abnahme bzgl. des ersten Auftrags zu zweifeln. Eine logische Sekunde das Hin- und Hergeben des Wagens zu fordern, wäre eine reine Fiktion, die vom Gesetz weder seinem Wortlaut noch seinem Sinn nach gefordert werde.

III. Stellungnahme

1. Allgemeine methodische Vorgaben zur Auslegung von Gesetzen

Um die dargestellten Ansichten zur Auslegung des Abnahmebegriffs i.S.d. § 640 Abs. 1 S. 1 BGB bewerten zu können, muss zunächst geklärt werden, nach welchen methodischen Vorgaben die Auslegung von Gesetzen in dieser Untersuchung erfolgt.

a) *Ziel der Auslegung von Gesetzen*

Wank beschreibt treffend, dass es „keine Auslegung an sich, sondern immer nur eine Auslegung im Hinblick auf ein bestimmtes Ziel [gibt]. Diesem Ziel müssen sich die Mittel unterordnen."[134] Vor der Auslegung muss deshalb zwingend das Auslegungsziel festgestellt werden.[135] Hierfür sind zwei Fragen zu stellen:

Soll der Rechtsanwender eine sinnvolle und zweckmäßige Auslegung anstreben („objektive Theorie") oder soll der Wille des Gesetzgebers ermittelt werden („subjektive Theorie")?

---

132 BeckOK BGB/*Voit* § 640 Rn. 18; Messerschmidt/Voit/*Messerschmidt* § 640 BGB Rn. 18.
133 BeckOK BGB/*Voit* § 640 Rn. 18.
134 *Wank*, Juristische Methodenlehre, § 6 Rn. 156.
135 *Wank*, Juristische Methodenlehre, § 6 Rn. 156; vgl. *Reimer*, Juristische Methodenlehre, Rn. 246 f.

Auf welchen Zeitpunkt kommt es an: den der Entstehungszeit („entstehungszeitlich-objektive/subjektive Theorie") oder den der Geltungszeit („geltungszeitlich-objektive/subjektive Theorie")?[136]

aa) Objektive Theorie

Die Vertreter der „objektiven Theorie"[137] gehen von der Vorstellung aus, dass das Gesetz mit seiner Veröffentlichung eine „ihm eigene Wirksamkeit entfaltet", die über das ursprünglich vom Gesetzgeber Gewollte hinausgeht.[138] Das Gesetz greife in sich wandelnde Lebensverhältnisse ein, die der Gesetzgeber nicht alle hätte bedenken können. Es gewinne deshalb mit der Zeit mehr und mehr an eigenem Leben und entferne sich von den Vorstellungen seiner Urheber. Es müsse deshalb das Ziel der Auslegung sein, den „Willen des Gesetzes" – teilweise auch „normativer Sinn des Gesetzes" genannt – zu erforschen.[139]

Jedenfalls in der Vergangenheit bekannte sich das Bundesverfassungsgericht zur „objektiven Theorie".[140] Es führte in seinem „Soraya-Beschluss" aus dem Jahr 1973 aus: *„Die Auslegung einer Gesetzesnorm kann nicht immer auf die Dauer bei dem ihr zu ihrer Entstehungszeit beigelegten Sinn stehenbleiben. Es ist zu berücksichtigen, welche vernünftige Funktion sie im Zeitpunkt der Anwendung haben kann. Die Norm steht ständig im Kontext der sozialen Verhältnisse und der gesellschaftlich-politischen Anschauungen, auf die sie wirken soll; ihr Inhalt kann und muß sich unter Umständen mit ihnen wandeln."*[141]

---

136 *Reimer*, Juristische Methodenlehre, Rn. 247; *Wank*, Juristische Methodenlehre, § 6 Rn. 184.

137 *Radbruch*, Rechtsphilosophie II, S. 344 ff.; *Bydlinski*, Juristische Methodenlehre und Rechtsbegriff, S. 553 ff.; *Zippelius*, Juristische Methodenlehre, § 4 II., S. 17 ff.; *Larenz/ Canaris*, Methodenlehre der Rechtswissenschaft, S. 137 ff., die zur Ermittlung des „normativen Gesetzessinns" aber auch den historischen Gesetzgeberwillen heranziehen wollen; Die Vereinigung von subjektiver und objektiver Theorie befürworten ebenfalls *Möllers*, Juristische Methodenlehre, § 6 Rn. 78 ff., sowie *Röhl/Röhl*, Allgemeine Rechtslehre, S. 632.

138 *Larenz/Canaris*, Methodenlehre der Rechtswissenschaft, S. 138.

139 *Larenz/Canaris*, Methodenlehre der Rechtswissenschaft, S. 138 f.

140 *Wank*, Juristische Methodenlehre, § 6 Rn. 166.

141 BVerfGE 34, 269 (288).

bb) *Subjektive Theorie*

Gegen die „objektive Theorie" wird zu Recht eingewandt, dass ein Gesetz keinen selbständigen Willen haben kann.[142] Den objektiven Willen eines Gesetzes bestimmen stets die Interpreten.[143] Damit wird letztlich der subjektive Regelungswille des Rechtsanwenders verwirklicht, weshalb die objektive Auslegung in Wahrheit eine höchst subjektive ist.[144] Mit dem Altern des Gesetzes erlaubt die „objektive Theorie" eine nahezu beliebige Uminterpretation.[145] Das hat zur Folge, dass die Grenze zwischen Auslegung und der unter strengeren Zulässigkeitsvoraussetzungen stehenden Rechtsfortbildung verwischt.[146] *Wank* bezeichnet die Auslegung nach der „objektiven Theorie" deshalb treffend als eine „Form von schleichender Rechtsfortbildung".[147]

Die objektive Auslegung verstößt überdies gegen Art. 20 Abs. 3 GG und Art. 97 Abs. 1 GG.[148] Art. 20 Abs. 3 GG normiert die Bindung der Rechtsprechung an Gesetz und Recht. Art. 97 Abs. 1 GG unterwirft den Richter dem Gesetz. Beide Bestimmungen sind Ausdruck des Gewaltenteilungsgrundsatzes und des Demokratieprinzips.[149] Ihr Sinn und Zweck ist es, sicherzustellen, dass das Handeln der rechtsprechenden Gewalt als Staatsgewalt i.S.d. Art. 20 Abs. 2 GG hinreichend demokratisch legitimiert ist.[150] Die Bindung an das Gesetz bzw. die Unterwerfung unter das Gesetz kann deshalb nur als die Bindung an bzw. Unterwerfung unter den im Gesetz

---

142 *Rüthers*, Die heimliche Revolution vom Rechtsstaat zum Richterstaat, S. 189; *Rüthers/Fischer/Birk*, Rechtstheorie, Rn. 797.

143 *Rüthers*, Die heimliche Revolution vom Rechtsstaat zum Richterstaat, S. 189; *Rüthers/Fischer/Birk*, Rechtstheorie, Rn. 797; vgl. *Wank/Maties*, Die Auslegung von Gesetzen, § 3, S. 35.

144 *Rüthers*, Die heimliche Revolution vom Rechtsstaat zum Richterstaat, S. 189; *Rüthers/Fischer/Birk*, Rechtstheorie, Rn. 724, Rn. 797, Rn. 820; *Wank/Maties*, Die Auslegung von Gesetzen, § 3, S. 35; ähnlich *Looschelders/Roth*, Juristische Methodik, S. 41.

145 *Wank*, Juristische Methodenlehre, § 6 Rn. 192.

146 *Wank*, Juristische Methodenlehre, § 6 Rn. 188; zu den Voraussetzungen zulässiger Rechtsfortbildung S. 174, S. 206 ff.

147 *Wank*, Juristische Methodenlehre, § 6 Rn. 206.

148 *Wank/Maties*, Die Auslegung von Gesetzen, § 3, S. 35; *Wank*, Juristische Methodenlehre, § 6 Rn. 204 f.; vgl. *Looschelders/Roth*, Juristische Methodik, S. 51; vgl. *Rüthers/Fischer/Birk*, Rechtstheorie, Rn. 812.

149 Dürig/Herzog/Scholz/*Hillgruber* Art. 97 GG Rn. 27.

150 Dürig/Herzog/Scholz/*Hillgruber* Art. 97 GG Rn. 29.

verschriftlichten Willen des demokratisch legitimierten Gesetzgebers zu verstehen sein.[151]

Auch das Bundesverfassungsgericht hat sich mittlerweile wohl der „subjektiven Theorie" angenähert.[152] In einem Beschluss vom 25.01.2011 heißt es: *„[Der Richter] muß die gesetzgeberische Grundentscheidung respektieren und den Willen des Gesetzgebers unter gewandelten Bedingungen möglichst zuverlässig zur Geltung bringen."*[153] Präzisiert wird diese Aussage in einem Beschluss vom 06.06.2018: *„Die Beachtung des klar erkennbaren Willens des Gesetzgebers ist Ausdruck demokratischer Verfassungsstaatlichkeit. Dies trägt dem Grundsatz der Gewaltenteilung (Art. 20 Abs. 2 S. 2 GG) Rechnung. Das Gesetz bezieht seine Geltungskraft aus der demokratischen Legitimation des Gesetzgebers, dessen artikulierter Wille den Inhalt des Gesetzes daher mitbestimmt. Jedenfalls darf der klar erkennbare Wille des Gesetzgebers nicht übergangen oder verfälscht werden. So verwirklicht sich auch die in Art. 20 Abs. 3 und Art. 97 Abs. 1 GG vorgegebene Bindung der Gerichte an das „Gesetz", denn dies ist eine Bindung an die im Normtext zum Ausdruck gebrachte demokratische Entscheidung des Gesetzgebers, dessen Erwägungen zumindest teilweise in den Materialien dokumentiert sind."*[154]

Die Gesetzesbindung besteht primär gegenüber dem gegenwärtigen Gesetzgeber.[155] Nur dieser bestimmt, welches Recht heute bindend und folglich bei der Auslegung heranzuziehen ist.[156] Er kann jederzeit über bestehende, „ältere Gesetze", d.h. solche aus vergangenen Legislaturperioden, verfügen.[157] Er kann sie ändern, aufheben oder – wenn er hierzu keinen Anlass sieht – in seinen „gesetzgeberischen Willen" aufnehmen.[158]

---

151 Ähnlich BVerfGE 149, 126 (155 Rn. 75); *Looschelders/Roth*, Juristische Methodik, S. 51 ff.

152 *Wank*, Juristische Methodenlehre, § 6 Rn. 166; *Höpfner* RdA 2018, 321 (325); ausf. zur Entwicklung der Auslegungspraxis des BVerfG *Rüthers/Fischer/Birk*, Rechtstheorie, Rn. 799 ff.

153 BVerfGE 128, 193 (210).

154 BVerfGE 149, 126 (155 Rn. 75).

155 *Wank/Maties*, Die Auslegung von Gesetzen, § 3, S. 32; ähnlich *Zippelius*, Juristische Methodenlehre, § 4 III., S. 20, der hieraus aber auf die sog. „geltungszeitlich-objektive Auslegung" schließt.

156 *Zippelius*, Juristische Methodenlehre, § 4 III., S. 20.

157 *Zippelius*, Juristische Methodenlehre, § 4 III., S. 20.

158 *Zippelius*, Juristische Methodenlehre, § 4 III., S. 20.

Entscheidend ist nicht, „durch wessen Autorität das Gesetz einst erlassen wurde, sondern durch wessen Autorität es heute fortbesteht."[159]

cc) *Ergebnis*

Das Ziel der Auslegung von Gesetzen ist daher, den Willen des gegenwärtigen Gesetzgebers zu ermitteln, sog. *„geltungszeitlich-subjektive Theorie".*[160] Für „ältere Gesetze" bedeutet das: Lässt ein „älteres Gesetz" einen Auslegungsspielraum zu, muss sich die Auslegung nach den Wertungen des gegenwärtigen Gesetzgebers richten.[161]

b) *Auslegungsmittel und ihr Verhältnis zum Auslegungsziel*

Das soeben festgestellte Auslegungsziel hat einen erheblichen Einfluss auf die vier allgemein anerkannten Auslegungsmittel: Wortlaut, Systematik, Entstehungsgeschichte und Sinn und Zweck. Sie sind „Hilfsmittel" zur Erreichung des Auslegungsziels und müssen sich deshalb an diesem orientieren.[162] Konkret heißt das für die Auslegung eines Gesetzes:

Zu ermitteln ist der „subjektive Wortlaut", also der Wortsinn, den der Gesetzgeber dem Begriff beimisst. Auszugehen ist dabei von der „historischen" Wortbedeutung zur Zeit des Inkrafttretens des Gesetzes.[163] Hat sich das Wortverständnis zwischenzeitlich verändert und kann das beispielsweise

---

159 *Zippelius,* Juristische Methodenlehre, § 4 III., S. 20, in Anlehnung an den Gedanken von Thomas Hobbes „Gesetzgeber ist nicht der, durch dessen Autorität das Gesetz zuerst gemacht wurde, sondern der, durch dessen Autorität es fortfährt, Gesetz zu sein", zit. nach *Kaufmann* JURA 1992, 346 (350).

160 Ebenso *Wank,* Juristische Methodenlehre, § 11 Rn. 5; a.A. *Rüthers/Fischer/Birk,* Rechtstheorie, Rn. 730c, Rn. 820; *Looschelders/Roth,* Juristische Methodik, S. 29 ff., S. 62 ff.; Dürig/Herzog/Scholz/*Hillgruber* Art. 97 GG Rn. 57, die sämtlich auf den historischen Gesetzgeber abstellen, sog. „entstehungszeitlich-subjektive Theorie".

161 *Wank,* Juristische Methodenlehre, § 6 Rn. 209; *Wank/Maties,* Die Auslegung von Gesetzen, § 3, S. 32.

162 *Wank/Maties,* Die Auslegung von Gesetzen, § 5, S. 41; vgl. *Reimer,* Juristische Methodenlehre, Rn. 247.

163 *Wank,* Juristische Methodenlehre, § 7 Rn. 18; *Wank/Maties,* Die Auslegung von Gesetzen, § 5, S. 49.

anhand anderer Gesetze belegt werden, ist die *heutige Bedeutung* maßgeblich.[164]

Das auszulegende Gesetz steht nicht isoliert, sondern ist Teil der Rechtsordnung.[165] Um den Willen des Gesetzgebers feststellen zu können, ist deshalb der Zusammenhang mit anderen Vorschriften desselben Gesetzes oder mit Vorschriften anderer Gesetze zu berücksichtigen (systematische Auslegung).[166] Dabei ist auf die übrige *heutige Rechtsordnung* abzustellen.[167] Denn ein im Vergleich zur Entstehungszeit geänderter gesetzgeberischer Wille kann schon dadurch zum Ausdruck kommen, dass Vorschriften im Normgefüge des auszulegenden Gesetzes hinzukommen, verändert oder aufgehoben werden.[168]

Aufschluss über den Willen des Gesetzgebers kann vor allem die Entstehungsgeschichte geben (historische Auslegung). Nach der hier vertretenen „subjektiv-geltungszeitlichen Theorie" darf die historische Auslegung aber nicht bei der Untersuchung der Entstehungsgeschichte enden. Vielmehr muss sich daran die Auswertung der Entwicklungsgeschichte anschließen.[169]

Schließlich ist der vom gegenwärtigen Gesetzgeber erstrebte Sinn und Zweck der Regelung zu bestimmen (teleologische Auslegung).[170] Wortlaut, Systematik, Entstehungs- und Entwicklungsgeschichte können dabei wiederum „Hilfsmittel" zur Erschließung des Sinn und Zwecks der Norm sein.[171]

---

164 *Wank,* Juristische Methodenlehre, § 7 Rn. 18; *Wank/Maties,* Die Auslegung von Gesetzen, § 5, S. 49.
165 *Wank/Maties,* Die Auslegung von Gesetzen, § 6, S. 57.
166 *Wank,* Juristische Methodenlehre, § 6 Rn. 209, § 9 Rn. 2.
167 *Wank,* Juristische Methodenlehre, § 6 Rn. 209, § 9 Rn. 3.
168 Vgl. *Wank,* Juristische Methodenlehre, § 9 Rn. 3.
169 *Wank,* Juristische Methodenlehre, § 6 Rn. 209.
170 *Wank,* Juristische Methodenlehre, § 11 Rn. 5; *Wank/Maties,* Die Auslegung von Gesetzen, § 8, S. 71.
171 *Wank,* Juristische Methodenlehre, § 11 Rn. 15; *Rüthers/Fischer/Birk,* Rechtstheorie, Rn. 725.

2. Auslegung des Abnahmebegriffs

a) *Wortlaut*

Dem Besteller wird in § 640 Abs. 1 S. 1 BGB die Pflicht auferlegt, das Werk „abzunehmen". Der Wortlaut deutet nach dem allgemeinen Sprachgebrauch darauf hin, dass das Werk seinen Besitzer wechseln muss, mit anderen Worten, dass es übergeben werden muss.[172] Im Zweifel misst der Gesetzgeber einem Ausdruck die Bedeutung bei, die er auch in anderen Gesetzen zugrunde legt.[173] Der Begriff der Abnahme findet sich insbesondere auch in § 433 Abs. 2 BGB und wird hier, wie zu Beginn der Untersuchung festgestellt, nach allgemeiner Meinung als die Entgegennahme der Sache verstanden. Das spricht gegen die Ansicht, die unter der Abnahme ausschließlich die Billigung der Leistung versteht.

Demgegenüber kann aus dem Wortlaut nicht eindeutig darauf geschlossen werden, dass sich die Abnahme im werkrechtlichen Sinn in der körperlichen Entgegennahme erschöpft. Vielmehr sind auch folgende Gesichtspunkte zu bedenken: Es gibt keine Wortbedeutung unabhängig von ihrem Kontext.[174] Jede Begriffsdefinition ist eine teleologische Definition, d.h. sie ist am Zweck des Gesetzes zu orientieren.[175] Das führt zur sog. „Relativität der Begriffsbildung": Unterschiedliche Gesetzeszwecke können unterschiedliche Bedeutungen des Begriffs erfordern.[176] Verwenden verschiedene Gesetze ein und denselben Ausdruck – wie das im Kauf- und Werkvertragsrecht gerade der Fall ist – kann das also heißen, dass er immer die gleiche Bedeutung hat, muss es aber nicht. Der Gesetzgeber könnte unter der „Abnahme" im werkrechtlichen Sinn daher auch mehr als das bloße „Entgegennehmen" verstehen.

Das Kauf- und das Werkvertragsrecht sind in ihrer Terminologie ohnehin nur vermeintlich deckungsgleich. Das Kaufrecht spricht zwar in § 433 Abs. 2 BGB von der Abnahme. Im Übrigen markiert aber die „Übergabe" den relevanten Zeitpunkt für den Verjährungsbeginn nach

---

172 Ebenso Beck´scher VOB/B-Komm./*Bröker* Vorb. § 12 Rn. 28; NK-BGB/*Havers/ Raab* § 640 Rn. 9; a.A. Bolz/Jurgeleit/*Friedhoff* § 12 VOB/B Rn. 14.

173 *Wank*, Juristische Methodenlehre, § 7 Rn. 30.

174 *Wank*, Die juristische Begriffsbildung, S. 27 f.; *Wank*, Juristische Methodenlehre, § 7 Rn. 77 ff.; *Möllers*, Juristische Methodenlehre, § 6 Rn. 12.

175 *Wank*, Die juristische Begriffsbildung, S. 110; *Wank*, Juristische Methodenlehre, § 8 Rn. 46.

176 *Wank*, Juristische Methodenlehre, § 8 Rn. 49; *Wank*, Die juristische Begriffsbildung, S. 110; *Wank/Maties*, Die Auslegung von Gesetzen, § 5, S. 47.

§ 438 Abs. 2 BGB und den Gefahrübergang nach § 446 S. 1 BGB. Das Werkvertragsrecht verwendet dagegen ausschließlich den Begriff der „Abnahme" – nicht nur in § 640 Abs. 1 S. 1 BGB, sondern gerade auch beim Verjährungsbeginn nach § 634a Abs. 2 BGB und in der Gefahrtragungsregel des § 644 Abs. 1 S. 1 BGB.

Der Wortlaut lässt vermuten, dass die Abnahme zumindest als die körperliche Entgegennahme des Werkes zu verstehen ist. Ihm ist allerdings nicht mehr zu entnehmen, ob der Gesetzgeber darüber hinaus auch die Billigung der Leistung als weiteres Abnahmeelement für erforderlich hält.

b) *Systematik*

Dass die körperliche Entgegennahme wenigstens eines von zwei Elementen des Abnahmebegriffs bildet, bestätigen systematische Überlegungen. Der Grundsatz der „Einheit der Rechtsordnung" verlangt, dass Vorschriften so ausgelegt werden, dass sie mit den Wertungen der anderen Vorschriften im Rahmen der Gesamtrechtsordnung übereinstimmen *(innere Systematik)*.[177] Widersprüche müssen vermieden werden.[178]

Der Werkunternehmer ist bei der Herstellung körperlicher Werke zur Verschaffung des Werkes, also zur Übergabe und – sollte das Eigentum nicht bereits kraft Gesetzes übergegangen sein – zur Übereignung verpflichtet.[179] Die Verschaffungspflicht wird in § 631 Abs. 1 BGB nicht ausdrücklich geregelt, ergibt sich aber aus § 633 Abs. 1 BGB.[180] Das führt zu folgendem Gedanken: Wenn der Werkunternehmer ähnlich einem Verkäufer zur Verschaffung des Werkes verpflichtet ist, muss der Besteller ähnlich einem Käufer zur Entgegennahme der Leistung verpflichtet sein. Die Abnahmepflicht in § 640 Abs. 1 S. 1 BGB muss deshalb (zumindest auch) die Entgegennahmepflicht beinhalten.

Ein Begriffsverständnis, das die körperliche Entgegennahme als (jedenfalls eine) Voraussetzung der Abnahme betrachtet, führt nicht – wie von *Messerschmidt* befürchtet – zu einem Wertungswiderspruch zur Abnahme-

---

177 *Wank,* Juristische Methodenlehre, § 9 Rn. 39; *Wank/Maties,* Die Auslegung von Gesetzen, § 6, S. 58 f.

178 *Wank,* Juristische Methodenlehre, § 9 Rn. 44; *Wank/Maties,* Die Auslegung von Gesetzen, § 6, S. 58 f.

179 Leupertz/Preussner/Sienz/*Oberhauser* § 631 BGB Rn. 2, Rn. 43; Grüneberg/*Retzlaff* § 631 BGB Rn. 16.

180 Leupertz/Preussner/Sienz/*Oberhauser* § 631 BGB Rn. 2.

fiktion aus § 640 Abs. 2 BGB.[181] „Die Fiktion stellt bewusst einen Tatbestand einem anderen, davon verschiedenen Tatbestand gleich, um die für diesen geltende Rechtsfolge auch auf jenen zu erstrecken."[182] Die Fiktion *ersetzt* den Tatbestand der Abnahme, *setzt* ihn aber gerade *nicht voraus.*[183] Das Begriffsverständnis der Abnahme ist damit nicht zwingend mit der Abnahmefiktion aus § 640 Abs. 2 BGB verknüpft. Es kann hieraus dementsprechend nicht hergleitet werden.

Fraglich ist aber, ob ein Wertungswiderspruch zum Kaufrecht entstünde, wenn neben der körperlichen Entgegennahme auch die Billigung der Werkleistung als zweites Abnahmeelement verlangt werden würde. Bei beiden Vertragstypen handelt es sich um Veräußerungsverträge. Weil aber bei einem Werkvertrag das herzustellende Werk anders als die zu veräußernde Sache bei einem Kaufvertrag nur der Vorstellung des Bestellers nach existiert, sind sie ihrem Grunde nach wesensverschieden. Eine Gleichbehandlung der Abnahmebegriffe ist vor diesem Hintergrund nicht geboten. Eine unterschiedliche Begriffsauslegung würde dementsprechend zu keinem inneren Widerspruch führen.

Die *innere Systematik* deutet damit – wie schon der Wortlaut – darauf hin, dass die körperliche Entgegennahme wenigstens eine von zwei Abnahmevoraussetzungen ist. Sie gibt aber ebenfalls keine eindeutige Antwort darauf, ob der Abnahmebegriff zweigliedrig auszulegen ist, ob also die Billigung zur Entgegennahme hinzutreten muss. Zumindest stünde die *innere Systematik* dem zweigliedrigen Abnahmebegriff nicht entgegen.

Der *äußeren Systematik*[184] ist keine Aussage hinsichtlich der Auslegung des Abnahmebegriffs zu entnehmen.

---

181 Beck´scher VOB/B-Komm./*Bröker* Vorb. § 12 Rn. 28; so aber Messerschmidt/Voit/ *Messerschmidt* § 640 BGB Rn. 17.
182 *Köhler,* BGB Allgemeiner Teil, § 3 Rn. 16.
183 Beck´scher VOB/B-Komm./*Bröker* Vorb. § 12 Rn. 28.
184 Die äußere Systematik betrifft formale Aspekte wie die (amtliche) Überschrift der Vorschrift oder ihre Stellung im Gesetz (*Wank/Maties,* Die Auslegung von Gesetzen, § 6, S. 57).

c) Entstehungs- und Entwicklungsgeschichte

aa) Entstehungsgeschichte

Der Zweite Entwurf des BGB aus dem Jahr 1895 sah in § 572 S. 1, der dieselbe Formulierung wie der heute geltende § 640 Abs. 1 S. 1 BGB enthielt, die Abnahmeverpflichtung vor.[185] Die Zweite Kommission äußerte sich in den Protokollen hierzu wie folgt: „Die Mehrheit stimmte zunächst darin überein, daß der „Abnahme" in § 572 und den übrigen Bestimmungen dieses Abschnittes die Bedeutung der „Annahme als Erfüllung" zukomme in dem Sinne und mit der Wirkung, wie sie der „Annahme als Erfüllung" in § 367 beigelegt seien."[186] Zur „Annahme als Erfüllung" i.S.d. § 367 des Entwurfs (dieser deckt sich inhaltlich weitestgehend mit dem heutigen § 363 BGB) stellte die Kommission klar, dass es nicht zwingend erforderlich sei, dass „der Empfänger die Erfüllung gerade als tadellose angenommen habe."[187] Auf der anderen Seite sei aber nicht schon in jeder körperlichen Annahme auch eine „Annahme als Erfüllung" zu sehen.[188]

Die Entwürfe der Zweiten Kommission zur Abnahmeverpflichtung in § 572 S. 1 und zur „Annahme als Erfüllung" in § 367 wurden mit nur geringfügigen Änderungen in die Erstfassung des BGB, die am 01.01.1900 in Kraft trat, in § 640 Abs. 1 S. 1 BGB a.F. und § 363 BGB a.F. übernommen.[189] Die wesentlichen Gedanken zur Abnahmeverpflichtung und zum Abnahmebegriff, die die Zweite Kommission in den Protokollen offenlegte, bildeten hierfür die Grundlage.

Daraus ist zu folgern, dass der historische Gesetzgeber unter der „Annahme als Erfüllung" und damit zugleich unter der „Abnahme" mehr als die körperliche Entgegennahme, aber weniger als die Anerkennung der Leistung als *vollständig vertragsgemäß* verstand. Er definierte die Abnahme damit wohl als die körperliche Entgegennahme des Werkes verbunden mit der Billigung als *im Wesentlichen vertragsgemäße* Leistung.

---

185 *Mugdan*, S. CX.
186 Protokolle, II, S. 2221 (= *Mugdan*, S. 925).
187 Protokolle, II, S. 1278 (= *Mugdan*, S. 638).
188 Protokolle, II, S. 1278 (= *Mugdan*, S. 638).
189 RGBl., Nr. 21 v. 24.08.1896, S. 257, S. 304, in Kraft getreten am 01.01.1900.

bb) *Entwicklungsgeschichte*

In der Vergangenheit unterlag das Werkvertragsrecht einem enormen Wandel – zuletzt durch das Gesetz zur Beschleunigung fälliger Zahlungen vom 30.03.2000[190] sowie durch das Gesetz zur Reform des Bauvertragsrechts vom 28.04.2017.[191] Unter anderem ergänzte der Gesetzgeber § 640 Abs. 1 S. 1 BGB um einen Satz 2 und fügte den heutigen § 640 Abs. 2 BGB hinzu. Den Kerngehalt der Abnahmeverpflichtung, wie sie in § 640 Abs. 1 S. 1 BGB normiert ist und in dieser Form bereits seit 1900 besteht, tastete er in sämtlichen Novellierungen nicht an. Auch auf den Abnahmebegriff selbst ging er nicht mehr ein. In der Begründung des Gesetzentwurfs der Bundesregierung zur Reform des Bauvertragsrechts hieß es sogar ausdrücklich: „Die Regelungen des Werkvertragsrechts zur Abnahme haben sich [...] grundsätzlich bewährt [...].“[192] Das lässt darauf schließen, dass der gegenwärtige Gesetzgeber das Begriffsverständnis des historischen Gesetzgebers bis heute teilt. Er hat es in seinen gesetzgeberischen Willen aufgenommen.

Die Entstehungs- und Entwicklungsgeschichte sprechen daher für den zweigliedrigen Abnahmebegriff.

d) *Sinn und Zweck*

Sinn und Zweck des Abnahmeerfordernisses in § 640 Abs. 1 S. 1 BGB bestätigen dieses Ergebnis. Ausgangspunkt der Überlegung ist, dass mit § 640 Abs. 1 S. 1 BGB dem Besteller einerseits die Pflicht zur Abnahme auferlegt, dem Werkunternehmer dadurch zugleich aber auch ein Anspruch auf Abnahme gewährt wird.

---

190 Gesetz zur Beschleunigung fälliger Zahlungen v. 30.03.2000 (BGBl. I S. 330).

191 Gesetz zur Reform des Bauvertragsrechts, zur Änderung der kaufrechtlichen Mängelhaftung, zur Stärkung des zivilprozessualen Rechtsschutzes und zum maschinellen Siegel im Grundbuch- und Schiffsregisterverfahren, v. 28.04.2017 (BGBl. I S. 969).

192 Begr. zur Änderung des § 640 BGB, Gesetzentwurf der Bundesregierung zur Reform des Bauvertragsrechts und der kaufrechtlichen Mängelhaftung v. 18.05.2016, BT-Drucks. 18/8486, S. 24 (S. 48).

aa) *Pflicht zur Abnahme als Pflicht zur Billigung des Werkes*

Der Werkunternehmer schuldet, wie das *Voit* treffend beschreibt, einen „individuelle[n], den Bedürfnissen des Bestellers entsprechende[n] Erfolg".[193] Es muss deshalb „ein Zeitpunkt bestimmt werden, in welchem Klarheit darüber herrscht, ob der Besteller diese Leistung des Unternehmers als das geschuldete Werk akzeptiert oder nicht."[194] Der Besteller muss mit anderen Worten – womit den Einschätzungen von *Voit* und *Jakobs* gefolgt wird – das Recht haben, das vom Werkunternehmer angebotene Werk genau daraufhin zu überprüfen.

Das gilt umso mehr vor dem Hintergrund der von der herrschenden Meinung vertretenen „Theorie des funktionalen Erfolges". Der Werkunternehmer ist danach nicht nur zur „Abarbeitung der vertraglich vereinbarten Arbeitsschritte", sondern stets zur Herstellung eines funktionstauglichen und zweckentsprechenden Werkes verpflichtet – und zwar selbst dann, wenn die vertraglich vorgesehene Leistung, die vereinbarte Ausführungsart oder die anerkannten Regeln der Technik die Funktionstauglichkeit nicht herbeiführen können.[195]

Das ergibt sich aus der Auslegung der dem Vertragsschluss zugrundeliegenden Willenserklärung des Bestellers, §§ 133, 157 BGB.[196] Bei einem einfachen Werkvertrag ist es dem Besteller regelmäßig gleichgültig, wie der Werkunternehmer den gewünschten Erfolg herbeiführt. Seine Leistungsbeschreibung ist deshalb ohnehin am Ergebnis, d.h. an der Funktion des Werkes, orientiert.[197] Anders ist das beim Bauvertrag: Die Bauausführung setzt eine möglichst konkrete Bauplanung voraus. Die Leistung wird nicht funktional, sondern mit einer allgemeinen Darstellung der Bauaufgabe (sog. Baubeschreibung), einem Leistungsverzeichnis und Zeichnungen (Plänen) beschrieben.[198] Trotz der detaillierten Planung des Bauvorhabens ist das Interesse des Bestellers aber auch hier auf ein funktionstaugliches und zweckentsprechendes Bauwerk gerichtet.[199] Die Willenserklärung des

---

193 BeckOK BGB/*Voit* § 640 Rn. 1.
194 BeckOK BGB/*Voit* § 640 Rn. 1.
195 St. Rspr.: vgl. BGH NJW 1998, 3707 (3708); BGH NJW 2008, 511 (512 Rn. 15); *Lederer* BauR 2017, 605 (606 f.); *Bolz*, Jahrbuch Baurecht 2011, 107 (115 ff.); *Leupertz* BauR 2010, 273 (276 f.).
196 *Bolz*, Jahrbuch Baurecht 2011, 107 (119 ff.); vgl. *Leupertz* BauR 2010, 273 (276 f.).
197 *Bolz*, Jahrbuch Baurecht 2011, 107 (119 f.).
198 *Bolz*, Jahrbuch Baurecht 2011, 107 (120 f.).
199 *Bolz*, Jahrbuch Baurecht 2011, 107 (121 f.).

Bestellers kann deshalb nicht dahingehend ausgelegt werden, dass er um jeden Preis ein der Leistungsbeschreibung entsprechendes Bauwerk verlangt, auch wenn das eine nicht funktionstaugliche oder nicht zweckentsprechende Leistung zum Ergebnis hätte.[200]

Wenn aber Funktionstauglichkeit und Zweckentsprechung des Werkes stets Teil des geschuldeten Erfolges sind, muss dem Besteller erst recht eine hierauf gerichtete Prüfungsmöglichkeit gewährt werden.

Ein solches Prüfungsrecht wäre faktisch bedeutungslos, wenn sich das Ergebnis der Prüfung nicht auf die Vertragsabwicklung auswirken würde. Letztere ist nach der Konzeption des Werk- und Bauvertragsrechts von der Erklärung der Abnahme abhängig, die folgerichtig das Prüfungsergebnis widerspiegeln muss. Die Abnahmeerklärung muss daher die Anerkennung des Werkes als den vertraglichen Vorstellungen entsprechend – also seine Billigung – enthalten.

Wenn § 640 Abs. 1 S. 1 BGB den Besteller zur Abnahme verpflichtet, beinhaltet diese Pflicht damit (als zumindest eine von zwei Voraussetzungen) die Pflicht zur Billigung der Leistung. Entgegen der Auffassung von *Peters* ist dem Besteller die Erfüllung dieser Pflicht zumutbar, indem man deren rechtliche Tragweite berücksichtigt: Richtig ist, dass Mängel bei der Abnahme unerkannt bleiben können, der Besteller also nur erklären kann, dass ihm bisher keine Mängel aufgefallen sind. Der Gesetzgeber versteht – was die Ausführungen zur Entstehungs- und Entwicklungsgeschichte zeigen – unter der „Billigung der Leistung" aber auch nicht die Bestätigung der vollständigen Mangelfreiheit des Werkes. Vielmehr muss der Besteller nur zum Ausdruck bringen, dass er die Leistung als gelungenen Erfüllungsversuch behandeln möchte. Dafür genügt schon die Äußerung des Bestellers, dass das Werk im Wesentlichen seinen vertraglichen Vorstellungen entspricht. Auch wenn sich der Besteller nicht sicher sein kann, ob das Werk tatsächlich mangelfrei ist, kann von ihm erwartet und auch verlangt werden, eine entsprechende Erklärung abzugeben. Treten nach der Abnahme Mängel an der Werkleistung auf, stehen ihm nämlich die in § 634 Nr. 1 bis 4 BGB aufgeführten Gewährleistungsrechte zu. Dem Besteller droht also durch die Billigung der Leistung kein Rechtsverlust in Bezug auf bei der Abnahme unerkannt gebliebene Mängel.

---

200 *Bolz*, Jahrbuch Baurecht 2011, 107 (121 f.); vgl. *Leupertz* BauR 2010, 273 (276 f.).

bb) Anspruch auf Abnahme als Anspruch auf Entgegennahme des Werkes

Busche hält als einer der Vertreter des zweigliedrigen Abnahmebegriffs die körperliche Entgegennahme als „zweites Abnahmeelement" für erforderlich, weil der Besteller das Werk nicht sinnvoll auf seine Vertragsgemäßheit überprüfen könne, wenn er es nicht schon vorher in Besitz genommen hat.[201] Auf diese Argumentation lässt sich das regelmäßige Erfordernis der körperlichen Entgegennahme allerdings nicht stützen.[202] Der Besteller kann sich ungeachtet der Besitzverhältnisse von der Vertragsgemäßheit des Werkes überzeugen. Im Baubereich sind Begehungen mit einem Sachverständigen vor dem Besitzübergang des Bauwerkes sogar üblich.[203] Fallen die körperliche Entgegennahme und die Billigungserklärung überdies zeitlich zusammen, muss die Prüfung der Übergabe des Werkes sogar zwangsläufig vorausgehen.[204]

Sinn und Zweck des Anspruchs auf Abnahme aus § 640 Abs. 1 S. 1 BGB muss es aber sein, dem Werkunternehmer dadurch zugleich einen Anspruch auf Entgegennahme des Werkes zu gewähren.[205] Dieser hat bei körperlichen Werken ein berechtigtes und schutzwürdiges Interesse daran, den Besitz des Werkes an den Besteller übertragen zu können.[206] Das ergibt sich aus der Obhuts- und Fürsorgepflicht des Werkunternehmers aus § 241 Abs. 2 BGB, wenn er Arbeiten an Sachen vornimmt, die im Eigentum des Bestellers stehen.[207] Zum einen betrifft das Fälle, bei denen der Werkunternehmer mit der Reparatur eines Gegenstandes des Bestellers beauftragt wurde. Zum anderen solche, bei denen das noch im Gewahrsam des Werkunternehmers befindliche Werk beispielsweise wegen § 946 BGB schon in das Eigentum des Bestellers übergegangen ist.[208]

Wenn der Anspruch auf Abnahme auch als Anspruch auf Entgegennahme des Werkes verstanden werden muss und die damit korrespondierende

---

201 MüKoBGB/*Busche* § 640 Rn. 2.
202 Messerschmidt/Voit/*Messerschmidt* § 640 BGB Rn. 18; diesem folgend *Hildebrand/Abu Saris,* Die Abnahme von Bauleistungen, Kapitel 6 Rn. 18.
203 Messerschmidt/Voit/*Messerschmidt* § 640 BGB Rn. 18; diesem folgend *Hildebrand/Abu Saris,* Die Abnahme von Bauleistungen, Kapitel 6 Rn. 18.
204 Messerschmidt/Voit/*Messerschmidt* § 640 BGB Rn. 18; diesem folgend *Hildebrand/Abu Saris,* Die Abnahme von Bauleistungen, Kapitel 6 Rn. 18.
205 Beck´scher VOB/B-Komm./*Bröker* Vorb. § 12 Rn. 28.
206 Beck´scher VOB/B-Komm./*Bröker* Vorb. § 12 Rn. 28.
207 BGH NJW 1977, 376; BGH NJW 1983, 113; HK-WerkBauVertrR/*Lederer/Raab* § 631 BGB Rn. 42; MüKoBGB/*Busche* § 631 Rn. 83 f.
208 BeckOK BGB/*Voit* § 631 Rn. 79; MüKoBGB/*Busche* § 631 Rn. 83.

Abnahmepflicht als Pflicht zur Billigung der Leistung, muss sich der Abnahmebegriff aus diesen beiden Abnahmeelementen zusammensetzen.

e) Ergebnis

Damit sprechen nicht nur die Entstehungs- und Entwicklungsgeschichte, sondern insbesondere auch der Sinn und Zweck des Abnahmeerfordernisses bzw. der Abnahmepflicht für die zweigliedrige Auslegung des Abnahmebegriffs. Unter der Abnahme i.S.d. § 640 Abs. 1 S. 1 BGB ist daher die *körperliche Entgegennahme des Werkes verbunden mit seiner Billigung als im Wesentlichen vertragsgemäße Leistung* zu verstehen.

Dass diese Begriffsauslegung dazu zwingt, Ausnahmen zu bilden, wenn eine körperliche Entgegennahme nicht möglich oder sinnvoll ist, kann hingenommen werden und erfordert kein anderes Auslegungsergebnis.[209] Das lässt sich einerseits mit dem Rechtsgedanken des § 275 Abs. 1 BGB, dass von niemandem etwas Unmögliches verlangt werden kann, problemlos erklären.[210] Der in Sonderfällen notwendige Verzicht auf das Erfordernis der körperlichen Entgegennahme kann andererseits auch über eine teleologische Reduktion des § 640 Abs. 1 S. 1 BGB ohne Weiteres begründet werden. Ist das Werk entweder schon im Besitz des Bestellers oder verbleibt es ohnehin im Besitz des Werkunternehmers, ist der Zweck der Abnahmepflicht, nämlich den Werkunternehmer von seinen Obhutspflichten zu befreien, nicht erfüllt.

B. Rechtswirkungen der rechtsgeschäftlichen Abnahme

Die Abnahme stellt, wie schon mehrfach skizziert, die Weiche für die Vertragsabwicklung dar und ist deshalb wesentliche Zäsur in der werk- bzw. bauvertraglichen Beziehung.[211] Zu Recht wird sie als der „Dreh- und Angelpunkt in der Abwicklung des Werk- und Bauvertrages" bezeichnet.[212]

---

209 Ebenso Beck'scher VOB/B-Komm./*Bröker* Vorb. § 12 Rn. 28.
210 Beck'scher VOB/B-Komm./*Bröker* Vorb. § 12 Rn. 28.
211 *Schmid/Senders* BauR 2018, 161.
212 *Jagenburg* NJW 1974, 2264 (2265); Messerschmidt/Voit/*Messerschmidt* § 640 BGB Rn. 53.

I. Ende des Erfüllungsstadiums

1. Erfüllungswirkung der Abnahme

a) *Konkretisierung des Erfüllungsanspruchs auf das abgenommene Werk*

Die Abnahmeerklärung hat Erfüllungswirkung.[213] Das hat zur Folge, dass sich der Erfüllungsanspruch auf das hergestellte Werk konkretisiert.[214] Die Leistungsverpflichtung des Werkunternehmers besteht nicht mehr schlechthin, sondern ist von nun an nur noch auf Mängelbeseitigung gerichtet.[215] Konkret bedeutet das: Der ursprüngliche Erfüllungsanspruch aus § 631 Abs. 1 Hs. 1 BGB wird durch den Nacherfüllungsanspruch aus §§ 634 Nr. 1, 635 Abs. 1 BGB und die Rechte des Bestellers aus § 634 Nr. 2 bis 4 BGB verdrängt.[216]

b) *Ausschluss der Gewährleistungsrechte bei unterbliebenem Vorbehalt der Mängelrechte, § 640 Abs. 3 BGB*

Nimmt der Besteller ein Werk gemäß § 640 Abs. 1 S. 1 BGB ab, obwohl er einen Mangel kennt, stehen ihm die Rechte aus § 634 Nr. 1 bis 3 BGB nur zu, wenn er sich seine Rechte wegen des Mangels bei der Abnahme vorbehält, § 640 Abs. 3 BGB.

Der Vorbehalt ist nur hinsichtlich solcher Mängel erforderlich, die dem Besteller positiv bekannt sind.[217] Das bloße Kennenmüssen reicht nicht aus.[218]

---

213 Kniffka/Koeble/Jurgeleit/Sacher/*Jurgeleit* Teil 3 Rn. 16.

214 BGH NJW 1974, 551 (552); BGH NZBau 2010, 318 (319 Rn. 28); Kniffka/Koeble/Jurgeleit/Sacher/*Jurgeleit* Teil 3 Rn. 16; vgl. *Thode* ZfBR 1999, 116; Kleine-Möller/Merl/Glöckner/*Merl*/*Hummel* § 14 Rn. 154, die statt von der Konkretisierung der Werkleistung von ihrer „Konzentration" sprechen.

215 BGH NJW 1958, 706; BGH NJW 1974, 551 (552); BGH NZBau 2010, 318 (319 Rn. 28); *Hartung* NJW 2007, 1099 (1102); Kniffka/Koeble/Jurgeleit/Sacher/*Jurgeleit* Teil 3 Rn. 16.

216 BGH NJW 1974, 551 (552); BGH NZBau 2010, 318 (319 Rn. 28); *Hildebrandt/Abu Saris,* Die Abnahme von Bauleistungen, Kapitel 16 Rn. 3.

217 MüKoBGB/Busche § 640 Rn. 36; BeckOK BGB/*Voit* § 640 Rn. 39; Erman/*Schwenker/Rodemann* § 640 BGB Rn. 15; Staudinger/*Peters* § 640 BGB Rn. 42.

218 Erman/*Schwenker/Rodemann* § 640 BGB Rn. 15; Staudinger/*Peters* § 640 BGB Rn. 42; BeckOK BGB/*Voit* § 640 Rn. 39.

Die Regelung beruht auf dem in § 242 BGB verankerten Verbot widersprüchlichen Verhaltens, sog. *venire contra factum proprium.*[219] Eine solche Widersprüchlichkeit läge vor, wenn der Besteller das Werk in Kenntnis eines Mangels zunächst uneingeschränkt als vertragsgerechte Leistung anerkennt und anschließend wegen desselben Mangels Gewährleistungsrechte geltend machen möchte.[220] Ohne die Erklärung des Vorbehalts muss ihm die Berufung auf den ihm bekannten Mangel deshalb verwehrt werden.[221]

§ 640 Abs. 3 BGB enthält keinen Verweis auf § 634 Nr. 4 BGB. Der Besteller hat deshalb unabhängig von der Kenntnis einzelner Mängel und der Erklärung des Vorbehalts stets die Möglichkeit, Schadensersatzansprüche wegen Mangel- und Mangelfolgeschäden geltend zu machen.[222] Begründen lässt sich die Differenzierung damit, dass die in § 634 Nr. 4 BGB aufgezählten Ansprüche verschuldensabhängig sind, während die von § 634 Nr. 1 bis 3 BGB erfassten Rechte kein Verschulden voraussetzen.[223]

2. Fälligkeit des Anspruchs auf Vergütung

a) § 641 Abs. 1 S. 1 BGB als echte Fälligkeitsregelung

Nach § 641 Abs. 1 S. 1 BGB ist die Vergütung bei der Abnahme zu entrichten. Bei § 641 Abs. 1 S. 1 BGB handelt es sich nach ganz herrschender Meinung um eine „echte" Fälligkeitsregelung, die von den Grundsätzen des § 271 Abs. 1 BGB abweicht und die Abnahme als Fälligkeitsvoraussetzung bestimmt.[224] § 641 Abs. 1 S. 1 BGB begründet dadurch eine Vorleistungspflicht des Werkunternehmers.[225] Erhebt dieser vor der Abnahme Klage

---

219 BGH NJW-RR 1993, 1461 (1462); MüKoBGB/*Busche* § 640 Rn. 34; BeckOK BGB/ *Voit* § 640 Rn. 44; *Schmitt* JR 2019, 1 (2).

220 BGH NJW-RR 1993, 1461 (1462); *Schmitt* JR 2019, 1 (2 f.).

221 BGH NJW-RR 1993, 1461 (1462).

222 BeckOK BGB/*Voit* § 640 Rn. 45; MüKoBGB/*Busche* § 640 Rn. 39; krit. Messerschmidt/Voit/*Messerschmidt* § 640 BGB Rn. 290; einschr. OLG Schleswig NZBau 2016, 298 (299 Rn. 50 ff.), das den Anspruch des Bestellers auf den Ersatz des Mangelfolgeschadens begrenzt; ebenso *Buchwitz* NJW 2017, 1777 (1778 ff.).

223 BeckOK BGB/*Voit* § 640 Rn. 45; andeutend MüKoBGB/*Busche* § 640 Rn. 40.

224 MüKoBGB/*Busche* § 641 Rn. 2; HK-WerkBauVertrR/*Herdy/Raab* § 641 BGB Rn. 8; Erman/*Schwenker/Rodemann* § 641 BGB Rn. 1, Rn. 2; a. A. Staudinger/*Peters* § 641 BGB Rn. 4; *Peters* NZBau 2006, 559 (561).

225 BeckOGK/*Lasch*, 01.10.2024, § 641 BGB Rn. 2.

auf Zahlung der Vergütung, muss die Klage mangels Durchsetzbarkeit der Forderung als zur Zeit unbegründet abgewiesen werden.[226]

aa) *Bedeutungsgehalt des § 641 Abs. 1 S. 1 BGB nach Peters*

Peters sieht in § 641 Abs. 1 S. 1 BGB lediglich eine Ergänzung der §§ 320, 322 BGB.[227] Die Bestimmung des § 641 Abs. 1 S. 1 BGB betreffe nicht die Fälligkeit der Vergütung, sondern das Synallagma des Werkvertrages. Dadurch solle sichergestellt werden, dass der Leistungsaustausch nur Zug um Zug stattfinden kann.[228] Die Fälligkeit der Werklohnforderung bestimme sich weiterhin nach § 271 Abs. 1 BGB.[229] Sie trete aber nicht sofort ein, sondern ergebe sich – vorbehaltlich einer abweichenden Parteivereinbarung – aus den Umständen, da das Werk erst noch erstellt werden müsse.[230] Die erforderliche Ausführungsdauer bestimme deshalb den Zeitpunkt, zu dem der Werklohn zu entrichten ist – dies aber nur Zug um Zug gegen Ablieferung eines mangelfreien Werkes.[231] Für die notwendige Verknüpfung von Mängeln und Zahlung des Kaufpreises sei dadurch mit § 320 BGB hinreichend gesorgt.[232]

Zur Begründung zieht *Peters* die Materialien zur Erstfassung des BGB und den heutigen Wortlaut der Vorschrift heran.[233] Dieser besagt, dass die Vergütung „bei" und gerade nicht „nach der Abnahme" zu entrichten ist. Schon die Verfasser des BGB Ende des 19. Jahrhunderts hätten auf diese sprachliche Genauigkeit besonderen Wert gelegt.[234] Würde erst die Abnahme dem Werkunternehmer eine erfolgreiche Klagemöglichkeit verschaffen, würde aus „bei der Abnahme" faktisch ein „nach der Abnahme" gemacht werden, was so gerade nicht gewollt gewesen sei.[235]

---

226 BGH NJW 1995, 399 (400); HK-WerkBauVertrR/*Herdy*/*Raab* § 641 BGB Rn. 8.
227 Staudinger/*Peters* § 641 BGB Rn. 4; *Peters* NZBau 2006, 559 (561).
228 *Peters* NZBau 2006, 559 (561).
229 Staudinger/*Peters* § 641 BGB Rn. 4; *Peters* NZBau 2006, 559 (560).
230 Staudinger/*Peters* § 641 BGB Rn. 4; *Peters* NZBau 2006, 559 (560).
231 Staudinger/*Peters* § 641 BGB Rn. 4.
232 *Peters* NZBau 2006, 559 (560).
233 Staudinger/*Peters* § 641 BGB Rn. 4; *Peters* NZBau 2006, 559 f. mit Verweis auf Motive, II, S. 492 (= *Mugdan*, S. 275).
234 *Peters* NZBau 2006, 559 f. mit Verweis auf Motive, II, S. 492 (= *Mugdan*, S. 275).
235 Staudinger/*Peters* § 641 BGB Rn. 4; *Peters* NZBau 2006, 559 f. mit Verweis auf Motive, II, S. 492 (= *Mugdan*, S. 275).

bb) *Stellungnahme*

(1) *Wortlaut*

Der Wortlaut des § 641 Abs. 1 S. 1 BGB, wonach die Vergütung „bei" und nicht „nach der Abnahme" zu entrichten ist, spricht weder für noch gegen die Annahme, dass es sich bei der Bestimmung um eine „echte" Fälligkeitsregelung handelt.[236]

Die Abnahmeerklärung durch den Besteller könnte Fälligkeitsvoraussetzung sein, ohne dass das zwingend eine Gleichsetzung von „bei der Abnahme" und „nach der Abnahme" nach sich ziehen müsste und damit dem Wortlaut des § 641 Abs. 1 S. 1 BGB widersprechen würde. Wenn der historische Gesetzgeber davon gesprochen hat, dass die Vergütung „bei der Abnahme" fällig werden soll, könnte er damit den Zeitpunkt des *Abnahmevorgangs*, also gerade nicht die *vollzogene Abnahme* gemeint haben. Das würde bedeuten, dass der Werkunternehmer hinsichtlich der vertragsgemäßen Herstellung des Werkes vorleistungspflichtig wäre, nur eben nicht auch hinsichtlich seiner *erfolgreichen* Verschaffung.[237]

(2) *Entstehungs- und Entwicklungsgeschichte*

Die Entstehungsgeschichte der Norm spricht – entgegen der Ansicht von *Peters* – für die Auslegung des § 641 Abs. 1 S. 1 BGB als „echte" Fälligkeitsregelung. Noch zutreffend stellt *Peters* fest, dass die Formulierung „bei der Abnahme" von den Verfassern des BGB bewusst gewählt wurde. Die Erste Kommission führte in ihren Motiven zum Ersten Entwurf des BGB hierzu aus: „Der Uebernehmer [...] ist zur Vorleistung verpflichtet. Indessen die Vorleistungspflicht bezieht sich nur auf die Herstellung des Werkes; sie geht nicht so weit, daß der Uebernehmer zugleich verpflichtet ist, das Werk aus der Hand zu geben, bevor er die Gegenleistung empfangen hat. Zur

---

236 A.A. wohl *Oppler*, Die Folgen der rechtswidrigen Nichtabnahme einer Bauleistung, FS Werner, 185 (188) für den schon der Wortlaut dafür spricht, dass es sich bei § 641 Abs. 1 S. 1 BGB um eine Fälligkeitsregelung handelt.

237 Den Wortlaut wohl ähnlich interpretierend HK-WerkBauVertrR/*Herdy/Raab* § 641 BGB Rn. 9.

Ausfolgung des Werkes[238] ist er nur Zug um Zug gegen Entrichtung der Gegenleistung verpflichtet; [...]."[239]

Sicherlich ging es den Verfassern zumindest auch um die Verdeutlichung des Synallagmas der Leistungspflichten von Werkunternehmer und Besteller. Aus den oben zitierten Motiven geht aber nicht hervor, dass nicht zugleich eine Fälligkeitsregelung getroffen werden sollte. Dass die Verfasser selbst von der Vorleistungspflicht des Werkunternehmers gesprochen haben, spricht vielmehr eher dafür, dass nicht nur die §§ 320, 322 BGB ergänzt werden sollten.

Jedenfalls der gegenwärtige Gesetzgeber geht davon aus, dass mit § 641 Abs. 1 S. 1 BGB die Fälligkeit geregelt wird. Das verdeutlichen die Materialien zum oben bereits erwähnten Gesetz zur Beschleunigung fälliger Zahlungen.[240] Im entsprechenden Gesetzentwurf der Fraktionen SPD und BÜNDNIS 90/DIE GRÜNEN heißt es beispielsweise: „Nach § 641 Abs. 1 wird der Werklohn erst mit der Abnahme fällig"[241] oder „Dem Unternehmer sollte die Möglichkeit eröffnet werden, die Vergütung für erbrachte mangelfreie Werkleistungen auch ohne eine Abnahmeprozedur fällig zu stellen."[242] Auch im Gesetzentwurf der Bundesregierung zur Reform des Bauvertragsrechts ist davon die Rede, dass von der Abnahme die Fälligkeit der Vergütung insgesamt abhänge.[243]

(3) *Systematik*

Sowohl die äußere als auch die innere Systematik sprechen ebenfalls dafür, dass § 641 Abs. 1 S. 1 BGB die Fälligkeit der Vergütung regelt.

---

238 Gemeint ist damit die Besitzverschaffung am Werk.

239 Motive, II, S. 492 (= *Mugdan*, S. 275.).

240 Gesetz zur Beschleunigung fälliger Zahlungen v. 30.03.2000 (BGBl. I S. 330).

241 Begr. zur Änderung des § 640 Abs. 1 BGB, Gesetzentwurf der Fraktionen SPD und BÜNDNIS 90/DIE GRÜNEN zur Beschleunigung fälliger Zahlungen v. 23.06.1999, BT-Drucks. 14/1246, S. 5 (S. 7).

242 Allg. Begr., Gesetzentwurf der Fraktionen SPD und BÜNDNIS 90/DIE GRÜNEN zur Beschleunigung fälliger Zahlungen v. 23.06.1999, BT-Drucks. 14/1246, S. 4.

243 Gegenäußerung der Bundesregierung zur Stellungnahme des Bundesrates, Gesetzentwurf der Bundesregierung zur Reform des Bauvertragsrechts und der kaufrechtlichen Mängelhaftung v. 18.05.2016, BT-Drucks. 18/8486, S. 94 (S. 97).

Besonders deutlich wird das schon durch den Wortlaut der amtlichen Überschrift „Fälligkeit der Vergütung" *(äußere Systematik).*[244]

Auch die Existenz des § 640 Abs. 2 BGB, der trotz fehlender Abnahmeerklärung die Abnahme unter gewissen Voraussetzungen als eingetreten behandelt und der im zweiten Teil eingehend untersucht wird, weist darauf hin, dass die Abnahme Fälligkeitsvoraussetzung ist *(innere Systematik).*[245] Dessen Vorgängerbestimmung, § 640 Abs. 1 S. 3 BGB a.F., sollte in das Gesetz aufgenommen werden, um die Rechtsstellung des Werkunternehmers zu verbessern.[246] Denselben Zweck verfolgt auch der heute geltende § 640 Abs. 2 BGB.[247] Das Bedürfnis, die Position des Werkunternehmers zu stärken, ist nur gegeben, wenn die sonstige Rechtslage für ihn ungünstig ist. Das setzt wiederum voraus, dass die Fälligkeit der Vergütung von der Abnahme abhängt.[248] Erst mit dieser Fälligkeitsbestimmung entsteht eine Abhängigkeit zwischen Werkunternehmer und Besteller, die den Werkunternehmer insbesondere im Vergleich zu einem Verkäufer gegenüber seinem Vertragspartner deutlich schlechter stellt und schutzwürdig macht.[249]

Schließlich spricht auch § 641 Abs. 4 BGB dafür, dass es sich bei § 641 Abs. 1 S. 1 BGB um eine Fälligkeitsregelung handelt *(innere Systematik).* § 641 Abs. 4 BGB bestimmt, dass der Besteller eine in Geld festgesetzte Vergütung von der Abnahme des Werkes an zu verzinsen hat, sofern nicht die Vergütung gestundet ist. Bei einer Stundung wird die Fälligkeit hinausgeschoben.[250] Wird also im Falle der Stundung der Vergütung kein Zinsanspruch begründet, bedeutet das, dass die Pflicht zur Verzinsung erst im Zeitpunkt der Fälligkeit der Vergütungsforderung eintreten soll.[251] Wenn § 641 Abs. 4 BGB die Verzinsungspflicht nicht ausdrücklich an die Fälligkeit, sondern an die Abnahme knüpft, heißt das demnach mittelbar,

---

244 Ebenso HK-WerkBauVertrR/*Herdy/Raab* § 641 BGB Rn. 8; *Oppler,* Die Folgen der rechtswidrigen Nichtabnahme einer Bauleistung, FS Werner, 185 (188).

245 Ebenso HK-WerkBauVertrR/*Herdy/Raab* § 641 BGB Rn. 8.

246 Begr. zur Änderung des § 640 Abs. 1 BGB, Gesetzentwurf der Fraktionen SPD und BÜNDNIS 90/DIE GRÜNEN zur Beschleunigung fälliger Zahlungen v. 23.06.1999, BT-Drucks. 14/1246, S. 5 (S. 6); HK-WerkBauVertrR/*Herdy/Raab* § 641 BGB Rn. 8.

247 Vgl. Begr. zur Änderung des § 640 BGB, Gesetzentwurf der Bundesregierung zur Reform des Bauvertragsrechts und der kaufrechtlichen Mängelhaftung v. 18.05.2016, BT-Drucks. 18/8486, S. 24 (S. 48).

248 Ebenso HK-WerkBauVertrR/*Herdy/Raab* § 641 BGB Rn. 8.

249 Ebenso HK-WerkBauVertrR/*Herdy/Raab* § 641 BGB Rn. 8.

250 BGH NJW 1998, 2060 (2061); MüKoBGB/*Krüger* § 271 Rn. 22; Grüneberg/*Grüneberg* § 271 BGB Rn. 12.

251 Grüneberg/*Retzlaff* § 641 BGB Rn. 17; MüKoBGB/*Busche* § 641 Rn. 39.

dass die Abnahme nach dem Willen des Gesetzgebers den Zeitpunkt des Eintritts der Fälligkeit markiert.

(4) *Sinn und Zweck*

§ 641 Abs. 1 S. 1 BGB trägt den Besonderheiten des Werk- und Bauvertrages Rechnung, die diese beiden Vertragstypen nicht nur, wie oben beschrieben, vom Kaufvertrag, sondern insbesondere auch vom Dienstvertrag unterscheiden.[252]

Anders als beim Dienstvertrag, bei dem nur das sorgfältige Tätigwerden geschuldet ist, muss der Werkunternehmer für den *Erfolg* seiner Tätigkeit einstehen.[253] Dies ergibt sich aus dem Wortlaut des § 631 Abs. 2 BGB, der wiederum auf § 631 Abs. 1 Hs. 1 BGB Bezug nimmt.[254] Nach § 631 Abs. 1 Hs. 1 BGB ist Hauptpflicht des Werkunternehmers die Herstellung des versprochenen Werkes. § 631 Abs. 2 BGB bestimmt, dass Gegenstand des Werkvertrages nicht nur die Herstellung oder Veränderung einer Sache, sondern auch ein *anderer durch Arbeit oder Dienstleistung herbeizuführender Erfolg* sein kann. Wenn sich der Werkunternehmer auch zu einem *„anderen Erfolg"* als der Herstellung einer Sache verpflichten kann, ist hieraus zu folgern, dass die Herstellung des versprochenen Werkes i.S.d. § 631 Abs. 1 Hs. 1 BGB als die Herstellung des versprochenen Werk*erfolges* zu verstehen ist.[255]

Wenn Dienst- und Werkvertrag unterschiedliche Leistungspflichten vorsehen, erfordert das unterschiedliche Regelungen in der Vertragsabwicklung.[256] Schon die Verfasser des BGB haben deshalb zutreffend festgestellt, dass die Vergütung nicht wie beim Dienstvertrag für die Tätigkeit als solche (§ 614 S. 1 BGB), sondern erst für den Tätigkeitserfolg gezahlt wird.[257] An dieser Stelle können die Erwägungen zum Sinn und Zweck des Abnahmeerfordernisses und der Abnahmepflicht erneut herangezogen werden.[258]

---

252 Vgl. Motive, II, S. 471 (= *Mugdan*, S. 262).
253 Leupertz/Preussner/Sienz/*Oberhauser* § 631 BGB Rn. 5 f., Rn. 8; HK-WerkBauVertrR/*Lederer/Raab* § 631 BGB Rn. 2.
254 HK-WerkBauVertrR/*Lederer/Raab* § 631 BGB Rn. 2.
255 HK-WerkBauVertrR/*Lederer/Raab* § 631 BGB Rn. 2.
256 Leupertz/Preussner/Sienz/*Oberhauser* § 631 BGB Rn. 3.
257 Motive, II, S. 471 (= *Mugdan*, S. 262); Messerschmidt/Voit/*von Rintelen* § 631 BGB Rn. 2; Leupertz/Preussner/Sienz/*Oberhauser* § 631 BGB Rn. 5 f.
258 Dazu S. 62 ff.

Ob der geschuldete Erfolg eingetreten ist, kann und muss angesichts der Tatsache, dass es sich – wie oben ausgeführt – um einen „individuellen, den Bedürfnissen des Bestellers entsprechenden Erfolg" handelt, der Besteller bestimmen.[259] Damit darf nach der Zwecksetzung des § 641 Abs. 1 S. 1 BGB die Fälligkeit nicht schon mit der Fertigstellung eintreten. Sie muss vielmehr an die Billigung der Leistung, also die Abnahme, gekoppelt sein.

(5) *Ergebnis*

§ 641 Abs. 1 S. 1 BGB ist keine bloße Ergänzung der §§ 320, 322 BGB. Die Vorschrift regelt die Fälligkeit der vom Besteller geschuldeten Vergütung. Die von *Peters* vertretene Ansicht ist abzulehnen.

b) *Besonderheit des Bauvertrages*

Bei Bauverträgen i.S.d. § 650a Abs. 1 S. 1 BGB richtet sich die Fälligkeit der Vergütung nach § 650g Abs. 4 S. 1 BGB als lex specialis zu § 641 Abs. 1 S. 1 BGB. Die Abnahme des Werkes ist hier nur eine von zwei Fälligkeitsvoraussetzungen. Gemäß § 650g Abs. 4 S. 1 Nr. 2 BGB muss der Werkunternehmer dem Besteller zusätzlich eine prüffähige Schlussrechnung erteilt haben.

Bei einer Schlussrechnung handelt es sich um die letzte Rechnung des Werkunternehmers, durch die er zu erkennen gibt, in welcher Höhe er endgültig und abschließend vom Besteller Vergütung verlangt.[260] Die Prüffähigkeit der Schlussrechnung ist nach § 650g Abs. 4 S. 2 BGB gegeben, wenn sie eine übersichtliche Aufstellung der erbrachten Leistungen enthält und für den Besteller nachvollziehbar ist. Sie gilt nach Satz 3 als prüffähig, wenn der Besteller nicht innerhalb von 30 Tagen nach Zugang der Schlussrechnung begründete Einwendungen gegen ihre Prüffähigkeit erhoben hat. Der Besteller ist dann mit dem Einwand fehlender Prüffähigkeit präkludiert.[261] Die tatsächliche Prüfung der Schlussrechnung bzw. den Ablauf einer Prüffrist verlangt § 650g Abs. 4 S. 1 Nr. 2 BGB nicht.[262]

---

259 Dazu S. 63.
260 MüKoBGB/*Busche* § 650g Rn. 13; Messerschmidt/Voit/*Messerschmidt* § 650g BGB Rn. 101; Franke/Kemper/Zanner/Grünhagen/Mertens/*Zanner* § 16 VOB/B Rn. 261.
261 HK-WerkBauVertrR/*Linz* § 650g BGB Rn. 56; Franke/Kemper/Zanner/Grünhagen/Mertens/*Zanner* § 16 VOB/B Rn. 262.
262 BeckOK BGB/*Voit* § 650g Rn. 22.

§ 650g Abs. 4 S. 1 BGB will der Besonderheit des Bauvertrages Rechnung tragen, dass der Umfang der Bauleistungen oft erst nach Abschluss der Arbeiten endgültig erkennbar ist.[263] Das hängt damit zusammen, dass Änderungen im Bauentwurf oder andere leistungsändernde Anordnungen des Bestellers nicht unüblich sind.[264] Infolgedessen lässt sich auch die Höhe der Vergütung regelmäßig erst nach Beendigung der Arbeiten abschließend bestimmen.[265] Dem Besteller soll durch das Erfordernis der Schlussrechnungsstellung deshalb die Möglichkeit gegeben werden, die Höhe der geforderten Vergütung überprüfen zu können.[266]

c) Anspruch auf Abschlagszahlung als Durchbrechung der Vorleistungspflicht des Werkunternehmers

Der Gesetzgeber hat erkannt, dass die Vorleistungspflicht den Werkunternehmer zur Vorfinanzierung zwingt. Das ist insbesondere für kleine und mittlere Unternehmen mit einem erheblichen finanziellen Risiko verbunden.[267] Um dieser Belastung entgegenzuwirken, wurde § 632a BGB in die werkrechtlichen Bestimmungen eingefügt.[268] § 632a Abs. 1 S. 1 BGB gewährt dem Werkunternehmer einen Anspruch auf Abschlagszahlung in Höhe des Wertes der von ihm erbrachten und nach dem Vertrag geschuldeten Leistungen.

Unter einem Abschlag ist „ein Teil vom Ganzen" zu verstehen.[269] Eine Abschlagszahlung erfolgt also schon begrifflich für eine vom Werkunternehmer erbrachte Teilleistung. Es handelt sich dabei um „vorfällige Zah-

---

263 Messerschmidt/Voit/*Messerschmidt* § 641 BGB Rn. 71.

264 Messerschmidt/Voit/*Messerschmidt* § 641 BGB Rn. 71.

265 Messerschmidt/Voit/*Messerschmidt* § 641 BGB Rn. 71; Messerschmidt/Voit/*Messerschmidt* § 650g BGB Rn. 97.

266 Stellungnahme des Bundesrates, Gesetzentwurf der Bundesregierung zur Reform des Bauvertragsrechts und der kaufrechtlichen Mängelhaftung v. 18.05.2016, BT-Drucks. 18/8486, S. 81 (S. 92); MüKoBGB/*Busche* § 650g Rn. 12.

267 Begr. zur Einfügung des § 632a BGB, Gesetzentwurf der Fraktionen SPD und BÜNDNIS 90/DIE GRÜNEN zur Beschleunigung fälliger Zahlungen v. 23.06.1999, BT-Drucks. 14/1246, S. 5 f.

268 Begr. zur Einfügung des § 632a BGB, Gesetzentwurf der Fraktionen SPD und BÜNDNIS 90/DIE GRÜNEN zur Beschleunigung fälliger Zahlungen v. 23.06.1999, BT-Drucks. 14/1246, S. 5 f.; HK-WerkBauVertrR/*Brunstamp/Raab* § 632a BGB Rn. 1; Kniffka/Koeble/Jurgeleit/Sacher/*Jurgeleit* Teil 3 Rn. 17.

269 HK-WerkBauVertrR/*Brunstamp/Raab* § 632a BGB Rn. 7.

lungen aufgrund vorläufiger Berechnung".[270] Charakteristisches Merkmal der Abschlagszahlung ist ihre *Vorläufigkeit*.[271] Der Werkunternehmer soll *unabhängig von der Abnahme* einen dem Wert der von ihm erbrachten und nach dem Vertrag geschuldeten Leistung entsprechenden Vergütungsteil erhalten.[272]

Die Abschlagszahlung hat keine Anerkenntniswirkung und kann nicht als konkludente (Teil-)Abnahme ausgelegt werden.[273]

Wird der Vertrag ordnungsgemäß abgewickelt, darf der Werkunternehmer die vom Besteller geleisteten Abschlagszahlungen endgültig behalten.[274] Stellt sich im Rahmen der Schlussabrechnung eine Überzahlung des Werkunternehmers heraus, hat der Besteller nach der Rechtsprechung des Bundesgerichtshofs einen vertraglichen Rückzahlungsanspruch.[275]

§ 632a Abs. 1 S. 1 BGB durchbricht den im Werk- und Bauvertragsrecht bestehenden Grundsatz der uneingeschränkten Vorleistungspflicht des Werkunternehmers, hebt ihn aber nicht auf.[276] Die Vorleistungspflicht besteht weiterhin, allerdings reduziert auf den noch ausstehenden Leistungsteil.[277]

3. Übergang von Leistungs- und Vergütungsgefahr

Die Abnahme hat die weitere Bedeutung, dass sich an ihr die werk- und bauvertragsrechtliche Risikoverteilung orientiert. Nach § 644 Abs. 1 S. 1 BGB trägt der Werkunternehmer die Gefahr bis zur Abnahme. Bei der Gefahrtragung geht es um die Frage, welche Konsequenzen sich aus der zufälligen Verschlechterung oder dem zufälligen Untergang des Werkes er-

---

270 Kniffka/Jurgeleit/*von Rintelen* § 632a BGB Rn. 10.

271 HK-WerkBauVertrR/*Brunstamp/Raab* § 632a BGB Rn. 10; Kniffka/Jurgeleit/*von Rintelen* § 632a BGB Rn. 10.

272 HK-WerkBauVertrR/*Brunstamp/Raab* § 632a BGB Rn. 10.

273 Grüneberg/*Retzlaff* § 632a BGB Rn. 3; MüKoBGB/*Busche* § 632a Rn. 4.

274 HK-WerkBauVertrR/*Brunstamp/Raab* § 632a BGB Rn. 10.

275 BGH NJW 1999, 1867 (1869) für VOB-Verträge; BGH NJW-RR 2015, 469 (470 Rn. 13 ff.) für die Übertragbarkeit auf den BGB-Werkvertrag; HK-WerkBauVertrR/*Brunstamp/Raab* § 632a BGB Rn. 48; Kniffka/Jurgeleit/*von Rintelen* § 632a BGB Rn. 94 ff.

276 BGH NJW 1988, 55 (57) zu § 16 Abs. 1 Nr. 1 VOB/B; HK-WerkBauVertrR/*Brunstamp/Raab* § 632a BGB Rn. 8.

277 BGH NJW 1988, 55 (57) zu § 16 Abs. 1 Nr. 1 VOB/B; HK-WerkBauVertrR/*Brunstamp/Raab* § 632a BGB Rn. 8.

geben.[278] Zufall liegt immer dann vor, wenn der zur Verschlechterung oder zum Untergang führende Umstand von keiner Vertragspartei zu vertreten ist.[279] Mit der „Gefahr" i.S.d. § 644 Abs. 1 S. 1 BGB könnte die Leistungs- und/oder die Vergütungsgefahr gemeint sein.

Die Leistungsgefahr bezeichnet das Risiko, zur Erfolgsherbeiführung verpflichtet zu bleiben, wenn das Werk durch Zufall oder höhere Gewalt beschädigt wurde oder untergegangen ist.[280] Die Vergütungsgefahr betrifft die Frage, ob der Besteller trotz des Ausbleibens der geschuldeten Leistung die volle Vergütung entrichten muss.[281]

Mit der Abnahme gehen sowohl die Vergütungs- als auch die Leistungs- gefahr vom Werkunternehmer auf den Besteller über.[282] Im Falle des zufäl- ligen Untergangs oder der zufälligen Verschlechterung des Werkes bleibt der Besteller also zur Zahlung der Vergütung verpflichtet, ohne vom Werk- unternehmer Reparatur oder Neuherstellung verlangen zu können.[283]

Für die Leistungsgefahr ergibt sich das schon aus der Erfolgsbezogenheit der Werk- und Bauverträge.[284] Nach den Regeln des allgemeinen Schuld- rechts trägt der Schuldner die Leistungsgefahr, bis Erfüllung i.S.d. § 362 Abs. 1 BGB eingetreten ist.[285] Etwas anderes gilt nur, wenn dem Schuldner die Erbringung der Leistung nach § 275 Abs. 1 BGB unmöglich ist oder ihm aus § 275 Abs. 2, Abs. 3 BGB ein Leistungsverweigerungsrecht zusteht.[286] Weil sich der Werkunternehmer nicht nur zum bloßen Tätigwerden, son- dern zur Erbringung eines konkreten Werkerfolges verpflichtet hat, tritt Erfüllung nicht schon mit der Herstellung des Werkes, sondern erst mit der Abnahme ein. Sie bewirkt deshalb zwangsläufig den Übergang der Leistungsgefahr.

---

278 Kleine-Möller/Merl/Glöckner/*Manteufel* § 12 Rn. 329.
279 Kleine-Möller/Merl/Glöckner/*Manteufel* § 12 Rn. 329; Staudinger/*Peters* § 644 BGB Rn. 1; Erman/*Schwenker*/*Rodemann* § 644 BGB Rn. 1.
280 BeckOK BGB/*Voit* § 644 Rn. 1; HK-WerkBauVertrR/*Jordan*/*Raab* § 644 BGB Rn. 2; Kniffka/Jurgeleit/*Pause*/*Vogel* § 644 BGB Rn. 3.
281 BeckOK BGB/*Voit* § 644 Rn. 1; HK-WerkBauVertrR/*Jordan*/*Raab* § 644 BGB Rn. 2; Kniffka/Jurgeleit/*Pause*/*Vogel* § 644 BGB Rn. 3.
282 *Hartung* NJW 2007, 1099 (1103); MüKoBGB/*Busche* § 644 Rn. 6, Rn. 10.
283 Messerschmidt/Voit/*Merkens* § 644 BGB Rn. 9, Rn. 15.
284 Beck'scher VOB/B-Komm./*Bröker* Vorb. § 12 Rn. 141; ähnlich MüKoBGB/*Busche* § 644 Rn. 10, der sich auf die in §§ 631, 634 BGB verankerten Rechtsgrundsätze stützt; vgl. auch HK-WerkBauVertrR/*Jordan*/*Raab* § 644 BGB Rn. 3.
285 HK-WerkBauVertrR/*Jordan*/*Raab* § 644 BGB Rn. 3.
286 HK-WerkBauVertrR/*Jordan*/*Raab* § 644 BGB Rn. 3.

Unter der „Gefahr" kann § 644 Abs. 1 S. 1 BGB folglich nur die Vergütungsgefahr verstehen.[287] Mit § 326 BGB enthält das BGB ebenfalls eine allgemeine Bestimmung zur Vergütungsgefahr.[288] § 644 BGB geht dieser in seinem Anwendungsbereich als lex specialis vor.[289]

Die Vergütungsgefahr geht nicht nur mit der Abnahme, sondern nach § 644 Abs. 1 S. 2 BGB auch dann über, wenn sich der Besteller mit der Abnahme im Annahmeverzug befindet. Annahmeverzug liegt nach den §§ 293 ff. BGB vor, wenn der Werkunternehmer die Leistung so, wie sie zu bewirken ist, d.h. zur rechten Zeit, am rechten Ort und in der rechten Art und Weise, dem Besteller angeboten und dieser das Werk nicht abgenommen hat.[290]

Hiervon zu trennen ist die Frage, ob auch die Leistungsgefahr zu dem Zeitpunkt auf den Besteller übergeht, zu dem der Werkunternehmer ihn in Annahmeverzug versetzt. Dem wird gesondert an späterer Stelle nachgegangen.[291]

4. Beweislastumkehr

Mit der Abnahme geht die Beweislast hinsichtlich der Vertragsgemäßheit des Werkes vom Werkunternehmer auf den Besteller über.[292] Der Begriff der Beweislast umfasst seine beiden Erscheinungsformen, die objektive Beweislast (auch bezeichnet als Feststellungslast) und die subjektive Beweislast (auch bezeichnet als Beweisführungslast).[293]

Die Verteilung der objektiven Beweislast regelt, zu wessen Lasten die Nichterweislichkeit eines entscheidungserheblichen Tatbestandsmerkmals

---

287 BGH NJW-RR 2016, 498 (502 Rn. 45); MüKoBGB/*Busche* § 644 Rn. 1; Messerschmidt/Voit/*Merkens* § 644 BGB Rn. 1; HK-WerkBauVertrR/*Jordan/Raab* § 644 BGB Rn. 6; *Oetker/Maultzsch*, Vertragliche Schuldverhältnisse, § 8 Rn. 201; a.A. BeckOK BGB/*Voit* § 644 Rn. 3.

288 Kniffka/Jurgeleit/*Pause/Vogel* § 644 BGB Rn. 3.

289 Kniffka/Jurgeleit/*Pause/Vogel* § 644 BGB Rn. 3.

290 *Looschelders*, Schuldrecht AT § 36 Rn. 5.

291 Dazu S. 307 ff.

292 BGH NJW-RR 1997, 339; BGH NJW 2017, 1604 (1606 Rn. 36); *Hartung* NJW 2007, 1099 (1103); HK-WerkBauVertrR/*Havers/Raab* § 640 BGB Rn. 44.

293 *Musielak/Voit*, Grundkurs ZPO, Rn. 859; Baumgärtel/Laumen/Prütting/*Laumen*, Handbuch der Beweislast, Bd. 1, Kap. 9 Rn. 32.

trotz Ausschöpfung aller erreichbaren Beweismittel geht, sog. *non liquet*.[294] Die subjektive Beweislast betrifft die Frage, welche Partei durch aktives Tun – beispielsweise durch das Stellen von Beweisanträgen – den Beweis einer streitigen Tatsache führen muss, um den Prozess nicht zu verlieren.[295] Wer die objektive Beweislast trägt, ist denknotwendig auch mit der Beweisführung belastet.[296] Die subjektive Beweislast folgt also der objektiven.

Grundsätzlich gilt die sog. „negative Grundregel der Beweislast" („Rosenberg´sche Formel"), die greift, solange keine besondere Beweislastregel vorhanden ist.[297] Jede Partei trägt danach die objektive (und damit auch die subjektive) Beweislast für das Vorliegen der Voraussetzungen der ihr günstigen Rechtsnorm:[298] „Der Anspruchssteller trägt die Beweislast für die rechtsbegründenden Tatbestandsmerkmale, der Anspruchsgegner für die rechtshindernden, rechtsvernichtenden und rechtshemmenden Merkmale."[299]

Für das Werk- und Bauvertragsrecht bedeutet das Folgendes: Nimmt der Werkunternehmer den Besteller auf Zahlung des Werklohns in Anspruch, hat er darzulegen und im Falle des Bestreitens durch den Besteller zu beweisen, dass er seine Leistung vertragsgerecht, also vollständig und mangelfrei erbracht hat.[300] Mit der Abnahme kehrt sich die Beweislast für behauptete Mängel um.[301] Dieses Ergebnis folgt aus der Beweislastregel

---

294 *Musielak/Voit*, Grundkurs ZPO, Rn. 859; Baumgärtel/Laumen/Prütting/*Laumen*, Handbuch der Beweislast, Bd. 1, Kap. 9 Rn. 13 f., Rn. 32; *Rosenberg/Schwab/Gottwald*, Zivilprozessrecht, § 116 Rn. 3.

295 *Musielak/Voit*, Grundkurs ZPO, Rn. 859; Baumgärtel/Laumen/Prütting/*Laumen*, Handbuch der Beweislast, Bd. 1, Kap. 9 Rn. 32; *Rosenberg/Schwab/Gottwald*, Zivilprozessrecht, § 116 Rn. 4.

296 *Rosenberg/Schwab/Gottwald*, Zivilprozessrecht, § 116 Rn. 4.

297 *Rosenberg/Schwab/Gottwald*, Zivilprozessrecht, § 116 Rn. 7; Die Grundregel geht auf *Leo Rosenberg* (*Rosenberg*, Die Beweislast auf der Grundlage des Bürgerlichen Gesetzbuchs und der Zivilprozessordnung, S. 112 ff.) zurück und wird deshalb als „Rosenberg´sche Formel" bezeichnet. In Rechtsprechung und Literatur ist sie heute allgemein anerkannt, vgl. MüKoZPO/*Prütting* § 286 Rn. 115.

298 *Rosenberg/Schwab/Gottwald*, Zivilprozessrecht, § 116 Rn. 7.

299 MüKoZPO/*Prütting* § 286 Rn. 114.

300 BGH NZBau 2009, 117 (119 Rn. 14) m.w.N.; HK-WerkBauVertrR/*Havers/Raab* § 640 BGB Rn. 44; Kniffka/Koeble/Jurgeleit/Sacher/*Jurgeleit* Teil 3 Rn. 25; Messerschmidt/Voit/*Messerschmidt* § 640 BGB Rn. 88.

301 BGH NZBau 2009, 117 (119 Rn. 15); HK-WerkBauVertrR/*Havers/Raab* § 640 BGB Rn. 44; Kniffka/Koeble/Jurgeleit/Sacher/*Jurgeleit* Teil 3 Rn. 29; Messerschmidt/Voit/*Messerschmidt* § 640 BGB Rn. 88.

des § 363 BGB, der die „negative Grundregel der Beweislast" verdrängt.[302] Nach § 363 BGB trifft denjenigen die Beweislast, der eine als Erfüllung angebotene Leistung als Erfüllung angenommen hat – genau das ist bei der Abnahme i.S.d. § 640 Abs. 1 S. 1 BGB der Fall –, wenn er die Leistung nicht als Erfüllung gelten lassen will, weil sie eine andere als die geschuldete Leistung oder weil sie unvollständig gewesen sei.

Etwas anderes gilt nur, soweit sich der Besteller nach § 640 Abs. 3 BGB ausdrücklich die Geltendmachung von Mängelrechten vorbehalten hat.[303] Das lässt sich ebenfalls mit § 363 BGB erklären.[304] Der Vorbehalt der Mängelrechte steht der Abnahme des Gesamtwerkes, wie oben aufgezeigt, nicht entgegen, wenn der Erklärung oder dem Verhalten des Bestellers *in Bezug auf das Gesamtwerk* die Billigung als im Wesentlichen vertragsgerechte Leistung zu entnehmen ist.[305] Der Vorbehalt verdeutlicht aber, dass die von diesem erfassten Leistungsteile nicht als Erfüllung angenommen werden. Gerade das wäre nach § 363 BGB aber Voraussetzung der Beweislastumkehr. Hinsichtlich solcher Mängel, auf die sich der Vorbehalt i.S.d. § 640 Abs. 3 BGB bezieht, muss die Beweislast daher beim Werkunternehmer verbleiben.[306]

II. Beginn des Gewährleistungsstadiums

Das durch die Abnahme begründete Ende des Erfüllungsstadiums geht mit dem Beginn des Gewährleistungsstadiums einher. Nach § 634a Abs. 2 BGB knüpfen an den Zeitpunkt der Abnahme spezifische werkvertragliche Verjährungsfristen für die in § 634 Nr. 1, 2 und 4 BGB bezeichneten Ansprüche an. § 634 Nr. 3 BGB, der die Rechte auf Rücktritt und Minderung enthält, wird von § 634a BGB nicht genannt. Als Gestaltungsrechte

---

302 BGH NZBau 2009, 117 (119 Rn. 15); *Hartung* NJW 2007, 1099 (1103); HK-WerkBauVertrR/*Havers/Raab* § 640 BGB Rn. 44; Kniffka/Koeble/Jurgeleit/Sacher/*Jurgeleit* Teil 3 Rn. 29; Messerschmidt/Voit/*Messerschmidt* § 640 BGB Rn. 89.

303 BGH NJW-RR 1997, 339; BGH NZBau 2009, 117 (119 Rn. 15); BGH NJW 2017, 1604 (1606 Rn. 36); *Hartung* NJW 2007, 1099 (1103); HK-WerkBauVertrR/*Havers/Raab* § 640 BGB Rn. 44; Kniffka/Koeble/Jurgeleit/Sacher/*Jurgeleit* Teil 3 Rn. 29; Messerschmidt/Voit/*Messerschmidt* § 640 BGB Rn. 90.

304 BGH NZBau 2009, 117 (119 Rn. 15); HK-WerkBauVertrR/*Havers/Raab* § 640 BGB Rn. 44; Messerschmidt/Voit/*Messerschmidt* § 640 BGB Rn. 90.

305 Dazu bereits S. 39, S. 45.

306 HK-WerkBauVertrR/*Havers/Raab* § 640 BGB Rn. 44; Messerschmidt/Voit/*Messerschmidt* § 640 BGB Rn. 90.

unterliegen Rücktritt und Minderung nicht der Verjährung, vgl. § 194 Abs. 1 BGB.[307] Verjährt allerdings der Nacherfüllungsanspruch und beruft sich der Schuldner darauf, sind Rücktritt und Minderung unwirksam, § 634a Abs. 4 S. 1, Abs. 5 BGB i.V.m. § 218 Abs. 1 S. 1 BGB.

Ansprüche bei einem Werk, dessen Erfolg in der Herstellung, Wartung oder Veränderung einer Sache oder in der Erbringung von Planungs- oder Überwachungsleistungen liegt, verjähren in zwei Jahren, § 634a Abs. 1 Nr. 1 BGB. Ansprüche bei einem Bauwerk und bei Werken, deren Erfolg in der Erbringung von Planungs- oder Überwachungsleistungen für das Bauwerk liegt, verjähren in fünf Jahren, § 634a Abs. 1 Nr. 2 BGB. Für alle anderen Werke sieht § 634a Abs. 1 Nr. 3 BGB die Regelverjährung vor.

Hintergrund für die bei Bauwerken gegenüber der Regelverjährung um zwei Jahre verlängerte Frist ist die Tatsache, dass sich Mängel an Bauleistungen oft deutlich später zeigen als bei anderen Werken – regelmäßig erst unter dem Einfluss von Witterung und Benutzung.[308] Die spezifischen Verjährungsfristen des § 634a Abs. 1 Nr. 1 und Nr. 2 BGB bewirken aber selbst bei Bauwerken in der Regel einen schnelleren Verjährungseintritt.[309] Das hängt damit zusammen, dass der Gesetzgeber bei den spezifischen werkvertraglichen Verjährungsfristen einem „objektiven System" folgt.[310] Er knüpft den Fristbeginn mit der Abnahme an objektiv erkennbare Umstände.[311] Unbeachtlich ist, ob der Besteller den Mangel innerhalb der Frist erkennen und seine Ansprüche rechtzeitig geltend machen konnte.[312] Die dreijährige Regelverjährung folgt dagegen einem „subjektiven System".[313] Der Lauf der Verjährungsfrist hängt hier von der Kenntnis bzw. grob fahrlässigen Unkenntnis der anspruchsbegründenden Tatsachen ab, § 199 Abs. 1 Nr. 2 BGB. Der kenntnisabhängige Beginn der Regelverjährung kann dazu führen, dass der Verjährungseintritt deutlich hinausgeschoben wird.[314]

---

307 BGH NJW 2010, 1284 (1287 Rn. 40); MüKoBGB/*Busche* § 634a Rn. 55.
308 Messerschmidt/Voit/*Moufang/Koos* § 634a BGB Rn. 3; BeckOK BGB/*Voit* § 634a Rn. 6.
309 MüKoBGB/*Busche* § 634a Rn. 7; Staudinger/*Peters* § 634a BGB Rn. 1.
310 HK-WerkBauVertrR/*Langen/Raab* § 634a BGB Rn. 6.
311 HK-WerkBauVertrR/*Langen/Raab* § 634a BGB Rn. 2; Messerschmidt/Voit/*Moufang/Koos* § 634a BGB Rn. 5 f.
312 Messerschmidt/Voit/*Moufang/Koos* § 634a BGB Rn. 5; MüKoBGB/*Busche* § 634a Rn. 49.
313 HK-WerkBauVertrR/*Langen/Raab* § 634a BGB Rn. 5.
314 Messerschmidt/Voit/*Moufang/Koos* § 634a BGB Rn. 6; MüKoBGB/*Busche* § 634a Rn. 7.

Der Gesetzgeber hielt es im Interesse der Sicherheit des Geschäftsverkehrs für erforderlich, den Beginn der spezifischen werkrechtlichen Verjährungsfristen an den objektiven Umstand der Abnahme zu knüpfen.[315] Der Werkunternehmer muss sich bis zum Ablauf der Verjährungsfrist zur Nacherfüllung bereithalten und Vorsorgemaßnahmen, insbesondere in Form von Rückstellungen, treffen.[316] Dadurch wird er gerade bei herzustellenden Sachen oder Bauwerken in seiner wirtschaftlichen Handlungsfähigkeit erheblich eingeschränkt.[317] Ab einem bestimmten Zeitpunkt soll er deshalb bei derartigen Werken darauf vertrauen können, vom Besteller nicht mehr in Anspruch genommen werden zu können.[318] Die Regelungen des § 634a Abs. 1 Nr. 1 und Nr. 2 BGB tragen dadurch zum schnelleren Eintritt von Rechtssicherheit bei und wahren in erster Linie die Interessen des Werkunternehmers.[319]

Nur für Werke, die nicht unter Nr. 1 und Nr. 2 fallen, verweist § 634a Abs. 1 Nr. 3 BGB auf die regelmäßigen Verjährungsfristen. Das betrifft hauptsächlich die Erstellung unkörperlicher Werke wie Transportleistungen und Werke, bei denen der geschuldete Erfolg an einem Menschen zu bewirken ist, z.B. beim Friseurbesuch.[320] Aufgrund der Nähe solcher Werke zu Dienstleistungen, für die bei Pflichtverletzungen die regelmäßige Verjährungsfrist gilt, sollte ein Gleichlauf der Verjährung hergestellt werden.[321]

Verschweigt der Werkunternehmer arglistig das Vorliegen eines Mangels, ist nach § 634a Abs. 3 S. 1 BGB ebenfalls die Regelverjährung vorgesehen. Ein besonderer Schutz des Werkunternehmers durch eine aufgrund objektiver Umstände eindeutig bestimmbare Verjährungsfrist ist hier nicht gerechtfertigt.

---

315 Begr. zu § 634a BGB, Gesetzentwurf aus der Mitte des Bundestages zur Modernisierung des Schuldrechts, BT-Drucks. 14/6040, S. 98 (S. 264).

316 Allg. Begr. zum Verjährungsrecht, Gesetzentwurf aus der Mitte des Bundestages zur Modernisierung des Schuldrechts, BT-Drucks. 14/6040, S. 79 (S. 96); HK-WerkBauVertrR/*Langen/Raab* § 634a BGB Rn. 2; Grüneberg/*Ellenberger* Überbl. v. § 194 BGB Rn. 8.

317 Allg. Begr. zum Verjährungsrecht, Gesetzentwurf aus der Mitte des Bundestages zur Modernisierung des Schuldrechts, BT-Drucks. 14/6040, S. 79 (S. 96); Grüneberg/*Ellenberger* Überbl. v. § 194 BGB Rn. 8.

318 Allg. Begr. zum Verjährungsrecht, Gesetzentwurf aus der Mitte des Bundestages zur Modernisierung des Schuldrechts, BT-Drucks. 14/6040, S. 79 (S. 96); Grüneberg/*Ellenberger* Überbl. v. § 194 BGB Rn. 8.

319 HK-WerkBauVertrR/*Langen/Raab* § 634a BGB Rn. 2.

320 HK-WerkBauVertrR/*Langen/Raab* § 634a BGB Rn. 62.

321 Begr. zu § 634a BGB, Gesetzentwurf aus der Mitte des Bundestages zur Modernisierung des Schuldrechts, BT-Drucks. 14/6040, S. 98 (S. 264).

C. Verpflichtung zur Abnahme

I. Abnahme als vertragliche Hauptpflicht des Bestellers

Bei der in § 640 Abs. 1 S. 1 BGB normierten Pflicht zur Abnahme handelt es sich um eine vertragliche Hauptpflicht des Bestellers.[322]

Die Abnahmepflicht besteht entsprechend dem Wortlaut des § 640 Abs. 1 S. 1 BGB, wenn das Werk vertragsmäßig hergestellt wurde (*„Abnahmereife"*), sofern die Abnahme nicht nach der Beschaffenheit des Werkes ausgeschlossen ist (*„Abnahmefähigkeit"*).[323]

1. Abnahmefähigkeit – Abgrenzung der §§ 640 Abs. 1 S. 1 BGB und 646 BGB

Fehlt es an der Abnahmefähigkeit des Werkes, ist § 646 BGB einschlägig, d.h. die Vollendung tritt an die Stelle der Abnahme. Fraglich ist, was unter der Abnahmefähigkeit zu verstehen ist, welche Werke also bei deren Fehlen in den Anwendungsbereich des § 646 BGB fallen. Das hängt maßgeblich vom Begriff der Abnahme ab.[324]

Nach dem hier vertretenen zweigliedrigen Abnahmebegriff müsste § 646 BGB anwendbar sein, sobald aufgrund der Beschaffenheit des Werkes eines der beiden Abnahmeelemente ausgeschlossen ist.[325] Gebilligt werden kann grundsätzlich jedes Werk. Deshalb liegt der Gedanke nahe, dass es für die Abgrenzung des § 640 Abs. 1 S. 1 BGB zu § 646 BGB darauf ankommen muss, ob das Werk übergeben werden kann.[326] Das wäre nur bei solchen

---

322 BGH NJW 1981, 1448 (1449); BGH NJW 2016, 2878 (2882 Rn. 45); BGH NJW 2019, 2166 (2167 Rn. 29); HK-WerkBauVertrR/*Havers/Raab* § 640 BGB Rn. 23; Erman/*Schwenker/Rodemann* § 640 BGB Rn. 10; HK-BGB/*Scheuch* § 640 Rn. 2; MüKoBGB/*Busche* § 640 Rn. 42.

323 Messerschmidt/Voit/*Messerschmidt* § 640 BGB Rn. 96; HK-BGB/*Scheuch* § 640 Rn. 3; BeckOK BGB/*Voit* § 640 Rn. 21; a.A. MüKoBGB/*Busche* § 640 Rn. 11, der die Abnahmereife nicht als Voraussetzung der Abnahmepflicht, sondern nur als den „Zeitpunkt, zu dem der Unternehmer das Werk hergestellt hat und der Besteller gehalten ist, darüber zu entscheiden, ob er es als im Wesentlichen vertragsgemäß anerkennt", betrachtet.

324 BeckOGK/*Kögl*, 01.10.2024, § 646 BGB Rn. 5.

325 BeckOGK/*Kögl*, 01.10.2024, § 646 BGB Rn. 5.

326 So MüKoBGB/*Busche* § 646 Rn. 2; vgl. BeckOGK/*Kögl*, 01.10.2024, § 646 BGB Rn. 7.

Werken möglich, die körperlicher Natur sind.[327] In den Anwendungsbereich des § 646 BGB fielen demnach sämtliche nichtkörperliche Werke.[328]

Ist die körperliche Entgegennahme nicht möglich, ist diese nach dem hier vertretenen zweigliedrigen Abnahmebegriff schon keine Abnahmevoraussetzung.[329] Es kommt dann ohnehin allein auf die (stets mögliche) Billigung an. Das führt dazu, dass die Abnahme nach der Beschaffenheit des Werkes im Grunde nie ausgeschlossen, also jedes Werk abnahmefähig ist.[330]

Wenn § 646 BGB die Vollendung des Werkes als Zäsur ausreichen lässt, heißt das, dass auch auf die grundsätzlich immer mögliche und immer erforderliche Billigung durch den Besteller verzichtet wird – und zwar völlig unabhängig davon, ob es sich dabei um eine körperliche oder nichtkörperliche Leistung handelt. Unter § 646 BGB können folglich nur solche Werkleistungen gefasst werden, bei denen die Billigung nach der Beschaffenheit des Werkes *verzichtbar* ist. Das muss danach beurteilt werden, ob die Billigung angesichts der Art des Werkes nach der Verkehrsauffassung nicht erforderlich bzw. nicht zu erwarten ist.[331] Statt die *Abnahmefähigkeit* als Voraussetzung der Abnahmepflicht nach § 640 Abs. 1 S. 1 BGB zu definieren, sollte deshalb treffender von der *„Abnahmebedürftigkeit"* die Rede sein.[332]

Angesichts der Tatsache, dass der Besteller grundsätzlich das Recht zur Prüfung der Vertragsgemäßheit des Werkes haben soll, ist der Anwendungsbereich des § 646 BGB restriktiv auszulegen.[333] Insbesondere bei Theateraufführungen, Konzerten oder Beförderungsleistungen darf ein ver-

---

327 MüKoBGB/*Busche* § 646 Rn. 2.

328 MüKoBGB/*Busche* § 646 Rn. 2.

329 Dazu bereits S. 36 f.

330 Mit ähnlicher Begründung BeckOGK/*Kögl*, 01.10.2024, § 646 BGB Rn. 12; vgl. auch BeckOK BGB/*Voit* § 646 Rn. 4.

331 Ebenso BeckOGK/*Kögl*, 01.10.2024, § 646 BGB Rn. 13; BeckOK BGB/*Voit* § 646 Rn. 4; *Larenz,* SchuldR BT, Bd. 2/1, § 53 III. a), S. 366 f.; Prütting/Wegen/Weinreich/*Leupertz/Halfmeier* § 646 BGB Rn. 1; Jauernig/*Mansel* § 646 BGB Rn. 1; wohl auch Messerschmidt/Voit/*Messerschmidt* § 646 BGB Rn. 3, der ausführt, dass sich der Anwendungsrahmen des § 646 BGB üblicherweise nur auf unkörperliche Leistungen erstrecke, die nicht von der Billigung *abhängen*; a.A. Staudinger/*Peters* § 646 BGB Rn. 7, der die Verkehrssitte als Abgrenzungskriterium für zu unbestimmt hält.

332 Ebenso BeckOK BGB/*Voit* § 646 Rn. 4; vgl. *Larenz,* SchuldR BT, Bd. 2/1, § 53 III. a), S. 366 f.

333 BeckOGK/*Kögl*, 01.10.2024, § 646 BGB Rn. 3; Kniffka/Jurgeleit/*Pause/Vogel* § 646 BGB Rn. 2.

ständiger Unternehmer aber davon ausgehen, dass keine Billigung seiner Leistung nötig ist.[334] Das zeigt sich schon daran, dass der Besteller die Vergütung im Voraus entrichtet.[335]

Im Bauvertragsrecht ist jede Leistung abnahmebedürftig.[336] Das gilt nicht nur für handwerkliche Leistungen, sondern auch für begleitende Planungs- oder Überwachungsleistungen.[337] Zumindest für das Bauvertragsrecht wird deshalb mit Recht von einer „völligen Bedeutungslosigkeit der Vorschrift" gesprochen.[338]

2. Abnahmereife

a) *Mangelfreiheit*

Für die Frage der Abnahmepflicht ist die *Abnahmereife* dagegen umso mehr von Belang. Aus § 640 Abs. 1 S. 1 BGB ergibt sich, dass das Werk grundsätzlich nur dann abnahmereif ist, wenn es vertragsmäßig, also mangelfrei hergestellt wurde.[339] § 640 Abs. 1 S. 2 BGB schränkt diesen Grundsatz insofern ein, als der Besteller die Abnahme wegen nur unwesentlicher Mängel nicht verweigern kann. Eine Werkleistung ist demgemäß abnahmereif, sobald sie zwar nicht vollständig, aber doch im Wesentlichen mangelfrei ist.

Der Besteller wird durch § 640 Abs. 1 S. 2 BGB zur Abnahme eines Werkes verpflichtet, das gerade nicht der vertraglichen Vereinbarung entspricht. Vereinbart wurde nämlich die Herstellung eines mangelfreien, nicht eines nur im Wesentlichen mangelfreien Werkes. Das Interesse des Bestellers an einer vollständig mangelfreien Leistung muss deshalb bei der Auslegung des Begriffs der Wesentlichkeit i.S.d. § 640 Abs. 1 S. 2 BGB berücksichtigt werden.[340] Die Wesentlichkeit eines Mangels muss sich vor diesem Hintergrund daran orientieren, ob bzw. wann es dem Besteller

---

334 BeckOK BGB/*Voit* § 646 Rn. 4.
335 BeckOK BGB/*Voit* § 646 Rn. 4.
336 Messerschmidt/Voit/*Messerschmidt* § 646 BGB Rn. 2; Leupertz/Preussner/Sienz/ *Dressel/Mayr* § 646 BGB Rn. 1.
337 Messerschmidt/Voit/*Messerschmidt* § 646 BGB Rn. 2; Leupertz/Preussner/Sienz/ *Dressel/Mayr* § 646 BGB Rn. 1.
338 BeckOGK/*Kögl*, 01.10.2024, § 646 BGB Rn. 4; vgl. Kniffka/Jurgeleit/*Pause/Vogel* § 646 BGB Rn. 2; Messerschmidt/Voit/*Messerschmidt* § 646 BGB Rn. 2; Leupertz/Preussner/Sienz/*Dressel/Mayr* § 646 BGB Rn. 1.
339 BeckOK BGB/*Voit* § 640 Rn. 22.
340 OLG Hamm NJW 2019, 3240 (3245 f. Rn. 95); BeckOK BGB/*Voit* § 640 Rn. 22.

zumutbar ist, das Werk abzunehmen und sich mit den Mängelrechten aus § 634 BGB zufriedenzugeben.[341] Dabei lassen sich keine allgemeingültigen Kriterien aufstellen. Vielmehr muss eine Abwägung im Einzelfall erfolgen.[342]

In die Abwägung sind auch die Interessen des Werkunternehmers einzustellen.[343] Dem Werkunternehmer ist an einer raschen Vertragsabwicklung gelegen.[344] Das hat der Gesetzgeber erkannt und deshalb § 640 Abs. 1 S. 2 BGB mit dem oben bereits erwähnten Gesetz zur Beschleunigung fälliger Zahlungen in die Vorschriften zum Werkvertrag eingefügt.[345] Das Gesetz sollte wirtschaftlichen Missständen in der Bauwirtschaft entgegenwirken.[346] Diese entstanden dadurch, dass Geldforderungen oft nur sehr zögerlich oder gar nicht beglichen wurden.[347] Das führte zu Liquiditätsschwierigkeiten, zur Beeinträchtigung der Rentabilität und der Wettbewerbsfähigkeit.[348] Sinn und Zweck des § 640 Abs. 1 S. 2 BGB ist deshalb, den Werkunternehmer vor unverhältnismäßigen Abnahmeverweigerungen zu schützen, die ihm die Durchsetzung seines Vergütungsanspruchs erschweren.[349]

Ein Mangel ist angesichts dessen dann unwesentlich – eine Abnahmeverweigerung dementsprechend unverhältnismäßig – wenn das Interesse des Bestellers an einer Mangelbeseitigung vor der Abnahme hinter dem Interesse des Werkunternehmers an einer zügigen Vertragsabwicklung zurückstehen muss. Im Rahmen der Abwägung ist insbesondere der (Kosten-)Aufwand der Mängelbeseitigung und der Grad des Verschuldens des Werkun-

---

341 OLG Hamm NJW 2019, 3240 (3245 f. Rn. 95); OLG Düsseldorf BauR 2020, 991 (992); BeckOK BGB/*Voit* § 640 Rn. 22; Messerschmidt/Voit/*Messerschmidt* § 640 BGB Rn. 99; MüKoBGB/*Busche* § 640 Rn. 13.

342 OLG Hamm NJW 2019, 3240 (3245 f. Rn. 95); OLG Düsseldorf BauR 2020, 991 (992); MüKoBGB/*Busche* § 640 Rn. 13.

343 OLG Hamm NJW 2019, 3240 (3245 f. Rn. 95); MüKoBGB/*Busche* § 640 Rn. 13; Messerschmidt/Voit/*Messerschmidt* § 640 BGB Rn. 99.

344 Vgl. *Hildebrand/Abu Saris,* Die Abnahme von Bauleistungen, Kapitel 13 Rn. 3.

345 Gesetz zur Beschleunigung fälliger Zahlungen v. 30.03.2000 (BGBl. I S. 330).

346 Gesetzentwurf der Fraktionen SPD und BÜNDNIS 90/DIE GRÜNEN zur Beschleunigung fälliger Zahlungen v. 23.06.1999, BT-Drucks. 14/1246, S. 1.

347 Gesetzentwurf der Fraktionen SPD und BÜNDNIS 90/DIE GRÜNEN zur Beschleunigung fälliger Zahlungen v. 23.06.1999, BT-Drucks. 14/1246, S. 1.

348 Gesetzentwurf der Fraktionen SPD und BÜNDNIS 90/DIE GRÜNEN zur Beschleunigung fälliger Zahlungen v. 23.06.1999, BT-Drucks. 14/1246, S. 1.

349 Begr. zur Änderung des § 640 Abs. 1 BGB, Gesetzentwurf der Fraktionen SPD und BÜNDNIS 90/DIE GRÜNEN zur Beschleunigung fälliger Zahlungen v. 23.06.1999, BT-Drucks. 14/1246, S. 5 (S. 6); MüKoBGB/*Busche* § 640 Rn. 12.

ternehmers an der Entstehung des Mangels zu berücksichtigen.[350] Auf den Beseitigungsaufwand – vor allem auf die Höhe der Beseitigungskosten – und das Verschulden kommt es nicht an, wenn die Gebrauchsfähigkeit beeinträchtigt ist oder Gefahren bei der Nutzung des Werkes entstehen können.[351] Bei derart gravierenden Mängeln besteht kein schutzwürdiges Interesse des Werkunternehmers, den Vertrag rasch abwickeln zu können. Dem Besteller können die weitreichenden Rechtsfolgen der Abnahme unter diesen Umständen nicht zugemutet werden.

Für die Frage der Wesentlichkeit spielen auch Beschaffenheitsvereinbarungen eine entscheidende Rolle.[352] Aufgrund des subjektiven Interesses des Bestellers, das in der Beschaffenheitsvereinbarung zum Ausdruck kommt, können bei objektiver Betrachtung unwesentliche Abweichungen vom Soll-Zustand des Werkes als wesentlich zu bewerten sein.

Weist ein Werk mehrere Mängel auf, ist die Wesentlichkeit nicht für jeden Mangel gesondert festzustellen.[353] Weil das gesamte Werk abzunehmen ist, kommt es auf eine Gesamtbetrachtung aller Mängel an. Einzelne, für sich betrachtet unwesentliche Mängel können deshalb in ihrer Gesamtheit die wesentliche Mangelhaftigkeit des Werkes begründen und dem Anspruch auf Abnahme aus § 640 Abs. 1 S. 1 BGB entgegenstehen.[354]

b) *Teilabnahme*

Vor dem Hintergrund der bisherigen Ausführungen setzt die Abnahmereife denknotwendig die Vollständigkeit des Werkes voraus. Das ergibt sich außerdem zum einen aus § 266 BGB, wonach der Werkunternehmer zu Teilleistungen nicht berechtigt ist. Zum anderen enthält § 640 BGB keine gesonderte Regelung zur Teilabnahme, sondern sieht nur die Abnahme

---

350 OLG Hamm NJW 2019, 3240 (3245 f. Rn. 96); OLG Düsseldorf BauR 2020, 991 (992); MüKoBGB/*Busche* § 640 Rn. 13.

351 OLG Hamm NJW 2019, 3240 (3245 f. Rn. 95); OLG Düsseldorf BauR 2020, 991 (992); BeckOK BGB/*Voit* § 640 Rn. 23; HK-WerkBauVertrR/*Havers/Raab* § 640 BGB Rn. 35; Messerschmidt/Voit/*Messerschmidt* § 640 BGB Rn. 99; MüKoBGB/*Busche* § 640 Rn. 13.

352 BeckOK BGB/*Voit* § 640 Rn. 23.

353 OLG Hamm NJW 2019, 3240 (3245 f. Rn. 95); MüKoBGB/*Busche* § 640 Rn. 13.

354 OLG Hamm NJW 2019, 3240 (3245 f. Rn. 95); MüKoBGB/*Busche* § 640 Rn. 13.

des vollständig fertiggestellten Werkes vor.[355] Eine Pflicht zur Abnahme bereits erbrachter Teilleistungen besteht daher grundsätzlich nicht.[356] Bietet der Werkunternehmer ein unvollständiges Werk an, darf der Besteller dieses zurückweisen.[357] Etwas anderes gilt nur dann, wenn die Parteien eine Teilabnahmepflicht vereinbart haben. Die Zulässigkeit einer solchen Vereinbarung ergibt sich aus § 641 Abs. 1 S. 2 BGB.[358] Dort ist die Fälligkeit der auf eine Teilleistung anfallenden Vergütung geregelt, wenn nur ein Teil des Werkes abgenommen wird. Die Vorschrift setzt die Möglichkeit von Teilabnahmen also voraus.[359]

Fraglich ist, ob das im gesetzlichen Regelfall bestehende Zurückweisungsrecht im Falle einer Teilleistung auch Werke betrifft, bei denen nur noch unwesentliche Restleistungen ausstehen. *Voit* und *Henkel* halten eine Gleichbehandlung mit unwesentlichen Mängeln, deren Vorliegen nach § 640 Abs. 1 S. 2 BGB nicht zur Abnahmeverweigerung des Werkes berechtigt, für geboten.[360] Zur Begründung ziehen sie § 633 Abs. 2 S. 3 Var. 2 BGB heran, der die Herstellung eines Werkes in zu geringer Menge der Herstellung eines mangelhaften Werkes gleichstellt.[361] § 633 Abs. 2 S. 3 Var. 2 BGB betreffe zwar zunächst nur die Rechte aus § 634 BGB, wirke sich aber auch auf die Abnahmeverpflichtung aus. Wenn das unfertige Werk nach § 633 Abs. 2 S. 3 Var. 2 BGB einem mangelhaften Werk entspricht, müsse auch das unwesentlich unfertige Werk wie das unwesentlich mangelhafte Werk i.S.d. § 640 Abs. 1 S. 2 BGB behandelt werden und die Abnahmepflicht nach sich ziehen.[362]

Dieser Ansicht ist zuzustimmen. Ausgangspunkt der Überlegungen ist § 266 BGB, der nicht nur quantitative, sondern auch qualitative Teilleistungen verbietet.[363] Solange eine vollständige und mangelfreie Leistung möglich ist, darf die Annahme der als Erfüllung angebotenen Leistung

---

355 Messerschmidt/Voit/*Messerschmidt* § 640 BGB Rn. 145 f.; MüKoBGB/*Busche* § 640 Rn. 23; Kleine-Möller/Merl/Glöckner/*Merl*/*Hummel* § 14 Rn. 135.

356 Messerschmidt/Voit/*Messerschmidt* § 640 BGB Rn. 146; MüKoBGB/*Busche* § 640 Rn. 23; Kleine-Möller/Merl/Glöckner/*Merl*/*Hummel* § 14 Rn. 135.

357 BeckOK BGB/*Lorenz* § 266 Rn. 19; Grüneberg/*Grüneberg* § 266 BGB Rn. 10.

358 Messerschmidt/Voit/*Messerschmidt* § 640 BGB Rn. 146; MüKoBGB/*Busche* § 640 Rn. 23; Kleine-Möller/Merl/Glöckner/*Merl*/*Hummel* § 14 Rn. 139.

359 Messerschmidt/Voit/*Messerschmidt* § 640 BGB Rn. 146; MüKoBGB/*Busche* § 640 Rn. 23; Kleine-Möller/Merl/Glöckner/*Merl*/*Hummel* § 14 Rn. 139.

360 BeckOK BGB/*Voit* § 633 Rn. 18; *Henkel* MDR 2004, 361 (364).

361 BeckOK BGB/*Voit* § 633 Rn. 18; *Henkel* MDR 2004, 361 (364).

362 BeckOK BGB/*Voit* § 633 Rn. 18; *Henkel* MDR 2004, 361 (364).

363 BeckOK BGB/*Lorenz* § 266 Rn. 4.

verweigert werden.[364] Dieses Zurückweisungsrecht beschränkt § 640 Abs. 1 S. 2 BGB bei der *qualitativen* Teilleistung auf wesentliche Mängel. Eine entsprechende Regelung bei einer quantitativen Teilleistung enthält § 640 BGB nicht. Die Vorschrift ist an dieser Stelle unvollständig. Oben wurde festgestellt, dass § 640 Abs. 1 S. 2 BGB den Werkunternehmer vor einer unverhältnismäßigen Abnahmeverweigerung schützen will.[365] Die Durchsetzung des Vergütungsanspruchs soll in den Fällen ermöglicht werden, in denen der Besteller in zumutbarer Weise auf seine Mängelrechte aus § 634 BGB verwiesen werden kann. Aus Zumutbarkeitsgesichtspunkten spielt es in der Regel keine Rolle, ob ein (un)wesentlicher Mangel vorliegt oder eine (un)wesentliche Restleistung fehlt. Soll beispielsweise im gesamten Haus eine Fußbodenheizung verlegt werden, wird es für den Besteller keinen Unterschied machen, ob beim Einbau ein Raum übersehen wird oder ob die Heizung in diesem Raum nicht funktionstüchtig ist. In beiden Fällen kann der Besteller nicht jeden Raum seines Hauses beheizen. Dass § 640 Abs. 1 S. 2 BGB das Zurückweisungsrecht nicht auch bei einer *quantitativen* Teilleistung einschränkt, ist vor diesem Hintergrund als planwidrig zu bewerten. Auch die Wertung des § 633 Abs. 2 S. 3 Var. 2 BGB kann – wie das *Voit* und *Henkel* zutreffend anführen – an dieser Stelle fruchtbar gemacht werden. § 633 Abs. 2 S. 3 Var. 2 BGB unterwirft die Mangelhaftigkeit und die Unvollständigkeit des Werkes zum Zwecke der Vereinheitlichung von qualitativer und quantitativer Teilleistung denselben Rechtsfolgen.[366] Das führt zunächst zwar nur zur Anwendbarkeit der in § 634 BGB aufgelisteten Gewährleistungsrechte. Der Sinn und Zweck des § 640 Abs. 1 S. 2 BGB und der hinter § 633 Abs. 2 S. 3 Var. 2 BGB stehende verallgemeinerungsfähige Rechtsgedanke gebieten es aber, das mangelhafte und das unvollständige Werk auch in Bezug auf die Rechtsfolge in § 640 Abs. 1 S. 2 BGB gleichzustellen.

Die Interessenlage bei der qualitativen und der quantitativen Teilleistung ist, wie das Beispiel zum Einbau einer nicht vollständig verlegten bzw. nicht funktionstüchtigen Fußbodenheizung zeigt, vergleichbar. § 640 Abs. 1 S. 2 BGB ist deshalb auf die Fälle unwesentlicher quantitativer Teilleistung

---

364 BeckOK BGB/*Lorenz* § 266 Rn. 4.

365 Zum Sinn und Zweck des § 640 Abs. 1 S. 2 BGB siehe S. 86.

366 Grüneberg/*Retzlaff* § 633 BGB Rn. 8; *Henkel* MDR 2004, 361 (364); vgl. *Grigoleit/Riehm* ZGS 2002, 115 (120) zur parallelen Regelung des § 434 Abs. 3 BGB a.F.

analog anzuwenden. Fehlen dem Werk nur unwesentliche Restleistungen, ist der Besteller zur Abnahmeverweigerung nicht berechtigt.[367]

Der Begriff der Unwesentlichkeit ist dabei nicht anders auszulegen als bei der mangelhaften Leistung. Auch hier entscheidet die Abwägung im Einzelfall.[368] Unwesentlich ist die Restleistung regelmäßig in den Fällen, in denen das Werk bestimmungsgemäß in Gebrauch genommen werden kann.[369]

II. Abnahmeverweigerung

Verweigert der Besteller die Abnahme, kommt es für deren Rechtswirkungen – insbesondere für die Fälligkeit der Gesamtvergütung – darauf an, ob dies berechtigt oder unberechtigt, vorläufig oder ernsthaft und endgültig geschieht. Hieraus ergeben sich vier denkbare Formen der Abnahmeverweigerung. Bevor deren Bedeutung für die Fälligkeit der Gesamtvergütung behandelt wird,[370] sind zunächst nur die jeweiligen Begrifflichkeiten zu erläutern.

1. Berechtigte Abnahmeverweigerung

Weist das Werk wesentliche Mängel i.S.d. § 640 Abs. 1 S. 2 BGB auf oder fehlen wesentliche Restleistungen, ist der Besteller *vorläufig* – d.h. bis zur Beseitigung dieser Mängel – zur Verweigerung der Abnahme berechtigt.[371]

---

367 Ebenso BeckOK BGB/*Voit* § 633 Rn. 18; *Henkel* MDR 2004, 361 (364); Kniffka/Koeble/Jurgeleit/Sacher/*Kniffka* Teil 4 Rn. 485; HK-WerkBauVertrR/*Havers*/*Raab* § 640 BGB Rn. 35; Beck'scher VOB/B-Komm./*Bröker* Vorb. § 12 Rn. 125; Ingenstau/Korbion/*Oppler* § 12 VOB/B Rn. 33.

368 HK-WerkBauVertrR/*Havers*/*Raab* § 640 BGB Rn. 35; Beck'scher VOB/B-Komm./*Bröker* Vorb. § 12 Rn. 125.

369 HK-WerkBauVertrR/*Havers*/*Raab* § 640 BGB Rn. 35; Beck'scher VOB/B-Komm./*Bröker* Vorb. § 12 Rn. 125; Ingenstau/Korbion/*Oppler* § 12 VOB/B Rn. 33.

370 Zu den Folgen der ernsthaften und endgültigen berechtigten Abnahmeverweigerung Kap. 9, S. 187 ff.; zu den Folgen der ernsthaften und endgültigen unberechtigten Abnahmeverweigerung Kap. 9, S. 294 ff.; zu den Folgen der vorläufigen unberechtigten Abnahmeverweigerung Kap. 10, S. 307 ff.

371 Messerschmidt/Voit/*Messerschmidt* § 640 BGB Rn. 101; Kleine-Möller/Merl/Glöckner/*Merl*/*Hummel* § 14 Rn. 203; *Hildebrandt/Abu Saris,* Die Abnahme von Bauleistungen, Kapitel 14 Rn. 5.

Das ergibt sich aus einem Umkehrschluss aus der Negativformulierung des § 640 Abs. 1 S. 2 BGB.

Verweigert der Besteller *vorläufig und berechtigt* die Abnahme, treten die Rechtswirkungen der Abnahme nicht ein.[372] Erst wenn der Werkunternehmer die wesentlichen Mängel behoben oder die ausstehenden wesentlichen Restleistungen erbracht hat, kann er erneut (dieses Mal berechtigt) die Abnahme verlangen.[373]

Im Falle einer *ernsthaften und endgültigen berechtigten* Abnahmeverweigerung erklärt der Besteller, das Werk unter keinen Umständen mehr abzunehmen – und zwar auch dann, wenn der Werkunternehmer die vorhandenen wesentlichen Mängel beseitigt.[374] Der Besteller ist nur noch an der endgültigen Abwicklung des Vertragsverhältnisses interessiert.

Es spielt dabei keine Rolle, ob der Besteller die Abnahmeverweigerung ausdrücklich oder durch schlüssiges Verhalten erklärt.[375] Eine ernsthafte und endgültige Abnahmeverweigerung liegt deshalb beispielsweise auch vor, wenn der Besteller das Werk dem Einflussbereich des Werkunternehmers entzieht und diesem jede Möglichkeit nimmt, bestehende Leistungsstörungen zu beheben.[376] Dem gleicht das Aussprechen eines Baustellenverbots.

2. Unberechtigte Abnahmeverweigerung

Verweigert der Besteller *unberechtigt*, d.h. trotz bestehender Abnahmeverpflichtung, die Abnahme, kann der Werkunternehmer eine isolierte Klage auf Abnahme des Werkes erheben.[377]

---

372 *Friedhof* BauR 2022, 1409 (1411); Ingenstau/Korbion/*Oppler* § 12 Abs. 3 VOB/B Rn. 6.

373 Messerschmidt/Voit/*Messerschmidt* § 640 BGB Rn. 103; *Hildebrandt/Abu Saris,* Die Abnahme von Bauleistungen, Kapitel 14 Rn. 10.

374 BGH NJW 2017, 1604 (1607 Rn. 47); *Friedhof* BauR 2022, 1409; *Fischer,* Die zweifelhafte Abnahmefiktion des § 640 Abs. 1 S. 3 BGB, S. 158; Ingenstau/Korbion/*Oppler* § 12 Abs. 3 VOB/B Rn. 6.

375 BGH NJW-RR 1998, 1027 (1028); OLG Düsseldorf BauR 2010, 480; Messerschmidt/Voit/*Messerschmidt* § 640 BGB Rn. 241; Kniffka/Jurgeleit/*Pause/Vogel* § 640 BGB Rn. 45.

376 Vgl. BGH NJW-RR 1998, 1027 (1028).

377 BGH NJW 1996, 1749; Kniffka/Jurgeleit/*Pause/Vogel* § 640 BGB Rn. 34; BeckOK BGB/*Voit* § 640 Rn. 27; MüKoBGB/*Busche* § 640 Rn. 48.

Bietet der Werkunternehmer das abnahmefähige und abnahmereife Werk zur Abnahme an, gerät der Besteller durch die unberechtigte Abnahmeverweigerung außerdem gemäß §§ 293 ff. BGB in Annahmeverzug, was die Rechtfolgen der §§ 300 ff. BGB nach sich zieht.[378]

Da die Abnahme wegen der Pflicht aus § 640 Abs. 1 S. 1 BGB nicht nur Gläubigerobliegenheit, sondern auch Schuldnerpflicht ist, kann der Besteller durch die unberechtigte Nichtabnahme auch nach § 286 Abs. 1 S. 1 BGB in Schuldnerverzug geraten.[379] Während der Annahmeverzug eintritt, sobald der Werkunternehmer das Werk so, wie es zu bewirken ist, anbietet, setzt der Schuldnerverzug grundsätzlich die Mahnung durch den Werkunternehmer und das Vertretenmüssen der Nichtabnahme durch den Besteller voraus, § 286 Abs. 1 S. 1, Abs. 4 BGB.[380]

Die *ernsthafte und endgültige unberechtigte* Abnahmeverweigerung basiert auf demselben Sachverhalt wie die *ernsthafte und endgültige berechtigte* Abnahmeverweigerung – mit dem einzigen Unterschied, dass der vom Besteller behauptete Mangel die Abnahmeverweigerung nicht rechtfertigt.

Die *vorläufige unberechtigte* Abnahmeverweigerung beschreibt nach dem in dieser Arbeit zugrunde gelegten Verständnis folgende Situation: Das Werk ist abnahmereif, der Besteller zur Abnahme verpflichtet. Dieser verlangt die Beseitigung eines vermeintlich vorhandenen (d.h. irrtümlich angenommenen) wesentlichen Mangels aus dem Verantwortungsbereich seines Vertragspartners. Er verweigert deshalb bis dahin die Abnahme, hat aber weiterhin ein Erfüllungsinteresse. Für die *vorläufige unberechtigte* Abnahmeverweigerung sind demnach drei Gründe denkbar, die allesamt an einen gutgläubigen Besteller anknüpfen:[381]

– Der behauptete Mangel besteht objektiv nicht, der Besteller geht subjektiv aber davon aus.
– Der behauptete Mangel besteht objektiv, ist aber unwesentlich i.S.d. § 640 Abs. 1 S. 2 BGB.
– Der behauptete Mangel fällt in den Verantwortungsbereich eines anderen Werkunternehmers als dem Vertragspartner des Bestellers.

---

378 MüKoBGB/*Busche* § 640 Rn. 46.
379 Zur „Janusköpfigkeit" der Abnahme bereits S. 47.
380 MüKoBGB/*Busche* § 640 Rn. 46.
381 *Friedhof* BauR 2022, 1409 (1410).

Nicht als *vorläufige unberechtigte* Abnahmeverweigerung wird hier das davon getrennt zu beurteilende Verhalten eines Bestellers gesehen, der einen Mangel wider besseres Wissen oder „ins Blaue hinein" entgegenhält, um die Abnahmewirkungen hinauszuschieben.[382]

---

382 Dasselbe Begriffsverständnis zugrunde legend *Friedhof* BauR 2022, 1409 (1410); nicht eindeutig *Fischer*, Die zweifelhafte Abnahmefiktion des § 640 Abs. 1 S. 3 BGB, S. 164, der unter die vorläufige Abnahmeverweigerung auch das *bewusste* Hinauszögern der Abnahme fasst.

Kapitel 2: Abnahme nach § 12 Abs. 1 VOB/B

Die Pflicht zur Abnahme der Werkleistung findet sich neben § 640 Abs. 1 S. 1 BGB auch in § 12 Abs. 1 VOB/B. Bevor im Einzelnen auf Begriff, Formen und Rechtswirkungen der Abnahme i.S.d. § 12 Abs. 1 VOB/B sowie auf die Voraussetzungen der Abnahmepflicht eingegangen werden kann, muss das Verhältnis der Bestimmungen der VOB/B zu denen des BGB geklärt werden.

A. Verhältnis der VOB/B zum BGB

I. Grundlagen zur VOB/B

Hierfür ist zunächst ein Blick auf Begriff und Bedeutung der VOB/B, ihre Entwicklung sowie ihre Rechtsnatur und ihren Geltungsbereich zu werfen.

1. Begriff und Bedeutung der VOB/B in der bauvertragsrechtlichen Praxis

Die VOB Teil B, kurz VOB/B, ist einer von drei Teilen der VOB. Die Abkürzung VOB steht für „Vergabe und Vertragsordnung für Bauleistungen". Die VOB/B stellt allgemeine Vertragsbedingungen für die Ausführung von Bauleistungen auf. Sie regelt den Zeitraum vom Abschluss des Bauvertrages bis zu seiner Erfüllung.[383]

Daneben umfasst die VOB die Teile A und C. Die VOB Teil A (VOB/A) enthält Allgemeine Bestimmungen für die Vergabe von Bauleistungen durch öffentliche Auftraggeber. Sie regelt das Verfahren bis zum Abschluss des Bauvertrages.[384] Die VOB Teil C (VOB/C) beinhaltet die Allgemeinen Technischen Vertragsbedingungen für Bauleistungen (ATV). Dabei handelt es sich um DIN-Normen zu verschiedenen Arten von Bauleistungen, die

---

383 Beck'scher VOB/B-Komm./*Sacher* Einl. Rn. 7.
384 Beck'scher VOB/B-Komm./*Sacher* Einl. Rn. 6.

jeweils in sechs Abschnitte gegliedert sind.[385] Beispielsweise nennen sie Anforderungen, denen die zu verwendenden Baustoffe und -teile entsprechen müssen (Abschnitt 2) oder Vorgaben zur fachgerechten Bauausführung (Abschnitt 3).[386]

Die VOB/B genießt in der Bauwirtschaft hohes Ansehen und hat eine enorme praktische Bedeutung.[387] Der häufige Rückgriff auf die VOB/B ist auf unzureichende Regelungen im BGB zurückzuführen:

Vor Inkrafttreten des Gesetzes zur Reform des Bauvertragsrechts zum 01.01.2018[388] enthielt das BGB beispielsweise mit § 641 Abs. 2 BGB und § 632a BGB nur sehr wenige auf die Besonderheiten des Bauvertrages zugeschnittene Vorschriften.[389] Bauvorhaben kennzeichnen sich oft durch einen langen Herstellungsprozess.[390] Verträge, die die (Wieder)herstellung oder den Umbau eines Bauwerkes zum Gegenstand haben, sind deshalb regelmäßig Verträge mit Langzeitcharakter.[391] Sie müssen geeignete Rahmenbedingungen für eine längerfristige Kooperation der Vertragsparteien schaffen.[392] Teilweise wird der Bauvertrag deshalb auch als „Rahmenvertrag" bezeichnet.[393] Dieser Charakter äußert sich insbesondere darin, dass wegen der Komplexität der Bauvorhaben oft nachträgliche Änderungen der ursprünglichen Planung zur Herbeiführung des geschuldeten Erfolges notwendig sind.[394] Hinzukommt, dass regelmäßig der Besteller die Planung – meist mithilfe eines Architekten oder Ingenieurs – im Detail übernimmt

---

385 Beck'scher VOB/B-Komm./*Sacher* Einl. Rn. 8; Ingenstau/Korbion/*Leupertz/von Wietersheim* Einl. Rn. 24.

386 Nicklisch/Weick/Jansen/Seibel/*Jansen* Einf. Rn. 4; Kapellmann/Messerschmidt/ *Markus* § 2 VOB/B Rn. 122.

387 Kniffka/Jurgeleit/*Jurgeleit* Einf. v. § 631 BGB Rn. 36.

388 Gesetz zur Reform des Bauvertragsrechts, zur Änderung der kaufrechtlichen Mängelhaftung, zur Stärkung des zivilprozessualen Rechtsschutzes und zum maschinellen Siegel im Grundbuch- und Schiffsregisterverfahren v. 28.04.2017 (BGBl. I. S. 969).

389 Beck'scher VOB/B-Komm./*Sacher* Einl. Rn. 2.

390 *Koenen* BauR 2018, 1033 (1035); Beck'scher VOB/B-Komm./*Sacher* Einl. Rn. 1; Kniffka/Jurgeleit/*Jurgeleit* Einf. v. § 631 BGB Rn. 34; Leupertz/Preussner/Sienz/ *Oberhauser* § 631 BGB Rn. 15; *Bolz,* Jahrbuch Baurecht 2011, 107 (120).

391 Beck'scher VOB/B-Komm./*Sacher* Einl. Rn. 1; Kniffka/Jurgeleit/*Jurgeleit* Einf. v. § 631 BGB Rn. 34; Leupertz/Preussner/Sienz/*Oberhauser* § 631 BGB Rn. 15.

392 Beck'scher VOB/B-Komm./*Sacher* Einl. Rn. 1.

393 *Bolz,* Jahrbuch Baurecht 2011, 107 (120); *Lederer* BauR 2017, 605 (606); *Jensen,* Das Dilemma der Bauverträge, S. 42, die in diesem Zusammenhang auch von einem „notwendig unvollständigen" Vertrag spricht.

394 *Lederer* BauR 2017, 605 (606).

und der Werkunternehmer das Werk entsprechend dieser Planung ausführt.[395]

Bei der Konzeption der §§ 631 ff. BGB orientierte sich der Gesetzgeber
hingegen an einem einmaligen, also punktuellen Austauschvertrag.[396] Im
Vordergrund steht der Werkerfolg, nicht der Herstellungsprozess.[397] Die
Planung liegt im Regelfall in der Hand des Werkunternehmers, während
der Besteller nur die zu erreichende Funktion, beispielsweise ein repariertes
Fahrzeug, vorgibt.[398] Die §§ 631 ff. BGB waren als vorhandene gesetzliche
Grundlage nicht ausreichend, um baurechtlichen Streitigkeiten gerecht zu
werden.[399] Unter anderem genügten beispielsweise die gesetzlichen Rege-
lungen zur Vergütung oder zur Gewährung von Sicherheiten den speziellen
Bedürfnissen des Bauvertrages nicht.[400] Die VOB/B deckte den Bedarf an
bauvertragsspezifischen Regelungen und schloss die im BGB bestehende
Lücke.[401]

Mit dem Gesetz zur Reform des Bauvertragsrechts wurden in den
§§ 650a ff. BGB einzelne Regelungen zum Bauvertrag in das BGB aufgenommen und einige praktisch bedeutsame Änderungen an bereits bestehenden Vorschriften, unter anderem an § 632a BGB, vorgenommen.[402]
Das eigentliche Problem wurde dadurch aber nicht gelöst. Das Bauvertragsrecht bildet nach wie vor die wirkliche Struktur des Bauvertrages
als Langzeitvertrag nicht hinreichend ab.[403] Der Herstellungsprozess und
das Kooperationsverhältnis der Vertragsparteien als wesentliche Elemente
einer Baumaßnahme werden nur punktuell berücksichtigt, ohne dass ein
von der gesetzlichen Grundkonzeption der §§ 631 ff. BGB abweichendes

---

395 *Bolz*, Jahrbuch Baurecht 2011, 107 (119 f.).
396 Kapellmann/Messerschmidt/*von Rintelen* Einl. zur VOB/B Rn. 49; Kniffka/Jurge-
     leit/*Jurgeleit* Einf. v. § 631 BGB Rn. 3; Leupertz/Preussner/Sienz/*Oberhauser* § 631
     BGB Rn. 13.
397 Kniffka/Jurgeleit/*Jurgeleit* Einf. v. § 631 BGB Rn. 3; Leupertz/Preussner/Sienz/*Ober-
     hauser* § 631 BGB Rn. 13; *Bolz*, Jahrbuch Baurecht 2011, 107 (119 f.).
398 Leupertz/Preussner/Sienz/*Oberhauser* § 631 BGB Rn. 13; *Bolz*, Jahrbuch Baurecht
     2011, 107 (119 f.).
399 Beck'scher VOB/B-Komm./*Sacher* Einl. Rn. 2 f.; Nicklisch/Weick/Jansen/Seibel/
     Jansen Einf. Rn. 10.
400 Nicklisch/Weick/Jansen/Seibel/*Jansen* Einf. Rn. 10.
401 Nicklisch/Weick/Jansen/Seibel/*Jansen* Einf. Rn. 10; Kniffka/Jurgeleit/*Jurgeleit* Einf.
     v. § 631 BGB Rn. 35.
402 Vgl. Kniffka/Jurgeleit/*Jurgeleit* Einf. v. § 631 BGB Rn. 29.
403 Kniffka/Jurgeleit/*Jurgeleit* Einf. v. § 631 BGB Rn. 34.

Gesamtsystem entwickelt wurde.[404] Der Bedarf, das Fehlen umfassender bauspezifischer Regeln im BGB durch die VOB/B auszugleichen, besteht fort.[405] Die VOB/B ist im Bereich des privaten Baurechts daher noch heute von entscheidender Bedeutung.[406]

2. Entwicklung der VOB

Die Erstfassung der VOB – damals noch die Abkürzung für „Verdingungs- ordnung für Bauleistungen"– wurde am 06. Mai 1926 von der Vollver- sammlung des Reichsverdingungsausschusses (RVA) beschlossen.[407] „Ver- dingung" meint in diesem Zusammenhang nichts anderes als „Vergabe".[408] Die Anfänge der VOB liegen in den Verdingungsordnungen des 19. Jahr- hunderts. Diese waren geprägt von den fiskalischen Interessen der öffentli- chen Auftraggeber.[409] Sie zeichneten sich durch einseitige, zu Gunsten des Auftraggebers ausgestaltete Regelungen aus: für den öffentlichen Auftragge- ber begründeten die Verdingungsordnungen nur Rechte, für den Auftrag- nehmer fast ausnahmslos Pflichten.[410] Das führte zu einer Bevorzugung der Großbetriebe gegenüber kleinen und mittleren Unternehmen, die den Anforderungen des geltenden Verdingungsrechts nicht gewachsen waren.[411] Die Qualität der Arbeitsleistungen und die Arbeitsbedingungen bei kleinen und mittleren Unternehmen sanken, um wettbewerbsfähig zu bleiben.[412] Es wuchs das Bedürfnis, die Vergabe- und Vertragsgestaltung auf der „Basis

---

404 Kniffka/Jurgeleit/*Jurgeleit* Einf. v. § 631 BGB Rn. 34.
405 Beck´scher VOB/B-Komm./*Sacher* Einl. Rn. 3a; Nicklisch/Weick/Jansen/Seibel/ *Jansen* Einf. Rn. 10; *Koenen* BauR 2018, 1033 (1037 f.), der die dauerhafte Existenz der VOB/B allerdings anzweifelt; zur Überarbeitungsbedürftigkeit der VOB/B vgl. Kapellmann/Messerschmidt/*von Rintelen* Einl. zur VOB/B Rn. 4 f.
406 Beck´scher VOB/B-Komm./*Sacher* Einl. Rn. 3a; Nicklisch/Weick/Jansen/Seibel/ *Jansen* Einf. Rn. 10; *Koenen* BauR 2018, 1033 (1037 f.).
407 Beck´scher VOB/B-Komm./*Sacher* Einl. Rn. 10.
408 Vgl. Kapellmann/Messerschmidt/*von Rintelen* Einl. zur VOB/B Rn. 1.
409 *Schubert,* Zur Entstehung der VOB (Teile A und B) von 1926, FS Korbion, 1968, 389 (392); *Oberhauser,* Bauvertragsrecht im Umbruch, S. 4; *Kirsch,* Das deutsche Verdingungswesen, S. 25 f.; Beck´scher VOB/B-Komm./*Sacher* Einl. Rn. 12.
410 *Oberhauser,* Bauvertragsrecht im Umbruch, S. 4; *Kirsch,* Das deutsche Verdingungs- wesen, S. 25; Beck´scher VOB/B-Komm./*Sacher* Einl. Rn. 12.
411 *Schubert,* Zur Entstehung der VOB (Teile A und B) von 1926, FS Korbion, 1968, 389.
412 *Schubert,* Zur Entstehung der VOB (Teile A und B) von 1926, FS Korbion, 1968, 389 (393 f.); *Oberhauser,* Bauvertragsrecht im Umbruch, S. 5.

der Gleichberechtigung und Gegenseitigkeit" zu reformieren.[413] Es sollten Bedingungen geschaffen werden, die ein ausgewogeneres Verhältnis zwischen Auftraggeber und Auftragnehmer gewährleisten.[414]

Zunächst entstanden verschiedene Verdingungsordnungen für die einzelnen Länder und Städte.[415] Insbesondere der Mittelstand forderte aber vermehrt eine reichseinheitliche Regelung.[416] Der Reichsverdingungsausschuss, der sich aus Vertretern der Reichsverwaltung, der Länderregierungen, der Kommunen, der Bauwirtschaft, der Architekten, der Ingenieure und der Gewerkschaften zusammensetzte, sollte eine solche Regelung schaffen.[417]

Das Ergebnis zahlreicher Verhandlungen war die oben genannte „Verdingungsordnung für Bauleistungen" vom 06. Mai 1926, kurz VOB. Sie ist die Grundlage sämtlicher weiterer Fassungen der VOB geblieben. An die Stelle des Reichsverdingungsausschusses trat 1947 der Deutsche Verdingungsausschuss für Bauleistungen.[418] Dieser benannte sich 2000 in „Deutscher Vergabe- und Vertragsausschuss für Bauleistungen" (DVA) um und hat es sich zur Aufgabe gemacht, die VOB stetig fortzuentwickeln.[419]

---

413 *Schubert*, Zur Entstehung der VOB (Teile A und B) von 1926, FS Korbion, 1968, 389 (394); *Oberhauser*, Bauvertragsrecht im Umbruch, S. 5; Beck´scher VOB/B-Komm./ *Sacher* Einl. Rn. 13.

414 *Schubert*, Zur Entstehung der VOB (Teile A und B) von 1926, FS Korbion, 1968, 389 (394); *Oberhauser*, Bauvertragsrecht im Umbruch, S. 5 f.

415 *Oberhauser*, Bauvertragsrecht im Umbruch, S. 6; Beck´scher VOB/B-Komm./*Sacher* Einl. Rn. 14.

416 *Schubert*, Zur Entstehung der VOB (Teile A und B) von 1926, FS Korbion, 1968, 389 (396); *Oberhauser*, Bauvertragsrecht im Umbruch, S. 7 f.; Beck´scher VOB/B-Komm./*Sacher* Einl. Rn. 15.

417 *Schubert*, Zur Entstehung der VOB (Teile A und B) von 1926, FS Korbion, 1968, 389 (396); *Oberhauser*, Bauvertragsrecht im Umbruch, S. 8; Beck´scher VOB/B-Komm./ *Sacher* Einl. Rn. 17.

418 *Oberhauser*, Bauvertragsrecht im Umbruch, S. 9.

419 Kapellmann/Messerschmidt/*von Rintelen* Einl. zur VOB/B Rn. 2; zum Aufgabenbereich des DVA vgl. § 2 der Satzung des DVA, https://www.bmwsb.bund.de/SharedD ocs/downloads/Webs/BMWSB/DE/veroeffentlichungen/bauen/satzung-dva.pdf?__ blob=publicationFile&v=2 (zuletzt aufgerufen am 17.11.2024).

3. Rechtsnatur und Geltungsbereich der VOB/B

a) *Standardisierte Vertragsbestimmungen*

Die VOB/B ist vertragsrechtlicher Natur.[420] Sie beinhaltet standardisierte, d.h. durch den DVA für eine Vielzahl von Verträgen vorformulierte Vertragsbestimmungen.[421] Bei den Regelungen der VOB/B handelt es sich also um Allgemeine Geschäftsbedingungen (AGB) i.S.d. § 305 Abs. 1 S. 1 BGB.[422]

Sie sind – wie es sich schon im Namen der VOB findet – auf Bauleistungen zugeschnitten.[423] Eine Definition der Bauleistung enthält § 1 VOB/A: „Bauleistungen sind Arbeiten jeder Art, durch die eine bauliche Anlage hergestellt, instand gehalten, geändert oder beseitigt wird." Eine parallele Definition für den Bauvertrag findet sich nunmehr auch in § 650a Abs. 1 S. 1 BGB. Die Parteien sind aufgrund ihrer Privatautonomie nicht daran gehindert, die Geltung der VOB/B auch für andere als die in § 1 VOB/A genannten Leistungen zu vereinbaren, zum Beispiel im Rahmen eines Werklieferungsvertrages i.S.d. § 650 Abs. 1 S. 1 BGB.[424]

VOB/B-Bestimmungen werden nur dann Bestandteil des Bauvertrages, wenn sie gemäß § 305 Abs. 2 BGB wirksam in den Vertrag einbezogen wurden (es sei denn, § 310 Abs. 1 S. 1 BGB schließt die Anwendung des § 305 Abs. 2 BGB aus).[425] Die Parteien können die VOB/B vollumfänglich, nur in einzelnen Teilen oder in modifizierter Form zur Vertragsgrundlage machen.[426]

Handelt es sich um ein Bauvorhaben, für das ein Vergabeverfahren nach den Vorschriften der VOB/A durchzuführen ist, ist die Vereinbarung der

---

420 Werner/Pastor/*Rodemann* Rn. 1183; Kapellmann/Messerschmidt/*von Rintelen* Einl. zur VOB/B Rn. 45.

421 St. Rspr.: vgl. BGH NJW 1983, 816 (817); BGH NZBau 2008, 640 Rn. 10 m.w.N.; BGH NJW 2023, 1356 (1357 Rn. 18); Kapellmann/Messerschmidt/*von Rintelen* Einl. zur VOB/B Rn. 45, Rn. 51, Rn. 53.

422 St. Rspr.: vgl. BGH NJW 1983, 816 (817); BGH NZBau 2008, 640 Rn. 10 m.w.N.; BGH NJW 2023, 1356 (1357 Rn. 18); Kapellmann/Messerschmidt/*von Rintelen* Einl. zur VOB/B Rn. 45, Rn. 51, Rn. 53; HK-WerkBauVertrR/*Leupertz* Anh. III Rn. 9; *Schmeel* BauR 2021, 1729.

423 Beck´scher VOB/B-Komm./*Sacher* Einl. Rn. 170.

424 Messerschmidt/Voit/*Voit* Vorb. v. § 1 VOB/B Rn. 3; zur Vereinbarung der VOB/B bei Werklieferungsverträgen ausführlich *Joussen* BauR 2014, 1195.

425 Werner/Pastor/*Rodemann* Rn. 1183; Kapellmann/Messerschmidt/*von Rintelen* Einl. zur VOB/B Rn. 110, Rn. 112.

426 Messerschmidt/Voit/*Voit* Vorb. v. § 1 VOB/B Rn. 2.

Einbeziehung der VOB/B nach § 8a Abs. 1 S. 1 VOB/A verpflichtend.[427] Von dieser Regelung sind öffentliche Auftraggeber betroffen.[428] Ist der öffentliche Auftraggeber der Freistaat Bayern, ergibt sich die Verpflichtung zur Durchführung eines Vergabeverfahrens aus Art. 55 Abs. 1 S. 1 BayHO. Für kommunale Auftraggeber enthält § 31 Abs. 1 KommHV-Kameralistik bzw. § 30 Abs. 1 KommHV-Doppik eine entsprechende Regelung.[429]

Privaten Auftraggebern steht die Vereinbarung der VOB/B frei.[430] Die Einbeziehung der VOB/B erfolgt dann regelmäßig auf Empfehlung der beratenden Architekten oder Anwälte.[431] Auch Bauunternehmer verwenden die VOB/B häufig als Vertragsgrundlage.[432] Nach einer Untersuchung des Instituts für Bauforschung e.V. wird bei etwa 60 % der privaten Hausbauverträge die Einbeziehung der VOB/B – meist mit abweichenden oder ergänzenden Bestimmungen – vereinbart.[433] Die VOB/B ist aufgrund dessen gewissermaßen das „Leitbild der Allgemeinen Geschäftsbedingungen für den Abschluss von Bauverträgen"[434]

Sowohl in der Literatur als auch in der Rechtsprechung wird im Zusammenhang mit der VOB/B immer wieder vom „VOB-Vertrag" oder „VOB-Bauvertrag" gesprochen.[435] Diese Terminologie ist insofern irreführend, als sie den Anschein erweckt, es handle sich dabei um einen eigenen Vertragstyp. Gemeint ist damit aber „nur" ein Bauvertrag, bei dem die VOB/B wirksam einbezogen worden ist. Dennoch werden diese gebräuchlichen Bezeichnungen auch in dieser Untersuchung herangezogen.

Anders als in den §§ 631 ff. BGB werden die Parteien des Bauvertrages in der VOB/B nicht Besteller und Werkunternehmer, sondern Auftraggeber und Auftragnehmer genannt. Auf die differenzierte Terminologie wird zurückgegriffen, soweit jeweils spezifische Regelungen der VOB/B bzw. des

---

427 Kapellmann/Messerschmidt/*Schneider* § 8a VOB/A Rn. 7.
428 Vgl. Kniffka/Jurgeleit/*Jurgeleit* Einf. v. § 631 BGB Rn. 36; Beck´scher VOB/B-Komm./*Sacher* Einl. Rn. 3.
429 Art. 55 Abs. 2 BayHO, § 31 Abs. 2 KommHV-Kameralistik und § 30 Abs. 2 KommHV-Doppik bestimmen, dass bei der Vergabe nach einheitlichen Richtlinien bzw. vorgegebenen Vergabegrundsätzen zu verfahren ist. Derartige Richtlinien bzw. Vergabegrundsätze i.S.d. Vorschriften stellt die VOB/A für die Vergabe von Bauaufträgen auf (Kapellmann/Messerschmidt/*Schneider* Einl. zur VOB/A Rn. 45).
430 Beck´scher VOB/B-Komm./*Sacher* Einl. Rn. 3.
431 Kniffka/Jurgeleit/*Jurgeleit* Einf. v. § 631 BGB Rn. 36.
432 Kniffka/Jurgeleit/*Jurgeleit* Einf. v. § 631 BGB Rn. 36.
433 Kniffka/Jurgeleit/*Jurgeleit* Einf. v. § 631 BGB Rn. 36.
434 Kniffka/Jurgeleit/*Jurgeleit* Einf. v. § 631 BGB Rn. 36.
435 Statt vieler BGH NZBau 2012, 226; BGH ZfBR 2019, 777; Werner/Pastor/*Wagner* Rn. 1800; Kniffka/Koeble/Jurgeleit/Sacher/*Kniffka* Teil 4 Rn. 381.

BGB analysiert werden; im Übrigen werden für ein vereinfachtes Verständnis die Begrifflichkeiten des BGB genutzt.

b) *Negative Abgrenzung*

Die VOB/B hat dementsprechend nicht die Qualität einer Rechtsnorm: Sie ist weder Gesetz noch Rechtsverordnung.[436]
Ebenso wenig handelt es sich bei der VOB/B um Gewohnheitsrecht.[437] Voraussetzung der Entstehung von Gewohnheitsrecht ist eine lang andauernde, ständige und gleichmäßige tatsächliche Übung sowie die Überzeugung der Beteiligten, mit der Einhaltung der Übung geltendes Recht zu befolgen.[438] Hier fehlt es schon an der ersten Voraussetzung der lang andauernden, ständigen tatsächlichen Übung. Zwar ist die VOB/B in der baurechtlichen Praxis von elementarer Bedeutung, dennoch werden einige Bauverträge unter der Geltung des BGB-Werk- und Bauvertragsrechts abgeschlossen.[439] Selbst bei ständiger Einbeziehung der VOB/B würde es außerdem an dem Bewusstsein fehlen, dass durch die Einhaltung der Regelungen geltendes Recht befolgt wird.[440] Kann die VOB/B, wie gezeigt, nur durch Parteivereinbarung zur Vertragsgrundlage gemacht werden, kann die Überzeugung, dass die Vorschriften der VOB/B „automatisch" gelten, nicht bestehen.[441]

---

436 BGH NJW-RR 1998, 235 (236); *Weick,* Allgemeine Geschäftsbedingungen oder Verkörperung von Treu und Glauben?, Zum Bild der VOB in Rechtsprechung und Literatur, FS Korbion, 1968, 451 (453); *Oberhauser,* Bauvertragsrecht im Umbruch, S. 22; Kapellmann/Messerschmidt/*von Rintelen* Einl. zur VOB/B Rn. 46.

437 *Weick,* Allgemeine Geschäftsbedingungen oder Verkörperung von Treu und Glauben?, Zum Bild der VOB in Rechtsprechung und Literatur, FS Korbion, 1968, 451 (453); *Oberhauser,* Bauvertragsrecht im Umbruch, S. 23; Kapellmann/Messerschmidt/*von Rintelen* Einl. zur VOB/B Rn. 47.

438 Grüneberg/*Grüneberg* Einl. Rn. 22.

439 *Oberhauser,* Bauvertragsrecht im Umbruch, S. 23; Beck'scher VOB/B-Komm./*Sacher* Einl. Rn. 35.

440 *Weick,* Allgemeine Geschäftsbedingungen oder Verkörperung von Treu und Glauben?, Zum Bild der VOB in Rechtsprechung und Literatur, FS Korbion, 1968, 451 (453); Nicklisch/Weick/Jansen/Seibel/*Jansen* Einf. Rn. 7.

441 Vgl. *Weick,* Allgemeine Geschäftsbedingungen oder Verkörperung von Treu und Glauben?, Zum Bild der VOB in Rechtsprechung und Literatur, FS Korbion, 1968, 451 (453); Nicklisch/Weick/Jansen/Seibel/*Jansen* Einf. Rn. 7.

Schließlich ist die VOB/B auch nicht als Handelsbrauch i.S.d § 346 HGB zu qualifizieren.[442] Handelsbräuche sind die im Handelsverkehr geltenden Gewohnheiten und Gebräuche, vgl. § 346 HGB.[443] Diese müssen einer verbindlichen Regel folgen, „die auf einer gleichmäßigen, einheitlichen und freiwilligen tatsächlichen Übung beruht, die sich innerhalb eines angemessenen Zeitraums für vergleichbare Geschäftsvorfälle gebildet hat und der eine einheitliche Auffassung der Beteiligten zugrunde liegt."[444] Entsprechend den obigen Ausführungen zum Gewohnheitsrecht fehlt es auch für die Einstufung der VOB/B als Handelsbrauch an einer gleichmäßigen, einheitlichen und freiwilligen tatsächlichen Übung und der einheitlichen Auffassung der Beteiligten.[445]

II. Verhältnis zu den §§ 631 ff. BGB

Zweck der VOB/B war und ist es bis heute, die im BGB vorhandenen gesetzlichen Vorschriften zum Werk- und Bauvertragsrecht zu ergänzen.[446] Die VOB/B enthält deshalb keine umfassende Regelung des gesamten Bauvertragsrechts, sondern baut auf den §§ 631 ff. BGB auf.[447] Einzelne Regelungen der VOB/B konkretisieren vorhandene gesetzliche Vorschriften (z.B. § 11 VOB/B, der die §§ 339 bis 345 BGB näher ausgestaltet).[448] Andere weichen inhaltlich von der gesetzlichen Konzeption ab und verdrängen die gesetzlichen Bestimmungen durch einen eigenen Lösungsansatz (z.B. § 13 VOB/B, der das im BGB vorgesehene Gewährleistungssystem im Wesentlichen ersetzt).[449] Letzteres ist unter anderem darauf zurückzuführen, dass

---

442 *Oberhauser,* Bauvertragsrecht im Umbruch, S. 23; Kapellmann/Messerschmidt/*von Rintelen* Einl. zur VOB/B Rn. 47.

443 Hopt/*Leyens* § 346 HGB Rn. 1.

444 St. Rspr.: BGH NJW 1994, 659 (660); vgl. BGH WM 2017, 1652 (1657 Rn. 63); Hopt/*Leyens* § 346 HGB Rn. 1.

445 *Oberhauser,* Bauvertragsrecht im Umbruch, S. 23; Beck'scher VOB/B-Komm./*Sacher* Einl. Rn. 36.

446 Kapellmann/Messerschmidt/*von Rintelen* Einl. zur VOB/B Rn. 50; Nicklisch/Weick/Jansen/Seibel/*Jansen* Einf. Rn. 10.

447 Nicklisch/Weick/Jansen/Seibel/*Jansen* Einf. Rn. 10.

448 Kapellmann/Messerschmidt/*von Rintelen* Einl. zur VOB/B Rn. 50.

449 Kapellmann/Messerschmidt/*von Rintelen* Einl. zur VOB/B Rn. 50; zum Verhältnis des § 13 VOB/B zu den §§ 634 ff. BGB: Kapellmann/Messerschmidt/*Langen* § 13 VOB/B Rn. 13 f.

sich der Gesetzgeber bei der Ausgestaltung der §§ 650a ff. BGB teilweise bewusst von einzelnen Vorgaben der VOB/B abgewendet hat.[450]

III. Verhältnis zu den §§ 305 ff. BGB

Die Regelungen der VOB/B können die Vorschriften des BGB nur dann ergänzen oder ihnen sogar vorgehen, wenn sie wirksam sind. Als Allgemeine Geschäftsbedingungen unterliegen sie der Inhaltskontrolle nach Maßgabe der §§ 307 ff. BGB.[451] Soweit die VOB/B keine vorrangige wirksame Regelung enthält, bleiben die §§ 631 ff. BGB anwendbar, § 306 Abs. 2 BGB.[452]

1. Vorrang der Auslegung vor der Inhaltskontrolle

Der Inhaltskontrolle einer VOB/B-Bestimmung muss als erster Prüfungsschritt ihre Auslegung vorausgehen.[453] Ob die konkret untersuchte Regelung den Vertragspartner des Verwenders entgegen den Geboten von Treu und Glauben unangemessen benachteiligt und damit der Inhaltskontrolle nicht standhält (§ 307 Abs. 1 S. 1 BGB), kann nämlich erst beantwortet werden, wenn ihr Inhalt zweifelsfrei feststeht.[454] Die Auslegung der VOB/B-Bestimmungen muss grundsätzlich nach den für Allgemeine Geschäftsbedingungen geltenden Auslegungsgrundsätzen erfolgen.

a) *Auslegung von Allgemeinen Geschäftsbedingungen*

Ausgangspunkt für die Auslegung Allgemeiner Geschäftsbedingungen als vertragliche Bestimmungen sind die §§ 133, 157 BGB.[455] AGB weisen aber die Besonderheit auf, dass sie für eine Vielzahl von Verträgen vorformuliert sind und unabhängig von den konkreten Umständen des Einzelfalls gelten

---

450 *Koenen* BauR 2018, 1033 (1037).
451 HK-WerkBauVertrR/*Leupertz* Anh. III Rn. 11; Nicklisch/Weick/Jansen/Seibel/*Jansen* Einf. Rn. 46.
452 Kapellmann/Messerschmidt/*von Rintelen* Einl. zur VOB/B Rn. 50.
453 Kniffka/Jurgeleit/*Jurgeleit* Einf. v. § 631 BGB Rn. 54.
454 Kniffka/Jurgeleit/*Jurgeleit* Einf. v. § 631 BGB Rn. 54.
455 BeckOGK/*Bonin*, 01.07.2024, § 305c BGB Rn. 88.

sollen.[456] Der Vertragspartner des Verwenders kann überdies auf den Inhalt der Regelungen keinen Einfluss nehmen.[457] Der Auslegungsmaßstab wird deshalb nach ständiger höchstrichterlicher Rechtsprechung und dem überwiegenden Teil der Literatur gegenüber den für individualvertragliche Vereinbarungen geltenden Grundsätzen modifiziert.[458]

Es gilt der „Grundsatz der objektiven Auslegung":[459] Im Unterschied zur Auslegung einer individualvertraglichen Vereinbarung nach §§ 133, 157 BGB ist nicht darauf abzustellen, wie der *konkrete* Erklärungsempfänger die Erklärung nach Treu und Glauben unter Berücksichtigung der Verkehrssitte verstehen musste.[460] Vielmehr sind AGB „nach ihrem objektiven Inhalt und typischen Sinn einheitlich so auszulegen, wie sie von verständigen und redlichen Vertragspartnern unter Abwägung der Interessen der *normalerweise beteiligten Kreise* verstanden werden. Dabei sind die Verständnismöglichkeiten eines durchschnittlichen, rechtlich nicht vorgebildeten Vertragspartners des Verwenders zugrunde zu legen."[461] Werden AGB gegenüber verschiedenen Verkehrskreisen mit unterschiedlichen Interessen und Schutzbedürfnissen verwendet, ist bei der objektiven Auslegung eine Differenzierung nach den jeweiligen Verkehrskreisen möglich und nötig.[462] Individuelle Besonderheiten, beispielsweise die größere oder geringere Geschäftserfahrenheit des jeweiligen Vertragspartners spielen hingegen keine

---

456 Vgl. BeckOGK/*Bonin*, 01.07.2024, § 305c BGB Rn. 89 zur h.M. in Rspr. und Literatur; Erman/*Looschelders* § 305c BGB Rn. 20.

457 Vgl. BeckOGK/*Bonin*, 01.07.2024, § 305c BGB Rn. 89 zur h.M. in Rspr. und Literatur.

458 BeckOGK/*Bonin*, 01.07.2024, § 305c BGB Rn. 89 zur h.M. in Rspr. und Literatur.

459 St. Rspr.: vgl. BGH NJW-RR 2019, 1202 (1204 Rn. 20); BGH NJOZ 2021, 375 (377 Rn. 26) m.w.N.; Grüneberg/*Grüneberg* § 305c BGB Rn. 16; Ulmer/Brandner/Hensen/*Schäfer* § 305c BGB Rn. 73 ff.; Erman/*Looschelders* § 305c BGB Rn. 20; a.A. Wolf/Lindacher/Pfeiffer/*Lindacher/Hau* § 305c BGB Rn. 106, der keine eigenständige AGB-spezifische Auslegungsregel für erforderlich hält, im Regelfall über die allgemeinen Grundsätze der Auslegung von Rechtsgeschäften aber zum selben Ergebnis gelangt.

460 BGH NJW-RR 2019, 1202 (1204 Rn. 20); BeckOGK/*Bonin*, 01.07.2024, § 305c BGB Rn. 89.

461 BGH NJW-RR 2019, 1202 (1204 Rn. 20); BGH NJOZ 2021, 375 (377 Rn. 296) m.w.N.; Hervorhebung der Verfasserin.

462 Erman/*Looschelders* § 305c BGB Rn. 20; BeckOGK/*Bonin*, 01.07.2024, § 305c BGB Rn. 93.

Rolle.[463] Ziel der objektiven Auslegung ist ein einheitliches Verständnis der AGB-Regelung, das losgelöst ist von dem konkreten Geschäft.[464]

Ausgangspunkt der Auslegung ist in erster Linie der Wortlaut der zu interpretierenden Klausel.[465] Ergänzend können ihr Sinn und Zweck herangezogen werden.[466] Dieser ist aber nur berücksichtigungsfähig, wenn er für den durchschnittlichen Vertragspartner des Verwenders ohne Spezialkenntnisse auf dem jeweiligen Rechtsgebiet erkennbar ist.[467] Schließlich kann auch der systematische Standort der Regelung im Gesamtklauselwerk in die Auslegung einbezogen werden: Die Klausel darf nicht „aus einem ihre Beurteilung mit beeinflussenden Zusammenhang gerissen werden."[468] Dabei besteht allerdings keine Verpflichtung des Vertragspartners des Verwenders – bzw. eine entsprechende Erwartung an ihn – zur vollständigen Lektüre des Gesamtklauselwerkes.[469] Insofern können Regelungen, die im Kontext der auszulegenden Klausel stehenden, nur berücksichtigt werden, wenn der Regelungszusammenhang für den durchschnittlichen Vertragspartner des maßgeblichen Verkehrskreises erkennbar ist.[470] Erschließt sich die Bedeutung einer Klausel erst aus der vollständigen oder über den näheren Bereich dieser Klausel deutlich hinausgehenden Lektüre des Gesamtklauselwerkes, können die so zu gewinnenden systematischen Erkenntnisse bei der Auslegung nicht herangezogen werden.[471]

---

463 Erman/*Looschelders* § 305c BGB Rn. 20.

464 Erman/*Looschelders* § 305c BGB Rn. 20.

465 BGH NJW-RR 2019, 1202 (1204 Rn. 20); BGH NJOZ 2021, 375 (377 Rn. 29) m.w.N.; Erman/*Looschelders* § 305c BGB Rn. 21; BeckOGK/*Bonin*, 01.07.2024, § 305c BGB Rn. 92.

466 BGH NJW 2012, 3023 (3025 Rn. 21); BGH NJW 2013, 2739 (2740 Rn. 10); Erman/*Looschelders* § 305c BGB Rn. 21; BeckOK BGB/*H. Schmidt* § 305c Rn. 46.

467 BGH NJW 2012, 3023 (3025 Rn. 21); BGH NJW 2013, 2739 (2740 Rn. 10); Erman/*Looschelders* § 305c BGB Rn. 21; BeckOK BGB/*H. Schmidt* § 305c Rn. 46.

468 BGH NJOZ 2021, 375 (377 Rn. 30) m.w.N; vgl. BeckOK BGB/*H. Schmidt* § 305c Rn. 50.

469 BeckOK BGB/*H. Schmidt* § 305c Rn. 50; Wolf/Lindacher/Pfeiffer/*Lindacher/Hau* § 350c BGB Rn. 107.

470 BeckOK BGB/*H. Schmidt* § 305c Rn. 50; BeckOGK/*Bonin*, 01.07.2024, § 305c BGB Rn. 95.

471 BeckOK BGB/*H. Schmidt* § 305c Rn. 50; BeckOGK/*Bonin*, 01.07.2024, § 305c BGB Rn. 95.

Auf die Entstehungsgeschichte der Klausel bzw. des Klauselwerkes kann im Rahmen der Auslegung nicht zurückgegriffen werden.[472] In diese hat der durchschnittliche Vertragspartner im Regelfall keinen Einblick.[473]

Bleiben nach Ausschöpfung aller in Betracht kommenden Auslegungsmöglichkeiten Zweifel am konkreten Auslegungsergebnis bzw. sind zumindest zwei Auslegungsergebnisse rechtlich vertretbar, kommt die Auslegungsregel des § 305c Abs. 2 BGB, sog. *Unklarheitenregel*, zum Tragen.[474] Die Unklarheitenregel ist Ausdruck des Transparenzgebots.[475] Dieses besagt, dass derjenige, der Vertragsbedingungen stellt, diese verständlich und eindeutig formulieren muss.[476] Weil den Vertragspartner die Formulierungsverantwortung trifft, müssen bei der Auslegung verbleibende Zweifel zu seinen Lasten gehen.[477] Bei einer mehrdeutigen Klausel ist deshalb diejenige Auslegungsalternative zu wählen, die für den Vertragspartner des Verwenders die Günstigste ist, sog. kundenfreundliche Auslegung.[478] Das gilt aber nur, soweit nicht die kundenfeindlichste Auslegung zur Unwirksamkeit der Klausel nach den §§ 307, 308, 309 BGB führt.[479] Ist das der Fall, ist diese maßgebend. Nach § 306 Abs. 2 BGB kommt aufgrund der Unwirksamkeit dispositives Recht zur Anwendung. Dieses ist meist günstiger als die kundenfreundlichste Klauselauslegung.[480]

In der Unklarheitenregel liegt der wesentliche Unterschied zur Gesetzesauslegung. Bei objektiver Mehrdeutigkeit käme es in diesem Fall auf § 155 BGB mit der Möglichkeit des Nichtzustandekommens des Vertrages an.[481]

---

472 BGH NJW-RR 2003, 1247; BeckOK BGB/*H. Schmidt* § 305c Rn. 50; BeckOGK/*Bonin*, 01.07.2024, § 305c BGB Rn. 96; Erman/*Looschelders* § 305c BGB Rn. 21.

473 BGH NJW-RR 2003, 1247; BeckOK BGB/*H. Schmidt* § 305c Rn. 50; BeckOGK/*Bonin*, 01.07.2024, § 305c BGB Rn. 96; Erman/*Looschelders* § 305c BGB Rn. 21.

474 BGH NJW 2008, 2172 (2173 Rn. 19); BGH NJW-RR 2019, 1202 (1204 Rn. 20); BGH NJOZ 2021, 375 (377 Rn. 27) m.w.N.; BeckOK BGB/*H. Schmidt* § 305c Rn. 60.

475 Erman/*Looschelders* § 305c BGB Rn. 22; vgl. Wolf/Lindacher/Pfeiffer/*Lindacher/Hau* § 305c BGB Rn. 124.

476 Erman/*Looschelders* § 305c BGB Rn. 22; Wolf/Lindacher/Pfeiffer/*Lindacher/Hau* § 305c BGB Rn. 124.

477 Kapellmann/Messerschmidt/*von Rintelen* Einl. zur VOB/B Rn. 137; Beck'scher VOB/B-Komm./*Sacher* Einl. Rn. 114.

478 BGH NJW 2008, 2172 (2173 Rn. 19); Erman/*Looschelders* § 305c BGB Rn. 28.

479 BGH NJW 2008, 2172 (2173 Rn. 19); Erman/*Looschelders* § 305c BGB Rn. 28.

480 BGH NJW 2008, 2172 (2173 Rn. 19); Erman/*Looschelders* § 305c BGB Rn. 28.

481 BeckOK BGB/*H. Schmidt* § 305c Rn. 61; Ulmer/Brandner/Hensen/*Schäfer* § 305c BGB Rn. 90 m.w.N.

b) *Anwendung der Grundsätze auf die VOB/B*

Die Rechtsprechung wendet die allgemeinen Auslegungsgrundsätze für AGB bei der Auslegung von Bestimmungen der VOB/B nicht durchgehend an.[482] Insbesondere wird teilweise schon i.R.d. Auslegung nicht danach differenziert, wer im konkreten Fall der Verwender ist.[483] Auch das Transparenzgebot wird vom BGH immer wieder ignoriert.[484] Das hat historische Hintergründe. Die VOB/B hatte in der allgemeinen Wahrnehmung nahezu den Charakter eines Gesetzes, weshalb es nahelag, sie auch wie ein Gesetz auszulegen.[485]

Eine derartige „Überhöhung der VOB/B"[486], die – wie gezeigt – „nur" vertragsrechtlicher Natur und weder Gesetz noch Gewohnheitsrecht ist, erscheint nicht gerechtfertigt. Es ist nicht ersichtlich, weshalb derjenige, der die Einbeziehung der VOB/B in den Vertrag verlangt, eine andere Behandlung erfahren sollte als der Verwender eines beliebigen anderen AGB-Klauselwerkes.[487] Die allgemeinen Auslegungsgrundsätze für AGB werden deshalb im Folgenden auch bei der Auslegung der Regelungen der VOB/B angewendet.

2. Verwender der VOB/B

Grundsätzlich sind nur solche Bestimmungen einer Inhaltskontrolle zu unterziehen, die sich zu Gunsten des Verwenders auswirken – d.h. für den Verwender nachteilige Bestimmungen sind stets als wirksam zu be-

---

482 Kniffka/Jurgeleit/*Jurgeleit* Einf. v. § 631 BGB Rn. 55; Kapellmann/Messerschmidt/*von Rintelen* Einl. zur VOB/B Rn. 138; Beck´scher VOB/B-Komm./*Sacher* Einl. Rn. 116.

483 Vgl. Beck´scher VOB/B-Komm./*Sacher* Einl. Rn. 116 mit Verweis auf die Rechtsprechung des BGH zu § 2 Nr. 6 Abs. 1 VOB/B a.F. (BGH NJW 1996, 2158); Kapellmann/Messerschmidt/*von Rintelen* VOB/B Einl. Rn. 138.

484 Beck´scher VOB/B-Komm./*Sacher* Einl. Rn. 116; Kapellmann/Messerschmidt/*von Rintelen* Einl. zur VOB/B Rn. 138.

485 Kniffka/Jurgeleit/*Jurgeleit* Einf. v. § 631 BGB Rn. 55; Kapellmann/Messerschmidt/*von Rintelen* Einl. zur VOB/B Rn. 138.

486 Kniffka/Jurgeleit/*Jurgeleit* Einf. v. § 631 BGB Rn. 55.

487 I.E. ebenso Kniffka/Jurgeleit/*Jurgeleit* Einf. v. § 631 BGB Rn. 55; Beck´scher VOB/B-Komm./*Sacher* Einl. Rn. 118.

handeln.[488] Grund dafür ist der Sinn und Zweck der §§ 305 ff. BGB. Diese wollen den Vertragspartner des Verwenders vor einer Übervorteilung schützen.[489]

Verwender ist, wer die vorformulierten Vertragsbedingungen der anderen Vertragspartei bei Abschluss des Vertrages stellt, § 305 Abs. 1 S. 1 BGB. In Bezug auf die VOB/B ist das derjenige, der ihre Einbeziehung in den Vertrag veranlasst hat.[490] Vor der Überprüfung der Wirksamkeit einer einzelnen VOB/B-Bestimmung anhand der §§ 307 ff. BGB muss deshalb festgestellt werden, ob der Auftraggeber oder der Auftragnehmer Verwender i.S.d. § 305 Abs. 1 S. 1 BGB ist.

In der Baupraxis kann es vorkommen, dass die Einbeziehung der VOB/B auf dem inhaltlich übereinstimmenden Willen beider Parteien beruht.[491] Einzelne VOB/B-Bestimmungen einer Inhaltskontrolle zu unterziehen, wäre in diesem Fall mit dem oben angeführten Regelungszweck der AGB-rechtlichen Vorschriften nicht vereinbar.[492] Teilweise wird dann davon gesprochen, dass keiner der Parteien Verwender ist.[493] Teilweise werden beide als Verwender bezeichnet.[494] Jedenfalls kann sich keine Vertragspartei auf die Unwirksamkeit einer Bestimmung berufen, weil die §§ 305 ff. BGB darauf abzielen, die Rechtsbeziehungen *zwischen einem Verwender und einer Vertragspartei* zu regeln.[495] Bestätigen die Vertragsparteien nicht gerade ausdrücklich und schriftlich den beiderseitigen Einbeziehungswillen, wird dessen Feststellung in der Praxis aber wohl mit erheblichen Schwierigkeiten verbunden sein.[496]

---

488 BGH NJW 1987, 837 (838); BGH NJW-RR 2006, 740 (741 Rn. 13); Kniffka/Jurgeleit/*Jurgeleit* Einf. v. § 631 BGB Rn. 57; Nicklisch/Weick/Jansen/Seibel/*Jansen* Einf. Rn. 27.

489 BGH NJW 1987, 837 (838); Nicklisch/Weick/Jansen/Seibel/*Jansen* Einf. Rn. 27.

490 Nicklisch/Weick/Jansen/Seibel/*Jansen* Einf. Rn. 27; Kapellmann/Messerschmidt/ *von Rintelen* Einl. zur VOB/B Rn. 131, Rn. 134.

491 Ingenstau/Korbion/*Sienz* Anh. 3 Rn. 24.

492 BGH NJW 2010, 1131 (1132 f. Rn. 18); Ingenstau/Korbion/*Sienz* Anh. 3 Rn. 24.

493 Nicklisch/Weick/Jansen/Seibel/*Jansen* Einf. Rn. 29; Kapellmann/Messerschmidt/*von Rintelen* Einl. zur VOB/B Rn. 132; Ulmer/Brandner/Hensen/*Habersack* § 305 BGB Rn. 29 ff.

494 KG BauR 2014, 115 (119); ausdrücklich offenlassend BGH NJW 2010, 1131 (1133 Rn. 21); wohl aber Staudinger/*Mäsch* § 305 BGB Rn. 44, der davon ausgeht, dass die Parteien die Klausel „gegenseitig gestellt haben".

495 BGH NJW 2010, 1131 (1133 Rn. 21).

496 Ingenstau/Korbion/*Sienz* Anh. 3 Rn. 24; Basierend auf einer derartigen schriftlichen Bestätigung nahm das KG BauR 2014, 115 (119) an, dass beide Vertragsparteien Verwender der VOB seien.

3. Inhaltskontrolle

Der oben aufgestellte Grundsatz, dass VOB/B-Bestimmungen der Inhaltskontrolle nach Maßgabe der §§ 307 ff. BGB unterliegen, wird durch die sog. *„Privilegierung"* der VOB/B teilweise eingeschränkt.

a) *Privilegierung der VOB/B – Eine Entwicklung des BGH*

Diese Privilegierung geht auf ein grundlegendes Urteil des BGH vom 16.12.1982 zurück.[497] Darin führte er aus, dass sich die VOB/B zu sonstigen AGB in einem wesentlichen Punkt unterscheidet: „Regelmäßig berücksichtigen AGB vorrangig die Interessen des Verwenders. Wird von den gesetzlichen Bestimmungen abgewichen, geschieht dies fast durchweg zu seinen Gunsten. Es ist deshalb sachgerecht, jeweils die einzelnen, den Vertragspartner besonders belastenden Klauseln einer Inhaltskontrolle zu unterziehen und – wenn sie unwirksam sind –, an ihrer Stelle die zunächst verdrängte gesetzliche Regelung anzuwenden. Demgegenüber ist die VOB/B gerade kein Vertragswerk, das den Vorteil nur einer Vertragsseite verfolgt. Bei ihrer Ausarbeitung waren Interessengruppen der Besteller wie der Unternehmer beteiligt, und zwar auch die öffentliche Hand. Sie enthält einen auf die Besonderheiten des Bauvertragsrechts abgestimmten, im ganzen einigermaßen ausgewogenen Ausgleich der beteiligten Interessen. Von den Bestimmungen des Werkvertragsrechts des BGB wird teils zugunsten des Auftraggebers, teils zum Vorteil des Auftragnehmers abgegangen. [...] Es wäre daher verfehlt, einzelne Bestimmungen der VOB/B einer Billigkeitskontrolle zu unterwerfen. Würden auf diese Weise bestimmte, die Interessen einer Vertragsseite bevorzugende Bestimmungen für unwirksam erklärt, so würde gerade dadurch der von dem Vertragswerk im Zusammenwirken sämtlicher Vorschriften erstrebte billige Ausgleich der Interessen gestört. [...] Das alles gilt freilich nur dann, wenn der Verwender die VOB/B *ohne ins Gewicht fallende Einschränkung* übernommen hat. Werden einzelne ihrer Bestimmungen nicht oder nur abgeändert Vertragsbestandteil, so ist zu prüfen, ob die VOB/B im Kern Vertragsgrundlage geblieben und der von ihr verwirklichte Interessenausgleich nicht wesentlich beeinträchtigt worden ist. Andernfalls wäre es nicht mehr gerechtfertigt, bei der

---

497   BGH NJW 1983, 816.

Prüfung [...] den Hinweis auf den hinlänglich ausgewogenen Charakter des Regelwerkes genügen zu lassen."[498]

Mit Urteil vom 22.01.2004 änderte der BGH seine aufgestellten Grundsätze dahingehend, dass bei *jeder* vertraglichen Abweichung von der VOB/B ohne Rücksicht auf ihr Gewicht eine isolierte Inhaltskontrolle möglich wird, die Privilegierung der VOB/B also nicht gilt.[499] Der BGH begründete diesen Kurswechsel damit, dass es keine klaren Kriterien gegeben hätte, unter welchen Voraussetzungen eine in den Kernbereich der VOB/B eingreifende Änderung vorgelegen habe.[500] Er schloss sich damit einigen kritischen Stimmen in der Literatur an, die sich gegen die bisher praktizierte Rechtsprechung des BGH ausgesprochen hatten.[501]

In einer weiteren Entscheidung vom 24.07.2008 stellte der BGH schließlich klar, dass die Bestimmungen der VOB/B immer einer isolierten Inhaltskontrolle unterliegen, wenn sie *gegenüber einem Verbraucher* verwendet werden.[502] Ob die VOB/B als Ganzes oder unter Änderungen zur Vertragsgrundlage gemacht wird, spiele dafür keine Rolle.[503] Hintergrund der Entscheidung waren folgende Überlegungen:[504] Die Privilegierung der VOB/B sei nur gerechtfertigt, wenn die Interessen desjenigen, dem gegenüber die VOB/B verwendet werde, bei der Ausarbeitung der VOB/B ausreichend berücksichtigt werden. Dem DVA müssten also Interessenvertreter des Vertragspartners angehören. Gerade Verbraucher bedürften aufgrund ihrer geschäftlichen Unerfahrenheit eines besonderen Schutzes. Der DVA sehe es aber schon nicht als seine Aufgabe an, eine Vergabe- und Vertragsordnung für den privaten Bereich auszuarbeiten. Verbraucherverbände könnten gar keine ordentlichen Mitglieder im DVA sein. Durch die VOB/B solle in erster Linie die Vergabe und Ausführung von Bauaufträgen

---

498 BGH NJW 1983, 816 (818); Hervorhebung der Verfasserin.

499 BGH NZBau 2004, 267 f.; Kapellmann/Messerschmidt/*von Rintelen* Einl. zur VOB/B Rn. 56; Nicklisch/Weick/Jansen/Seibel/*Jansen* Einf. Rn. 48.

500 BGH NZBau 2004, 267.

501 *Siegburg* BauR 1993, 9 (13, 16); *Bunte*, Die Begrenzung des Kompensationseinwandes bei der richterlichen Vertragskontrolle, FS Korbion, 17 ff.; *Kraus/Vygen/Oppler* BauR 1999, 964 (967).

502 BGH NZBau 2008, 640 (642 Rn. 24, 28); Nicklisch/Weick/Jansen/Seibel/*Jansen* Einf. Rn. 48; Kapellmann/Messerschmidt/*von Rintelen* Einl. zur VOB/B Rn. 57.

503 BGH NZBau 2008, 640 (642 Rn. 24 ff.); Heiermann/Riedl/Rusam/*Kuffer/Petersen* Vorb. zur VOB/B Rn. 43; Beck´scher VOB/B-Komm./*Sacher* Einl. Rn. 142.

504 BGH NZBau 2008, 640 (641 Rn. 25 ff.); Heiermann/Riedl/Rusam/*Kuffer/Petersen* Vorb. zur VOB/B Rn. 43; Kapellmann/Messerschmidt/*von Rintelen* Einl. zur VOB/B Rn. 57.

durch die öffentliche Hand geregelt werden. Durch die Mitwirkung von Vertretern der öffentlichen Hand auf Auftraggeberseite könne bei der Erarbeitung der VOB/B nicht gewährleistet werden, dass Verbraucherinteressen ausreichende Berücksichtigung finden. Die Interessen der öffentlichen Hand stimmten nicht mit denen eines Verbrauchers überein. Das ergebe sich bereits daraus, dass die öffentliche Hand bei der Errichtung eines Bauvorhabens im Regelfall andere Zweckbestimmungen verfolge als ein Verbraucher. Werde die VOB/B gegenüber einem Verbraucher verwendet, bestehe keine Rechtfertigung, die VOB/B anders zu behandeln als andere AGB.

An dieser Rechtsprechung hält der BGH für vor dem 01.01.2009 geschlossene Verträge weiterhin fest.[505]

b) *Kodifizierte Privilegierung in § 310 Abs. 1 S. 3 BGB*

Für Verträge ab dem 01.01.2009 gilt § 310 Abs. 1 S. 3 BGB, der durch das Forderungssicherungsgesetz eingeführt wurde.[506] Der Gesetzgeber griff mit dieser Bestimmung die vom BGH entwickelte Privilegierung der VOB/B gegenüber anderen AGB auf und kodifizierte sie zum Zwecke der Rechtsklarheit.[507]

Nach § 310 Abs. 1 S. 3 BGB finden in den Fällen des § 310 Abs. 1 S. 1 BGB § 307 Abs. 1 und 2 BGB sowie § 308 Nr. 1a und 1b BGB auf Verträge, in die die VOB/B in der jeweils zum Zeitpunkt des Vertragsschlusses geltenden Fassung ohne inhaltliche Abweichung insgesamt einbezogen ist, in Bezug auf eine Inhaltskontrolle einzelner Bestimmungen keine Anwendung. § 310 Abs. 1 S. 1 BGB, auf den Satz 3 verweist, beschränkt den Anwendungsbereich der §§ 305 ff. BGB für AGB, die gegenüber einem Unternehmer i.S.d. § 14 BGB, einer juristischen Person des öffentlichen Rechts oder einem öffentlich-rechtlichen Sondervermögen verwendet werden.

---

505 BGH NJW 2023, 1356 (1357 Rn. 18).
506 Gesetz zur Sicherung von Werkunternehmeransprüchen und zur verbesserten Durchsetzung von Forderungen (Forderungssicherungsgesetz – FoSiG) v. 23.10.2008 (BGBl. I S. 2022).
507 MüKoBGB/*Fornasier* § 310 Rn. 21, Rn. 23; zum Zweck der Kodifikation: Beschlussempfehlung und Bericht des Rechtsausschusses, Gesetzentwurf des Bundesrates zur Sicherung von Werkunternehmeransprüchen und zur verbesserten Durchsetzung von Forderungen (Forderungssicherungsgesetz – FoSiG), BT-Drucks. 16/9787, S. 17 f.

§ 310 Abs. 1 S. 3 BGB setzt der Privilegierung der VOB/B entsprechend der Linie des BGH enge Grenzen. Wann die Regelungen der VOB/B im Einzelfall der Inhaltskontrolle nach den §§ 307 ff. BGB unterliegen, muss anhand folgender Fragen unterschieden werden:

Abb. 1: Privilegierung der VOB/B

aa) *Inhaltskontrolle einzelner Bestimmungen der VOB/B*

(1) *Verwendung gegenüber einem Verbraucher*

Aus der Bezugnahme des § 310 Abs. 1 S. 3 BGB auf § 310 Abs. 1 S. 1 BGB ergibt sich, dass die §§ 307 ff. BGB in vollem Umfang auf sämtliche Einzelbestimmungen der VOB/B anwendbar sind, wenn sie gegenüber einem Verbraucher verwendet werden.[508] Die Vorschrift steht damit nicht nur in Einklang mit den oben ausgeführten, zutreffenden Erwägungen des BGH, sondern reagiert insbesondere auch auf angemeldete Zweifel hinsichtlich der Vereinbarkeit der Kontrollfreiheit der VOB/B-Bestimmungen mit den Vorgaben der Richtlinie über missbräuchliche Klauseln in Verbraucherverträgen (RL 93/13/EWG).[509] Diese Richtlinie soll den Verbraucher davor

---

508 Beschlussempfehlung und Bericht des Rechtsausschusses, Gesetzentwurf des Bundesrates zur Sicherung von Werkunternehmeransprüchen und zur verbesserten Durchsetzung von Forderungen (Forderungssicherungsgesetz – FoSiG), BT-Drucks. 16/9787, S. 18; *Schmeel* BauR 2021, 1729.

509 Richtlinie 93/13/EWG des Rates vom 5. April 1993 über mißbräuchliche Klauseln in Verbraucherverträgen, ABl. Nr. L 95 v. 21.04.1993, S. 29; Die Vereinbarkeit wurde beispielsweise von der Verbraucherzentrale Bundesverband bezweifelt, vgl. Beschlussempfehlung und Bericht des Rechtsausschusses, Gesetzentwurf des Bundesrates zur Sicherung von Werkunternehmeransprüchen und zur verbesserten Durch-

schützen, dass durch eine nicht im einzelnen ausgehandelte Vertragsklausel zu seinem Nachteil und entgegen dem Gebot von Treu und Glauben ein erhebliches Missverhältnis der vertraglichen Rechte und Pflichten der Vertragspartner verursacht wird, vgl. Art. 3 Abs. 1 RL 93/13/EWG. Die Mitgliedsstaaten sollen deshalb dafür sorgen, dass im Interesse der Verbraucher und der gewerbetreibenden Wettbewerber angemessene und wirksame Mittel vorhanden sind, damit der Verwendung missbräuchlicher Klauseln durch einen Gewerbetreibenden in den Verträgen, die er mit Verbrauchern schließt, ein Ende gesetzt wird, Art. 7 Abs. 1 RL 93/13/EWG. Die fehlende Überprüfbarkeit einzelner Regelungen der VOB/B gegenüber einem Verbraucher stünde vor dem Hintergrund, dass Verbraucherinteressen schon mangels eines entsprechenden Vertreters im DVA bei der Fortentwicklung der VOB/B nicht ausreichend Beachtung finden, im deutlichen Widerspruch zu den eben genannten Vorschriften.

(2) *Verwendung gegenüber einem Unternehmer mit inhaltlicher Abweichung*

Wird die VOB/B gegenüber einem der in § 310 Abs. 1 S. 1 BGB aufgeführten Vertragspartner – d.h. insbesondere gegenüber einem Unternehmer i.S.d. § 14 BGB – nur teilweise oder unter inhaltlichen Änderungen einbezogen, können die Einzelbestimmungen ebenfalls der isolierten Inhaltskontrolle unterworfen werden. Dafür genügt entsprechend dem Wortlaut der Norm und dem mit ihrer Einführung verfolgten Zweck jede auch noch so geringfügige Abweichung vom Regelungsgehalt der VOB/B.[510] Zu berücksichtigen bleibt allerdings die Einschränkung des Anwendungsbereiches aus § 310 Abs. 1 S. 1 BGB.

(3) *Verwendung gegenüber einem Unternehmer ohne inhaltliche Abweichung*

Soll die VOB/B gegenüber einem der in § 310 Abs. 1 S. 1 BGB genannten Vertragspartner insgesamt, d.h. ohne jede inhaltliche Veränderung, einbezogen werden, finden § 307 Abs. 1 und 2 BGB und § 308 Nr. 1a und 1b BGB keine Anwendung, soweit einzelne Bestimmungen auf ihre Wirksamkeit überprüft werden sollen.

---

setzung von Forderungen (Forderungssicherungsgesetz – FoSiG), BT-Drucks. 16/9787, S. 17 f.

510 Vgl. Nicklisch/Weick/Jansen/Seibel/*Jansen* Einf. Rn. 53.

Im unternehmerischen Geschäftsverkehr sind über § 310 Abs. 1 S. 1 BGB daneben § 308 Nr. 1, Nr. 2 bis 9 und § 309 BGB ausgeschlossen. Damit sind im Ergebnis im Fall des § 310 Abs. 1 S. 3 BGB § 307 Abs. 1 und 2 BGB sowie der gesamte Klauselkatalog der §§ 308, 309 BGB nicht anzuwenden.[511] Überprüfbar bleibt, ob eine Einzelbestimmung der VOB/B gegen § 305c Abs. 1 BGB, also gegen das Verbot überraschender und mehrdeutiger Klauseln verstößt.[512] Die Privilegierung des § 310 Abs. 1 S. 3 BGB beschränkt sich außerdem auf § 307 Abs. 1 und Abs. 2 BGB, sodass die Transparenzkontrolle nach § 307 Abs. 3 S. 2 BGB i.V.m. § 307 Abs. 1 S. 2 BGB weiterhin möglich ist.[513] Ist eine Bestimmung der VOB/B nicht klar und verständlich, liegt darin eine unangemessene Benachteiligung nach § 307 Abs. 1 S. 1 BGB.

§ 310 Abs. 1 S. 1 BGB schließt zudem die Anwendbarkeit der in § 305c Abs. 2 BGB geregelten Unklarheitenregel nicht aus. Das verdeutlicht, dass nach dem Willen des Gesetzgebers jedenfalls keine Privilegierung hinsichtlich der für AGB geltenden Auslegungsgrundsätze erfolgen sollte, und bekräftigt damit die obigen Ausführungen zur Auslegung von VOB/B-Bestimmungen.[514]

bb) *Inhaltskontrolle der VOB/B als Ganzes*

Nach dem Wortlaut des § 310 Abs. 1 S. 3 BGB greift die Privilegierung nur bei der Inhaltskontrolle einzelner Bestimmungen. Eine Inhaltskontrolle der VOB/B als Ganzes ist weiterhin möglich.[515] Gemeint ist, dass die VOB/B dahingehend gerichtlich überprüfbar bleibt, ob die Summe aller Bestimmungen noch ein *insgesamt ausgewogenes, die Interessen der Vertragsparteien angemessen berücksichtigendes* Regelwerk darstellt.[516] Mit der Kodifizie-

---

511 *Schmeel* BauR 2021, 1729 (1733).
512 *Schmeel* BauR 2021, 1729 (1733).
513 *Schmeel* BauR 2021, 1729 (1733).
514 Beck'scher VOB/B-Komm./*Sacher* Einl. Rn. 118.
515 Vgl. BGH NZBau 2008, 640 (642 Rn. 27); Beschlussempfehlung und Bericht des Rechtsausschusses, Gesetzentwurf des Bundesrates zur Sicherung von Werkunternehmeransprüchen und zur verbesserten Durchsetzung von Forderungen (Forderungssicherungsgesetz – FoSiG), BT-Drucks. 16/9787, S. 18; Kniffka/Jurgeleit/*Jurgeleit* Einf. v. § 631 BGB Rn. 84; Nicklisch/Weick/Jansen/Seibel/*Jansen* Einf. Rn. 56; Kapellmann/Messerschmidt/*von Rintelen* Einl. zur VOB/B Rn. 61.
516 Vgl. BGH NZBau 2008, 640 (642 Rn. 27); Kniffka/Jurgeleit/*Jurgeleit* Einf. v. § 631 BGB Rn. 85; Nicklisch/Weick/Jansen/Seibel/*Jansen* Einf. Rn. 56; Kapellmann/Messerschmidt/*von Rintelen* Einl. zur VOB/B Rn. 61.

rung der Privilegierung der VOB/B in § 310 Abs. 1 S. 3 BGB verdeutlichte der Gesetzgeber, dass er die zu dieser Zeit geltende Fassung der VOB/B als insgesamt ausgewogen betrachtete.[517] Das könnte mittlerweile aufgrund der Änderungen im Zuge der Bauvertragsrechtsreform anders zu beurteilen sein, weil sich durch sie das gesetzliche Leitbild verändert hat.[518]

Mit den §§ 650a ff. BGB haben teilweise von der VOB/B abweichende Regelung Eingang in das Gesetz gefunden. Das mag zur Folge haben, dass einzelne „nicht-privilegierte" Bestimmungen der VOB/B einer Inhaltskontrolle nun nicht (mehr) standhalten.[519] Allein hieraus kann und darf aber noch nicht auf die Unangemessenheit bzw. Unausgewogenheit der VOB/B-Bestimmungen in ihrer Gesamtheit geschlossen werden. Denn das BGB hat sich mit der Bauvertragsrechtsreform trotz einzelner Unterschiede im Vergleich zur VOB/B an deren Grundkonzeption angenähert.[520] Die VOB/B kann deshalb (noch) als insgesamt ausgewogenes Regelwerk eingestuft werden.[521]

B. Begriff und Formen der rechtsgeschäftlichen Abnahme

§ 12 Abs. 1 VOB/B legt fest, dass der Auftraggeber die Abnahme binnen 12 Werktagen durchzuführen hat, wenn der Auftragnehmer dies nach Fertigstellung des Werkes verlangt. Die Bestimmung knüpft ihrem Wortlaut nach an den Abnahmebegriff des § 640 Abs. 1 S. 1 BGB an.[522] Sie dient der näheren Ausgestaltung, wann und wie die Abnahme durchzuführen ist.[523] Hierzu enthält das BGB selbst keine Regelungen, was gerade angesichts

---

517 Kapellmann/Messerschmidt/*von Rinteln* Einl. zur VOB/B Rn. 61.
518 Kapellmann/Messerschmidt/*von Rinteln* Einl. zur VOB/B Rn. 62; zur Leitbildfunktion des dispositiven Rechts Staudinger/*Wendland* § 307 BGB Rn. 229 f.
519 *Voit* Gutachten BBSR, S. 6 f.
520 Kapellmann/Messerschmidt/*von Rinteln* Einl. zur VOB/B Rn. 62; *Voit* Gutachten BBSR, S. 6.
521 *Voit* Gutachten BBSR, S. 6 f.; krit. Kniffka/Jurgeleit/*Jurgeleit* Einf. v. § 631 BGB Rn. 86.
522 Kapellmann/Messerschmidt/*Havers* § 12 VOB/B Rn. 5.
523 Kapellmann/Messerschmidt/*Havers* § 12 VOB/B Rn. 5 ff.; Beck´scher VOB/B-Komm./*Bröker* Vorb. § 12 Rn. 3; Messerschmidt/Voit/*Messerschmidt* § 640 BGB Rn. 8 f.

der rechtlichen und vor allem wirtschaftlichen Bedeutung der Abnahme erhebliche Unsicherheit in der Praxis hervorruft.[524]

Mit § 12 VOB/B hat der DVA folglich kein in sich geschlossenes und die gesetzlichen Bestimmungen vollständig verdrängendes Abnahmesystem geschaffen.[525] § 12 VOB/B baut vielmehr auf § 640 BGB auf, d.h. die Regelung ist (unter dem Vorbehalt ihrer Wirksamkeit) nur insoweit vorrangig anzuwenden, als sie Ergänzungen oder Abweichungen enthält.[526]

Dementsprechend wird die rechtsgeschäftliche Abnahme in § 12 VOB/B ebenfalls zweigliedrig als die körperliche Entgegennahme des Werkes verbunden mit der Billigung als im Wesentlichen vertragsgerechte Leistung verstanden.[527] Die Abnahme kann wie bei einem Bauvertrag ohne wirksame Einbeziehung der VOB/B ausdrücklich oder konkludent erfolgen. Insoweit kann auf die Ausführungen zur rechtsgeschäftlichen Abnahme nach § 640 Abs. 1 S. 1 BGB verwiesen werden.[528]

Eine aus praktischer Sicht bedeutsame Abweichung von den gesetzlichen Regelungen enthält § 12 Abs. 4 VOB/B in Bezug auf die förmliche Abnahme.[529] Zur Erinnerung: § 640 Abs. 1 S. 1 BGB sieht ohne eine entsprechende Vereinbarung der Vertragsparteien keine Formvorgaben für die Abnahmeerklärung vor. § 12 Abs. 4 Nr. 1 S. 1 VOB/B bestimmt demgegenüber, dass eine förmliche Abnahme stattzufinden hat, wenn *eine Vertragspartei es verlangt*. Dieses Anordnungsrecht geht auf die grundlegende Bedeutung der förmlichen Abnahme für das Bauvertragswesen zurück.[530] Wie sich aus einem Umkehrschluss aus § 12 Abs. 4 Nr. 2 S. 1 VOB/B ergibt, findet die förmliche Abnahme grundsätzlich nach Festlegung eines Abnahmeter-

---

524 Beck'scher VOB/B-Komm./*Bröker* Vorb. § 12 Rn. 3; Messerschmidt/Voit/*Messerschmidt* § 640 BGB Rn. 8.

525 Ingenstau/Korbion/*Oppler* § 12 VOB/B Rn. 2; vgl. Messerschmidt/Voit/*Messerschmidt* § 640 BGB Rn. 10.

526 Ingenstau/Korbion/*Oppler* § 12 VOB/B Rn. 2; Beck'scher VOB/B-Komm./*Bröker* Vorb. § 12 Rn. 4.

527 Ingenstau/Korbion/*Oppler* § 12 VOB/B Rn. 7; Beck'scher VOB/B-Komm./*Bröker* Vorb. § 12 Rn. 25; Kapellmann/Messerschmidt/*Havers* § 12 VOB/B Rn. 5.

528 Dazu S. 39 ff.

529 Ingenstau/Korbion/*Oppler* § 12 Abs. 4 VOB/B Rn. 1; zur grundlegenden Bedeutung des § 12 Abs. 4 VOB/B in der Baupraxis Kapellmann/Messerschmidt/*Havers* § 12 VOB/B Rn. 227.

530 Vgl. Ingenstau/Korbion/*Oppler* § 12 Abs. 4 VOB/B Rn. 1; Kapellmann/Messerschmidt/*Havers* § 12 VOB/B Rn. 227.

mins und in Anwesenheit der Vertragspartner statt.[531] Die Vertragsparteien sollen zum Zwecke der Transparenz und Rechtssicherheit „an einen Tisch gebracht werden", um sich Klarheit darüber zu verschaffen, inwieweit der Auftragnehmer seine vertraglichen Pflichten erfüllt hat und was von Seiten des Auftraggebers zu beanstanden ist.[532] Auf diese Weise sollen Streitigkeiten – insbesondere schon bezüglich des Zeitpunkts der Abnahme – vermieden oder zumindest eingeschränkt werden.[533]

C. Rechtswirkungen der rechtsgeschäftlichen Abnahme

I. Vergleich zum BGB-Werk- und Bauvertragsrecht

Die Wirkungen der rechtsgeschäftlichen Abnahme nach § 12 Abs. 1 VOB/B entsprechen im Kern denen der Abnahme nach § 640 Abs. 1 S. 1 BGB: Der Erfüllungsanspruch aus §§ 631 Abs. 1, 650a Abs. 1 S. 1, S. 2 BGB konkretisiert sich auf das abgenommene Werk.[534] Dem Auftraggeber stehen in der Folge nur noch die Gewährleistungsrechte des § 13 VOB/B zur Verfügung.[535] Nach § 13 Abs. 4 Nr. 3 Hs. 1 VOB/B beginnt mit der Abnahme die Verjährung der Ansprüche aus § 13 VOB/B.[536] Die Vergütungsgefahr geht gemäß § 12 Abs. 6 VOB/B auf den Auftraggeber über, soweit der Gefahrübergang nicht bereits nach § 7 VOB/B stattgefunden hat.[537] Den Auftraggeber trifft dann ebenfalls die Leistungsgefahr, was – wie oben ausgeführt – auf die Erfüllungswirkung der Abnahme zurückzuführen ist.[538] Die Beweislast geht

---

531   Ingenstau/Korbion/*Oppler* § 12 Abs. 4 VOB/B Rn. 9; Beck'scher VOB/B-Komm./*Bröker* § 12 Abs. 4 Rn. 13; Kapellmann/Messerschmidt/*Havers* § 12 VOB/B Rn. 234.

532   Ingenstau/Korbion/*Oppler* § 12 Abs. 4 VOB/B Rn. 1.

533   Ingenstau/Korbion/*Oppler* § 12 Abs. 4 VOB/B Rn. 1; Beck'scher VOB/B-Komm./*Bröker* Vorb. § 12 Rn. 3, § 12 Abs. 4 Rn. 2; Kapellmann/Messerschmidt/*Havers* § 12 VOB/B Rn. 227.

534   Messerschmidt/Voit/*Voit* § 12 VOB/B Rn. 1; Leinemann/*Jansen* § 12 VOB/B Rn. 37; Kapellmann/Messerschmidt/*Havers* § 12 VOB/B Rn. 103.

535   Messerschmidt/Voit/*Voit* § 12 VOB/B Rn. 1; Nicklisch/Weick/Jansen/Seibel/*Abu Saris* § 12 VOB/B Rn. 60; Heiermann/Riedl/Rusam/*Mansfeld* § 12 VOB/B Rn. 25; Leinemann/*Jansen* § 12 VOB/B Rn. 38.

536   Messerschmidt/Voit/*Voit* § 12 VOB/B Rn. 1; Nicklisch/Weick/Jansen/Seibel/*Abu Saris* § 12 VOB/B Rn. 68; Heiermann/Riedl/Rusam/*Mansfeld* § 12 VOB/B Rn. 31.

537   Messerschmidt/Voit/*Voit* § 12 VOB/B Rn. 1; Kapellmann/Messerschmidt/*Havers* § 12 VOB/B Rn. 107.

538   Dazu S. 77.

auf den Auftraggeber über, was sich auch bei Einbeziehung der VOB/B unmittelbar aus § 363 BGB ergibt.[539]

II. Fälligkeit der Gesamtvergütung gemäß § 16 Abs. 3 Nr. 1 S. 1 VOB/B

Schließlich ist die Abnahme nach allgemeiner Meinung auch im Geltungsbereich der VOB/B Voraussetzung für die Fälligkeit des Gesamtvergütungsanspruchs.[540]

1. Auslegung des § 16 Abs. 3 Nr. 1 S. 1 VOB/B

Eine Regelung zur Fälligkeit findet sich in § 16 Abs. 3 Nr. 1 S. 1 VOB/B, dem der oben bereits angeführte § 650g Abs. 4 S. 1 BGB für den BGB-Bauvertrag nachgebildet wurde.[541] § 16 Abs. 3 Nr. 1 S. 1 VOB/B legt fest, dass der Anspruch auf Schlusszahlung (gemeint ist damit die Gesamtvergütung) alsbald nach Prüfung und Feststellung fällig wird, spätestens innerhalb von 30 Tagen nach Zugang der Schlussrechnung. Das bedeutet, dass eine prüffähige Schlussrechnung vorgelegt und geprüft worden oder die Prüffrist abgelaufen sein muss.[542] Die in § 16 Abs. 3 Nr. 1 S. 1 VOB/B bestimmte Prüffrist von 30 Tagen kann nach Maßgabe des § 16 Abs. 3 Nr. 1 S. 2 VOB/B durch ausdrückliche Vereinbarung um weitere 30 Tage verlängert werden, wenn ein sachlicher Grund vorliegt. Prüffähig ist die Schlussrechnung, wenn sie den Vorgaben des § 14 Abs. 1 VOB/B entspricht.[543] Erhebt der Auftraggeber Einwendungen gegen die Prüffähigkeit nicht innerhalb der Frist, ist er hinsichtlich der fehlenden Prüffähigkeit präkludiert, § 16 Abs. 3 Nr. 1 S. 3 VOB/B. Mit den Tatbestandsvoraussetzungen der Prüfung und Feststellung geht § 16 Abs. 3 Nr. 1 S. 1 VOB/B über das in § 650g Abs. 4 S. 1 BGB Verlangte – gemäß § 650g Abs. 4 S. 1 Nr. 2 BGB genügt die bloße Erteilung

---

539 Messerschmidt/Voit/*Voit* § 12 VOB/B Rn. 1; Kapellmann/Messerschmidt/*Havers* § 12 VOB/B Rn. 109 ff.; Heiermann/Riedl/Rusam/*Mansfeld* § 12 VOB/B Rn. 52.

540 BGH NJW 1981, 822; Kapellmann/Messerschmidt/*Messerschmidt* § 16 VOB/B Rn. 322; Nicklisch/Weick/Jansen/Seibel/*Abu Saris* § 12 VOB/B Rn. 64; Messerschmidt/Voit/*Voit* § 16 VOB/B Rn. 18; Leinemann/*Leinemann* § 16 VOB/B Rn. 127; Franke/Kemper/Zanner/Grünhagen/Mertens/*Zanner* § 16 VOB/B Rn. 109.

541 Messerschmidt/Voit/*Messerschmidt* § 650g BGB Rn. 97.

542 Nicklisch/Weick/Jansen/Seibel/*Abu Saris* § 12 VOB/B Rn. 64.

543 Ingenstau/Korbion/*Locher* § 16 Abs. 3 VOB/B Rn. 14.

einer prüffähigen Schlussrechnung – hinaus. Die Prüfung der Schlussrechnung ist zu verstehen als „die inhaltliche und rechnerische Nachprüfung der Schlussrechnung auf ihre Richtigkeit unter Berücksichtigung der bauvertraglichen Vereinbarungen und gegebenenfalls deren Korrektur."[544] Mit der Feststellung ist die Bestimmung der aus Sicht des Auftraggebers bestehenden Schlussrechnungssumme gemeint.[545]

Fraglich ist, ob die Abnahme – wie das die herrschende Meinung annimmt – als Fälligkeitsvoraussetzung zu den in § 16 Abs. 3 Nr. 1 S. 1 VOB/B genannten Vorgaben hinzutritt.

Für den BGB-Bauvertrag i.S.d. § 650a Abs. 1 S. 1 BGB stellt dies § 650g Abs. 4 S. 1 Nr. 1 BGB ausdrücklich klar. § 16 Abs. 3 Nr. 1 S. 1 VOB/B erwähnt die Abnahme als Fälligkeitsvoraussetzung dagegen nicht.

Die Abnahme wäre dennoch erforderlich, wenn § 16 Abs. 3 Nr. 1 S. 1 VOB/B keine abschließende Regelung zur Fälligkeit trifft, sondern die gesetzlichen Fälligkeitsregelungen der §§ 641 Abs. 1 S. 1, 650g Abs. 4 S. 1 BGB, die die Abnahme ausdrücklich voraussetzen, nur ergänzt.[546] Das ist durch Auslegung der Bestimmung anhand der oben erläuterten Grundsätze für Allgemeine Geschäftsbedingungen zu ermitteln.[547]

Der Wortlaut des § 16 Abs. 3 Nr. 1 S. 1 VOB/B ist nicht eindeutig. Für die nur ergänzende Funktion der Regelung spricht aber die innere Systematik. Wäre die Abnahme keine Fälligkeitsvoraussetzung, liefe nämlich § 12 Abs. 3 VOB/B praktisch leer.[548] § 12 Abs. 3 VOB/B, der sogleich behandelt wird, bestimmt, dass die Abnahme wegen wesentlicher Mängel bis zu ihrer Beseitigung verweigert werden kann. Der Sinn und Zweck des § 12 Abs. 3 VOB/B liegt vor allem darin, dass der Auftraggeber bei Vorliegen wesentlicher Mängel den Eintritt der Fälligkeit der Vergütung verhindern können soll.[549] Das setzt denknotwendig voraus, dass die Abnahme überhaupt Fälligkeitsvoraussetzung ist. Jedenfalls bei der Einbeziehung der VOB/B gegenüber einem Verbraucher ist aber fraglich, ob dieser systematische Zusammen-

---

544 Leinemann/*Leinemann* § 16 VOB/B Rn. 142; ähnlich Ingenstau/Korbion/*Locher* § 16 Abs. 3 VOB/B Rn. 18; Kapellmann/Messerschmidt/*Messerschmidt* § 16 VOB/B Rn. 296.
545 Nicklisch/Weick/Jansen/Seibel/*Hummel* § 16 VOB/B Rn. 82; Ingenstau/Korbion/*Locher* § 16 Abs. 3 VOB/B Rn. 18; Kapellmann/Messerschmidt/*Messerschmidt* § 16 VOB/B Rn. 296.
546 So BGH NJW 1981, 822; Ingenstau/Korbion/*Locher* § 16 VOB/B Rn. 14.
547 Dazu S. 104 ff.
548 BGH NJW 1981, 822; Ingenstau/Korbion/*Locher* § 16 VOB/B Rn. 14.
549 BGH NJW 1981, 822.

hang für einen durchschnittlichen Vertragspartner noch erkennbar und damit i.R.d. Auslegung berücksichtigungsfähig ist.

Für das Erfordernis der Abnahme und die damit bloß ergänzende Funktion des § 16 Abs. 3 Nr. 1 VOB/B spricht neben § 12 Abs. 3 VOB/B auch § 16 Abs. 4 VOB/B.[550] Dieser besagt, dass in sich abgeschlossene Teile der Leistung nach *Teilabnahme* ohne Rücksicht auf die Vollendung der übrigen Leistungen endgültig festgestellt und bezahlt werden können. Die Teilabnahme wird hier ausdrücklich als Fälligkeitsvoraussetzung der Teilvergütung genannt. Wenn schon bei einer Teilleistung die Teilabnahme erforderlich ist, um die Teilvergütung verlangen zu können, muss die Abnahme des Gesamtwerkes erst recht Voraussetzung für die Fälligkeit der Gesamtvergütung sein.[551]

§ 16 Abs. 3 Nr. 1 VOB/B und § 16 Abs. 4 VOB/B stehen in besonders engem Regelungszusammenhang, der für jeden Vertragspartner – ganz gleich, ob es sich dabei um einen Verbraucher oder um einen Bauunternehmer handelt – erkennbar ist. Jedenfalls diese systematische Erwägung kann damit zur Auslegung herangezogen werden.

Schlussfolgerung hieraus ist: § 16 Abs. 3 Nr. 1 S. 1 VOB/B trifft keine umfassende und abschließende Fälligkeitsregelung, sondern ergänzt die §§ 641 Abs. 1 S. 1, 650g Abs. 4 S. 1 BGB. Die rechtsgeschäftliche Abnahme ist deshalb auch unter der Einbeziehung der VOB/B Voraussetzung der Fälligkeit der Gesamtvergütung.

2. Inhaltskontrolle des § 16 Abs. 3 Nr. 1 S. 1 VOB/B

Indem § 16 Abs. 3 Nr. 1 S. 1 VOB/B durch die Pflicht zur Prüfung und Feststellung von den gesetzlichen Vorgaben in § 650g Abs. 4 S. 1 BGB abweicht, stellt sich die Frage nach der Wirksamkeit dieser VOB/B-Bestimmung.

a) *Auftraggeber als Verwender*

Ist der Auftraggeber der Verwender, ist Folgendes zu erwägen: § 16 Abs. 3 Nr. 1 S. 1 VOB/B könnte dem Auftraggeber die Gelegenheit verschaffen, die Durchsetzbarkeit der Vergütungsforderung zum Nachteil des Auftragneh-

---

550 BGH NJW 1981, 822; Ingenstau/Korbion/*Locher* § 16 VOB/B Rn. 14.
551 Vgl. BGH NJW 1981, 822, der jedoch keinen Erst-Recht-Schluss zieht; Ingenstau/Korbion/*Locher* § 16 VOB/B Rn. 14.

mers durch die Verweigerung der Prüfung und Feststellung beliebig lange hinauszuzögern. § 16 Abs. 3 Nr. 1 S. 1 VOB/B könnte den Auftragnehmer deshalb unangemessen benachteiligen und gemäß § 307 Abs. 1 S. 1 BGB unwirksam sein.

Eine unangemessene Benachteiligung ist nach § 307 Abs. 2 BGB im Zweifel anzunehmen, wenn die Bestimmung mit den wesentlichen Grundgedanken der gesetzlichen Regelung, von der abgewichen wird, nicht zu vereinbaren ist (§ 307 Abs. 2 Nr. 1 BGB) oder wenn sie wesentliche Rechte oder Pflichten, die sich aus der Natur des Vertrages ergeben, so einschränkt, dass die Erreichung des Vertragszwecks gefährdet ist (§ 307 Abs. 2 Nr. 2 BGB). Gegen eine unangemessene Benachteiligung spricht zum einen, dass auch § 650g Abs. 4 S. 1 BGB bezweckt, dem Besteller die Möglichkeit zur Prüfung der vom Werkunternehmer verlangten Vergütungssumme zu gewährleisten – selbst wenn das nicht mit einer Prüfungspflicht verbunden ist.[552] Mit der in § 16 Abs. 3 Nr. 1 S. 1 BGB festgesetzten Prüffrist wird nur ein zeitlicher Rahmen geschaffen, innerhalb dessen der Auftraggeber die Prüfungsmöglichkeit wahrnehmen kann. Die Fristlänge von 30 bzw. 60 Tagen entspricht wiederum den in § 271a BGB gesetzlich vorgesehenen zeitlichen Gestaltungsmöglichkeiten.[553] § 16 Abs. 3 Nr. 1 S. 1 BGB ist daher mit den wesentlichen Grundgedanken der gesetzlichen Regelung, von der abgewichen wird, zu vereinbaren, § 307 Abs. 2 Nr. 1 BGB.

Auch eine Gefährdung des Vertragszwecks (§ 307 Abs. 2 Nr. 2 BGB) ist nicht zu befürchten.[554] Denn nach Ablauf der Prüffrist tritt die Fälligkeit unabhängig von der tatsächlich erfolgten Prüfung ein, § 16 Abs. 3 Nr. 1 S. 1 Hs. 2 VOB/B. Der Auftragnehmer ist dadurch vor der dauerhaften Prüfungsverweigerung durch den Auftraggeber geschützt.

§ 16 Abs. 3 Nr. 1 S. 1 VOB/B ist wirksam, wenn der Auftraggeber der Verwender ist.[555]

---

552 Ingenstau/Korbion/*Locher* § 16 Abs. 3 VOB/B Rn. 12; Nicklisch/Weick/Jansen/Seibel/*Hummel* § 16 VOB/B Rn. 148; zum Telos des § 650g Abs. 4 BGB bereits S. 74 f.

553 Ingenstau/Korbion/*Locher* § 16 Abs. 3 VOB/B Rn. 12; Nicklisch/Weick/Jansen/Seibel/*Hummel* § 16 VOB/B Rn. 148; vgl. Beck´scher VOB/B-Komm./*Kandel* § 16 Abs. 3 Rn. 6, Rn. 6a.

554 Andeutungsweise Beck´scher VOB/B-Komm./*Kandel* § 16 Abs. 3 Rn. 6, Rn. 6a.

555 Ebenso Ingenstau/Korbion/*Locher* § 16 Abs. 3 VOB/B Rn. 12; Nicklisch/Weick/Jansen/Seibel/*Hummel* § 16 VOB/B Rn. 148; Beck´scher VOB/B-Komm./*Kandel* § 16 Abs. 3 Rn. 6, Rn. 6a; Werner/Pastor/*Rodemann* Rn. 1211, der aber nicht nach dem konkreten Verwender differenziert.

b) *Auftragnehmer als Verwender*

Ist der Auftragnehmer der Verwender, könnte das hingegen anders zu beurteilen sein. Denn auch der Auftragnehmer könnte aufgrund der Pflicht zur Vorlage der Schlussrechnung die Fälligkeit der Vergütung unbegrenzt hinauszögern. Für den Auftraggeber würde sich das insofern nachteilig auswirken, als sich dadurch zugleich der Verjährungsbeginn der Vergütungsforderung beliebig verschieben ließe.[556] Gegen eine unangemessene Benachteiligung spricht aber, dass der Auftraggeber nach § 14 Abs. 4 VOB/B die Möglichkeit hat, die Schlussrechnung auf Kosten des Auftragnehmers aufzustellen, wenn der Auftragnehmer trotz Fristsetzung nicht tätig wird.[557] Er hat den Eintritt der Fälligkeit und damit auch den Verjährungsbeginn in der Hand.[558] Nachdem § 650g Abs. 4 S. 1 BGB selbst die Pflicht zur Vorlage einer Schlussrechnung enthält, entspricht die VOB/B-Bestimmung außerdem dem Grundgedanken der gesetzlichen Regelung. Sie kann deshalb auch dann als wirksam betrachtet werden, wenn sie vom Auftragnehmer gestellt wurde.[559]

D. *Verpflichtung zur Abnahme*

I. Anspruch auf Abnahme der Gesamtleistung nach § 12 Abs. 1 VOB/B

Anders als in § 640 Abs. 1 S. 1 BGB entsteht die Pflicht zur Abnahme der Gesamtleistung nach § 12 Abs. 1 VOB/B erst, wenn dem Auftraggeber das Abnahmeverlangen des Auftragnehmers zugegangen ist.[560]

Voraussetzung eines berechtigten Abnahmeverlangens ist nach dem Wortlaut des § 12 Abs. 1 VOB/B die Fertigstellung der Leistung. § 12 Abs. 1 VOB/B verwendet damit eine andere Begrifflichkeit als § 640 Abs. 1 S. 1

---

556 Mit dieser Begründung jeweils auf die Unwirksamkeit der Bestimmung schließend: OLG Naumburg BauR 2006, 849 (850) sowie OLG Celle BauR 2010, 1764 (1765).

557 OLG Hamburg BauR 2019, 1306 (1308).

558 OLG Hamburg BauR 2019, 1306 (1308).

559 OLG Hamburg BauR 2019, 1306 (1308); Nicklisch/Weick/Jansen/Seibel/*Hummel* § 16 VOB/B Rn. 148; a.A. Kapellmann/Messerschmidt/*Messerschmidt* § 16 VOB/B Rn. 318; Werner/Pastor/*Rodemann* Rn. 1211, der aber nicht nach dem Verwender differenziert.

560 Kapellmann/Messerschmidt/*Havers* § 12 VOB/B Rn. 179; Ingenstau/Korbion/*Oppler* § 12 Abs. 1 VOB/B Rn. 4.

BGB, der davon spricht, dass das Werk „vertragsmäßig hergestellt" sein muss.

Ein Unterschied in der Bedeutung besteht nicht: Das Werk muss abnahmefähig – bzw. entsprechend der hier bevorzugten Terminologie abnahmebedürftig – und abnahmereif sein. Es dürfen also nur noch unwesentliche Restleistungen ausstehen und allenfalls unwesentliche Mängel vorhanden sein.[561]

Das lässt sich aus § 12 Abs. 3 VOB/B ableiten, der wie § 640 Abs. 1 S. 2 BGB ein Abnahmeverweigerungsrecht wegen wesentlicher Mängel beinhaltet. Während § 640 Abs. 1 S. 2 BGB bestimmt, dass die Abnahme wegen *unwesentlicher* Mängel *nicht* verweigert werden kann, enthält § 12 Abs. 3 VOB/B die positive Formulierung, dass die Abnahme wegen *wesentlicher* Mängel verweigert werden *kann*.

§ 640 Abs. 1 S. 2 BGB wurde zum 01.05.2000 durch das Gesetz zur Beschleunigung fälliger Zahlungen eingefügt.[562] Der Gesetzgeber wollte dadurch das Abnahmeverweigerungsrecht auf wesentliche Mängel beschränken.[563] Der Gesetzesentwurf aus der Mitte des Bundestages und der Fraktion der CDU/CSU sah deshalb eine gesetzliche Bestimmung vor, die bewusst mit dem Wortlaut des § 12 Abs. 3 VOB/B übereinstimmte.[564] In der Entwurfsbegründung wurde sogar ausdrücklich darauf hingewiesen, dass § 12 Abs. 3 VOB/B als Vorbild für die Änderung des § 640 Abs. 1 BGB dienen sollte.[565] Die negative Formulierung des heutigen § 640 Abs. 1 S. 2 BGB beruht auf der Beschlussempfehlung des Rechtsausschusses, der bei einer Formulierung wie in § 12 Abs. 3 VOB/B eine (sachlich nicht gerechtfertigte und auch nicht beabsichtigte) Beweislastumkehr befürchtete.[566] Die Negativformulierung ist damit nur eine Folge von Beweislastüberlegungen,

---

561 Vgl. Ingenstau/Korbion/*Oppler* § 12 Abs. 1 VOB/B Rn. 6; Kapellmann/Messerschmidt/*Havers* § 12 VOB/B Rn. 184; Beck´scher VOB/B-Komm./*Bröker* § 12 Abs. 1 Rn. 9 jeweils ohne nähere Begründung.

562 Gesetz zur Beschleunigung fälliger Zahlungen v. 30.03.2000 (BGBl. I S. 330).

563 Ingenstau/Korbion/*Oppler* § 12 Abs. 3 VOB/B Rn. 1; *Motzke* NZBau 2000, 489 (493).

564 Gesetzentwurf aus der Mitte des Bundestages und der Fraktion der CDU/CSU zur Verbesserung der Durchsetzung von Forderungen der Bauhandwerker (Bauvertragsgesetz – BauVertrG) v. 26.03.1999, BT-Drucks. 14/673, S. 4.

565 Gesetzentwurf aus der Mitte des Bundestages und der Fraktion der CDU/CSU zur Verbesserung der Durchsetzung von Forderungen der Bauhandwerker (Bauvertragsgesetz – BauVertrG) v. 26.03.1999, BT-Drucks. 14/673, S. 7.

566 Beschlussempfehlung und Bericht des Rechtsausschusses, Gesetzentwurf aus der Mitte des Bundestages und der Fraktion der CDU/CSU zur Verbesserung der

sollte aber keine Auswirkung auf die Auslegung des Begriffs der Wesentlichkeit eines Mangels haben.[567]

Trotz des redaktionellen Unterschieds stellen § 640 Abs. 1 S. 2 BGB und § 12 Abs. 3 VOB/B also dieselben Anforderungen an die Wesentlichkeit eines Mangels.[568] Auch wenn § 12 Abs. 1 VOB/B von der Terminologie des § 640 Abs. 1 S. 1 BGB abweicht, stellt er damit zugleich dieselben Anforderungen an ein berechtigtes Abnahmeverlangen wie die gesetzliche Bestimmung.

Zur Frage, wann ein wesentlicher Mangel i.S.d. § 12 Abs. 3 VOB/B vorliegt, kann demnach auf das zu § 640 Abs. 1 S. 2 BGB im ersten Kapitel dieses Teils Gesagte verwiesen werden.[569]

Mit Zugang des Abnahmeverlangens beim Auftraggeber wird die zwölftägige Abnahmefrist in Gang gesetzt.[570] Kommt der Auftraggeber dem berechtigten Abnahmeverlangen innerhalb der Frist nicht nach bzw. verweigert er die Abnahme unberechtigt, gerät er mit Fristablauf gemäß den §§ 293 ff. BGB in Annahmeverzug, was insbesondere den Gefahrübergang nach sich zieht, § 644 Abs. 1 S. 2 BGB.[571] Zugleich tritt dann auch Schuldnerverzug i.S.d. § 286 Abs. 1 S. 1 BGB ein.[572] Eine gesonderte Mahnung ist nach § 286 Abs. 2 Nr. 2 BGB entbehrlich.[573]

Durchsetzung von Forderungen der Bauhandwerker (Bauvertragsgesetz – BauVertrG) v. 26.03.1999, BT-Drucks. 14/2752, S. 12.

567 Ebenso Ingenstau/Korbion/*Oppler* § 12 Abs. 3 VOB/B Rn. 1; *Motzke* NZBau 2000, 489 (493 f.); Franke/Kemper/Zanner/Grünhagen/Mertens/*Zanner* § 12 VOB/B Rn. 96.

568 Ebenso für die inhaltliche Deckungsgleichheit der Bestimmungen Ingenstau/Korbion/*Oppler* § 12 Abs. 3 VOB/B Rn. 1; Franke/Kemper/Zanner/Grünhagen/Mertens/*Zanner* § 12 VOB/B Rn. 96; *Motzke* NZBau 2000, 489 (493 f.).

569 Siehe dazu S. 86 f.

570 Nicklisch/Weick/Jansen/Seibel/*Abu Saris* § 12 VOB/B Rn. 92; Kapellmann/Messerschmidt/*Havers* § 12 VOB/B Rn. 188.

571 Ingenstau/Korbion/*Oppler* § 12 Abs. 1 VOB/B Rn. 18; Nicklisch/Weick/Jansen/Seibel/*Abu Saris* § 12 VOB/B Rn. 94; Kapellmann/Messerschmidt/*Havers* § 12 VOB/B Rn. 189.

572 Ingenstau/Korbion/*Oppler* § 12 Abs. 1 VOB/B Rn. 19; Kapellmann/Messerschmidt/*Havers* § 12 VOB/B Rn. 190.

573 Ingenstau/Korbion/*Oppler* § 12 Abs. 1 VOB/B Rn. 19.

II. Anspruch auf Abnahme einer Teilleistung nach § 12 Abs. 2 VOB/B

In seinem zweiten Absatz trifft § 12 VOB/B eine Ausnahme zu dem in Absatz 1 aufgestellten Grundsatz der Gesamtabnahme der Werkleistung.[574] Während im BGB-Werkvertrag ein Anspruch auf Teilabnahme nur bei einer entsprechenden Parteivereinbarung besteht, legt § 12 Abs. 2 VOB/B fest, dass der Auftraggeber im Geltungsbereich der VOB/B auf Verlangen in sich abgeschlossene Leistungsteile besonders abzunehmen hat. Mit der Teilabnahme treten für die abgenommene Teilleistung sämtliche Abnahmewirkungen, insbesondere die Fälligkeit der Teilvergütung unter den Voraussetzungen des § 16 Abs. 4 VOB/B ein.[575]

Bei der Auslegung des Begriffs des in sich abgeschlossenen Leistungsteils ist zu berücksichtigen, dass der Auftraggeber ein schutzwürdiges Interesse daran hat, dass an zusammengehörenden Leistungsteilen keine unterschiedlichen Abnahmewirkungen – vor allem keine unterschiedlichen Gewährleistungsfristen oder Gefahrübergänge – eintreten.[576] Ein in sich abgeschlossener Leistungsteil liegt vor diesem Hintergrund vor, wenn er nach der Verkehrsanschauung in Bezug auf die vorgesehene Nutzung und auf seine Funktionsfähigkeit als selbstständig und unabhängig von den übrigen Teilleistungen angesehen werden kann.[577] Beispielsweise sind deshalb einzelne Teile eines Rohbaus (z.B. ein Stockwerk oder eine einzelne Betondecke) keine in sich abgeschlossenen Leistungsteile.[578]

---

574 Ingenstau/Korbion/*Oppler* § 12 Abs. 2 VOB/B Rn. 1.
575 Ingenstau/Korbion/*Oppler* § 12 Abs. 2 VOB/B Rn. 8; Ingenstau/Korbion/*Locher* § 16 Abs. 4 VOB/B Rn. 5 f.
576 BGH BauR 2009, 1736 (1738 Rn. 21).
577 BGH BauR 2009, 1736 (1738 Rn. 21 f.); Franke/Kemper/Zanner/Grünhagen/Mertens/*Zanner* § 12 VOB/B Rn. 82; Ingenstau/Korbion/*Oppler* § 12 Abs. 2 VOB/B Rn. 5.
578 BGH BauR 2009, 1736 (1738 Rn. 22); Ingenstau/Korbion/*Oppler* § 12 Abs. 2 VOB/B Rn. 6.

Kapitel 3: Ergebnis des Ersten Teils

Die Abnahme i.S.d. § 640 Abs. 1 S. 1 BGB wird von der herrschenden Meinung zurecht als die körperliche Entgegennahme verbunden mit der Anerkennung des Werkes als im Wesentlichen vertragsgerechte Leistung verstanden. Dieses Begriffsverständnis liegt auch § 12 VOB/B zugrunde, der auf § 640 BGB aufbaut und diesen ergänzt. Die Abnahme ist im BGB- sowie im VOB-Vertrag vertragliche Hauptpflicht des Bestellers und der Wendepunkt jeder werk- und bauvertraglichen Beziehung.

Sowohl aus rechtswissenschaftlicher als auch aus praktischer Sicht ist die Abnahme deshalb von besonderer Bedeutung:

Erklärt der Besteller die Abnahme, endet das Erfüllungsstadium. Die Leistungsverpflichtung des Werkunternehmers ist nur noch auf Mangelbeseitigung gerichtet. Leistungs- und Vergütungsgefahr gehen über. Die Beweislast hinsichtlich der Vertragsgemäßheit des Werkes kehrt sich um und liegt von nun an beim Besteller.

Schließlich wird mit der Abnahmeerklärung nach § 641 Abs. 1 S. 1 BGB auch die Gesamtvergütung fällig. Bei § 641 Abs. 1 S. 1 BGB handelt es sich um eine „echte" Fälligkeitsregelung, die der Grundregel des § 271 Abs. 1 BGB vorgeht. Für den BGB-Bauvertrag wird § 641 Abs. 1 S. 1 BGB durch die zusätzlichen Fälligkeitsvoraussetzungen in § 650g Abs. 4 S. 1 BGB ergänzt. Für den in der baurechtlichen Praxis besonders relevanten VOB-Vertrag findet sich in § 16 Abs. 3 Nr. 1 S. 1 VOB/B eine Regelung zur Fälligkeit. Obwohl die Abnahme nach dem Wortlaut dieser Bestimmung nicht als Fälligkeitsvoraussetzung genannt wird, muss sie zu der in § 16 Abs. 3 Nr. 1 S. 1 VOB/B genannten Pflicht zur Prüfung und Feststellung hinzutreten. § 16 Abs. 3 Nr. 1 S. 1 VOB/B trifft keine abschließende Regelung, sondern gestaltet die gesetzlichen Vorgaben in §§ 641 Abs. 1 S. 1, 650g Abs. 4 S. 1 BGB nur näher aus.

Soweit § 310 Abs. 1 S. 3 BGB nicht anwendbar ist und § 16 Abs. 3 Nr. 1 S. 1 VOB/B einer isolierten Inhaltskontrolle unterworfen werden kann, erweist sich die Bestimmung sowohl bei der Verwendung durch den Auftraggeber als auch durch den Auftragnehmer als wirksam.

Das Abnahmeerfordernis erlegt dem Werkunternehmer eine Vorleistungspflicht hinsichtlich der Herstellung des vertraglich geschuldeten Werkes auf. Dadurch wird dieser zur Vorfinanzierung gezwungen. Gerade für kleine und mittlere Unternehmen kann das zu einer enormen finanziellen Belastung werden. Insbesondere durch die in § 632a BGB vorgesehene Möglichkeit, Abschlagszahlungen fordern zu können, sowie durch das Recht zur Abnahmeverweigerung bei wesentlichen Mängeln nach § 640 Abs. 1 S. 2 BGB bzw. nach § 12 Abs. 3 VOB/B wird dem ein Stück weit entgegenwirkt. Trotz dessen ist es verständlich, dass dem Werkunternehmer an einer möglichst raschen Vertragsabwicklung gelegen ist.

Zweiter Teil: Abnahmefiktion

Kapitel 4: Abhängigkeit des Werkunternehmers vom Besteller und deren Folgen

Nach den bisherigen Ausführungen scheint sowohl bei einem BGB-Werk- und Bauvertrag als auch bei einem VOB-Vertrag die zügige Abwicklung des Vertrages ohne Abnahmeerklärung geradezu unmöglich.

Ist der Besteller nach den oben dargestellten Voraussetzungen zur Abnahme verpflichtet und verweigert er diese ernsthaft und endgültig, hätte der Werkunternehmer rechtssystematisch nur die Möglichkeit, den Besteller auf Abnahme zu verklagen, um sodann eine zweite Klage auf Zahlung der Vergütung erheben zu können.

Anerkannt ist zwar, dass der Werkunternehmer aus prozessökonomischen Gründen auch unmittelbar auf Zahlung der Vergütung klagen darf.[579] Hierauf wird an späterer Stelle vertieft eingegangen.[580] Unabhängig davon, ob der Werkunternehmer auf Abnahme oder direkt auf Vergütung klagt, treten die Abnahmewirkungen aber frühestens mit Rechtskraft des Urteils gemäß § 894 S. 1 ZPO ein.[581] Diesem geht oft ein jahrelanges Verfahren voraus.[582] Bis die Frage, ob der eingeklagte Anspruch besteht, geklärt ist, erhält der Werkunternehmer nur die vorläufigen Abschlagszahlungen.[583]

Das versetzt den Werkunternehmer aus verschiedenen Gründen in eine missliche Lage: Gewichtige Auswirkungen hat die lange Verfahrensdauer schon auf die Erfolgsaussichten der Abnahme- bzw. Vergütungsklage an

---

579 OLG Koblenz NZBau 2014, 293; ähnlich OLG Stuttgart NZBau 2022, 658 (659 Rn. 29).
580 Dazu S. 307 f.
581 *Pietsch*, Die Abnahme im Werkvertragsrecht – geschichtliche Entwicklung und geltendes Recht, S. 186; Ist der Besteller noch nicht Eigentümer und Besitzer des Werkes, erfolgt die Vollstreckung nach § 888 ZPO (Ingenstau/Korbion/*Oppler* § 12 VOB/B Rn. 18).
582 *Breitling* NZBau 2017, 393.
583 *Breitling* NZBau 2017, 393.

sich. Der Werkunternehmer muss im Prozess beweisen, dass er das Werk im Wesentlichen mangelfrei erbracht hat.[584] Je länger das Werk durch den Besteller genutzt (oder treffender ausgedrückt abgenutzt) wird, desto schwerer kann dieser Beweis für den Werkunternehmer zu erbringen sein.[585]

Der Werkunternehmer wird außerdem einem erheblichen finanziellen Risiko ausgesetzt: Er muss zunächst die Gerichtskosten vorfinanzieren, §§ 6 Abs. 1 Nr. 1, 12 Abs. 1 S. 1 GKG.[586] Der Nachweis, ob das Werk im Wesentlichen mangelfrei erbracht worden ist, gelingt zudem regelmäßig nur durch Einholung eines oder mehrerer gerichtlicher Sachverständigengutachten.[587] Gemäß §§ 402, 379 S. 1 ZPO kann den Beweisführer – das ist derjenige, der den Beweis angetreten hat – hier eine Vorschusspflicht treffen.[588] Regelmäßig wird das der Werkunternehmer sein.[589] Dieser trägt darüber hinaus während des gesamten Verfahrens das Insolvenzrisiko des Bestellers.[590] Schließlich kann der durch die Prozessdauer verzögerte Eintritt der Abnahmewirkungen zu einer nicht unerheblichen Verlängerung des Gewährleistungszeitraums führen. Das bedeutet wiederum, dass der Werkunternehmer sich deutlich länger zur gegebenenfalls vorzunehmenden Nacherfüllung bereithalten und hierfür nötige finanzielle Vorkehrungen treffen muss.

Durch die lange Verfahrensdauer verzögert sich außerdem der Eintritt der Verzinsungspflicht aus § 641 Abs. 4 BGB.[591] Diese ist an die Abnahme und damit an die Fälligkeit der Vergütung geknüpft. § 291 S. 1 Hs. 1 BGB bewirkt für den Werkunternehmer in diesem Fall auch keine Besserstellung.[592] Danach hat der Schuldner eine Geldschuld schon vom Eintritt der Rechtshängigkeit an zu verzinsen. Wenn aber § 291 S. 1 Hs. 2 BGB bestimmt, dass die Schuld erst ab der Fälligkeit zu verzinsen ist, wenn sie später – gemeint ist nach Rechtshängigkeit – fällig wird, setzt § 291

---

584 Vgl. HK-WerkBauVertrR/*Havers/Raab* § 640 BGB Rn. 44; BeckOK BGB/*Voit* § 640 Rn. 27; *Breitling* NZBau 2017, 393.
585 Vgl. *Breitling* NZBau 2017, 393.
586 *Fischer*, Die zweifelhafte Abnahmefiktion des § 640 Abs. 1 S. 3 BGB, S. 150.
587 *Fischer*, Die zweifelhafte Abnahmefiktion des § 640 Abs. 1 S. 3 BGB, S. 150 f.
588 Vgl. HK-ZPO/*Siebert* § 379 Rn. 2; MüKoZPO/*Damrau/Weinland* § 379 Rn. 3.
589 *Fischer*, Die zweifelhafte Abnahmefiktion des § 640 Abs. 1 S. 3 BGB, S. 151.
590 *Fischer*, Die zweifelhafte Abnahmefiktion des § 640 Abs. 1 S. 3 BGB, S. 151.
591 *Pietsch*, Die Abnahme im Werkvertragsrecht – geschichtliche Entwicklung und geltendes Recht, S. 186 zu § 641 Abs. 2 BGB a.F.
592 *Pietsch*, Die Abnahme im Werkvertragsrecht – geschichtliche Entwicklung und geltendes Recht, S. 187.

S. 1 Hs. 1 BGB denknotwendig das Bestehen einer fälligen Geldschuld voraus.[593] An einer solchen fehlt es vor der Abnahme. Der fällige Anspruch auf Abnahme ist keine Geldschuld und fällt damit selbst nicht unter § 291 S. 1 Hs. 1 BGB.[594] Der Zinsverlust wiegt insofern aber weniger schwer, als dem Werkunternehmer zumindest die Möglichkeit bleibt, den entgangenen Zinsanspruch unter den Voraussetzungen der §§ 280 Abs. 1, Abs. 2, 286 Abs. 1 S. 1 BGB geltend zu machen, wenn der Besteller mit der Pflicht zur Abnahme in Verzug geraten ist und das Unterbleiben der Abnahmeerklärung zu vertreten hat.[595]

Die Ausführungen zeigen, dass der Werkunternehmer bei der Durchsetzung seines Vergütungsanspruchs erheblich auf die Kooperation(sbereitschaft) des Bestellers angewiesen ist.[596] *Retzlaff* beschreibt die vertragliche Beziehung zwischen Besteller und Werkunternehmer deshalb als „Kooperationsverhältnis".[597] Besser noch könnte man es als *„Abhängigkeitsverhältnis"* bezeichnen. Es verschafft dem Besteller nämlich nicht nur die Möglichkeit, den Anspruch des Werkunternehmers hinauszuzögern, sondern ihn sogar vollständig zu vereiteln.[598] Dazu müsste der Besteller noch nicht einmal die Abnahme ernsthaft und endgültig verweigern. Ebenso wäre es denkbar, dass der Besteller auf das Abnahmeverlangen des Werkunternehmers gar nicht reagiert, oder dass er die Abnahme vorläufig „ins Blaue hinein" (d.h. ohne konkrete Mängel benennen zu können) verweigert.

Den Werkunternehmer in Fällen wie diesen alleine auf den Weg über die Abnahme- bzw. die Vergütungsklage zu verweisen, um den Eintritt der Abnahmewirkungen zu erreichen, ist unter Umständen nicht interessengerecht. Sollen seine finanziellen Interessen hinreichend gewahrt werden, ist er de lege lata darauf angewiesen, dass das Abhängigkeitsverhältnis aufgelockert wird. Es muss eine Form von *„Waffengleichheit"* hergestellt, d.h. ein Kräftegleichgewicht zwischen Werkunternehmer und Besteller geschaffen werden.

---

593 Vgl. MüKoBGB/*Ernst* § 291 Rn. 9; *Pietsch*, Die Abnahme im Werkvertragsrecht – geschichtliche Entwicklung und geltendes Recht, S. 187.

594 *Pietsch*, Die Abnahme im Werkvertragsrecht – geschichtliche Entwicklung und geltendes Recht, S. 187.

595 *Pietsch*, Die Abnahme im Werkvertragsrecht – geschichtliche Entwicklung und geltendes Recht, S. 186.

596 *Retzlaff* BauR 2016, 733.

597 *Retzlaff* BauR 2016, 733.

598 Vgl. *Retzlaff* BauR 2016, 733, der aber stets nur von einem Kooperationsverhältnis spricht; *Pietsch*, Die Abnahme im Werkvertragsrecht – geschichtliche Entwicklung und geltendes Recht, S. 186.

Mit anderen Worten: Es muss Sachverhaltskonstellationen geben, in denen die Gesamtvergütung auch *ohne die rechtsgeschäftliche Abnahme durch den Besteller fällig* wird.

Die Abnahme könnte hierzu *fingiert* oder *unwiderleglich vermutet werden*. Der Besteller würde dadurch unabhängig von seinem Abnahmewillen hinsichtlich sämtlicher Abnahmewirkungen, insbesondere hinsichtlich der Fälligkeit der Gesamtvergütung behandelt werden, als hätte er die Bau- oder Werkleistung des Werkunternehmers abgenommen.[599] Sowohl das BGB als auch die VOB/B sehen entsprechende Instrumente vor. Diesen widmen sich die folgenden beiden Kapitel. Nach der dogmatischen Einordnung und der Ausarbeitung der Tatbestandsvoraussetzungen folgt eine kritische Betrachtung der bestehenden Regelungen. Daran schließen sich Reformüberlegungen an.

Die Frage, ob de lege ferenda eine Abkehr vom Abnahmeerfordernis sinnvoll wäre – mit der Folge, dass auch das Bedürfnis zur Auflockerung des Abhängigkeitsverhältnisses entfiele –, soll erst am Ende der Arbeit aufgegriffen und dort behandelt werden.[600] Alle Ausführungen in diesem sowie im dritten Teil beruhen auf der vorhandenen gesetzlichen Konzeption des Werk- und Bauvertragsrechts mit der Abnahme als zentrale Figur in der Vertragsabwicklung.

---

599 Messerschmidt/Voit/*Messerschmidt* § 640 BGB Rn. 203; Kniffka/Jurgeleit/*Pause/Vogel* § 640 BGB Rn. 70.
600 Dazu S. 319 ff.

Kapitel 5: § 640 Abs. 2 BGB

Einen Beitrag zur *„Waffengleichheit"* sollte erstmals § 640 Abs. 1 S. 3 BGB a.F. leisten. Die Vorschrift wurde durch das Gesetz zur Beschleunigung fälliger Zahlungen in § 640 Abs. 1 BGB eingefügt.[601] Ziel des Gesetzes war es, die Möglichkeit, fällige Ansprüche zügig gerichtlich geltend zu machen, zu verbessern.[602] Durch eine Änderung des zu diesem Zeitpunkt geltenden § 640 Abs. 1 BGB sollte Klarheit in Bezug auf den Zeitpunkt des Eintritts der Abnahmewirkungen geschaffen werden.[603]

Nach § 640 Abs. 1 S. 3 BGB a.F. stand es der Abnahme gleich, wenn der Besteller das Werk nicht innerhalb einer ihm vom Werkunternehmer bestimmten angemessenen Frist abnimmt, obwohl er dazu verpflichtet ist.

Durch das Gesetz zur Reform des Bauvertragsrechts wurde § 640 Abs. 1 S. 3 BGB a.F. durch § 640 Abs. 2 BGB ersetzt.[604] An der ursprünglichen Zielsetzung sollte festgehalten werden.[605] § 640 Abs. 2 BGB besagt in Satz 1, dass ein Werk als abgenommen gilt, wenn der Werkunternehmer dem Besteller nach Fertigstellung des Werkes eine angemessene Frist zur Abnahme gesetzt hat und der Besteller die Abnahme nicht innerhalb dieser Frist unter Angabe mindestens eines Mangels verweigert hat. Ist der Besteller ein Verbraucher ist zusätzlich Satz 2 zu beachten. Die Rechtsfolgen des Satzes 1 treten danach nur ein, wenn der Besteller zusammen mit der Aufforderung zur Abnahme in Textform auf die Folgen einer nicht erklärten oder ohne Angabe von Mängeln verweigerten Abnahme hingewiesen wurde.

---

601 Gesetz zur Beschleunigung fälliger Zahlungen v. 30.03.2000 (BGBl. I S. 330).

602 Gesetzentwurf der Fraktionen SPD und BÜNDNIS 90/DIE GRÜNEN zur Beschleunigung fälliger Zahlungen v. 23.06.1999, BT-Drucks. 14/1246, S. 1.

603 Begr. zur Änderung des § 640 Abs. 1 BGB, Gesetzentwurf der Fraktionen SPD und BÜNDNIS 90/DIE GRÜNEN zur Beschleunigung fälliger Zahlungen v. 23.06.1999, BT-Drucks. 14/1246, S. 5 (S. 6 f.).

604 Gesetz zur Reform des Bauvertragsrechts, zur Änderung der kaufrechtlichen Mängelhaftung, zur Stärkung des zivilprozessualen Rechtsschutzes und zum maschinellen Siegel im Grundbuch- und Schiffsregisterverfahren v. 28.04.2017 (BGBl. I. S. 969).

605 Vgl. Begr. zur Änderung des § 640 BGB, Gesetzentwurf der Bundesregierung zur Reform des Bauvertragsrechts und der kaufrechtlichen Mängelhaftung v. 18.05.2016, BT-Drucks. 18/8486, S. 24 (S. 48): „Die Möglichkeit einer fiktiven Abnahme soll erhalten bleiben, da sie ein wichtiges Instrument zur Herbeiführung der Abnahmewirkungen [...] darstellt."

A. Dogmatische Einordnung

Wenn man § 640 Abs. 2 S. 1 BGB – wie oben in Kapitel 1 i.R.d. Auslegung des Abnahmebegriffs geschehen – als *Abnahmefiktion* bezeichnet, bedarf dies der Begründung und insbesondere der Abgrenzung zur unwiderreglichen Vermutung.

Bei einer unwiderleglichen Vermutung wird eine Tatsache vermutet, die der Wahrheit entsprechen kann.[606] Es handelt sich um eine Beweislastregelung, bei der der Gegenbeweis ausgeschlossen ist. Der Gesetzgeber gibt dadurch eine zwingende Rechtsfolge vor.[607] Dasselbe Ergebnis wird mit dem gesetzgeberischen Mittel der Fiktion erreicht. Anders als bei der unwiderleglichen Vermutung wird bei der Fiktion ein Tatbestand bewusst einem anderen, von ihm verschiedenen Tatbestand gleichgestellt. Es wird eine Tatsache unterstellt, die nicht der Wirklichkeit entsprechen kann.[608] Dadurch greifen die Rechtsfolgen, die der unterstellten Tatsache zugeordnet sind, auch dann, wenn die tatbestandlichen Voraussetzungen der Fiktion erfüllt sind.[609]

§ 640 Abs. 2 S. 1 BGB knüpft an das Schweigen des Bestellers auf die Aufforderung zur Abnahme an. Das Schweigen des Bestellers kann grundsätzlich nicht als konkludente Billigung des Werkes ausgelegt werden. Dazu fehlt es an einem entsprechenden Erklärungsgehalt.[610] Es wird also eine Tatsache unterstellt – hier die ausdrückliche oder konkludente Abnahmeerklärung –, die nicht der Wirklichkeit entsprechen kann. Bei § 640 Abs. 2 S. 1 BGB handelt es ich deshalb weder um einen Fall der konkludenten Abnahme noch um eine unwiderlegliche Vermutung, sondern um eine *gesetzlich angeordnete Abnahmefiktion.*[611]

---

606 *Möllers,* Juristische Methodenlehre, § 4 Rn. 55.

607 *Möllers,* Juristische Methodenlehre, § 4 Rn. 54 f.

608 *Köhler,* BGB Allgemeiner Teil, § 3 Rn. 16; vgl. *Zippelius,* Juristische Methodenlehre, § 6 c), S. 30; *Wank/Maties,* Die Auslegung von Gesetzen, § 2, S. 22.

609 Vgl. *Zippelius,* Juristische Methodenlehre, § 6 c), S. 29; *Wank,* Juristische Methodenlehre, § 5 Rn. 288; *Wank/Maties,* Die Auslegung von Gesetzen, § 2, S. 22.

610 Vgl. Staudinger/*Peters* § 640 BGB Rn. 68; Ulmer/Brandner/Hensen/*Schmidt* § 308 Nr. 5 BGB Rn. 1.

611 Messerschmidt/Voit/*Messerschmidt* § 640 BGB Rn. 184; Leupertz/Preussner/Sienz/ *Hummel/Preussner* § 640 BGB Rn. 100.

B. Tatbestandsvoraussetzungen

§ 640 Abs. 2 S. 1 BGB enthält seinem Wortlaut nach drei Tatbestandsvoraussetzungen, die im Folgenden näher beleuchtet werden: Der Werkunternehmer muss dem Besteller eine angemessene Frist zur Abnahme (I.) des fertiggestellten Werkes (II.) gesetzt haben. Der Besteller darf die Abnahme wiederum nicht unter Angabe mindestens eines Mangels vor Fristablauf verweigert haben (III.).

I. Setzung einer angemessenen Frist zur Abnahme

Denknotwendig muss der angemessenen Fristsetzung durch den Werkunternehmer seine Aufforderung zur Abnahme voraus- bzw. jedenfalls mit ihr einhergehen, auch wenn dies ausdrücklich nur in § 640 Abs. 2 S. 2 BGB für den Fall der Beteiligung eines Verbrauchers gefordert wird.[612]

Wann die Frist angemessen ist, lässt sich nicht pauschal bestimmen. Erforderlich ist, dass dem Besteller ausreichend Gelegenheit gegeben wird, das Werk auf seine Vertragsgemäßheit hin untersuchen zu können.[613]

Die Dauer der Frist hängt deshalb maßgeblich von der konkreten Beschaffenheit des Werkes und den mit dem Werk typischerweise verbundenen Mängeln ab.[614] Zu berücksichtigen ist auch, ob der Besteller das Werk bereits für gewisse Zeit genutzt hat.[615] Bei Bauwerken kann als Anhaltspunkt die Frist des § 12 Abs. 5 Nr. 1 VOB/B herangezogen werden, der den Eintritt der Abnahmefiktion nach Ablauf von 12 Werktagen festlegt.[616] Im Einzelfall kann diese Frist aber zu kurz sein. Das kann gerade bei einem komplexen Werk der Fall sein, wenn die Prüfung der Abnahmereife umfangreiche Begehungen mit einem Gutachter oder Test- bzw. Probeläufe erfordert.[617]

---

612 *Joussen* BauR 2018, 328 (331 f.); *Bachem/Bürger* NJW 2018, 118 (119); Werner/Pastor/ *Wagner* Rn. 1784.

613 *Bachem/Bürger* NJW 2018, 118 (119); Prütting/Wegen/Weinreich/*Leupertz/Halfmeier* § 640 BGB Rn. 16; MüKoBGB/*Busche* § 640 Rn. 28.

614 *Bachem/Bürger* NJW 2018, 118 (119); Prütting/Wegen/Weinreich/*Leupertz/Halfmeier* § 640 BGB Rn. 16; MüKoBGB/*Busche* § 640 Rn. 28.

615 *Bachem/Bürger* NJW 2018, 118 (119); BeckOGK/*Kögl*, 01.01.2024, § 640 BGB Rn. 140.

616 *Bachem/Bürger* NJW 2018, 118 (119); BeckOGK/*Kögl*, 01.01.2024, § 640 BGB Rn. 140; MüKoBGB/*Busche* § 640 Rn. 28.

617 Messerschmidt/Voit/*Messerschmidt* § 640 BGB Rn. 197.

Setzt der Werkunternehmer eine unangemessen kurze Frist, ist diese nach herrschender Ansicht – angelehnt an die zu § 323 Abs. 1 BGB und § 281 Abs. 1 S. 1 BGB entwickelten Grundsätze – auch i.R.v. § 640 Abs. 2 S. 1 BGB nicht unwirksam, sondern löst eine angemessene Frist aus.[618] Das trägt dem Umstand Rechnung, dass der Werkunternehmer die objektive und vom Einzelfall abhängige Angemessenheit seiner Frist nur schwer beurteilen kann.[619]

Strittig ist dagegen, ob der Werkunternehmer einen bestimmten Endtermin gesetzt haben muss oder ob zeitlich unbestimmte Aufforderungen wie „die Abnahme solle sofort, alsbald oder unverzüglich erfolgen" ebenfalls ausreichen, um eine angemessene Frist in Gang zu setzen.[620] Die Problematik kann in Parallele zu § 323 Abs. 1 BGB und § 281 Abs. 1 S. 1 BGB gesehen werden. Die Vorschriften verlangen die Setzung einer angemessenen Frist, um vom Vertrag zurücktreten bzw. Schadensersatz verlangen zu können. Der BGH geht hier davon aus, dass es der Angabe eines bestimmten Zeitraums oder eines Endtermins nicht bedarf.[621] Aus der Formulierung müsse nur deutlich werden, dass dem Schuldner zur Leistung oder Nacherfüllung ein *begrenzter* und *bestimmbarer* Zeitraum zur Verfügung steht. Dem werde die Aufforderung zur „sofortigen", „unverzüglichen" oder „umgehenden" Leistung gerecht, weil damit eine zeitliche Grenze gesetzt werde, die auf Grund der jeweiligen Umstände des Einzelfalls bestimmbar sei.[622]

---

618 *Kniffka* ZfBR 2000, 227 (230) zu § 640 Abs. 1 S. 3 BGB a.F.; *Bachem/Bürger* NJW 2018, 118 (119); *Scheuch* NJW 2018, 2513; BeckOGK/*Kögl*, 01.01.2024, § 640 BGB Rn. 141; MüKoBGB/*Busche* § 640 Rn. 28; vgl. *Koch* NJW 2010, 1636 (1637) sowie Staudinger/ *Schwarze* § 281 BGB Rn. B 42 zur parallelen Problematik in § 323 Abs. 1 BGB und § 281 Abs. 1 S. 1 BGB; a.A. Messerschmidt/Voit/*Messerschmidt* § 640 BGB Rn. 197, der es für angemessen hält, den Unternehmer an der von ihm gesetzten Frist festzuhalten.

619 *Scheuch* NJW 2018, 2513; vgl. *Koch* NJW 2010, 1636 (1637) sowie Staudinger/*Schwarze* § 281 BGB Rn. B 42 zur parallelen Problematik in § 323 Abs. 1 BGB und § 281 Abs. 1 S. 1 BGB.

620 Zust. *Scheuch* NJW 2018, 2513 (2514); abl. MüKoBGB/*Busche* § 640 Rn. 28; *Fischer*, Die zweifelhafte Abnahmefiktion des § 640 Abs. 1 S. 3 BGB, S. 239 f. zu § 640 Abs. 1 S. 3 BGB a.F., der aber wohl zumindest die Aufforderung zur „unverzüglichen" Abnahme ausreichen lassen will; ebenso krit. BeckOGK/*Kögl*, 01.01.2024, § 640 BGB Rn. 142.

621 BGH NJW 2009, 3153 (3154 Rn. 10 f.) mAnm. Klein; BGH NJW 2015, 2564 (2565 Rn. 11) mAnm. Gutzeit.

622 BGH NJW 2009, 3153 (3154 Rn. 11) mAnm. Klein; BGH NJW 2015, 2564 (2565 Rn. 11) mAnm. Gutzeit.

Der BGH stützt seine Ansicht unter anderem auf den Wortlaut des Gesetzes. Dem Begriff der Fristsetzung lasse sich nicht entnehmen, dass „die maßgebliche Zeitspanne nach dem Kalender bestimmt sein muss oder in konkreten Zeiteinheiten anzugeben ist."[623] Die Dauer einer Frist könne deshalb auch durch einen unbestimmten Rechtsbegriff bezeichnet werden.[624]

Fraglich ist, ob diese Begriffsauslegung auf § 640 Abs. 2 S. 1 BGB übertragen werden kann. Nach dem allgemeinen Sprachgebrauch ist eine Frist ein bestimmter oder *bestimmbarer* Zeitraum.[625] Auch der Gesetzgeber misst dem Begriff der „Frist" wohl diesen Wortsinn bei. Das zeigt § 121 Abs. 1 S. 1 BGB.[626] Die Vorschrift trägt die amtliche Überschrift „Anfechtungs*frist*. Zur Bestimmung der Fristdauer werden dann aber nicht konkrete Zeiteinheiten, sondern der nur unbestimmte Rechtsbegriff der Unverzüglichkeit herangezogen. Es ist davon auszugehen, dass der Gesetzgeber im Zweifel demselben Ausdruck auch dieselbe Bedeutung wie in anderen Gesetzesbestimmungen zugrunde legt.[627]

Sinn und Zweck des Fristsetzungserfordernisses in § 640 Abs. 2 S. 1 BGB können eine hiervon abweichende Auslegung erforderlich machen. Das Fristsetzungserfordernis in § 640 Abs. 2 S. 1 BGB dient wie in § 323 Abs. 1 BGB und § 281 Abs. 1 S. 1 BGB der Warnung und Aufforderung zur vertragsgemäßen Leistung (hier der Erklärung der Abnahme bei entsprechender Pflicht).[628] Zugleich soll dem Besteller ein Zeitraum zur Verfügung gestellt werden, innerhalb dessen er die Gelegenheit zur Prüfung der Vertragsgemäßheit des Werkes erhält. Aus der Formulierung des Werkunternehmers muss deshalb einerseits hervorgehen, dass er den Besteller unmissverständlich zur Abnahme auffordert, andererseits, dass er ihm diese ausreichende Prüfungsmöglichkeit gewähren möchte.

Jedenfalls das Verlangen nach „sofortiger" Abnahme wird dem nicht gerecht. Aus einer derartigen Aufforderung wird nicht deutlich, dass der Besteller sich vor der zu erklärenden Abnahme ausreichend Zeit für die angemessene Prüfung des Werkes nehmen darf. Sie suggeriert vielmehr, dass die Abnahme unmittelbar und ohne jede weitere Prüfung zu erklären ist.

---

623 BGH NJW 2009, 3153 (3154 Rn. 10) mAnm. Klein.
624 BGH NJW 2009, 3153 (3154 Rn. 10) mAnm. Klein.
625 So bereits RGZ 120, 355 (362); Grüneberg/*Ellenberger* § 186 BGB Rn. 3; MüKoBGB/*Grothe* § 186 Rn. 5.
626 Vgl. Grüneberg/*Ellenberger* § 186 BGB Rn. 3; MüKoBGB/*Grothe* § 640 Rn. 5.
627 *Wank*, Juristische Methodenlehre, § 7 Rn. 30.
628 Vgl. *Scheuch* NJW 2018, 2513 (2514).

Im Übrigen genügt die Verwendung eines unbestimmten Rechtsbegriffs den oben genannten Anforderungen an die Fristsetzung. Ein konkreter Endtermin muss also nicht zwingend gesetzt werden. Soll der Besteller „unverzüglich", „alsbald" oder „umgehend" abnehmen, macht der Werkunternehmer hinreichend deutlich, dass er zur Erklärung der Abnahme eine zeitliche Grenze setzen, das Prüfungsrecht des Bestellers aber nicht beschneiden will.

Der Rechtsprechung des BGH zu den §§ 323 Abs. 1, 281 Abs. 1 S. 1 BGB wird entgegengehalten, dass eine zu kurze, aber konkret bemessene Frist – anders als die zeitlich unbestimmte Aufforderung – zumindest einen groben Anhaltspunkt dafür bietet, wie viel Zeit dem Schuldner in jedem Fall zur Verfügung steht.[629] Dieser Gedanke mag sich grundsätzlich auch auf die Situation des Bestellers in § 640 Abs. 2 S. 1 BGB übertragen lassen. Für den Besteller könnte eine konkrete Fristangabe aber insofern sogar eher von Nachteil sein, als er nach vermeintlichem Fristablauf die Nennung von Mängeln zur Abwendung der Fiktionswirkung für sinnlos halten könnte.[630]

Die Verwendung eines unbestimmten Rechtsbegriffs kann grundsätzlich zu Rechtsunsicherheit führen. Zur Ausfüllung des unbestimmten Rechtsbegriffs liegt in diesem Fall allerdings hinreichend Rechtsprechung vor, aus der entnommen werden kann, welche Prüfungsfrist im Einzelfall für den jeweiligen Werktyp angemessen ist, d.h. welcher Zeitraum zur Erklärung der Abnahme zur Verfügung steht.[631] Insbesondere deshalb ist auch nicht zu befürchten, dass das mit § 640 Abs. 2 S. 1 BGB verfolgte Ziel, den Zeitpunkt des Eintritts der Abnahmewirkungen leichter und vor allem eindeutig feststellen zu können, verfehlt werden könnte.[632]

Das in den §§ 323 Abs. 1, 281 Abs. 1 S. 1 BGB zugrunde gelegte Verständnis einer angemessenen Fristsetzung kann grundsätzlich auf § 640 Abs. 2 S. 1 BGB übertragen werden. Lediglich das Verlangen nach „sofortiger" Abnahme genügt i.R.v. § 640 Abs. 2 S. 1 BGB nicht, um eine angemessene Frist in Gang zu setzen.

---

629 So *Koch* NJW 2010, 1636 (1638); *Höpfner* NJW 2016, 3633 (3636) jeweils zur parallelen Problematik in § 323 Abs. 1 BGB und § 281 Abs. 1 S. 1 BGB.

630 Ebenso *Scheuch* NJW 2018, 2513 (2514).

631 Vgl. *Fischer*, Die zweifelhafte Abnahmefiktion des § 640 Abs. 1 S. 3 BGB, S. 240 zu § 640 Abs. 1 S. 3 BGB a.F., der mit Verweis auf die Rechtsprechung zu § 121 Abs. 1 BGB wohl zumindest die Aufforderung zur „unverzüglichen" Abnahme ausreichen lassen will.

632 So aber *Fischer*, Die zweifelhafte Abnahmefiktion des § 640 Abs. 1 S. 3 BGB, S. 240 zu § 640 Abs. 1 S. 3 BGB a.F.

II. Fertigstellung des Werkes

Die Aufforderung zur Abnahme unter angemessener Fristsetzung kann den Eintritt der Abnahmefiktion nach § 640 Abs. 2 S. 1 BGB nur auslösen, wenn das Werk im Zeitpunkt des Abnahmeverlangens *fertiggestellt* ist. Mit dieser Tatbestandsvoraussetzung soll das zu frühe Andienen des Werkes und damit der „missbräuchliche[n] Einsatz des Instruments der fiktiven Abnahme insbesondere auch gegenüber Verbrauchern" verhindert werden.[633] Der Werkunternehmer könnte anderenfalls die Abnahmefiktion zu einem Zeitpunkt herbeiführen, zu dem weder der Besteller mit einer Abnahmeaufforderung rechnen muss, noch der Eintritt der Abnahmewirkungen im Ansatz gerechtfertigt erscheint.[634] Die vorzeitige Aufforderung und Fristsetzung zur Abnahme ist demzufolge ohne Bedeutung.[635]

Zum Begriff der „Fertigstellung" wird in der Begründung des Gesetzentwurfs ausgeführt: „Von einer Fertigstellung im Sinne der Vorschrift ist dann auszugehen, wenn das Werk nach der vertraglichen Vereinbarung der Parteien als „fertig" anzusehen ist. Dies ist der Fall, wenn die im Vertrag genannten Leistungen abgearbeitet beziehungsweise erbracht sind – unabhängig davon, ob Mängel vorliegen oder nicht. Insofern unterscheidet sich der Begriff der Fertigstellung [...] von dem Begriff der vollständigen Fertigstellung in § 3 Abs. 2 S. 2 Nr. 2 Makler- und Bauträgerverordnung (MaBV), der voraussetzt, dass sämtliche Arbeiten erbracht und alle wesentlichen Mängel behoben worden sind [...]."[636] Das Werk ist nach dem Willen des Gesetzgebers dann fertiggestellt, wenn der Werkunternehmer seine (primäre) Werktätigkeit funktional abgeschlossen hat.[637] Die Fertigstellung ist demnach im Grundsatz nur *quantitativ* und *nicht* auch *qualitativ* zu beurteilen.[638]

---

633 Begr. zur Änderung des § 640 BGB, Gesetzentwurf der Bundesregierung zur Reform des Bauvertragsrechts und der kaufrechtlichen Mängelhaftung v. 18.05.2016, BT-Drucks. 18/8486, S. 24 (S. 49).

634 Leupertz/Preussner/Sienz/*Hummel/Preussner* § 640 BGB Rn. 102.

635 Messerschmidt/Voit/*Messerschmidt* § 640 BGB Rn. 196.

636 Begr. zur Änderung des § 640 BGB, Gesetzentwurf der Bundesregierung zur Reform des Bauvertragsrechts und der kaufrechtlichen Mängelhaftung v. 18.05.2016, BT-Drucks. 18/8486, S. 24 (S. 49).

637 Leupertz/Preussner/Sienz/*Hummel/Preussner* § 640 BGB Rn. 104; Kniffka/Koeble/Jurgeleit/Sacher/*Jurgeleit* Teil 3 Rn. 69.

638 Kniffka/Jurgeleit/*Pause/Vogel* § 640 BGB Rn. 73.

Soweit einzelne Stimmen in der Literatur an die Fertigstellung insofern höhere Anforderungen stellen, als sie die Abnahmereife, also die wesentliche Mangelfreiheit der Leistung verlangen, läuft das nicht nur dem eindeutig geäußerten gesetzgeberischen Willen, sondern auch dem Sinn und Zweck des § 640 Abs. 2 S. 1 BGB zuwider:[639] Das Schweigen oder Nichtbenennen von Mängeln soll gerade auch dann zur Abnahmefiktion führen, wenn wesentliche Mängel vorliegen.[640] Der Eintritt der Abnahmewirkungen soll demnach gemäß § 640 Abs. 2 S. 1 BGB nur durch die *aktive Mitwirkung* des Bestellers verhindert werden können.[641] Dies würde konterkariert, könnte bei einem mit wesentlichen Mängeln behafteten Werk die Abnahmefiktion von vorneherein nicht eintreten.[642]

Diese Begriffsauslegung versetzt den Besteller in eine missliche Lage. Der Werkunternehmer könnte trotz der Kenntnis wesentlicher Mängel zur Abnahme auffordern und darauf hoffen, dass der Besteller innerhalb der gesetzten Frist nicht reagiert, beispielsweise weil dieser die Mängel nicht erkennt.[643] Damit könnte ein evident nicht abnahmereifes Werk die fiktive Abnahme auslösen und sämtliche Abnahmewirkungen herbeiführen.[644]

Das wäre dann nicht der Fall, wenn die „Fertigstellung" zwar nicht die objektive, aber zumindest die *subjektive Abnahmereife* voraussetzt. Ziel des Gesetzgebers war es nach der Entwurfsbegründung, durch die Tatbestandsvoraussetzung der Fertigstellung ein zu frühes Andienen des Werkes und damit den missbräuchlichen Einsatz des Instruments der Abnahmefiktion zu unterbinden.[645] Missbräuchliches Verhalten ist im Einzelfall gegeben, wenn „der Berechtigte kein schutzwürdiges Eigeninteresse verfolgt oder

---

639 Für die Gleichstellung der Begriffe „Fertigstellung" und „Abnahmereife" *Joussen* BauR 2018, 328 (333); diesem zust. Ingenstau/Korbion/*Oppler* § 12 VOB/B Rn. 26; zurecht widersprechend *Bachem/Bürger* NJW 2018, 118 (122); *Breitling* NZBau 2017, 393 (395).

640 Begr. zur Änderung des § 640 BGB, Gesetzentwurf der Bundesregierung zur Reform des Bauvertragsrechts und der kaufrechtlichen Mängelhaftung v. 18.05.2016, BT-Drucks. 18/8486, S. 24 (S. 48).

641 *Bachem/Bürger* NJW 2018, 118 (122).

642 *Bachem/Bürger* NJW 2018, 118 (122).

643 *Kniffka* BauR 2017, 1747 (1769); Kniffka/Koeble/Jurgeleit/Sacher/*Jurgeleit* Teil 3 Rn. 68.

644 *Kniffka* BauR 2017, 1747 (1769); Kniffka/Koeble/Jurgeleit/Sacher/*Jurgeleit* Teil 3 Rn. 68.

645 Begr. zur Änderung des § 640 BGB, Gesetzentwurf der Bundesregierung zur Reform des Bauvertragsrechts und der kaufrechtlichen Mängelhaftung v. 18.05.2016, BT-Drucks. 18/8486, S. 24 (S. 49).

überwiegende schutzwürdige Interessen der Gegenpartei entgegenstehen und die Rechtsausübung im Einzelfall zu einem grob unbilligen, mit der Gerechtigkeit nicht mehr zu vereinbarenden Ergebnis führen würde (individueller Rechtsmissbrauch)."[646] Verhält sich der Werkunternehmer rechtsmissbräuchlich, soll es nach dem Willen des Gesetzgebers schon tatbestandlich an der Fertigstellung des Werkes fehlen. Das heißt wiederum, dass die Fertigstellung des Werkes i.S.d. § 640 Abs. 2 S. 1 BGB nicht allein anhand des objektiven Kriteriums der „Abarbeitung aller Leistungsteile" bemessen werden kann.[647] Hierauf deutet auch die oben zitierte Passage in der Entwurfsbegründung hin, wonach das Werk erst fertiggestellt ist, wenn es als fertig *anzusehen ist*.[648]

Die Grenze des Rechtsmissbrauchs ist erreicht, wenn der Werkunternehmer sich unter Ausnutzung der Unwissenheit oder Nachlässigkeit des Bestellers einen Vorteil zu verschaffen versucht, auf den er ersichtlich keinen Anspruch hat. Der Besteller wird die Abnahmereife typischerweise nicht oder nur eingeschränkt selbst beurteilen können und ist deshalb in einer schwachen Position.[649] Der Aufforderung zur Abnahme fehlt vor diesem Hintergrund die innere Rechtfertigung, wenn der Werkunternehmer die fehlende Abnahmereife erkennen *muss* und trotzdem – oder gerade deswegen – die Abnahme verlangt.[650] In diesem Fall nimmt der Werkunternehmer zumindest billigend einen Nachteil für den Besteller in Kauf, um davon selbst ungerechtfertigterweise zu profitieren. Könnte in einer solchen Situation das Schweigen des Bestellers die Abnahmefiktion auslösen, würde das zu einem grob unbilligen Ergebnis führen.

Rechtsmissbräuchliches Verhalten ist nicht erst dann anzunehmen, wenn der Werkunternehmer vorhandene Mängel positiv kennt und diese arglistig verschweigt.[651] Das ist vielmehr bereits dann der Fall, wenn der Werkunternehmer das Werk vor der Aufforderung zur Abnahme nicht gewissenhaft auf seine Abnahmereife prüft und beurteilt, sondern dieses „ungesehen"

---

646 Jauernig/*Mansel* § 242 BGB Rn. 37.

647 Ebenso *Kniffka* BauR 2017, 1747 (1769); *Jacoby* PiG 106, 45 (49); Staudinger/*Peters* § 640 BGB Rn. 34b.

648 Begr. zur Änderung des § 640 BGB, Gesetzentwurf der Bundesregierung zur Reform des Bauvertragsrechts und der kaufrechtlichen Mängelhaftung v. 18.05.2016, BT-Drucks. 18/8486, S. 24 (S. 49).

649 Kniffka/Koeble/Jurgeleit/Sacher/*Jurgeleit* Teil 3 Rn. 68.

650 *Kniffka* BauR 2017, 1747 (1769).

651 Ebenso wohl *Kniffka* BauR 2017, 1747 (1769); Staudinger/*Peters* § 640 BGB Rn. 34b; ähnlich Kniffka/Koeble/Jurgeleit/Sacher/*Jurgeleit* Teil 3 Rn. 68.

unter Fristsetzung zur Abnahme anbietet, in der Hoffnung „es werde schon gut gehen". Anderenfalls würde der nachlässige Werkunternehmer, der die fehlende Abnahmereife seines Werkes im Zweifel erst deutlich später erkennen wird, gegenüber dem redlich und gewissenhaft Arbeitenden ungerechtfertigt begünstigt werden.[652]

Das Werk ist folglich fertiggestellt i.S.d. § 640 Abs. 2 S. 1 BGB, wenn es aus Sicht eines redlichen und gewissenhaften Werkunternehmers im Wesentlichen mangelfrei hergestellt ist.[653] Bei der Untersuchung der Voraussetzungen der Abnahmepflicht wurde festgestellt, dass unwesentliche Restleistungen gleichzubehandeln sind mit unwesentlichen Mängeln.[654] Von der Fertigstellung ist deshalb auch dann auszugehen, wenn aus der vertretbaren Sicht eines Werkunternehmers nur noch unwesentliche Restleistungen ausstehen.

Der Begriff der Fertigstellung liegt damit zwischen der bloß quantitativen „Abarbeitung" der geschuldeten Leistungsteile und der objektiven Abnahmereife des Werkes.

III. Keine Verweigerung unter Angabe mindestens eines Mangels vor Fristablauf

Der Besteller kann den Eintritt der Abnahmewirkungen verhindern, indem er innerhalb der vom Werkunternehmer gesetzten, angemessenen Frist die Abnahme unter Angabe mindestens eines Mangels verweigert.

Zwei Herangehensweisen sind hier denkbar: Der Besteller kann einen Mangel zum einen nach seiner Erscheinung, also seinen Symptomen, in denen sich die Abweichung von der vertragsgemäßen Beschaffenheit äußert, beschreiben (z.B. Feuchtigkeit an den Innenwänden eines Hauses), zum anderen nach seiner Ursache (z.B. fehlende Abdichtung der Fenster).[655] Häufig wird er bestimmte Mangelerscheinungen konkreten Mangelursachen nicht oder nur unter besonderen Schwierigkeiten zuordnen können.[656] Für die Geltendmachung von Mängelrechten lässt es der

---

652 Kniffka/Koeble/Jurgeleit/Sacher/*Jurgeleit* Teil 3 Rn. 68.
653 Ebenso Kniffka/Koeble/Jurgeleit/Sacher/*Jurgeleit* Teil 3 Rn. 68; *Kniffka* BauR 2017, 1747 (1769); Staudinger/*Peters* § 640 BGB Rn. 34b; wohl auch *Jacoby* PiG 106, 45 (49).
654 Dazu S. 87 ff.
655 Vgl. *Schmid/Senders* BauR 2018, 161 (162).
656 Vgl. BGH NJW 2002, 2470 (2472); *Schmid/Senders* BauR 2018, 161 (162).

BGH deshalb genügen, wenn der Besteller die Mangelsymptome konkret beschreibt, sog. „*Symptomtheorie*".[657] Bezeichnet der Besteller die Symptome, sind alle Ursachen, d.h. der gesamte Mangel von der Rüge erfasst.[658] Das eben beschriebene Unvermögen des Bestellers besteht nicht nur bei der Geltendmachung von Mängelrechten, sondern immer dann, wenn tatbestandlich die Nennung eines oder mehrerer Mängel durch den Besteller vorausgesetzt wird.[659] Auch i.R.v. § 640 Abs. 2 S. 1 BGB muss die Angabe von Mangelsymptomen deshalb ausreichen, um das Eintreten der Abnahmefiktion zu verhindern.[660]

Ob der benannte Mangel wesentlich ist oder nicht, dürfte nach dem Wortlaut der Norm („*eines*" Mangels) keine Rolle spielen.[661] Der Besteller könnte den Eintritt der Abnahmefiktion daher durch die Abnahmeverweigerung unter Angabe unwesentlicher Mängel verhindern, obwohl er hierzu in diesem Fall gemäß § 640 Abs. 1 S. 2 BGB nicht berechtigt ist.[662] Mit der Neuformulierung der Abnahmefiktion scheint dadurch ein systematischer Widerspruch zu § 640 Abs. 1 S. 2 BGB entstanden zu sein.[663]

Ein solcher lässt sich durch einen Blick in die Gesetzesmaterialien auflösen: § 640 Abs. 1 S. 2 BGB ist im Zusammenhang mit S. 1 zu lesen und betrifft die Abnahmeverpflichtung. Die Fiktionswirkung aus § 640 Abs. 2 S. 1 BGB soll nach dem Willen des Gesetzgebers aber gerade unabhängig vom Bestehen der Abnahmepflicht sein und nur von der unterbliebenen oder unzureichenden Reaktion des Bestellers abhängen.[664]

---

657 St. Rspr.: BGH NJW 2002, 2470 (2472) m.w.N.; BGH NJW-RR 2016, 1423 (1424 Rn. 22); BGH NJW-RR 2021, 147 (148 Rn. 14).

658 BGH NJW-RR 2016, 1423 (1424 Rn. 22); Kniffka/Koeble/Jurgeleit/Sacher/*Jurgeleit* Teil 5 Rn. 168.

659 Vgl. *Schmid/Senders* BauR 2018, 161 (162).

660 *Schmid/Senders* BauR 2018, 161 (162); Messerschmidt/Voit/*Messerschmidt* § 640 BGB Rn. 199; MüKoBGB/*Busche* § 640 Rn. 30; BeckOGK/*Kögl*, 01.01.2024, § 640 BGB Rn. 150.

661 Ebenso *Bachem/Bürger* NJW 2018, 118 (120); HK-WerkBauVertrR/*Havers/Raab* § 640 BGB Rn. 66.

662 *Bachem/Bürger* NJW 2018, 118 (120).

663 *Bachem/Bürger* NJW 2018, 118 (120).

664 Vgl. Begr. zur Änderung des § 640 BGB, Gesetzentwurf der Bundesregierung zur Reform des Bauvertragsrechts und der kaufrechtlichen Mängelhaftung v. 18.05.2016, BT-Drucks. 18/8486, S. 24 (S. 48); *Bachem/Bürger* NJW 2018, 118 (120); HK-WerkBauVertrR/*Havers/Raab* § 640 BGB Rn. 66.

Der Gesetzgeber wollte sich bewusst von den Vorgaben des § 640 Abs. 1 S. 3 BGB a.F. lösen und die Abnahmefiktion effektiver ausgestalten.[665] Hintergrund der Änderung war, dass das Ziel des § 640 Abs. 1 S. 3 BGB a.F., das Abnahmeverfahren zu beschleunigen und alsbald Rechtsklarheit über den Eintritt der Abnahmewirkungen herbeizuführen, verfehlt wurde.[666]

Weil § 640 Abs. 1 S. 3 BGB a.F. den Fiktionseintritt nur von der Abnahmepflicht abhängig machte, musste die Abnahmereife des Werkes unter Umständen gerichtlich festgestellt werden.[667] Hierauf konnte der Besteller schon durch eine Abnahmeverweigerung „ins Blaue hinein", d.h. ohne dass er einen konkreten Mangel benannte, hinwirken.[668] Der Werkunternehmer musste dann im Prozess die Abnahmereife beweisen.[669] Er stand beweisrechtlich nicht anders und vor allem nicht besser, als hätte er den Besteller direkt auf Abnahme verklagt.[670] Einen wirklichen Vorteil hatte § 640 Abs. 1 S. 3 BGB a.F. nur dann, wenn die Abnahmereife unstreitig war.[671] Weil der Besteller dann im Regelfall ohnehin zur Abnahme bereit war, kam es in diesem Fall auf die Fiktion gar nicht mehr an.[672]

Mit der Neuformulierung der Abnahmefiktion sollten Unklarheiten über den Eintritt der Abnahmewirkungen und Verzögerungen durch eine gegebenenfalls erforderliche gerichtliche Klärung vermieden werden.[673] Mit der Vorgabe, dass die Abnahmeverweigerung nur unter Angabe mindestens eines Mangels den Fiktionseintritt zerstören kann, sollte außerdem die Gefahr der missbräuchlichen Abnahmeverweigerung weitgehend ausgeschlossen werden.[674] Neben dem Wortlaut der Norm sprechen deshalb sowohl

---

665 Begr. zur Änderung des § 640 BGB, Gesetzentwurf der Bundesregierung zur Reform des Bauvertragsrechts und der kaufrechtlichen Mängelhaftung v. 18.05.2016, BT-Drucks. 18/8486, S. 24 (S. 48); Messerschmidt/Voit/*Messerschmidt* § 640 BGB Rn. 194.

666 *Kniffka* BauR 2017, 1747 (1766); vgl. Messerschmidt/Voit/*Messerschmidt* § 640 BGB Rn. 194.

667 Messerschmidt/Voit/*Messerschmidt* § 640 BGB Rn. 194; vgl. Prütting/Wegen/Weinreich/*Leupertz*/*Halfmeier* § 640 BGB Rn. 13.

668 Vgl. Messerschmidt/Voit/*Messerschmidt* § 640 BGB Rn. 194.

669 Prütting/Wegen/Weinreich/*Leupertz*/*Halfmeier* § 640 BGB Rn. 13.

670 Prütting/Wegen/Weinreich/*Leupertz*/*Halfmeier* § 640 BGB Rn. 13.

671 *Kniffka* BauR 2017, 1747 (1771).

672 *Kniffka* BauR 2017, 1747 (1771).

673 Begr. zur Änderung des § 640 BGB, Gesetzentwurf der Bundesregierung zur Reform des Bauvertragsrechts und der kaufrechtlichen Mängelhaftung v. 18.05.2016, BT-Drucks. 18/8486, S. 24 (S. 48).

674 Begr. zur Änderung des § 640 BGB, Gesetzentwurf der Bundesregierung zur Reform des Bauvertragsrechts und der kaufrechtlichen Mängelhaftung v. 18.05.2016,

die Entstehungsgeschichte als auch ihr Sinn und Zweck dafür, dass es i.R.v. § 640 Abs. 2 S. 1 BGB nicht auf eine Unterscheidung zwischen einem wesentlichen und unwesentlichen Mangel ankommt.[675] Eine andere, nach der Art des Mangels differenzierende Auslegung würde nur „das alte Problem [des § 640 Abs. 1 S. 3 BGB a.F.] fortschreiben" und kann daher nicht unterstützt werden.[676]

Wenn § 640 Abs. 2 S. 1 BGB von der „*Angabe mindestens* eines Mangels" spricht, bedeutet das zum einen, dass der Besteller zusammen mit der Abnahmeverweigerung nicht alle ihm bekannten Mängel vorbringen muss.[677] Das entspricht ausweislich der Begründung des Gesetzentwurfs zur Reform des Bauvertragsrechts auch dem eindeutigen Willen des Gesetzgebers.[678] Nicht angegebene Mängel kann der Besteller zu einem späteren Zeitpunkt „nachschieben", d.h. einer weiteren Abnahmeaufforderung entgegenhalten.[679]

Zum anderen muss nach dem Wortlaut der Norm der vom Besteller aufgeführte Mangel für die Zwecke des § 640 Abs. 2 S. 1 BGB nicht tatsächlich bestehen. In der Gesetzesbegründung heißt es dazu: „Gibt der Besteller nur offensichtlich nicht bestehende oder eindeutig unwesentliche Mängel an, kann dies [...] rechtsmissbräuchlich sein."[680] Es entspricht daher dem ausdrücklichen Willen des Gesetzgebers, wenn zur Verhinderung des Fiktionseintritts die *bloße Behauptung* eines Mangels bis zur Grenze der Rechtsmissbräuchlichkeit genügt.

BT-Drucks. 18/8486, S. 24 (S. 48); Messerschmidt/Voit/*Messerschmidt* § 640 BGB Rn. 194.

675 Ebenso *Bachem/Bürger* NJW 2018, 118 (120); *Kniffka* BauR 2017, 1747 (1767); *Joussen* BauR 2018, 328 (336); HK-WerkBauVertrR/*Havers/Raab* § 640 BGB Rn. 66.

676 *Kniffka* BauR 2017, 1747 (1767).

677 *Bachem/Bürger* NJW 2018, 118 (121); *Kniffka* BauR 2017, 1747 (1767); Messerschmidt/Voit/*Messerschmidt* § 640 BGB Rn. 199.

678 Begr. zur Änderung des § 640 BGB, Gesetzentwurf der Bundesregierung zur Reform des Bauvertragsrechts und der kaufrechtlichen Mängelhaftung v. 18.05.2016, BT-Drucks. 18/8486, S. 24 (S. 48).

679 *Bachem/Bürger* NJW 2018, 118 (121); *Kniffka* BauR 2017, 1747 (1767); Messerschmidt/Voit/*Messerschmidt* § 640 BGB Rn. 199.

680 Begr. zur Änderung des § 640 BGB, Gesetzentwurf der Bundesregierung zur Reform des Bauvertragsrechts und der kaufrechtlichen Mängelhaftung v. 18.05.2016, BT-Drucks. 18/8486, S. 24 (S. 48).

C. Rechtsfolgen des § 640 Abs. 2 BGB

Nach fruchtlosem Fristablauf wird gemäß § 640 Abs. 2 S. 1 BGB die unterlassene Abnahme der erklärten Abnahme gleichgestellt. Das hat den Eintritt sämtlicher Abnahmewirkungen zur Folge:[681] Die Gesamtvergütung wird fällig. Leistungs- und Vergütungsgefahr gehen über. Die Beweislast kehrt sich um. Dem Besteller stehen nur noch die Ansprüche aus § 634 BGB zu. Der Lauf der spezifischen Verjährungsfristen des § 634a Abs. 1 BGB beginnt.

Keine Auswirkung hat die Abnahmefiktion hingegen auf die in § 640 Abs. 3 BGB vorgesehene Rechtsfolge.[682] Trotz fehlenden Vorbehalts innerhalb der vom Werkunternehmer zur Abnahme gesetzten Frist verliert der Besteller die in § 640 Abs. 3 BGB aufgeführten Gewährleistungsrechte aus § 634 Nr. 1 bis 3 BGB also nicht.[683] Das ergibt sich bereits aus dem Wortlaut des § 640 Abs. 3 BGB, der nur auf die Abnahme nach § 640 Abs. 1 S. 1 BGB Bezug nimmt.[684]

D. Schwachpunkte des § 640 Abs. 2 BGB

Die Bemühungen des Gesetzgebers, die Rechtsstellung des Werkunternehmers mit § 640 Abs. 2 BGB zu stärken und dadurch die Abhängigkeit vom Besteller zu reduzieren, weisen Schwächen auf, die wiederum selbst die Durchsetzung des Vergütungsanspruchs erschweren.

Die Schwachpunkte liegen dabei in den Tatbestandsvoraussetzungen der Abnahmefiktion und einer sich hieraus ergebenden beweisrechtlichen Schwierigkeit. Die Nachteile der rechtsgeschäftlichen Abnahme als Fälligkeitsvoraussetzung sind für den Werkunternehmer deshalb weiterhin deutlich spürbar.

---

681 Kniffka/Jurgeleit/*Pause/Vogel* § 640 BGB Rn. 70; Messerschmidt/Voit/*Messerschmidt* § 640 BGB Rn. 203, Rn. 205.

682 Zur Regelung des § 640 Abs. 3 BGB bereits S. 67 f.

683 Kniffka/Jurgeleit/*Pause/Vogel* § 640 BGB Rn. 71; Messerschmidt/Voit/*Messerschmidt* § 640 BGB Rn. 205.

684 Kniffka/Jurgeleit/*Pause/Vogel* § 640 BGB Rn. 71; Messerschmidt/Voit/*Messerschmidt* § 640 BGB Rn. 205.

I. Probleme im Tatbestand des § 640 Abs. 2 S. 1 BGB

1. Angabe mindestens (irgend)eines Mangels

§ 640 Abs. 2 S. 1 BGB fordert vom Besteller ein *absolutes Minimum* an aktiver Mitwirkung, indem es zur Zerstörung der Abnahmefiktion schon ausreicht, dass er nur *mindestens (irgend)einen* Mangel *angibt*.[685] Das versetzt den Werkunternehmer in dreierlei Hinsicht in eine für ihn nachteilige Situation:

Sind mehrere Mängel vorhanden und sind diese dem Besteller bekannt, könnte er den Eintritt der Abnahmefiktion bewusst hinauszögern, indem er die einzelnen Mängel erst nach und nach den wiederholten – möglicherweise sogar berechtigten – Abnahmeaufforderungen des Werkunternehmers entgegenbringt.[686] Die Möglichkeit, Mängel „nachzuschieben", ist in der Begründung des Gesetzesentwurfs der Bundesregierung sogar explizit vorgesehen.[687] Das Gesetz verschafft dem Besteller dadurch die günstige Gelegenheit, sich durch das bewusste Zurückhalten von Mängeln zulasten des Werkunternehmers faktisch einen längeren Gewährleistungszeitraum zu verschaffen. Der Sinn und Zweck des § 640 Abs. 2 S. 1 BGB, für einen beschleunigten Eintritt der Abnahmewirkungen zu sorgen, wird dadurch in sein Gegenteil verkehrt.

Das geht sogar so weit, dass für das „Nachschieben" die bloße Mangelbehauptung ausreicht, solange das Nichtvorhandensein eines Mangels nicht evident ist.[688] Der Werkunternehmer könnte sich also nur wehren, indem er dem Besteller rechtsmissbräuchliches Verhalten vorwirft.[689] Das wiederum kann erneut eine gerichtliche Auseinandersetzung nach sich ziehen. Für die Unredlichkeit des Bestellers trägt der Werkunternehmer zudem die Darlegungs- und Beweislast.[690]

---

685 *Breitling* NZBau 2017, 393 (396).

686 *Bachem/Bürger* NJW 2018, 118 (121); *Kniffka* BauR 2017, 1747 (1768); *Orlowski* ZfBR 2016, 419 (421).

687 Begr. zur Änderung des § 640 BGB, Gesetzentwurf der Bundesregierung zur Reform des Bauvertragsrechts und der kaufrechtlichen Mängelhaftung v. 18.05.2016, BT-Drucks. 18/8486, S. 24 (S. 48).

688 *Bachem/Bürger* NJW 2018, 118 (121).

689 Vgl. *Bachem/Bürger* NJW 2018, 118 (121); *Breitling* NZBau 2017, 393; *Orlowski* ZfBR 2016, 419 (421).

690 *Orlowski* ZfBR 2016, 419 (421); *Breitling* NZBau 2017, 393 (396).

Dass der Besteller dem Abnahmeverlangen des Werkunternehmers wesentliche und unwesentliche Mängel entgegenhalten kann, stellt den Werkunternehmer bei einem abnahmereifen Werk im Vergleich zur vormaligen Abnahmefiktion des § 640 Abs. 1 S. 3 BGB a.F. auf den ersten Blick deutlich schlechter.[691] Bei einer unberechtigt verweigerten Abnahme konnte die Abnahmefiktion des § 640 Abs. 1 S. 3 BGB a.F. nicht eintreten. Heute kann selbst der unbedeutendste Mangel den Eintritt der Abnahmefiktion verhindern. Die einzige Grenze ist wieder nur die Rechtsmissbräuchlichkeit. Letztlich wird auch hierdurch die Möglichkeit, den Eintritt der Abnahmewirkungen hinauszuzögern, erheblich begünstigt, weil sich gerade bei Bauwerken irgendein Mangel, der nicht evident unwesentlich ist, wohl stets benennen lassen wird.[692]

2. Fertigstellungsbegriff

Das Tatbestandsmerkmal der Fertigstellung eröffnet ein weiteres Minenfeld. Während unter der Geltung von § 640 Abs. 1 S. 3 BGB a.F. darüber gestritten wurde, ob das Werk abnahmereif hergestellt wurde, kann heute das Merkmal der Fertigstellung im Zentrum einer gerichtlichen oder außergerichtlichen Auseinandersetzung stehen.[693] Dabei kann die Abgrenzung eines fertigen, aber „nur" mangelhaften Werkes zu einem unfertigen Werk mitunter schwierig sein.[694] Der durch die Abnahmefiktion erhoffte alsbaldige Eintritt von Rechtsklarheit kann deshalb deutlich hinausgezögert werden.[695] Das gilt umso mehr für den hier vertretenen *„subjektiven Fertigstellungsbegriff"*: Der Besteller könnte die Fertigstellung wegen des Vorliegens eines wesentlichen Mangels, den der Werkunternehmer zweifelsfrei hätte erkennen können, bestreiten.[696] Die zur Klärung notwendigen Verfahren schieben die Abnahmewirkungen ebenfalls auf, bedeuten also materiell-rechtlich keine verbesserte Rechtsposition.[697]

---

691 *Breitling* NZBau 2017, 393 (394).

692 Vgl. *Leinemann* NJW 2017, 3113.

693 Kniffka/Jurgeleit/*Pause/Vogel* § 640 BGB Rn. 73; *Messerschmidt*, Zur normativen Weiterentwicklung der Abnahme gemäß § 640 BGB, FS Leupertz, 2021, 399 (407); vgl. *Leinemann* NJW 2017, 3113 (3114).

694 Leupertz/Preussner/Sienz/*Hummel/Preussner* § 640 BGB Rn. 109.

695 Vgl. *Kniffka* BauR 2017, 1747 (1770).

696 Vgl. *Kniffka* BauR 2017, 1747 (1770).

697 Vgl. *Kniffka* BauR 2017, 1747 (1770).

II. Beweis eines negativen gesetzlichen Tatbestandsmerkmals

Das wird noch wie folgt verstärkt: Der Werkunternehmer trägt entsprechend der „negativen Grundregel der Beweislast" die Darlegungs- und Beweislast für sämtliche tatbestandlichen Voraussetzungen des § 640 Abs. 2 S. 1 BGB – damit auch für das Nichtvorliegen einer fristgerechten und qualifizierten Abnahmeverweigerung durch den Besteller.[698]

§ 640 Abs. 2 S. 1 BGB enthält ein sog. *„negatives gesetzliches Tatbestandsmerkmal".*[699] Dabei ist allgemein anerkannt, dass die Rechtsordnung auch an „negative gesetzliche Tatbestandsmerkmale" Rechtswirkungen knüpfen kann.[700] Dies führt allerdings dazu, dass der Werkunternehmer den nicht erfolgten Zugang einer vom Besteller behaupteten qualifizierten Abnahmeverweigerung beweisen müsste, was nur schwer gelingen dürfte.[701]

E. Mögliche rechtliche Reaktionen – § 640 Abs. 2 BGB de lege ferenda

Angesichts der Schwachenstellen, die § 640 Abs. 2 BGB aufweist, stellt sich die Frage, ob eine Neuformulierung des Tatbestandes sinnvoll wäre und wenn ja, wie diese aussehen könnte. Ausgangspunkt der Überlegung ist der erklärte Zweck des § 640 Abs. 2 BGB, die Abnahmefiktion effektiv auszugestalten, dabei aber *„die Interessen, Risiken und Belastungen zwischen den Parteien gerecht [zu] verteilen."*[702]

Nach dem aktuellen Stand der Untersuchung scheint § 640 Abs. 2 BGB von einem gerechten Interessenausgleich weit entfernt zu sein. Das führt zu folgenden Begünstigungen auf der einen und Belastungen auf der anderen Seite:

---

698 Leupertz/Preussner/Sienz/*Hummel/Preussner* § 640 BGB Rn. 144; Kniffka/Koeble/Jurgeleit/Sacher/*Jurgeleit* Teil 3 Rn. 74; zur Grundregel der Beweislast S. 79.

699 Zum Begriff der „negativen gesetzlichen Tatbestandsmerkmale" s. Baumgärtel/Laumen/Prütting/*Laumen*, Handbuch der Beweislast, Bd. 1, Kap. 20 Rn. 6 ff.

700 Baumgärtel/Laumen/Prütting/*Laumen*, Handbuch der Beweislast, Bd. 1, Kap. 20 Rn. 6.

701 *Kniffka* BauR 2017, 1747 (1770 f.); Leupertz/Preussner/Sienz/*Hummel/Preussner* § 640 BGB Rn. 144; Kniffka/Koeble/Jurgeleit/Sacher/*Jurgeleit* Teil 3 Rn. 74; allg. zur Schwierigkeit der Beweisführung bei neg. gesetzlichen Tatbestandsmerkmalen Baumgärtel/Laumen/Prütting/*Laumen*, Handbuch der Beweislast, Bd. 1, Kap. 20 Rn. 6 ff.

702 Begr. zur Änderung des § 640 BGB, Gesetzentwurf der Bundesregierung zur Reform des Bauvertragsrechts und der kaufrechtlichen Mängelhaftung v. 18.05.2016, BT-Drucks. 18/8486, S. 24 (S. 48).

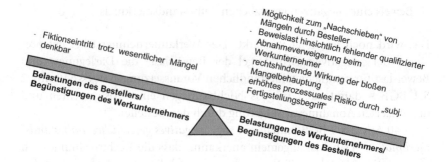

Abb. 2: Vermutetes Ungleichgewicht in § 640 Abs. 2 BGB

Um den Tatbestand des § 640 Abs. 2 BGB abschließend bewerten zu können, ist zu untersuchen, wie schwer die in der Grafik aufgeführten Belastungen des Werkunternehmers bzw. Begünstigungen des Bestellers tatsächlich wiegen. Hierfür stellt sich zum einen die Frage, ob § 640 Abs. 2 BGB insbesondere gegenüber der Vorgängerregelung nicht auch mit Vorteilen für den Werkunternehmer verbunden ist, die seine Rechtsposition verbessern. Zum anderen ist zu klären, ob und inwieweit der Werkunternehmer einzelne Belastungen zum Zwecke der Effektivität der Abnahmefiktion und des beschleunigten Eintritts der Abnahmewirkungen, was letztlich ihm zugutekommt, hinnehmen muss.

I. Fertigstellung

Trotz des oben beschriebenen erhöhten prozessualen Risikos, das mit dem hier vertretenen „subjektiven Fertigstellungsbegriff" verbunden ist, sorgt das Tatbestandsmerkmal der Fertigstellung im Ergebnis für einen angemessenen Interessenausgleich.

Mit der Fertigstellung der Leistung stellt das Gesetz die Mindestanforderung an den Zustand des Werkes im Zeitpunkt der Fristsetzung. Erst ab der Fertigstellung ist sichergestellt, dass die Abnahmewirkungen nicht schon zu einem Zeitpunkt eintreten können, zu dem sie weder zu erwarten noch gerechtfertigt sind. Wenn die Abnahmefiktion aufgrund der im Fertigstellungsbegriff enthaltenen subjektiven Komponente im Falle der Unredlichkeit des Werkunternehmers schon tatbestandlich ausscheidet, ist das nur interessengerecht. Es kann ohnehin nicht Ziel des § 640 Abs. 2 BGB sein, die Abnahmefiktion um jeden Preis herbeizuführen und den

Werkunternehmer von jeglichem prozessualen Risiko fernzuhalten – gerade dann nicht, wenn er derjenige ist, der sich rechtsmissbräuchlich verhält. Ein gerechter Interessenausgleich kann ohne ein gewisses prozessuales Risiko im Übrigen schon gar nicht geschaffen werden.

In der Gesamtbetrachtung verbessert das Anknüpfen der Abnahmefiktion an das Tatbestandsmerkmal der „subjektiven Fertigstellung" sogar die Rechtsstellung des Werkunternehmers im Vergleich zu den Vorgaben des § 640 Abs. 1 S. 3 BGB a.F. Bestehen im Zeitpunkt des Abnahmeverlangens wesentliche Mängel, die für einen verständigen Werkunternehmer noch nicht erkennbar sind, kann die Abnahmefiktion nach § 640 Abs. 2 S. 1 BGB trotzdem eintreten.[703] Unter der Geltung von § 640 Abs. 1 S. 3 BGB a.F., als es auf die objektive Abnahmereife des Werkes im Zeitpunkt des Abnahmeverlangens ankam, spielte es für die Frage des Fiktionseintritts hingegen keine Rolle, ob die vorhandenen wesentlichen Mängel erkennbar waren oder nicht.[704]

Die Fertigstellung wird außerdem leichter nachzuweisen sein als die objektive Abnahmereife des Werkes.[705] Das gilt selbst unter Zugrundelegung des „subjektiven Fertigstellungsbegriffs", der zwar stark an die Abnahmereife angenähert ist, aber dennoch ein „Weniger" im Vergleich zur objektiven Abnahmeverpflichtung darstellt.

Umgekehrt ist es auch nicht geboten, die Abnahmefiktion zum Schutz des Bestellers von der Abnahmereife abhängig zu machen. Freilich besteht durch die fehlende Anknüpfung an die Abnahmereife für den Besteller die Gefahr (und zugleich für den Werkunternehmer der Vorteil), dass die Abnahmefiktion an einem mit wesentlichen Mängeln behafteten Werk eintreten kann, wenn der Besteller nicht rechtzeitig oder unzureichend auf das Abnahmeverlangen reagiert. Der Besteller ist aber zum einen dadurch geschützt, dass die Abnahmewirkungen an einem aus Sicht eines verständigen Werkunternehmers nicht abnahmereifen Werk nicht eintreten können. Zum anderen kann der Besteller den Eintritt der Abnahmefiktion durch Benennung *irgendeines* Mangels abwenden.[706] Die denkbare Verschlechterung der Rechtsposition des Bestellers (Abnahmefiktion trotz wesentlicher

---

703 *Kniffka* BauR 2017, 1747 (1768).

704 *Kniffka* BauR 2017, 1747 (1768).

705 Ebenso Kniffka/Jurgeleit/*Pause/Vogel* § 640 BGB Rn. 73; a.A. Leupertz/Preussner/Sienz/*Hummel/Preussner* § 640 BGB Rn. 111, der den Nachweis der Fertigstellung für ähnlich schwer zu erbringen sieht wie den der Abnahmereife.

706 Vgl. *Kniffka* BauR 2017, 1747 (1768); *Scheuch* NJW 2018, 2513 (2517).

Mängel) ist ihm zuzumuten, weil sie zugleich mit einer möglichen Verbesserung verbunden ist (keine Abnahmefiktion trotz Abnahmepflicht).[707] Am Tatbestandsmerkmal der Fertigstellung ist deshalb festzuhalten.

II. Mangelbenennung

Im Rahmen der (verbesserten) Rechtsposition des Bestellers fragt sich zudem, ob der Besteller vor diesem Hintergrund dem Abnahmeverlangen des Werkunternehmers weiterhin jeden Mangel unabhängig von seinem Gewicht entgegenhalten können, und ob die Möglichkeit, Mängel „nachschieben" zu können, fortbestehen soll.[708]

1. Behauptung irgendeines Mangels

Müsste der Besteller mindestens einen *wesentlichen* Mangel innerhalb der vom Werkunternehmer gesetzten Frist angeben, ginge das zulasten der Effektivität der Abnahmefiktion. Gegenüber der gescheiterten Vorgängervorschrift des § 640 Abs. 1 S. 3 BGB a.F. wäre dann nichts gewonnen. Es bestünde dasselbe prozessuale Risiko wie schon unter § 640 Abs. 1 S. 3 BGB a.F., weil die Unterscheidung zwischen wesentlichen und unwesentlichen Mängeln im Einzelfall schwierig sein kann.[709] Man würde das Problem, das durch die Neuformulierung der Abnahmefiktion behoben werden sollte, lediglich in ein anderes Tatbestandsmerkmal hineintragen.[710] Der Werkunternehmer stünde wieder nicht anders und vor allem nicht besser als ohne Abnahmefiktion.

Indem i.R.v. § 640 Abs. 2 S. 1 BGB gerade nicht zwischen wesentlichen und unwesentlichen Mängeln unterschieden werden muss, wird Rechtsklarheit geschaffen: entweder der Besteller reagiert durch die Angabe eines Mangels innerhalb der Frist oder nicht. Es lässt sich eindeutig beurteilen,

---

707 Vgl. *Kniffka* BauR 2017, 1747 (1768); *Scheuch* NJW 2018, 2513 (2517).
708 Gegen das Recht, jeglichen Mangel entgegenhalten zu können, und für die Beschränkung auf wesentliche Mängel *Orlowski* ZfBR 2016, 419 (422); *Messerschmidt*, Zur normativen Weiterentwicklung der Abnahme gemäß § 640 BGB, FS Leupertz, 2021, 399 (408); *Leinemann* NJW 2017, 3113 (3113 f.).
709 *Kniffka* BauR 2017, 1747 (1767).
710 *Kniffka* BauR 2017, 1747 (1767).

ob § 640 Abs. 2 BGB gilt.[711] Dadurch erlangt der Werkunternehmer zumindest für die Fälle, in denen der Besteller *gar nicht, nicht rechtzeitig* oder *nicht hinreichend* auf das Abnahmeverlangen reagiert, ein effektives Mittel, um die Abnahmewirkungen herbeizuführen.[712]

Das führt dazu, dass der Besteller dazu geneigt sein könnte, „vorsichtshalber" vermeintliche Mängel zu nennen, um die fiktive Abnahme zu vermeiden.[713] Es wird deshalb befürchtet, dass der Besteller nur rechtzeitig einen völlig unwesentlichen Mangel erfinden und benennen müsste, damit die Abnahmewirkungen nicht eintreten.[714] Er könnte die Abnahmefiktion beispielsweise verhindern, „indem er bei einem Hochhaus die Abnahme verweigert und dabei einen Kratzer an einem Heizkörper benennt, obwohl dieser Kratzer nicht da ist."[715]

Eine derartige Gefahr besteht nicht. Es gilt nämlich folgende Einschränkung: Die Angabe eines offensichtlich nicht bestehenden oder evident unwesentlichen Mangels kann nicht ausreichen, um den Fiktionseintritt abzuwehren.[716]

Vor diesem Hintergrund kann es auch hingenommen werden, dass die bloße Mangelbehauptung des Bestellers i.R.v. § 640 Abs. 2 S. 1 BGB zur Abwendung der Fiktionswirkungen genügt, der Mangel also nicht tatsächlich bestehen muss. Zum Schutz des redlichen Bestellers ist das sogar erforderlich, weil es ihm nicht vorgeworfen werden kann, wenn sich ein von ihm beschriebenes Mangelsymptom nicht als „echte" Mangelerscheinung erweist.

Allerdings bringt dies – was zutrifft – erneut ein gewisses prozessuales Risiko mit sich, weil man unter der Geltung von § 640 Abs. 2 BGB anstatt über die Frage, ob ein Mangel wesentlich oder unwesentlich ist, darüber streiten kann, ob der Mangel offensichtlich nicht besteht oder eindeutig unwesentlich ist und der Besteller sich deshalb durch die Abnahmeverweigerung rechtsmissbräuchlich verhalten hat.[717] Dies geht zwar wiederum zu Lasten des Werkunternehmers, ist allerdings aufgrund der bisher angeführ-

---

711 Vgl. *Kniffka* BauR 2017, 1747 (1767).
712 Ähnlich *Kniffka* BauR 2017, 1747 (1771).
713 Vgl. *Kimpel* NZBau 2016, 734 (735); *Breitling* NZBau 2017, 393.
714 *Kimpel* NZBau 2016, 734 (735).
715 *Kimpel* NZBau 2016, 734 (735).
716 Vgl. Begr. zur Änderung des § 640 BGB, Gesetzentwurf der Bundesregierung zur Reform des Bauvertragsrechts und der kaufrechtlichen Mängelhaftung v. 18.05.2016, BT-Drucks. 18/8486, S. 24 (S. 48).
717 *Breitling* NZBau 2017, 393.

ten Vorteile, die das Tatbestandsmerkmal der Angabe mindestens eines Mangels für den Werkunternehmer bringt, zu akzeptieren. Auch hieran ist deshalb festzuhalten.

2. „Nachschieben" von Mängeln

Problematisch ist hingegen die Möglichkeit des Bestellers, Mängel bewusst zurückhalten bzw. bei einem erneuten Abnahmeverlangen *„nachschieben"* zu können.[718] Ein Grund, weshalb es dem Besteller zustehen sollte, sich dadurch einen deutlich verlängerten Gewährleistungszeitraum zu verschaffen, ist nicht ersichtlich. Das gilt umso mehr vor dem Hintergrund, dass es zur Abwendung der Fiktionswirkung schon ausreicht, irgendeinen unwesentlichen Mangel zu benennen, was gerade bei Bauwerken eine besonders niedrige Hürde darstellt. Dem Besteller ist es ohne Weiteres zuzumuten, sämtliche ihm bekannten Mängel zu nennen, um den Eintritt der Fiktion zu verhindern – zumal hierfür nach der „Symptomtheorie" die Nennung aller bekannten Mangelsymptome schon ausreichen würde.

III. Beweislast

Die Beweisnot, die sich daraus ergibt, dass der Werkunternehmer das „negative gesetzliche Tatbestandsmerkmal" der fehlenden bzw. nicht fristgerechten qualifizierten Abnahmeverweigerung zu beweisen hat, kann durch eine sog. *„sekundäre Darlegungslast"* überwunden werden.[719] Eine sekundäre Darlegungslast wird dem Gegner der darlegungs- und beweisbelasteten Partei auferlegt, wenn der nicht darlegungsbelasteten Partei zuzumuten ist, „ihrem Prozessgegner die Darlegung durch nähere Angaben über die zu ihrem Wahrnehmungsbereich gehörenden Verhältnisse zu ermöglichen, weil sie, anders als der außerhalb des maßgeblichen Geschehensablaufs stehende Darlegungsbelastete, die wesentlichen Tatsachen kennt."[720] Ein derartiges Verhalten wäre dem Besteller, dessen Sphäre die fristgerechte

---

718 Ebenso *Orlowski* ZfBR 2016, 419 (422).
719 Dies befürwortend Kniffka/Koeble/Jurgeleit/Sacher/*Jurgeleit* Teil 3 Rn. 74; teilweise wird auch von einer „sekundären Behauptungslast" gesprochen, vgl. Baumgärtel/Laumen/Prütting/*Laumen*, Handbuch der Beweislast, Bd. 1, Kap. 20 Rn. 32 ff.
720 BGH NJW-RR 2008, 1269 (1270 Rn. 19) m.w.N.; vgl. MüKoZPO/*Fritsche* § 138 Rn. 24.

und qualifizierte Abnahmeverweigerung zuzuordnen ist, bedenkenlos zuzumuten.[721] Konkret bedeutet das: Der Werkunternehmer genügt seiner Darlegungslast durch die pauschale Behauptung, dass der Besteller die Abnahme nicht fristgerecht unter Angabe eines Mangels verweigert hat.[722] Es obliegt dann dem Besteller, dies *substanziiert* zu bestreiten, indem er detailliert darlegt, wann und wie er die Abnahme verweigert hat.[723] Reagiert der Besteller nur durch das *einfache* Bestreiten der Behauptung des Werkunternehmers, greift die Geständnisfunktion des § 138 Abs. 3 ZPO.[724] Das Vorbringen des Werkunternehmers ist dann als zugestanden anzusehen.[725] Die geschilderten Beweisschwierigkeiten fallen daher in der Gesamtabwägung kaum ins Gewicht.

IV. Ergebnis und Formulierungsvorschlag

Nach obiger Betrachtung ergibt sich zu den mit § 640 Abs. 2 BGB einhergehenden Belastungen auf der einen und Begünstigungen auf der anderen Seite folgendes korrigierte Bild:

---

721 Vgl. MüKoZPO/*Fritsche* § 138 Rn. 26 allg. zum Beweis negativer Tatbestandsmerkmale, die aus der Sphäre des Beklagten stammen.
722 Vgl. Baumgärtel/Laumen/Prütting/*Laumen*, Handbuch der Beweislast, Bd. 1, Kap. 20 Rn. 34, Kap. 22 Rn. 50.
723 Vgl. Baumgärtel/Laumen/Prütting/*Laumen*, Handbuch der Beweislast, Bd. 1, Kap. 20 Rn. 34, Kap. 22 Rn. 50.
724 Vgl. Baumgärtel/Laumen/Prütting/*Laumen*, Handbuch der Beweislast, Bd. 1, Kap. 20 Rn. 34; Kap. 22 Rn. 51; MüKoZPO/*Fritsche* § 138 Rn. 24.
725 Vgl. Baumgärtel/Laumen/Prütting/*Laumen*, Handbuch der Beweislast, Bd. 1, Kap. 20 Rn. 34; Kap. 22 Rn. 51; MüKoZPO/*Fritsche* § 138 Rn. 24.

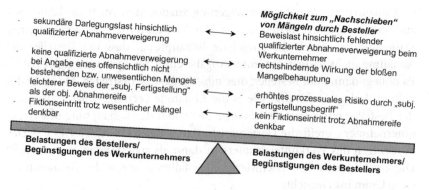

Abb. 3: Tatsächliches Ungleichgewicht in § 640 Abs. 2 BGB

§ 640 Abs. 2 BGB gelingt es nur zu einem Teil, die Interessen, Risiken und Belastungen der Parteien gerecht zu verteilen. Das Ungleichgewicht in § 640 Abs. 2 BGB ist aber weitaus weniger gravierend als eingangs vermutet.

Im Wesentlichen ist es nur auf das Recht zum „Nachschieben" von Mängeln zurückzuführen. Dem sollte durch eine Änderung des § 640 Abs. 2 BGB gezielt entgegengewirkt werden. Es sollte eine Präklusionswirkung für solche Mängel eingebaut werden, die der Besteller der erstmaligen Abnahmeaufforderung i.S.d. § 640 Abs. 2 S. 1 BGB trotz Kenntnis nicht entgegengehalten hat.[726] Ist der Besteller ein Verbraucher muss auf diese Rechtsfolge im Zeitpunkt der Fristsetzung hingewiesen worden sein.

Darüber hinaus ist nicht ersichtlich, weshalb die Beweislast für das Nichtvorliegen einer fristgerechten und qualifizierten Abnahmeverweigerung beim Werkunternehmer liegen sollte.[727] Die fristgerechte und qualifizierte Abnahmeverweigerung stellt eine sog. *Erklärungsobliegenheit* des Bestellers dar.[728] Obliegenheiten sind nicht einklagbare Verhaltensanforderungen.[729] Deren Nichtbeachtung führt zum Verlust einer günstigen Rechtsposition oder zu einem sonstigen Rechtsnachteil – hier zum Eintritt der Abnahmewirkungen.[730] Es liegt daher im Interesse des Bestellers, seiner Erklärungsobliegenheit nachzukommen.[731] Soll er durch die Angabe eines

---

726 Ähnlich *Orlowski* ZfBR 2016, 419 (422).

727 Ebenso Leupertz/Preussner/Sienz/*Hummel*/*Preussner* § 640 BGB Rn. 145.

728 Leupertz/Preussner/Sienz/*Hummel*/*Preussner* § 640 BGB Rn. 145.

729 *Neuner*, BGB Allgemeiner Teil, § 19 Rn. 29.

730 *Neuner*, BGB Allgemeiner Teil, § 19 Rn. 29.

731 *Neuner*, BGB Allgemeiner Teil, § 19 Rn. 29.

Mangels den Fiktionseintritt verhindern können, ist es nur konsequent, wenn von vorneherein der Besteller darzulegen und gegebenenfalls zu beweisen hat, dass er die Abnahme fristgerecht und unter Angabe eines Mangels verweigert hat.[732] Hierzu müsste das Abnahmeverweigerungsrecht des Bestellers als rechtshindernde Einrede im zivilprozessualen Sinne ausgestaltet werden. Eine Einrede i.S.d. ZPO erfasst „die Voraussetzungen einer Gegennorm, die der rechtsbegründenden Norm (der Grundnorm) entgegenwirkt und die Klage daher als unbegründet erscheinen lässt."[733] „Eine Norm ist rechtshindernd, wenn sie von Anfang an die rechtsbegründende Norm in der Entfaltung ihrer Wirksamkeit hindert, sodass deren rechtlicher Erfolg überhaupt nicht eintritt."[734] Sprachlich kann das durch die Formulierung „es sei denn, dass ..." kenntlich gemacht werden.[735]

§ 640 Abs. 2 BGB könnte daher in Zukunft folgendermaßen ausgestaltet werden (Änderungen im Vergleich zur bestehenden Rechtslage sind durch Kursivsetzung hervorgehoben):

§ 640 Abnahme. (1) (...)

(2) Als abgenommen gilt ein Werk auch, wenn der Unternehmer dem Besteller nach Fertigstellung des Werkes eine angemessene Frist zur Abnahme gesetzt hat, *es sei denn, der Besteller hat die Abnahme innerhalb der Frist unter Angabe mindestens eines Mangels verweigert. Setzt der Unternehmer nach Beseitigung der vom Besteller angegebenen Mängel erneut eine Frist zur Abnahme, können solche Mängel nicht mehr entgegengehalten werden, die der Besteller im Zeitpunkt des Ablaufs der erstmaligen Fristsetzung bereits kannte.* Ist der Besteller ein Verbraucher, so treten die Rechtsfolgen des Satzes 1 *und 2* nur dann ein, wenn der Unternehmer den Besteller zusammen mit der Aufforderung zur Abnahme auf die Folgen einer nicht erklärten oder ohne Angabe von Mängeln verweigerten Abnahme *sowie auf die Folgen des Zurückhaltens bekannter Mängel* hingewiesen hat; der Hinweis muss in Textform erfolgen. (...)

---

732 Leupertz/Preussner/Sienz/*Hummel*/*Preussner* § 640 BGB Rn. 145.
733 *Rosenberg/Schwab/Gottwald*, Zivilprozessrecht, § 103 Rn. 5.
734 *Rosenberg/Schwab/Gottwald*, Zivilprozessrecht, § 103 Rn. 8.
735 *Rosenberg/Schwab/Gottwald*, Zivilprozessrecht, § 103 Rn. 8; MüKoZPO/*Prütting* § 286 Rn. 115.

Kapitel 6: § 12 Abs. 5 VOB/B

Bis zur Aufnahme des § 640 Abs. 1 S. 3 BGB a.F. in das BGB, war die Gleichstellung der Vornahme bzw. Unterlassung einer bestimmten Handlung mit der rechtsgeschäftlichen Abnahme eine Besonderheit der VOB/B.[736] Die VOB/B enthält mit § 12 Abs. 5 Nr. 1 und Nr. 2 VOB/B zwei Tatbestände, nach denen die Bauleistung als abgenommen gilt.

A. Tatbestandsvoraussetzungen und dogmatische Einordnung

Bevor eine dogmatische Einordnung dieser beiden Bestimmungen erfolgen kann, müssen zunächst deren geschriebene Tatbestandsvoraussetzungen untersucht werden.

I. Geschriebene Tatbestandsvoraussetzungen

Beiden Tatbeständen ist gemeinsam, dass sie nach ihrem eindeutigen Wortlaut das Fehlen eines Abnahmeverlangens durch den Auftragnehmer nach § 12 Abs. 1 VOB/B oder § 12 Abs. 4 Nr. 1 S. 1 VOB/B voraussetzen.

1. § 12 Abs. 5 Nr. 1 VOB/B

Nach § 12 Abs. 5 Nr. 1 VOB/B gilt die Leistung mit Ablauf von zwölf Werktagen nach schriftlicher Mitteilung über die Fertigstellung der Leistung als abgenommen. Der Auftragnehmer muss die Fertigstellungsanzeige nicht ausdrücklich als solche bezeichnen.[737] Es genügt, wenn aus der Erklärung für einen durchschnittlichen Vertragspartner des Verwenders zweifelsfrei erkennbar ist, dass sämtliche Leistungen fertiggestellt sind.[738]

---

736 Heiermann/Riedl/Rusam/*Mansfeld* § 12 VOB/B Rn. 100; Beck'scher VOB/B-Komm./*Bröker*, 3. Aufl. 2013, § 12 Abs. 5 Rn. 1; NK-BGB/*Havers/Raab* § 640 Rn. 21.

737 Kapellmann/Messerschmidt/*Havers* § 12 VOB/B Rn. 266.

738 Kapellmann/Messerschmidt/*Havers* § 12 VOB/B Rn. 266.

Die Übersendung der Schlussrechnung reicht dafür beispielsweise ebenso aus wie die Erklärung, dass die Baustelle geräumt sei.[739]

2. § 12 Abs. 5 Nr. 2 VOB/B

§ 12 Abs. 5 Nr. 2 S. 1 VOB/B knüpft den Eintritt der Abnahmewirkungen an den Ablauf von sechs Werktagen nach Beginn der Benutzung der Leistung oder eines Leistungsteils, sofern nichts anderes vereinbart ist. Der Eintritt der Abnahmewirkungen bei der Inbenutzungnahme eines Leistungsteils setzt voraus, dass der Leistungsteil in sich abgeschlossen, also funktionell trennbar und gebrauchsfähig ist.[740] Das ergibt sich aus dem erkennbaren Regelungszusammenhang zu § 12 Abs. 2 VOB/B.[741]

§ 12 Abs. 5 Nr. 2 S. 2 VOB/B stellt klar, dass die Benutzung von Teilen einer baulichen Anlage zur Weiterführung der Arbeiten nicht als Abnahme gilt. Das betrifft beispielsweise das Betreten und Benutzen eines Rohbaus für den Innenausbau.[742] Eine Inbenutzungnahme i.S.d. § 12 Abs. 5 Nr. 2 S. 1 VOB/B liegt demzufolge nur vor, wenn sie zu einem Zweck erfolgt, der dem beabsichtigten Endzweck der Bauwerkerrichtung entspricht.[743] Die Inbenutzungnahme – beispielsweise der Einzug in ein neu errichtetes Wohnhaus – muss mit anderen Worten *bestimmungsgemäß* erfolgen. Das ist nicht der Fall, wenn sie zum Zwecke der Schadensminderung oder aus einer Zwangslage heraus erfolgt.[744] Ebenso genügt die bloße Nutzung zur Erprobung i.R.v. § 12 Abs. 5 Nr. 2 S. 1 VOB/B nicht.[745] Dieser innere systematische Zusammenhang ist für jeden durchschnittlichen Vertragspartner

---

739 OLG Frankfurt, Urt. v. 02.08.2017, 29 U 216/16, juris Rn. 16; Kapellmann/Messerschmidt/*Havers* § 12 VOB/B Rn. 266; Ingenstau/Korbion/*Oppler* § 12 Abs. 5 VOB/B Rn. 11; Werner/Pastor/*Wagner* Rn. 1809.

740 Heiermann/Riedl/Rusam/*Mansfeld* § 12 VOB/B Rn. 115; vgl. Ingenstau/Korbion/*Oppler* § 12 Abs. 5 VOB/B Rn. 22.

741 Andeutungsweise Ingenstau/Korbion/*Oppler* § 12 Abs. 5 VOB/B Rn. 22.

742 Ingenstau/Korbion/*Oppler* § 12 Abs. 5 VOB/B Rn. 23.

743 Ingenstau/Korbion/*Oppler* § 12 Abs. 5 VOB/B Rn. 24; Kapellmann/Messerschmidt/*Havers* § 12 VOB/B Rn. 269.

744 BGH NJW 1979, 549 (550) zur Inbenutzungnahme zum Zwecke der Schadensminderung; Messerschmidt/Voit/*Voit* § 12 VOB/B Rn. 16; vgl. Staudinger/*Peters* § 640 BGB Rn. 69, Rn. 74, der im Falle der Inbenutzungnahme aus einer Zwangslage heraus den Eintritt der Abnahmefiktion aber für möglich hält.

745 Ingenstau/Korbion/*Oppler* § 12 Abs. 5 VOB/B Rn. 24; Kapellmann/Messerschmidt/*Havers* § 12 VOB/B Rn. 269.

des Verwenders eindeutig erkennbar und damit bei der Begriffsauslegung berücksichtigungsfähig.

II. Dogmatische Einordnung

Vielfach wird in Rechtsprechung und Literatur davon gesprochen, dass sowohl § 12 Abs. 5 Nr. 1 VOB/B als auch § 12 Abs. 5 Nr. 2 VOB/B jeweils eine Abnahmefiktion enthalten.[746]

Dogmatische Ausführungen beschränken sich – soweit sie überhaupt vorgenommen werden – mit nur einzelnen Ausnahmen auf die Feststellung, dass die Abnahmewirkungen nach § 12 Abs. 5 Nr. 1 und Nr. 2 VOB/B ohne oder sogar gegen den Willen des Auftraggebers eintreten, weshalb beide Fälle nicht mit der stillschweigenden Billigung durch eine entsprechende konkludente Handlung des Auftraggebers zu verwechseln seien.[747]

Dies greift zu kurz. Es wird nicht hinreichend berücksichtigt, dass es sich bei § 12 Abs. 5 VOB/B um eine vertragliche Regelung handelt.[748] Die dogmatische Einordnung seiner beiden Tatbestände muss sich deshalb an der Dogmatik für vertragliche Regelungen orientieren und nicht an der für gesetzliche Bestimmungen.[749]

Um einen rechtsgeschäftlichen oder rechtsgeschäftsähnlichen Willen zu realisieren, stehen den Vertragsparteien die Willenserklärung bzw. die rechtsgeschäftsähnliche Handlung zur Verfügung.[750] Anders als der Gesetzgeber können diese nicht wie bei einer gesetzlichen Fiktion anordnen, dass eine konkrete Rechtfolge trotz Fehlens der Tatbestandsvoraussetzungen

---

746 Vgl. nur BGH BauR 2002, 775 (777); OLG München, Beschl. v. 08.03.2022, 28 U 9184/21, juris Rn. 41; Nicklisch/Weick/Jansen/Seibel/*Abu Saris* § 12 VOB/B Rn. 144; Kapellmann/Messerschmidt/*Havers* § 12 VOB/B Rn. 251; Messerschmidt/Voit/*Voit* § 12 VOB/B Rn. 14, Rn. 16; Werner/Pastor/*Wagner* Rn. 1809; wohl auch Ingenstau/Korbion/*Oppler* § 12 Abs. 5 VOB/B Rn. 1, Rn. 4.

747 Ingenstau/Korbion/*Oppler* § 12 Abs. 5 VOB/B Rn. 1; ähnlich Beck'scher VOB/B-Komm./*Bröker* § 12 Abs. 5 Rn. 2; Nicklisch/Weick/Jansen/Seibel/*Abu Saris* § 12 VOB/B Rn. 145; Leinemann/*Jansen* § 12 VOB/B Rn. 100.

748 *Henkel*, Jahrbuch Baurecht 2003, 87 (119).

749 *Henkel*, Jahrbuch Baurecht 2003, 87 (118 ff.).

750 *Nickel*, Die Erklärungsfiktion im Bürgerlichen Recht, S. 139, der aber nur auf die Willenserklärung abstellt; *Henkel*, Jahrbuch Baurecht 2003, 87 (127).

angewendet werden soll.[751] Den Parteien steht es aber frei, zu vereinbaren, dass ein bestimmtes Verhalten rechtlich die Bedeutung der Abgabe oder Nichtabgabe einer Willenserklärung haben soll, wenn dem Verhalten diese Wirkung ohne eine entsprechende Absprache nicht zukäme.[752] Das gilt gleichermaßen für das Vorliegen oder Nichtvorliegen einer rechtsgeschäfts-ähnlichen Handlung, will man die Abnahmeerklärung nicht als Willenser-klärung einordnen.[753]

§ 12 Abs. 5 Nr. 1 VOB/B knüpft mit der Vorgabe der Fertigstellungsan-zeige tatbestandlich an das Handeln des Auftragnehmers an. Wenn die Leistung nach Ablauf von zwölf Werktagen als abgenommen gelten soll, ist das nur deshalb möglich, weil die Parteien durch die Einbeziehung des § 12 Abs. 5 Nr. 1 VOB/B formularvertraglich vereinbaren, dass dem Schweigen des Auftraggebers auf die Fertigstellungsmitteilung – welches grundsätzlich keine rechtliche Relevanz hätte – die Bedeutung der Abgabe einer konklu-denten Willenserklärung beigemessen wird, sog. *„beredtes Schweigen"*.[754]

§ 308 Nr. 5 BGB spricht bei solchen Vereinbarungen von „fingierten Erklärungen". Genau genommen ist die „vertragliche Erklärungs- bzw. Ab-nahmefiktion" in § 12 Abs. 5 Nr. 1 VOB/B aber weder ein aliud gegenüber der tatsächlich erklärten Abnahme noch eine eigene dogmatische Figur.[755] Die „Abnahmefiktion" i.S.d. § 12 Abs. 5 Nr. 1 VOB/B darf deshalb keines-falls gleichgesetzt werden mit der gesetzlichen Abnahmefiktion i.S.d. § 640 Abs. 2 BGB.[756] Vor dem Hintergrund des § 308 Nr. 5 BGB wird dennoch an der (missglückten) Bezeichnung des § 12 Abs. 5 Nr. 1 als „Abnahmefiktion" festgehalten.

---

751 *Bennemann,* Fiktionen und Beweislastregelungen in Allgemeinen Geschäftsbedin-gungen, S. 160; *Nickel,* Die Erklärungsfiktion im Bürgerlichen Recht, S. 139; *Henkel,* Jahrbuch Baurecht 2003, 87 (127).

752 Vgl. MüKoBGB/*Wurmnest* § 308 Nr. 5 Rn. 1; *Bennemann,* Fiktionen und Beweislast-regelungen in Allgemeinen Geschäftsbedingungen, S. 161; *Nickel,* Die Erklärungsfik-tion im Bürgerlichen Recht, S. 145; *Henkel,* Jahrbuch Baurecht 2003, 87 (126).

753 *Henkel,* Jahrbuch Baurecht 2003, 87 (126).

754 *Bennemann,* Fiktionen und Beweislastregelungen in Allgemeinen Geschäftsbedin-gungen, S. 161; *Nickel,* Die Erklärungsfiktion im Bürgerlichen Recht, S. 145 jeweils allgemein zur Bedeutung der „vertraglichen Erklärungsfiktion"; vgl. MüKoBGB/ *Wurmnest* § 308 Nr. 5 Rn. 1.

755 *Nickel,* Die Erklärungsfiktion im Bürgerlichen Recht, S. 145; *Henkel,* Jahrbuch Bau-recht 2003, 87 (127) jeweils allg. zur „vertraglichen Erklärungsfiktion".

756 Vgl. *Bennemann,* Fiktionen und Beweislastregelungen in Allgemeinen Geschäfts-bedingungen, S. 161; *Nickel,* Die Erklärungsfiktion im Bürgerlichen Recht, S. 145; *Henkel,* Jahrbuch Baurecht 2003, 87 (126) jeweils allgemein zur Gleichsetzung von „vertraglicher" und „gesetzlicher Erklärungsfiktion".

Anders als § 12 Abs. 5 Nr. 1 VOB/B legt § 12 Abs. 5 Nr. 2 VOB/B mit der Inbenutzungnahme der Leistung ein ohnehin abnahmetypisches Verhalten zugrunde, weil diese schon für sich genommen nach Ablauf einer angemessenen Prüffrist als konkludente Abnahme auszulegen ist.[757] Ohne eine entsprechende formularvertragliche Vereinbarung könnte die Inbenutzungnahme aber nicht *pauschal* nach Ablauf von sechs Werktagen als konkludente Abnahme ausgelegt werden. Regelmäßig wäre dafür gerade bei Bauwerken eine längere Prüffrist erforderlich. Demnach handelt es sich auch bei § 12 Abs. 5 Nr. 2 VOB/B um eine derartige „fingierte Erklärung".

III. Ungeschriebene Tatbestandsvoraussetzungen

Nach wohl herrschender Meinung enthalten § 12 Abs. 5 Nr. 1 VOB/B und § 12 Abs. 5 Nr. 2 VOB/B drei ungeschriebene Tatbestandsvoraussetzungen: Zum einen wird verlangt, dass die Bauleistung abnahmereif fertiggestellt sein muss.[758] Zum anderen, dass der Vertrag nicht vorzeitig gekündigt wurde.[759] Schließlich, dass der Auftraggeber die Abnahme nicht verweigert haben darf.[760] Innerhalb des letzten Tatbestandsmerkmals ist umstritten, ob die Abnahmewirkungen nach § 12 Abs. 5 VOB/B nur bei einer berechtigten Abnahmeverweigerung nicht eintreten können, oder ob das auch für die

---

757 Zur konkludenten Abnahme durch Inbenutzungnahme bereits S. 42 ff.

758 OLG Düsseldorf BauR 1976, 433; Ingenstau/Korbion/*Oppler* § 12 Abs. 5 VOB/B Rn. 6; Kniffka/Jurgeleit/*Pause/Vogel* § 640 BGB Rn. 112; Beck´scher VOB/B-Komm./*Bröker* § 12 Abs. 5 Rn. 14; Nicklisch/Weick/Jansen/Seibel/*Abu Saris* § 12 VOB/B Rn. 151; *Leineweber*, Handbuch des Bauvertragsrechts, Rn. 267; a.A. Messerschmidt/Voit/*Voit* § 12 VOB/B Rn. 15, der zwar verlangt, dass die Leistung zumindest im Wesentlichen vollständig erbracht ist, für den wesentliche Mängel der Anwendung des Abs. 5 aber nicht entgegenstehen; ähnlich Kapellmann/Messerschmidt/*Havers* § 12 VOB/B Rn. 261.

759 Ingenstau/Korbion/*Oppler* § 12 Abs. 5 VOB/B Rn. 6; Kniffka/Jurgeleit/*Pause/Vogel* § 640 BGB Rn. 113; Beck´scher VOB/B-Komm./*Bröker* § 12 Abs. 5 Rn. 15; Nicklisch/Weick/Jansen/Seibel/*Abu Saris* § 12 VOB/B Rn. 151; *Leineweber*, Handbuch des Bauvertragsrechts, Rn. 267.

760 BGH NJW 1979, 549 (550); KG BauR 1988, 230 (231); BGH NZBau 2002, 437 (439); Ingenstau/Korbion/*Oppler* § 12 Abs. 5 VOB/B Rn. 3; Kapellmann/Messerschmidt/*Havers* § 12 VOB/B Rn. 259; Kniffka/Jurgeleit/*Pause/Vogel* § 640 BGB Rn. 111; Beck´scher VOB/B-Komm./*Bröker* § 12 Abs. 5 Rn. 12; Messerschmidt/Voit/*Voit* § 12 VOB/B Rn. 15.

unberechtigte Abnahmeverweigerung gilt.[761] Im Folgenden wird anhand der für die VOB/B geltenden Auslegungsgrundsätze die Legitimation dieser Tatbestandsmerkmale untersucht.

1. Abnahmereife Fertigstellung

Für das Erfordernis der Abnahmereife als ungeschriebenes Tatbestandsmerkmal sprechen systematische Erwägungen (innere Systematik). § 12 Abs. 5 VOB/B geht sowohl in Nr. 1 als auch in Nr. 2 davon aus, dass die Abnahme nicht verlangt worden ist. Die Regelung nimmt ihrem Wortlaut nach erkennbar Bezug auf § 12 Abs. 1 VOB/B, der sich zur Rechtsfolge eines Abnahmeverlangens äußert.[762] § 12 Abs. 5 VOB/B ist demnach zu lesen als „Wird keine Abnahme i.S.d. § 12 Abs. 1 VOB/B verlangt, so gilt ...".

§ 12 Abs. 1 VOB/B bestimmt, dass das Abnahmeverlangen nur dann rechtliche Relevanz (in Form des Entstehens der Abnahmeverpflichtung) hat, wenn es nach der Fertigstellung erfolgt. Die Fertigstellung i.S.d. § 12 Abs. 1 VOB/B ist, wie gezeigt, als die Herstellung der Bauleistung *in abnahmereifem Zustand* zu verstehen.[763] Das Verlangen nach der Abnahme einer nicht abnahmefähigen Bauleistung ist damit i.R.v. § 12 Abs. 1 VOB/B rechtlich ohne Bedeutung.

Für die „Abnahmefiktionen" aus § 12 Abs. 5 Nr. 1 und Nr. 2 VOB/B kann nichts anderes gelten. Das bedeutet, dass nur das rechtlich relevante Abnahmeverlangen dem Eintritt der Abnahmewirkungen entgegenstehen kann. Oder umgekehrt ausgedrückt: Die „Abnahmefiktion" kann überhaupt nur dann greifen, wenn die Abnahme berechtigterweise verlangt werden dürfte.[764] Die abnahmereife Fertigstellung der Bauleistung ist damit ungeschriebene Tatbestandsvoraussetzung des § 12 Abs. 5 Nr. 1 und Nr. 2 VOB/B.

---

761 Für die Beschränkung auf die berechtigte Abnahmeverweigerung KG BauR 1988, 230 (231); Messerschmidt/Voit/*Voit* § 12 VOB/B Rn. 15; Franke/Kemper/Zanner/Grünhagen/Mertens/*Zanner* § 12 VOB/B Rn. 138; Ingenstau/Korbion/*Oppler* § 12 Abs. 5 VOB/B Rn. 3; Kapellmann/Messerschmidt/*Havers* § 12 VOB/B Rn. 259; dagegen Staudinger/*Peters* § 640 BGB Rn. 72; wohl auch *Leineweber*, Handbuch des Baurechts, Rn. 267; wohl auch *Heiermann,* Durchführung der Abnahme von der Anzeige bis zum Protokoll, Seminar Abnahme und Gewährleistung in VOB und BGB, 44 (71 f.).

762 Ebenso *Henkel*, Jahrbuch Baurecht 2003, 87 (93).

763 Dazu S. 123 ff.

764 Ebenso *Henkel*, Jahrbuch Baurecht 2003, 87 (93).

Dieser systematische Zusammenhang ist für einen durchschnittlichen und redlichen Vertragspartner des Verwenders – unabhängig davon, ob er dem Verkehrskreis der Unternehmer oder dem der Verbraucher angehört – erkennbar. § 12 Abs. 5 VOB/B kann ein derartiges Verständnis deshalb im Wege der Auslegung zugrunde gelegt werden.

2. Keine vorzeitige Vertragsbeendigung

Wenn § 12 Abs. 5 Nr. 1 und Nr. 2 VOB/B die Abnahmereife des Werkes voraussetzen, bedeutet das zwangsläufig, dass der Vertrag nicht vorzeitig – d.h. vor Herstellung eines im Wesentlichen mangelfreien Werkes – beendet worden sein darf.[765] Unabhängig davon wird im Falle der Kündigung des Vertrages die Abnahme im absoluten Regelfall ohnehin nur auf Verlangen erfolgen, vgl. § 8 Abs. 7 VOB/B.[766] Schon deshalb scheidet die Anwendung von § 12 Abs. 5 VOB/B häufig aus.[767]

3. Fehlende Abnahmeverweigerung

Fraglich ist schließlich, ob auch die Abnahmeverweigerung durch den Auftraggeber das Eintreten der Abnahmewirkungen nach § 12 Abs. 5 Nr. 1 und Nr. 2 VOB/B ausschließt.

Verweigert der Auftraggeber die Abnahme berechtigt i.S.d. § 12 Abs. 3 VOB/B können die Abnahmewirkungen schon deshalb nicht eintreten, weil es in diesen Fällen an der – wie eben festgestellt – notwendigen Abnahmereife des Werkes fehlt.[768]

Klärungsbedürftig ist demnach nur, ob sich die unberechtigte Abnahmeverweigerung i.R.v. § 12 Abs. 5 VOB/B auswirkt. An dieser Stelle ist zwischen § 12 Abs. 5 Nr. 1 VOB/B und § 12 Abs. 5 Nr. 2 VOB/B zu differenzieren.

---

765 Ingenstau/Korbion/*Joussen* § 8 Abs. 7 VOB/B Rn. 27.
766 Ingenstau/Korbion/*Joussen* § 8 Abs. 7 VOB/B Rn. 27.
767 Ingenstau/Korbion/*Joussen* § 8 Abs. 7 VOB/B Rn. 27.
768 Vgl. *Henkel*, Jahrbuch Baurecht 2003, 87 (111).

a) § 12 Abs. 5 Nr. 1 VOB/B

Der Wortlaut der Bestimmung enthält keine dahingehende Einschränkung, dass die unberechtigte Abnahmeverweigerung der „Abnahmefiktion" durch den Auftraggeber entgegensteht. Für einen durchschnittlichen Vertragspartner des Verwenders erkennbarer Zweck der Abnahmefiktion ist es aber, die Abnahmewirkungen unabhängig vom Willen des Auftraggebers eintreten zu lassen.[769] Ob dieser seinen entgegenstehenden Willen in Form einer Abnahmeverweigerung äußert, dürfte demnach keine Auswirkungen haben.[770]

Wie soeben herausgearbeitet, liegt § 12 Abs. 5 Nr. 1 VOB/B die formularvertragliche Vereinbarung zugrunde, dass dem Schweigen, d.h. dem passiven Verhalten auf die Fertigstellungsmitteilung nach Ablauf von zwölf Werktagen der Bedeutungsgehalt der konkludenten Abnahme beigemessen wird. Schweigt der Auftraggeber nicht, kann § 12 Abs. 5 Nr. 1 VOB/B nicht greifen. Der entgegenstehende Wille des Auftraggebers kann i.R.v. § 12 Abs. 5 Nr. 1 VOB/B demzufolge nur so lange unbeachtlich sein, bis dieser ihn artikuliert. Hierfür kann es keine Rolle spielen, ob er das durch eine berechtigte oder unberechtigte Abnahmeverweigerung tut. Zwar liegt in der unberechtigten Abnahmeverweigerung immer auch das pflichtwidrige Unterlassen der Abnahmeerklärung. Es würde aber zu weit führen, die Abnahmeverweigerung, die schwerpunktmäßig ein aktives Verhalten darstellt, alleine deshalb noch als passive Reaktion auf die Fertigstellungsmitteilung des Auftragnehmers zu bewerten.[771]

Das Fehlen jeglicher Abnahmeverweigerung ist ungeschriebene Tatbestandsvoraussetzung des § 12 Abs. 5 Nr. 1 VOB/B.[772]

b) § 12 Abs. 5 Nr. 2 VOB/B

Anders könnte das i.R.v. § 12 Abs. 5 Nr. 2 VOB/B zu beurteilen sein, der das Schweigen des Auftraggebers nicht voraussetzt. Durch die Einbeziehung des § 12 Abs. 5 Nr. 2 VOB/B haben die Parteien vereinbart, dass der

---

769 Leinemann/*Jansen* § 12 VOB/B Rn. 100; Nicklisch/Weick/Jansen/Seibel/*Abu Saris* § 12 VOB/B Rn. 145; Beck´scher VOB/B-Komm./*Bröker* § 12 Abs. 5 Rn. 2; *Henkel*, Jahrbuch Baurecht 2003, 87 (109 f.).

770 Insoweit zutreffend *Henkel*, Jahrbuch Baurecht 2003, 87 (110).

771 So aber *Henkel*, Jahrbuch Baurecht 2003, 87 (105).

772 A.A. *Henkel*, Jahrbuch Baurecht 2003, 87 (109 ff.).

bestimmungsgemäßen Ingebrauchnahme der Leistung die Bedeutung der Abgabe einer Willenserklärung beigemessen werden soll. Dabei enthält der Wortlaut der Bestimmung keine Beschränkung auf die *rügelose* Inbenutzungnahme. Das würde auch dem oben beschriebenen Sinn und Zweck des § 12 Abs. 5 VOB/B widersprechen. Wenn entsprechend der formularvertraglichen Vereinbarung die Inbenutzungnahme stets die Abnahmewirkungen auslösen soll – und zwar unabhängig vom wirklichen Willen des Auftraggebers zu diesem Zeitpunkt – darf es keine Rolle spielen, ob der Auftraggeber zusätzlich die Abnahme verweigert.[773]

Das Fehlen einer (unberechtigten) Abnahmeverweigerung ist deshalb kein ungeschriebenes Tatbestandsmerkmal des § 12 Abs. 5 Nr. 2 VOB/B.[774]

B. Inhaltskontrolle des § 12 Abs. 5 VOB/B

Die „Abnahmefiktionen" des § 12 Abs. 5 Nr. 1 und Nr. 2 VOB/B können ihren Zweck, für Waffengleichheit zwischen Auftraggeber und Auftragnehmer zu sorgen, nur effektiv erfüllen, wenn sie im Falle ihrer isolierten Überprüfbarkeit einer Inhaltskontrolle nach Maßgabe der §§ 307 ff. BGB standhalten. Unbedenklich ist das, wenn § 12 Abs. 5 Nr. 1 und Nr. 2 VOB/B durch den Auftraggeber in den Vertrag einbezogen wurden. Es handelt sich um für den Auftraggeber nachteilige Regelungen, da sie dem Auftragnehmer eine einfachere und schnellere Möglichkeit zur Herbeiführung der Abnahmewirkungen gewähren als durch das Einklagen der Abnahmeerklärung.[775] Für den Verwender nachteilige Bestimmungen sind, wie oben ausgeführt, keiner Inhaltskontrolle zu unterziehen und stets als wirksam zu behandeln.[776]

Wird § 12 Abs. 5 VOB/B dagegen vom Auftragnehmer gestellt, ist zu differenzieren, ob sein Vertragspartner Verbraucher i.S.d. § 13 BGB oder Unternehmer i.S.d. § 14 Abs. 1 BGB ist.

---

773 Ähnlich *Henkel*, Jahrbuch Baurecht 2003, 87 (103).
774 Ebenso *Henkel*, Jahrbuch Baurecht 2003, 87 (109 ff.).
775 Kniffka/Koeble/Jurgeleit/Sacher/*Jurgeleit* Teil 3 Rn. 81.
776 Dazu S. 108 f.

I. Verwendung durch den Auftragnehmer gegenüber einem Verbraucher i.S.d. § 13 BGB

Bei der Verwendung gegenüber einem Verbraucher unterliegt § 12 Abs. 5 VOB/B stets der isolierten Inhaltskontrolle.[777] Der Wirksamkeit der in Nr. 1 und Nr. 2 getroffenen Regelungen steht § 308 Nr. 5 BGB entgegen.[778]

§ 308 Nr. 5 Hs. 1 BGB besagt, dass in Allgemeinen Geschäftsbedingungen insbesondere eine Bestimmung unwirksam ist, wonach eine Erklärung des Vertragspartners des Verwenders bei Vornahme oder Unterlassung einer bestimmten Handlung als von ihm abgegeben oder nicht abgegeben gilt. Gerade das sehen § 12 Abs. 5 Nr. 1 und Nr. 2 VOB/B vor.

Weil Erklärungsfiktionen gelegentlich einem angemessenen Interessenausgleich entsprechen, hat der Gesetzgeber derartige formularvertragliche Vereinbarungen nicht per se verboten.[779] Er lässt sie in den Grenzen des § 308 Nr. 5 Hs. 2 BGB zu. Eine Erklärungsfiktion ist danach ausnahmsweise wirksam, wenn dem Vertragspartner eine angemessene Frist zur Abgabe einer ausdrücklichen Erklärung eingeräumt ist (lit. a) *und* der Verwender sich verpflichtet, den Vertragspartner bei Beginn der Frist auf die vorgesehene Bedeutung seines Verhaltens besonders hinzuweisen (lit. b).

§ 308 Nr. 5 lit. a BGB fordert, dass dem Vertragspartner des Verwenders innerhalb der Frist Gelegenheit gegeben werden muss, seinen wirklichen Willen frei zu äußern.[780] Diese Möglichkeit hat er nur, wenn „ihn die Klauselfassung in seiner Entscheidung, welchen Inhalt er seiner Erklärung

---

777 Zur fehlenden Privilegierung der VOB/B bei Verwendung ggü. einem Verbraucher S. 113 f.

778 Ebenso Kniffka/Koeble/Jurgeleit/Sacher/*Jurgeleit* Teil 3 Rn. 79; Staudinger/*Peters* § 640 BGB Rn. 71; Leupertz/Preussner/Sienz/*Hummel*/*Preussner* § 640 BGB Rn. 148; *Kniffka* BauR 2017, 1747 (1771); Messerschmidt/Voit/*Voit* § 12 VOB/B Rn. 18, Rn. 20; Ingenstau/Korbion/*Oppler* § 12 Abs. 5 VOB/B Rn. 7; MüKoBGB/ *Wurmnest* § 308 Nr. 5 Rn. 9, wobei *Oppler* und *Wurmnest* nicht danach differenzieren, ob die Bestimmungen gegenüber einem Verbraucher oder einem Unternehmer verwendet werden.

779 Bericht des Rechtsausschusses, Gesetzentwurf der Bundesregierung über die Regelung des Rechts der Allgemeinen Geschäftsbedingungen (AGB-Gesetz), BT-Drucks. 7/5422, S. 7 zum inhaltsgleichen § 10 Nr. 5 AGBG; MüKoBGB/*Wurmnest* § 308 Nr. 5 Rn. 1.

780 BGH NJW 2016, 2101 (2103 Rn. 24); MüKoBGB/*Wurmnest* § 308 Nr. 5 Rn. 16; BeckOGK/*Weiler*, 01.09.2024, § 308 Nr. 5 BGB Rn. 117; Grüneberg/*Grüneberg* § 308 BGB Rn. 29.

geben will, nicht einengt, [...]."[781] Wie die Auslegung des § 12 Abs. 5 Nr. 2 VOB/B zeigt, kann anders als in § 12 Abs. 5 Nr. 1 VOB/B die unberechtigte Abnahmeverweigerung den Fiktionseintritt nicht verhindern. Weil das „schlichte Widersprechen" unabhängig vom Vorliegen wesentlicher Mängel nicht gestattet wird, ist § 12 Abs. 5 Nr. 2 VOB/B unwirksam. Überdies ist auch die Angemessenheit der 6-Tages Frist zweifelhaft.[782] Bei der Beurteilung der Angemessenheit der Fristen ist grundsätzlich zu berücksichtigen, dass dem Auftraggeber ausreichend Gelegenheit zur Überprüfung der Vertragsgemäßheit des Werkes gegeben sein muss. Im Einzelfall könnte das durch die 6-Tages Frist nicht hinreichend gewährleistet sein.

Auch die pauschal bemessene 12-Tages Frist des § 12 Abs. 5 Nr. 1 VOB/B wird vor allem bei komplexen Bauwerken, die umfangreiche, gutachterliche Prüfungen erfordern, zu kurz bemessen sein.[783]

Jedenfalls enthalten sowohl § 12 Abs. 5 Nr. 1 VOB/B als auch § 12 Abs. 5 Nr. 2 VOB/B keine Verpflichtung i.S.d. § 308 Nr. 5 lit. b) BGB, den Auftraggeber bei Fristbeginn auf die Folgen einer unterlassenen Erklärung aufmerksam zu machen.[784]

§ 12 Abs. 5 Nr. 1 und Nr. 2 VOB/B sind deshalb gemäß § 308 Nr. 5 BGB unwirksam, wenn der Auftragnehmer die Regelungen in den Vertrag mit einem Verbraucher i.S.d. § 13 BGB einbezieht.

II. Verwendung durch den Auftragnehmer gegenüber einem Unternehmer i.S.d. § 14 Abs. 1 BGB

Wird § 12 Abs. 5 VOB/B gegenüber einem Unternehmer i.S.d. § 14 Abs. 1 BGB verwendet und greift die Privilegierung des § 310 Abs. 1 S. 3 BGB nicht, könnte sich die Unwirksamkeit der Regelung allenfalls aus § 307 Abs. 1 S. 1 BGB, d.h. aus einer unangemessenen Benachteiligung entgegen den Geboten von Treu und Glauben ergeben.[785] § 308 Nr. 5 BGB findet gemäß § 310 Abs. 1 S. 1 BGB keine Anwendung.

---

781 BGH NJW 2016, 2101 (2103 Rn. 24); MüKoBGB/*Wurmnest* § 308 Nr. 5 Rn. 16; Grüneberg/*Grüneberg* § 308 BGB Rn. 29.

782 Vgl. Staudinger/*Peters* § 640 BGB Rn. 71.

783 Vgl. Staudinger/*Peters* § 640 BGB Rn. 71.

784 Staudinger/*Peters* § 640 BGB Rn. 71.

785 Für die Unwirksamkeit bei der Verwendung ggü. einem Unternehmer Staudinger/*Peters* § 640 BGB Rn. 71; Leupertz/Preussner/Sienz/*Hummel/Preussner* § 640 BGB Rn. 149; *Kniffka* BauR 2017, 1747 (1771); *Hartung* NJW 2007, 1099 (1101); Messer-

Bei den Verbotskatalogen der §§ 308, 309 BGB handelt es sich um Konkretisierungen der Gebote von Treu und Glauben.[786] Das in § 308 Nr. 5 BGB enthaltene Klauselverbot kann deshalb Indiz für eine unangemessene Benachteiligung i.S.d. § 307 Abs. 1 S. 1 BGB sein.[787] Neben der Wertung des § 308 Nr. 5 BGB sind aber außerdem das typischerweise geringere Schutzbedürfnis des Werkunternehmers sowie die besonderen Interessen und Bedürfnisse des unternehmerischen Geschäftsverkehrs zu berücksichtigen, aufgrund derer die Klausel ausnahmsweise als angemessen angesehen werden könnte, vgl. § 310 Abs. 1 S. 2 Hs. 2 BGB.[788] Eine unangemessene Benachteiligung ist folglich anzunehmen, wenn die Einbeziehung des Unternehmers in den Schutzzweck des konkreten Klauselverbots trotz der genannten Besonderheiten erforderlich ist.[789]

Durch § 308 Nr. 5 lit. a BGB soll sichergestellt werden, dass dem Vertragspartner des Verwenders die drohende Fiktionswirkung bewusst gemacht und ihm ausreichend Zeit eingeräumt wird, den Fiktionseintritt durch eine entsprechende Erklärung verhindern zu können.[790] Die Hinweispflicht in § 308 Nr. 5 lit. b BGB hielt der Gesetzgeber für erforderlich, „da der Betroffene längere Zeit nach Vertragsschluss unter Umständen nicht mehr in Erinnerung hat, welche Folgen im Einzelfall an sein Verhalten geknüpft sind."[791]

Im unternehmerischen Geschäftsverkehr könnten insoweit weniger strenge Anforderungen an die Wirksamkeit von Fiktionsklauseln gestellt werden, als ein Unternehmer grundsätzlich häufiger mit Erklärungsfiktionen konfrontiert wird (beispielsweise im Zusammenhang mit einem kaufmännischen Bestätigungsschreiben) und deshalb mit ihnen eher umgehen

---

schmidt/Voit/*Voit* § 12 VOB/B Rn. 18; dagegen Kniffka/Koeble/Jurgeleit/Sacher/*Jurgeleit* Teil 3 Rn. 81.

786 Erman/*Looschelders* § 307 BGB Rn. 36.

787 BGH NJW 2014, 3722 (3726 Rn. 32); Erman/*Looschelders* § 310 BGB Rn. 7; Ulmer/Brandner/Hensen/*Schäfer* § 310 BGB Rn. 27.

788 BGH NJW 2014, 3722 (3726 Rn. 32); MüKoBGB/*Wurmnest* § 308 Rn. 7; Ulmer/Brandner/Hensen/*Schäfer* § 310 BGB Rn. 27.

789 BGH NJW 2014, 3722 (3726 Rn. 32); Erman/*Looschelders* § 307 BGB Rn. 36; *Schmidt* NJW 2011, 3329 (3330 f.).

790 BeckOK BGB/*Becker* § 308 Nr. 5 Rn. 3.

791 Bericht des Rechtsausschusses, Gesetzentwurf der Bundesregierung über die Regelung des Rechts der Allgemeinen Geschäftsbedingungen (AGB-Gesetz), BT-Drucks. 7/5422, S. 7 zum inhaltsgleichen § 10 Nr. 5 AGBG.

können muss als ein Verbraucher.[792] Auf eine Hinweispflicht, wie sie § 308 Nr. 5 lit. b BGB vorsieht, könnte vor diesem Hintergrund bei der Verwendung einer derartigen Klausel gegenüber einem Unternehmer verzichtet werden. Dem ist entgegenzuhalten, dass auch im Handelsverkehr dem Schweigen oder einem anderen Verhalten, das für sich genommen keinen entsprechenden Erklärungsgehalt hat, keinesfalls grundsätzlich, sondern nur *in Ausnahmen* und unter *engen Grenzen* die Bedeutung als Abgabe einer stillschweigenden Willenserklärung beigemessen wird.[793]

Die Hinweispflicht wäre nur dann nicht erforderlich, wenn dem geschäftserfahrenen Unternehmer die Bedeutung des Schweigens auf die Fertigstellungsanzeige bzw. der Ingebrauchnahme im Zeitpunkt des Fristbeginns nicht ausdrücklich klargemacht werden müsste, weil ihm diese ohnehin geläufig ist. Die Einbeziehung des Unternehmers in den Schutzzweck des § 308 Nr. 5 lit. b BGB wäre dann nicht notwendig.

Ein geschäftserfahrener Unternehmer weiß regelmäßig, dass dem Auftragnehmer daran gelegen ist, die Fälligkeit der Vergütung möglichst zügig herbeizuführen. Er weiß auch, dass die Fälligkeit von seiner Abnahmeerklärung abhängt. Wird die Abnahme verlangt, wird ihm deshalb auch ohne gesonderten Hinweis auf die Rechtsfolgen seines Schweigens bewusst sein, dass das Verhalten des Auftragnehmers der Herbeiführung der Fälligkeit dient. § 12 Abs. 5 Nr. 1 und Nr. 2 VOB/B gehen im Unterschied zu § 640 Abs. 2 S. 1 BGB davon aus, dass gerade keine Abnahme verlangt worden sein darf.

Die bloße Fertigstellungsmitteilung des Auftragnehmers i.S.d. Nr. 1 muss nicht zwingend eine dem Abnahmeverlangen vergleichbare Warnfunktion enthalten, weil hieran keine hohen Anforderungen gestellt werden.[794] Wie gezeigt reicht dafür beispielsweise schon die Information, dass die Baustelle geräumt ist, aus. Ohne einen ausdrücklichen Hinweis kann ein entsprechendes Bewusstsein des Unternehmers über die Rechtsfolge seiner

---

792 *Schmidt* NJW 2011, 3329 (3331); Ulmer/Brandner/Hensen/*Schmidt* § 308 Nr. 5 BGB Rn. 15.
793 BeckOK BGB/*Becker* § 308 Nr. 5 Rn. 27.
794 Vgl. *Kniffka* BauR 2017, 1747 (1771); Leupertz/Preussner/Sienz/*Hummel/Preussner* § 640 BGB Rn. 149; a.A. Kniffka/Koeble/Jurgeleit/Sacher/*Jurgeleit* Teil 3 Rn. 81 im Zusammenhang mit der Vereinbarkeit der Bestimmungen mit den wesentlichen Grundgedanken des § 640 Abs. 2 BGB.

unterbliebenen Reaktion auf die Fertigstellungsmitteilung deshalb nicht unterstellt werden.[795]

Etwas anderes muss für § 12 Abs. 5 Nr. 2 VOB/B gelten. Dieser knüpft im Unterschied zu Nr. 1 an ein *abnahmetypisches* Verhalten an. Einem geschäftserfahrenen Unternehmer ist es in dieser Situation selbst längere Zeit nach Vertragsschluss zuzumuten, dass ihm auch ohne Warnung in Form eines ausdrücklichen Hinweises die Rechtsfolgen seines Verhaltens geläufig sind.[796]

Jedenfalls muss auch einem Unternehmer in beiden Fällen des § 12 Abs. 5 VOB/B eine angemessene Frist eingeräumt werden, innerhalb der er das Werk auf seine Vertragsgemäßheit prüfen und seinen wirklichen Willen äußern kann. Insoweit ist er nicht weniger schutzwürdig als ein Verbraucher. Die oben festgestellten unangemessen kurzen Fristen in § 12 Abs. 5 Nr. 1 und Nr. 2 VOB/B sowie das in Nummer 2 fehlende Recht, der Abnahme unabhängig vom Vorliegen wesentlicher Mängel „schlicht zu widersprechen", benachteiligen den Unternehmer daher unangemessen i.S.d. § 307 Abs. 1 S. 1 BGB.

Sofern eine isolierte Inhaltskontrolle möglich ist, weil die Privilegierung der VOB/B aus § 310 Abs. 1 S. 3 BGB nicht greift, sind § 12 Abs. 5 Nr. 1 und Nr. 2 VOB/B auch bei der Verwendung gegenüber einem Unternehmer i.S.d. § 14 Abs. 1 BGB unwirksam.

C. Verhältnis des § 12 Abs. 5 VOB/B zu § 640 Abs. 2 BGB

Weil § 12 VOB/B kein eigenständiges und abschließendes Abnahmesystem enthält, bleibt § 640 BGB anwendbar, soweit § 12 VOB/B keine Ergänzungen oder Abweichungen vorsieht.[797] Fraglich ist vor diesem Hintergrund, ob die gesetzliche Abnahmefiktion in § 640 Abs. 2 BGB auch für den Fall der wirksamen Einbeziehung der VOB/B in den Vertrag herangezogen werden kann.

---

795 Vgl. *Kniffka* BauR 2017, 1747 (1771); Leupertz/Preussner/Sienz/*Hummel*/*Preussner* § 640 BGB Rn. 149; a.A. Kniffka/Koeble/Jurgeleit/Sacher/*Jurgeleit* Teil 3 Rn. 81 im Zusammenhang mit der Vereinbarkeit der Bestimmungen mit den wesentlichen Grundgedanken des § 640 Abs. 2 BGB.

796 Dies verkennt wohl *Kniffka* BauR 2017, 1747 (1771), der ausführt, dass die Fiktionen der VOB/B an ein Verhalten anknüpften, das mit dem Abnahmebewusstsein unmittelbar nichts zu tun hätte.

797 Ingenstau/Korbion/*Oppler* § 12 VOB/B Rn. 2.

§ 12 Abs. 5 VOB/B und § 640 Abs. 2 BGB betreffen grundlegend andere Sachverhaltskonstellationen.[798] Während § 640 Abs. 2 BGB tatbestandlich das Abnahmeverlangen voraussetzt, darf der Auftragnehmer nach § 12 Abs. 5 VOB/B gerade nicht zur Abnahme aufgefordert haben. § 640 Abs. 2 BGB dürfte daher nicht durch § 12 Abs. 5 VOB/B verdrängt werden und müsste auch bei einem VOB-Vertrag Anwendung finden.

Etwas anderes könnte sich aus dem Regelungsgehalt des § 12 Abs. 1 VOB/B ergeben. § 12 Abs. 1 VOB/B setzt wie § 640 Abs. 2 S. 1 BGB tatbestandlich das ausdrückliche Abnahmeverlangen voraus, das jeweils eine Frist in Gang setzt.[799] Im Fall des § 12 Abs. 1 VOB/B sind hieran die Verpflichtung zur Abnahme und die sich aus dem Fristablauf ergebenden Rechtsfolgen des Annahme- und Schuldnerverzugs gekoppelt.[800] Wird § 12 VOB/B in den Vertrag einbezogen, könnte das bedeuten, dass nach der Parteivereinbarung das Abnahmeverlangen *nur* die Rechtsfolgen des § 12 Abs. 1 VOB/B auslösen soll. Für die Abnahmefiktion des § 640 Abs. 2 BGB wäre dann kein Raum mehr.[801]

Diese Sichtweise greift indes zu kurz. Durch die Einbeziehung des § 12 Abs. 1 VOB/B in den Vertrag soll eine *von § 640 Abs. 1 S. 1 BGB abweichende Regelung* getroffen werden. Die Hauptpflicht zur Abnahme soll nicht wie in § 640 Abs. 1 S. 1 BGB unmittelbar mit der vertragsgemäßen Herstellung des Werkes entstehen, sondern erst mit dem Abnahmeverlangen. Der Auftraggeber soll außerdem nicht sofort, sondern erst nach Ablauf der 12-tägigen Frist in Annahmeverzug geraten. Entscheidendes Kriterium für den Eintritt dieser Rechtsfolgen ist das Abnahmeverlangen selbst. Die automatisch in Gang gesetzte Frist hat hingegen nur untergeordnete Bedeutung.

Umgekehrt stellt sich das bei § 640 Abs. 2 S. 1 BGB dar. Auch § 640 Abs. 2 S. 1 BGB verlangt die Aufforderung zur Abnahme. Der Fiktionseintritt ist aber primär an den Ablauf der ausdrücklich zu setzenden Frist geknüpft, innerhalb der der Besteller nicht reagieren darf.[802] Das Abnahmeverlangen, das der Fristsetzung voraus- oder jedenfalls mit ihr einhergeht, hat kein vergleichbares Gewicht wie in § 12 Abs. 1 VOB/B. § 12 Abs. 1 VOB/B bestimmt demnach die Folgen eines *„einfachen"*, § 640 Abs. 2 BGB die eines

---

798 Leupertz/Preussner/Sienz/*Hummel*/*Preussner* § 640 BGB Rn. 147; insoweit zutreffend *Joussen* BauR 2018, 328 (341).
799 *Joussen* BauR 2018, 328 (341).
800 Vgl. *Joussen* BauR 2018, 328 (341).
801 So *Joussen* BauR 2018, 328 (341).
802 Ingenstau/Korbion/*Oppler* § 12 VOB/B Rn. 23.

„qualifizierten (d.h. eines mit einer ausdrücklichen Fristsetzung verbunde-nen) Abnahmeverlangens".

Die Einbeziehung des § 12 Abs. 1 VOB/B in den Vertrag beschränkt den Anwendungsbereich des § 640 Abs. 2 BGB nicht. § 640 Abs. 2 BGB gilt deshalb auch bei einem VOB/B-Vertrag.[803] Hieraus ergeben sich für beide Regelungen jeweils folgende Anwendungsbereiche:

---

803 Ebenso Ingenstau/Korbion/*Oppler* § 12 VOB/B Rn. 23; HK-WerkBauVertrR/*Ha-vers/Raab* § 640 BGB Rn. 65; Leupertz/Preussner/Sienz/*Hummel/Preussner* § 640 BGB Rn. 147; Kapellmann/Messerschmidt/*Havers* § 12 VOB/B Rn. 17; Kniff-ka/Koeble/Jurgeleit/Sacher/*Jurgeleit* Teil 3 Rn. 66; NK-BGB/*Havers/Raab* § 640 Rn. 65; *Kniffka* BauR 2017, 1747 (1771).

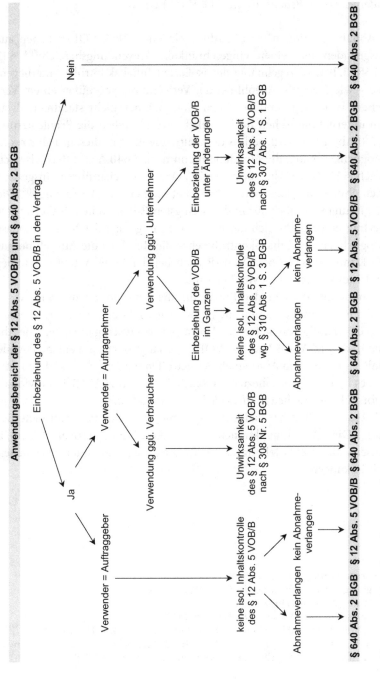

Abb. 4: Anwendungsbereich der § 12 Abs. 5 VOB/B und § 640 Abs. 2 BGB

D. Untergeordnete Bedeutung des § 12 Abs. 5 VOB/B

Die „Abnahmefiktionen" in § 12 Abs. 5 Nr. 1 und Nr. 2 VOB/B haben aus Rechtsgründen nur einen eingeschränkten Anwendungsbereich:[804] § 12 Abs. 5 VOB/B wird regelmäßig der isolierten Inhaltskontrolle unterliegen, der sie – wie gezeigt – sowohl bei der Verwendung gegenüber einem Verbraucher als auch gegenüber einem Unternehmer nicht standhält. Zwar gilt im unternehmerischen Rechtsverkehr grundsätzlich die Privilegierung des § 310 Abs. 1 S. 3 BGB, sodass der Auftragnehmer in diesem Fall sowohl die Möglichkeit hätte, die Abnahmefiktion nach § 640 Abs. 2 BGB als auch die nach § 12 Abs. 5 Nr. 1 oder Nr. 2 VOB/B herbeizuführen. Insgesamt stünden ihm dann sogar drei Abnahmefiktionen zur Verfügung.[805] Die Privilegierung wird aber nur in den wenigsten Fällen greifen. Nahezu jeder Bauvertrag enthält Abweichungen vom Gesamtgefüge der VOB/B, sodass die Möglichkeit der Inhaltskontrolle eher die Regel als die Ausnahme bildet.[806] Damit ist § 12 Abs. 5 VOB/B auch bei der Verwendung gegenüber einem Unternehmer kaum von Relevanz.

Hinzukommt, dass in der Praxis für die Anwendung des § 12 Abs. 5 VOB/B für gewöhnlich kaum mehr Raum ist. Das ergibt sich zum einen daraus, dass häufig von Seiten des Auftraggebers einseitig die förmliche Abnahme nach § 12 Abs. 4 Nr. 1 S. 1 VOB/B verlangt oder eine entsprechende Vereinbarung mit dem Auftragnehmer getroffen wird.[807] Zum anderen entspricht es in der Praxis nahezu dem Regelfall, § 12 Abs. 5 VOB/B individual- oder formularvertraglich *ausdrücklich auszuschließen.*[808]

§ 12 Abs. 5 VOB/B hat dadurch insgesamt eine sehr untergeordnete Bedeutung. Die „Abnahmefiktionen" in § 12 Abs. 5 Nr. 1 und Nr. 2 VOB/B verbessern die Rechtsstellung des Auftragnehmers nur unter erheblichen Einschränkungen.

---

804 Ebenso *Hartung* NJW 2007, 1099 (1101).
805 Vgl. Ingenstau/Korbion/*Oppler* § 12 VOB/B Rn. 23.
806 *Hartung* NJW 2007, 1099 (1101).
807 Beck´scher VOB/B-Komm./*Bröker* Vorb. § 12 Rn. 176.
808 BGH BauR 1997, 302 (303); OLG Düsseldorf BauR 1999, 404; Nicklisch/Weick/Jansen/Seibel/*Abu Saris* § 12 VOB/B Rn. 148; vgl. Beck´scher VOB/B-Komm./*Bröker* § 12 Abs. 5 Rn. 36; Kapellmann/Messerschmidt/*Havers* § 12 VOB/B Rn. 255.

E. Reformvorschlag

Diesem Problem könnte teilweise entgegengewirkt werden, wenn § 12 Abs. 5 VOB/B derart umformuliert wird, dass er für den Fall seiner Einbeziehung in den Vertrag zumindest einer isolierten Inhaltskontrolle standhält.

I. § 12 Abs. 5 Nr. 1 VOB/B

In § 12 Abs. 5 Nr. 1 VOB/B müssten sowohl für die Verwendung gegenüber einem Verbraucher als auch gegenüber einem Unternehmer die Vorgaben des § 308 Nr. 5 lit. a und lit. b BGB umgesetzt werden. Die Bestimmung müsste also eine angemessene Frist zur Abgabe einer ausdrücklichen Erklärung und einen Hinweis auf die Folgen einer unterbliebenen Reaktion enthalten.

§ 308 Nr. 5 BGB stellt grundsätzlich nur die Mindestanforderungen an eine wirksame Erklärungsfiktion.[809] Ergänzend sind die Schranken des § 307 BGB zu berücksichtigen.[810] Das betrifft zum einen die *Klauseltransparenz* (§ 307 Abs. 1 S. 2 BGB), zum anderen den *Klauselinhalt* selbst, der den Vertragspartner des Verwenders nicht unangemessen benachteiligen darf.[811] Insbesondere muss der Auftragnehmer ein *berechtigtes Interesse* an der Verwendung der Erklärungsfiktionsklausel haben.[812] Das ist hier angesichts der in Kapitel 1 dieses Teils beschriebenen Abhängigkeit zum Auftraggeber nicht anzuzweifeln.

Ausfluss des Transparenzgebots aus § 307 Abs. 1 S. 2 BGB ist das Bestimmtheitsgebot.[813] „Eine Klausel genügt dem Bestimmtheitsgebot nur dann, wenn sie *im Rahmen des rechtlich und tatsächlich Zumutbaren* die Rechte und Pflichten des Vertragspartners des Klauselverwenders so klar

---

809 Vgl. Ulmer/Brandner/Hensen/*Schmidt* § 308 Nr. 5 BGB Rn. 10 ff.; BeckOK BGB/ *Becker* § 308 Nr. 5 Rn. 14; MüKoBGB/*Wurmnest* § 308 Nr. 5 Rn. 11; Erman/ *Looschelders* § 308 BGB Rn. 47.

810 BeckOK BGB/*Becker* § 308 Nr. 5 Rn. 14; MüKoBGB/*Wurmnest* § 308 Nr. 5 Rn. 11.

811 BeckOK BGB/*Becker* § 308 Nr. 5 Rn. 14.

812 BeckOK BGB/*Becker* § 308 Nr. 5 Rn. 14; MüKoBGB/*Wurmnest* § 308 Nr. 5 Rn. 11; Erman/*Looschelders* § 308 BGB Rn. 47.

813 BGH NJW 2004, 1598 (1600); MüKoBGB/*Wurmnest* § 307 Rn. 63; Ulmer/Brandner/Hensen/*Fuchs* § 307 BGB Rn. 338.

und präzise wie möglich umschreibt."[814] In Bezug auf die in der Fiktionsklausel anzugebende angemessene Erklärungsfrist führt das dazu, dass jedenfalls der Fristbeginn deutlich erkennbar sein muss.[815] Welche Fristdauer
angemessen ist, muss für jeden Einzelfall gesondert festgestellt werden. Es
ist nicht möglich, das Fristende pauschal in Tagen, Wochen oder Monaten
zu benennen. Weil die Verpflichtung zur Transparenz, wie das obige Zitat
zeigt, aber auch nur *im Rahmen des Möglichen* besteht, muss es ausreichen,
wenn in der Fiktionsklausel lediglich beschrieben wird, nach welchen
Kriterien sich die Angemessenheit der Frist i.S.d. § 308 Nr. 5 lit. b BGB
bestimmt.[816] § 12 Abs. 5 Nr. 1 VOB/B könnte unter Berücksichtigung dieser
Ausführungen in Zukunft wie folgt ausgestaltet werden:

§ 12 Abnahme. (1) (...)

> (5) 1. Wird keine Abnahme verlangt, so gilt die Leistung als abgenom-
>   men mit *Ablauf einer zur Überprüfung ihrer Vertragsgemäßheit*
>   *ausreichenden Frist nach schriftlicher Mitteilung über die Fertig-*
>   *stellung der Leistung. Die Frist beginnt mit Zugang der Fertigstel-*
>   *lungsmitteilung beim Auftraggeber. Die Rechtsfolgen des Satzes 1*
>   *treten nur dann ein, wenn der Auftragnehmer den Auftraggeber im*
>   *Zeitpunkt der Fristsetzung auf die Folgen seines Schweigens auf die*
>   *Fertigstellungsmitteilung hingewiesen hat.*
>
>   2. (...)

II. § 12 Abs. 5 Nr. 2 VOB/B

Auch § 12 Abs. 5 Nr. 2 VOB/B dürfte in Zukunft den Eintritt der Abnahmewirkungen nicht mehr von einer pauschalen, d.h. nach Tagen oder Wochen
bestimmten Frist abhängig machen. Überdies müsste eindeutig hervorge-

---

814 BGH NJW 2004, 1738 mit Verweis auf BGH NJW 2004, 1598 (1600); Hervorhebung
     der Verfasserin.
815 Allg. Meinung: vgl. MüKoBGB/*Wurmnest* § 308 Nr. 5 Rn. 13; BeckOGK/*Weiler*,
     01.09.2024, § 308 Nr. 5 BGB Rn. 110 f.; Staudinger/*Coester-Waltjen* § 308 Nr. 5 BGB
     Rn. 13; Erman/*Looschelders* § 308 BGB Rn. 45.
816 Für die Möglichkeit, die Fristdauer erst im Einzelfall festzulegen MüKoBGB/*Wurm-*
     nest § 308 Nr. 5 Rn. 12; Ulmer/Brandner/Hensen/*Schmidt* § 308 Nr. 5 BGB Rn. 11a;
     Staudinger/*Coester-Waltjen* § 308 Nr. 5 BGB Rn. 13; Wolf/Lindacher/Pfeiffer/*Dam-*
     mann § 308 Nr. 5 BGB Rn. 43; dagegen BeckOGK/*Weiler*, 01.09.2024, § 308 Nr. 5
     BGB Rn. 115; BeckOK BGB/*Becker* § 308 Nr. 5 Rn. 17.

hen, dass entsprechend dem Gedanken des § 308 Nr. 5 lit. a BGB *jede*, d.h. auch die unberechtigte Abnahmeverweigerung die Fiktionswirkung zerstört. Anders als in § 12 Abs. 5 Nr. 1 VOB/B müsste ein Hinweis bei Fristbeginn i.S.d. § 308 Nr. 5 lit. b BGB nur bei der Verwendung gegenüber einem Verbraucher erfolgen. Weil der Fristbeginn mit der Inbenutzungnahme an ein Verhalten des Auftraggebers selbst anknüpft, erweist sich die Umsetzung dieser (eingeschränkten) Hinweispflicht als schwierig.

§ 12 Abs. 5 Nr. 2 VOB/B wäre bei einer mit den §§ 307 ff. BGB zu vereinbarenden Ausgestaltung aber ohnehin nur noch deklaratorischer Art. Denn auch ohne formularvertragliche Vereinbarung ist jede rügelose Inbenutzungnahme nach Ablauf einer angemessenen Prüffrist als konkludente Abnahmeerklärung auszulegen.[817] Bleibt § 12 Abs. 5 Nr. 2 VOB/B unverändert bestehen, hätte die Bestimmung zumindest im Falle der Einbeziehung der VOB/B im Ganzen gegenüber einem Unternehmer i.S.d. § 14 Abs. 1 BGB einen eigenen Anwendungsbereich.

---

817   Dazu S. 42 ff.

Kapitel 7: Ergebnis des Zweiten Teils

Die vertragliche Beziehung zwischen Werkunternehmer und Besteller wird aufgrund des Abnahmeerfordernisses teilweise als „Kooperationsverhältnis" bezeichnet. Sie gleicht in Wahrheit einem „Abhängigkeitsverhältnis". Denn nach der Grundkonzeption der werk- und bauvertragsrechtlichen Vorschriften könnte der Besteller die Fälligkeit des Vergütungsanspruchs des Werkunternehmers nach Belieben hinauszögern oder sogar vollständig vereiteln.

Mit § 640 Abs. 2 BGB wollte der Gesetzgeber diesem Problem entgegenwirken. Er hat damit eine Möglichkeit geschaffen, die Abnahme und den Eintritt sämtlicher Abnahmewirkungen zu fingieren. § 640 Abs. 2 BGB soll einen Beitrag zur „Waffengleichheit" leisten und die Rechtsposition des Werkunternehmers für den Fall stärken, dass sich der Besteller völlig passiv verhält oder auf das Abnahmeverlangen des Werkunternehmers durch eine Abnahmeverweigerung „ins Blaue hinein" reagiert.[818]

§ 640 Abs. 2 BGB weist Schwachpunkte im Tatbestand sowie eine beweisrechtliche Problematik auf. Die Bestimmung bedarf zum Zwecke der gerechten Verteilung der Interessen, Risiken und Belastungen zwischen Werkunternehmer und Besteller einer Änderung.[819]

Für den VOB-Vertrag enthalten § 12 Abs. 5 Nr. 1 und Nr. 2 VOB/B zwei weitere „Abnahmefiktionen". Anders als bei einer gesetzlichen Fiktion liegt den Bestimmungen die formularvertragliche Vereinbarung zugrunde, dass einem konkreten Verhalten des Auftraggebers rechtlich die Bedeutung der Abgabe einer konkludenten Willenserklärung beigemessen werden soll.[820] § 12 Abs. 5 Nr. 1 VOB/B knüpft hierfür an das Schweigen des Auftraggebers auf die Fertigstellungsmitteilung des Auftragnehmers, § 12 Abs. 5 Nr. 2 VOB/B an das ohnehin abnahmetypische Verhalten der Inbenutzungnahme der Leistung durch den Auftraggeber an. Ungeschriebene Tatbestandsvoraussetzungen beider „Abnahmefiktionen" sind die abnahmereife Fertigstellung des Werkes und das Fehlen einer vorzeitigen Vertragsbeendigung.

---

818 Dazu S. 133, S. 144 f.
819 Dazu S. 155 ff.
820 Dazu S. 161 ff.

§ 12 Abs. 5 Nr. 1 VOB/B greift überdies nur dann, wenn der Auftraggeber die Abnahme nicht (berechtigt oder unberechtigt) verweigert hat.

§ 12 Abs. 5 VOB/B ist aus rechtlichen wie tatsächlichen Gründen in der Praxis kaum von Bedeutung.[821] Durch eine Anpassung des § 12 Abs. 5 Nr. 1 VOB/B an die sich aus den §§ 307 ff. BGB ergebenden Vorgaben kann der Bestimmung zumindest ein Stück weit zu einem weiteren Anwendungsbereich verholfen werden. § 12 Abs. 5 Nr. 2 VOB/B wäre bei einer mit den §§ 307 ff. BGB zu vereinbarenden Ausgestaltung nur noch deklaratorischer Art.

---

821 Dazu S. 176.

Dritter Teil: Entbehrlichkeit der Abnahme

§ 640 Abs. 2 BGB und § 12 Abs. 5 VOB/B können die Abhängigkeit des Werkunternehmers vom Besteller teilweise entschärfen, decken aber bei weitem nicht alle Verhaltensweisen ab, durch die der Besteller den Vergütungsanspruch des Werkunternehmers vereiteln könnte.

Das soll folgender Sachverhalt (unter Einbeziehung der VOB/B) verdeutlichen: Der Besteller lehnt die Abnahme wegen tatsächlich vorhandener wesentlicher Mängel – d.h. grundsätzlich berechtigt – ab. Er verlangt aber keine weitere Erfüllung, sondern erklärt, dass er mit dem Werkunternehmer generell nichts mehr zu tun haben wolle und deshalb die Abnahme selbst nach der (nicht gewünschten) Beseitigung der Mängel nicht vornehmen werde. Vielmehr fordere er nur noch Schadensersatz statt der Leistung in Höhe des mangelbedingten Minderwertes.

Die Abnahmefiktion nach § 640 Abs. 2 S. 1 BGB scheidet hier aufgrund der Verweigerung unter Angabe mindestens eines Mangels aus. Mangels Fertigstellung der Leistung sowie wegen des bei lebensnaher Sachverhaltsauslegung vorhandenen Abnahmeverlangens kommen auch § 12 Abs. 5 Nr. 1 und Nr. 2 VOB/B nicht in Betracht.

Will der Werkunternehmer den Besteller erfolgreich auf Zahlung der Vergütung in Anspruch nehmen, müsste er (in dem Wissen, dass der Besteller die Abnahme ohnehin nicht erklären wird) zunächst die Abnahmereife des Werkes herstellen. Erst danach könnte er über eine Klage auf Abnahme den Eintritt der Abnahmewirkungen herbeiführen bzw. direkt auf Zahlung der Vergütung klagen. Dieser langwierige und kostspielige Weg wäre nicht erforderlich, wenn in einer Sachverhaltskonstellation wie dieser die Abnahme *entbehrlich* wäre – mit der Folge, dass die Abnahmewirkungen schon zu dem Zeitpunkt eintreten, zu dem der Besteller die Abnahme abgelehnt hat.

Mit der Frage der Entbehrlichkeit der Abnahme setzen sich die folgenden Kapitel auseinander. Zu unterscheiden ist zwischen den *gesetzlich angeordneten Fällen* entbehrlicher Abnahme auf der einen und der *Rechtsfortbildung* hierzu auf der anderen Seite.

Kapitel 8: Gesetzlich angeordnete Entbehrlichkeit der Abnahme

A. Vollendung statt Abnahme nach § 646 BGB

Gesetzlich angeordnet ist die Entbehrlichkeit der Abnahme zum einen in § 646 BGB, dessen Voraussetzungen schon oben erörtert wurden.[822] Insbesondere aus bauvertragsrechtlicher Sicht ist § 646 BGB bedeutungslos, da sämtliche Bauleistungen abnahmebedürftig sind.[823] Weil dem Besteller auch im Übrigen das Recht zur Prüfung und Billigung der Leistung nur in seltenen Ausnahmefällen nicht zwingend gewährt werden muss (beispielsweise bei Konzerten), ist der Anwendungsbereich des § 646 BGB außerhalb des Bauvertragsrechts ebenfalls überschaubar.

B. Durchgriffsfälligkeit nach § 641 Abs. 2 S. 1 BGB

Den zweiten Fall gesetzlich angeordneter Entbehrlichkeit bildet § 641 Abs. 2 S. 1 BGB. Dieser betrifft die Fälligkeit der Vergütung des Werkunternehmers für ein Werk, dessen Herstellung der Besteller einem Dritten (dem sog. „Hauptauftraggeber") versprochen hat.[824] Der Besteller wird in diesem Fall „Hauptunternehmer", der Werkunternehmer „Nachunternehmer" genannt.[825] § 641 Abs. 2 S. 1 BGB liegen zwei gestaffelte Werkverträge zugrunde, nämlich Dritter („Hauptauftraggeber") zu Besteller („Hauptunternehmer") und Besteller („Hauptunternehmer") zu Werkunternehmer („Nachunternehmer").[826] Die geschuldete Leistung beider Werkverträge ist dabei vollständig oder zumindest teilweise identisch.[827]

---

822 Zu den Voraussetzungen des § 646 BGB S. 83 ff.
823 Messerschmidt/Voit/*Messerschmidt* § 646 BGB Rn. 2; Leupertz/Preussner/Sienz/*Dressel/Mayr* § 646 BGB Rn. 1; siehe S. 85.
824 Kniffka/Jurgeleit/*Pause/Vogel* § 641 BGB Rn. 13.
825 Leupertz/Preussner/Sienz/*Mayr* § 641 BGB Rn. 21; Kniffka/Jurgeleit/*Pause/Vogel* § 641 BGB Rn. 13.
826 Leupertz/Preussner/Sienz/*Mayr* § 641 BGB Rn. 21; vgl. *Niemöller/Kraus*, Jahrbuch Baurecht 2001, 225 (235).
827 OLG Düsseldorf BauR 2013, 1686 (1687); Leupertz/Preussner/Sienz/*Mayr* § 641 BGB Rn. 22.

Derartige Fälle treten beispielsweise bei einem Bauträgervertrag auf.[828] Ein Bauträgervertrag ist ein Vertrag, der die Errichtung oder den Umbau eines Hauses oder eines vergleichbaren Bauwerkes zum Gegenstand hat und der zugleich die Verpflichtung des Werkunternehmers (Bauträger) enthält, dem Besteller das Eigentum an dem Grundstück zu übertragen oder ein Erbbaurecht zu bestellen oder zu übertragen, § 650u Abs. 1 S. 1 BGB. Der Bauträger errichtet das Bauwerk typischerweise nicht selbst bzw. baut es nicht selbst um, sondern bedient sich dabei fachkundiger Handwerker.[829] Die Vertragskonstellation in § 641 Abs. 2 S. 1 BGB stellt sich daher folgendermaßen dar:

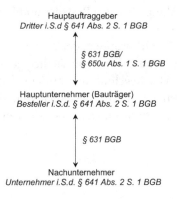

Abb. 5: Vertragskonstellation in § 641 Abs. 2 S. 1 BGB

§ 641 Abs. 2 S. 1 BGB wurde durch das Gesetz zur Beschleunigung fälliger Zahlungen[830] in die werkvertraglichen Vorschriften aufgenommen und durch das Forderungssicherungsgesetz[831] in die heute geltende Fassung modifiziert. Die Vorschrift sollte dem Missstand entgegenwirken, dass der Hauptunternehmer zwar die Vergütung vom Hauptauftraggeber (dem „Dritten") eingefordert und erhalten, den Nachunternehmer dann wegen

---

828 Begr. zur Änderung des § 641 BGB, Gesetzentwurf der Fraktionen SPD und BÜNDNIS 90/DIE GRÜNEN zur Beschleunigung fälliger Zahlungen v. 23.06.1999, BT-Drucks. 14/1246, S. 5 (S. 7); vgl. Kniffka/Jurgeleit/*Pause/Vogel* § 641 BGB Rn. 14.

829 Vgl. Kniffka/Koeble/Jurgeleit/Sacher/*Koeble* Teil 10 Rn. 28.

830 Gesetz zur Beschleunigung fälliger Zahlungen v. 30.03.2000 (BGBl. I S. 330).

831 Gesetz zur Sicherung von Werkunternehmeransprüchen und zur verbesserten Durchsetzung von Forderungen (Forderungssicherungsgesetz – FoSiG) v. 23.10.2008 (BGBl. I S. 2022).

angeblicher Mängel aber nicht mehr bezahlt hat.[832] Mit § 641 Abs. 2 S. 1 BGB wurde deshalb die Fälligkeit der Gesamtvergütung des Nachunternehmers von der Abnahme durch den Hauptunternehmer gelöst.[833]

Die Gesamtvergütung des Nachunternehmers wird spätestens fällig, soweit der Besteller von dem Dritten für das versprochene Werk wegen dessen Herstellung seine Vergütung oder Teile davon erhalten hat (Nr. 1), soweit das Werk des Bestellers von dem Dritten abgenommen worden ist oder als abgenommen gilt (Nr. 2) oder wenn der Unternehmer dem Besteller erfolglos eine angemessene Frist zur Auskunft über die in den Nummern 1 und 2 bezeichneten Umstände bestimmt hat (Nr. 3). Die in § 641 Abs. 2 S. 1 BGB enthaltene Regelung wird aufgrund ihrer Anknüpfung an die Vertragsabwicklung zwischen Besteller und Drittem auch als *„Durchgriffsfälligkeit"* bezeichnet.[834]

Mit § 641 Abs. 2 S. 1 BGB profitiert der Nachunternehmer von Ereignissen aus einem anderen und daher grundsätzlich getrennt zu betrachtenden Vertragsverhältnis.[835] Die Regelung durchbricht dadurch den im Schuldrecht vorherrschenden Grundsatz der Relativität der Schuldverhältnisse und ist deshalb als dogmatisch äußerst bedenklich zu bewerten.[836]

---

832 Begr. zur Änderung des § 641 BGB, Gesetzentwurf der Fraktionen SPD und BÜNDNIS 90/DIE GRÜNEN zur Beschleunigung fälliger Zahlungen v. 23.06.1999, BT-Drucks. 14/1246, S. 5 (S. 7); Kniffka/Jurgeleit/*Pause/Vogel* § 641 BGB Rn. 14; *Niemöller/Kraus,* Jahrbuch Baurecht 2001, 225 (235).

833 Kniffka/Jurgeleit/*Pause/Vogel* § 641 BGB Rn. 14.

834 Vgl. nur Kniffka/Jurgeleit/*Pause/Vogel* § 641 BGB Rn. 13 ff.; NK-BGB/*Havers/Raab* § 640 Rn. 18 ff.

835 MüKoBGB/*Busche* § 641 Rn. 18; Staudinger/*Peters* § 641 BGB Rn. 40.

836 MüKoBGB/*Busche* § 641 Rn. 18; Staudinger/*Peters* § 641 BGB Rn. 40.

Kapitel 9: Rechtsfortbildung

Im einleitend beschriebenen Sachverhalt, in dem der Besteller eines „einfachen", d.h. nicht gestaffelten, Werkvertrages nur noch Schadensersatz verlangte, bringen die gesetzlich angeordneten Fälle entbehrlicher Abnahme keine Lösung. Das muss aber nicht bedeuten, dass dem Werkunternehmer in einem Fall wie diesem tatsächlich nur der Weg über die Abnahme- bzw. Vergütungsklage bleibt. Denn die Zivilgerichte haben in jahrzehntelanger Rechtsprechung weitere Tatbestände entwickelt, nach denen es auf die Abnahmeerklärung durch den Besteller nicht ankommen soll. Die Gerichte decken damit die besonders praxisrelevanten Sachverhalte ab, in denen der Besteller sich nicht bloß passiv verhält, sondern sich aktiv gegen das Abnahmeverlangen des Werkunternehmers wehrt.

In der Literatur werden diese Tatbestände teilweise als „Abnahmesurrogate",[837] teilweise als „Abnahmesubstitute"[838] bezeichnet. Sie werden beim BGB- wie auch beim VOB-Vertrag gleichermaßen herangezogen.[839] Ihnen widmet sich dieses Kapitel. Behandelt werden dabei nur die beiden Fallgruppen entbehrlicher Abnahme, denen ein als *fertiggestellt zur Abnahme angebotenes* Werk zugrunde liegt.

A. Übergang des Vertragsverhältnisses in das Abrechnungsverhältnis

Die Abnahme ist als Fälligkeitsvoraussetzung entbehrlich, wenn das Vertragsverhältnis in das sog. *„Abrechnungsverhältnis"* übergegangen ist.[840]

---

837 Vgl. nur *Koeble* BauR 2012, 1153; jetzt auch Bolz/Jurgeleit/*Friedhoff* § 12 VOB/B Rn. 270.

838 Vgl. *Schmitz*, Einige Gedanken zum Abrechnungsverhältnis, FS Leupertz, 2021, 651 (654), der gegen die Bezeichnung als „Abnahmesurrogat" deshalb Bedenken äußert, weil Missverständnisse z.B. im Zusammenhang mit § 285 Abs. 1 BGB entstehen könnten.

839 Messerschmidt/Voit/*Messerschmidt* § 641 BGB Rn. 81.

840 St.Rspr.: vgl. nur BGH NJW 2005, 2771 (2772) m.w.N.; BGH NJW 2020, 2270 (2271 Rn. 19) m.w.N.; Leupertz/Preussner/Sienz/*Mayr* § 641 BGB Rn. 10a; Kniffka/Jurgeleit/*Pause/Vogel* § 641 BGB Rn. 9 f.; Messerschmidt/Voit/*Messerschmidt* § 640 BGB Rn. 224; Teilweise wird auch vom „Abrechnungs- und Abwicklungsverhältnis" oder

I. Das Rechtsinstitut des Abrechnungsverhältnisses – Überblick über die
   bisherige Rechtsprechung

Das Abrechnungsverhältnis wurde erstmals in einem Urteil des BGH vom
23.11.1978 erwähnt.[841] Der BGH hatte über folgenden Sachverhalt zu entscheiden: Der Kläger führte im Neubau der Beklagten (es handelte sich
dabei um ein Gebäude mit zu vermietenden Büroflächen) Estrich- und
Teppichverlegearbeiten aus. Die Beklagten rügten erhebliche Wellen im
Teppichboden und verweigerten die Abnahme. Zur Abwendung drohen-
der Mietausfälle nahmen sie das Gebäude in Benutzung. Die Beklagten
forderten den Kläger zur Verlegung eines neuen Teppichbelages auf, was
dieser verweigerte. Der Kläger hatte inzwischen die Schlussrechnung erteilt
und forderte Zahlung des Werklohns. Die Beklagten lehnten dies ab und
machten Schadensersatzansprüche wegen Nichterfüllung geltend. LG und
OLG erklärten die Klage mangels Fälligkeit der Klageforderung für unbegründet.[842]

Der BGH hielt diese Entscheidung für rechtsfehlerhaft: *„Das BerGer. hat
übersehen, daß der Kl. die von den Bekl. ursprünglich geforderte umfangreiche Mängelbeseitigung abgelehnt hat, und die Bekl. deswegen von dem Kl.
nicht mehr Mängelbeseitigung, sondern Schadensersatz fordern. Eine weitere
Erfüllung des Vertrags durch den Kl. kommt daher nicht mehr in Betracht.
Damit entfällt die Vorleistungspflicht des Kl. Es hat jetzt eine endgültige
Abrechnung über die Bauleistung des Kl. und den Schadensersatzanspruch
der Bekl. stattzufinden. Auf die Frage, ob die Abnahme der Werkleistung
Fälligkeitsvoraussetzung für den Vergütungsanspruch des Auftragnehmers ist,
kommt es, entgegen der Ansicht des BerGer., nicht an, wenn – wie hier
– der Auftraggeber nicht mehr Mängelbeseitigung, sondern Schadensersatz
fordert."*[843]

Aufbauend auf diesem Urteil ist mittlerweile eine Vielzahl an Entscheidungen zum Abrechnungsverhältnis ergangen. Der insoweit irreführende
Begriff „Abrechnungsverhältnis" darf dabei nicht dahingehend missver-
standen werden, dass die Forderungen automatisch verrechnet werden.
Die Vergütungsforderung des Werkunternehmers und die Gegenforderun-

---

vom „Abwicklungsverhältnis" gesprochen, vgl. BGH NJW 2017, 1604 (1607 Rn. 48);
Messerschmidt/Voit/*Messerschmidt* § 640 BGB Rn. 224.

841 BGH NJW 1979, 549; vgl. *Schmid/Senders*, NZBau 2016, 474.
842 Zur Entscheidung des OLG s. OLG Hamm NJW 1978, 649.
843 BGH NJW 1979, 549 (550).

gen des Bestellers unterliegen vielmehr (wie sämtliche gegenseitigen und gleichartigen Forderungen) den Regeln der Aufrechnung.[844] Der BGH stellte hierzu ausdrücklich klar: „Die Verrechnung ist kein gesetzlich vorgesehenes Rechtsinstitut in den Fällen, in denen sich nach der Gesetzeslage Werklohn und Anspruch wegen Nichterfüllung oder andere Ansprüche wegen Schlechterfüllung des Vertrags aufrechenbar gegenüberstehen."[845]

Die Urteile zum Abrechnungsverhältnis der vergangenen 45 Jahre definieren dessen Tatbestandsvoraussetzungen nicht einheitlich. Die eingangs zitierte Entscheidung deutet die für den BGH wohl maßgebliche Voraussetzung zumindest an: das Ausscheiden einer weiteren Vertragserfüllung. Ähnlich wird in Folgeurteilen ausgeführt, es sei entscheidend, dass der Besteller nicht mehr die Erfüllung des Vertrages verlangen könne,[846] dass ihm nur noch auf Geldzahlung gerichtete Ansprüche zustehen dürften,[847] oder dass es ihm nicht mehr um den Anspruch auf die Leistung gehen dürfe.[848]

Hierzu folgende konkretisierende Betrachtung:

1. Erlöschen des Erfüllungsanspruchs

a) *Aus rechtlichen Gründen*

Nach der Rechtsprechung des BGH zum alten Schuldrecht geht es dem Besteller nicht mehr um seinen Erfüllungsanspruch, sobald er gegenüber dem Werkunternehmer nur noch Schadensersatz fordert oder die Minderung erklärt.[849]

In drei, in den wesentlichen Aussagen identischen Entscheidungen vom 19.01.2017 bezog der BGH hierzu für die Fälle nach Inkrafttreten des Schuldrechtmodernisierungsgesetzes Stellung.[850] Im Kern betrafen diese

---

844 BGH NJW 2005, 2771 (2772).
845 BGH NJW 2005, 2771 (2772).
846 BGH NJW 2003, 288; BGH NJW 2017, 1604 (1606 Rn. 44); BGH NJW 2017, 1607 (1609 Rn. 45); BGH BauR 2017, 879 (883 Rn. 38).
847 BGH NJW 2005, 2771 (2772); BGH NJW 2017, 1604 (1606 Rn. 48); BGH BauR 2017, 879 (883 Rn. 42).
848 Vgl. BGH NJW-RR 2002, 160 (162); BGH NJW 2017, 1604 (1606 Rn. 44); BGH NJW 2017, 1607 (1609 Rn. 45); BGH BauR 2017, 879 (883 Rn. 38).
849 BGH NJW-RR 2002, 160 (162); BGH NJW 2003, 288.
850 BGH NJW 2017, 1604; BGH NJW 2017, 1607; BGH BauR 2017, 879.

Urteile die lange umstrittene Frage, ob dem Besteller schon vor der Abnahme Mängelrechte zustehen können. Der BGH entschied, dass der Besteller grundsätzlich erst nach Abnahme zur Geltendmachung von Mängelrechten berechtigt ist.[851] Das solle aber dann nicht gelten, wenn das Vertragsverhältnis in das Abrechnungsverhältnis übergegangen ist:

> *„Macht der Besteller gegenüber dem Unternehmer nur noch Schadensersatz statt der Leistung in Form des kleinen Schadensersatzes geltend oder erklärt er die Minderung des Werklohns, so findet nach der bisherigen Rechtsprechung des BGH zum alten Schuldrecht eine Abrechnung der beiderseitigen Ansprüche statt [...]. An dieser Rechtsprechung hält der Senat auch nach Inkrafttreten des Schuldrechtsmodernisierungsgesetzes jedenfalls für den Fall fest, dass der Unternehmer das Werk als fertiggestellt zur Abnahme anbietet. Verlangt der Besteller Schadensersatz statt der Leistung nach §§ 281 I, 280 I BGB, ist der Anspruch auf die Leistung nach § 281 IV BGB ausgeschlossen. Nichts anderes gilt, wenn der Besteller im Wege der Minderung nur noch eine Herabsetzung des Werklohns erreichen will. [...]“*[852]

In einem Folgeurteil vom 28.05.2020, in dem die Frage der Fälligkeit der Vergütung zu entscheiden war, nimmt der BGH auf die Ausführungen vom 19.01.2017 Bezug.[853] Er zieht die Tatbestandsvoraussetzungen des Abrechnungsverhältnisses, nach denen die Mängelrechte ohne Abnahme geltend gemacht werden können, folglich gleichermaßen für die Fälligkeit der Gesamtvergütung ohne Abnahmeerklärung heran.[854]

Durch den Verweis auf § 281 Abs. 4 BGB gibt der BGH zu erkennen, dass er den Übergang des Vertragsverhältnisses in das Abrechnungsverhältnis vom *Erlöschen des Erfüllungsanspruchs* abhängig machen will.[855]

b) *Aus tatsächlichen Gründen*

In der erwähnten Entscheidung vom 28.05.2020 lässt der BGH anklingen, dass das Erlöschen des Erfüllungsanspruchs generell, d.h. nicht nur – wie

---

851 BGH NJW 2017, 1604 (1606 Rn. 31); BGH NJW 2017, 1607 (1609 Rn. 24); BGH BauR 2017, 879 (882 Rn. 25); dazu im Detail S. 204 f.

852 BGH NJW 2017, 1604 (1606 Rn. 44); BGH NJW 2017, 1607 (1609 Rn. 45); BGH BauR 2017, 879 (883 Rn. 38).

853 BGH NJW 2020, 2270 (2271 Rn. 19).

854 Vgl. Kniffka/Jurgeleit/*Pause/Vogel* § 641 BGB Rn. 9.

855 Vgl. *Voit* NZBau 2017, 521 (522); Kniffka/Koeble/Jurgeleit/Sacher/*Kniffka* Teil 4 Rn. 489.

unter a) beschrieben – aus rechtlichen, sondern auch aus tatsächlichen Gründen zum Entstehen des Abrechnungsverhältnisses führen soll: „Nach der Rechtsprechung des BGH wird ein Werklohnanspruch unter bestimmten Voraussetzungen auch unabhängig von den gesetzlich ausdrücklich geregelten Fällen, insbesondere ohne Abnahme und trotz fehlender Abnahmepflicht fällig. Das ist etwa der Fall, wenn der Besteller nicht mehr Erfüllung des Vertrags, sondern Minderung oder Schadensersatz verlangt [...] *oder die Erfüllung unmöglich* geworden ist."[856]

Konkretere Aussagen finden sich bisher nur in Urteilen der Instanzgerichte.[857] Das OLG Karlsruhe führte aus, dass ein Abrechnungsverhältnis entsteht, wenn eine Beseitigung des Mangels nicht mehr in Betracht kommt, weil der Mangel inzwischen behoben wurde.[858] Deutlicher äußerte sich das OLG Bamberg: „Der Werklohn ist gleichwohl fällig, wenn (...) der Erfüllungsanspruch des Bestellers untergegangen ist, zum Beispiel durch Beseitigung der Mängel im Wege der (unberechtigten) Ersatzvornahme. Hat der Besteller die Werkleistung im Wege der Ersatzvornahme beseitigt und die entsprechenden Leistungen anderweitig ausführen lassen, geht das mit dem Unternehmer bestehende Vertragsverhältnis in ein bloßes Abwicklungs- und Abrechnungsverhältnis über."[859] Ähnlich stellte das OLG Düsseldorf klar: „Verteidigt sich der Auftraggeber teilweise nur (noch) mit auf Geldzahlung gerichteten Mängelansprüchen und verlangt er nach mittlerweile durchgeführter Ersatzvornahme keine Nacherfüllung vom Auftragnehmer (weil diese durch Drittleistungen unmöglich geworden ist), entfällt insoweit eine Abnahme als Fälligkeitsvoraussetzung und es besteht insoweit ein Abrechnungsverhältnis."[860]

Die Instanzgerichte knüpfen den Übergang in das Abrechnungsverhältnis allesamt an die Unmöglichkeit durch Zweckerreichung nach § 275 Abs. 1 BGB, die auf die (unberechtigte) Mangelbeseitigung durch den Besteller oder einen von ihm beauftragten Drittunternehmer zurückzuführen ist.[861]

---

856 BGH NJW 2020, 2270 (2271 Rn. 19); Hervorhebung der Verfasserin; so jetzt auch Bolz/Jurgeleit/*Friedhoff* § 12 VOB/B Rn. 289.

857 OLG München BauR 2009, 1923 (1924); OLG Karlsruhe NJW-RR 2010, 1609 (1612); OLG Brandenburg NJW-RR 2013, 23; OLG Düsseldorf BeckRS 2013, 12641; OLG Bamberg NJW 2015, 1533 Rn. 27; OLG Düsseldorf BauR 2018, 706.

858 OLG Karlsruhe NJW-RR 2010, 1609 (1612).

859 OLG Bamberg NJW 2015, 1533 Rn. 27.

860 OLG Düsseldorf BauR 2018, 706.

861 Ebenso *Schmid/Senders* NZBau 2016, 474 (477).

c) *Vorläufiges Ergebnis*

Als vorläufiges Ergebnis lässt sich daher Folgendes festhalten: Das Vertragsverhältnis geht nach der Rechtsprechung der Zivilgerichte in das Abrechnungsverhältnis über, wenn die Erfüllung aus *rechtlichen oder tatsächlichen Gründen*, die aus der *Sphäre des Bestellers* stammen, *unmöglich* geworden ist.[862]

2. Ersatzvornahme und Vorschussverlangen nach § 637 Abs. 3 BGB

Entsprechend dem eben dargestellten vorläufigen Tatbestand ist es nur konsequent, dass der BGH das Abrechnungsverhältnis nicht schon deshalb annimmt, weil der Besteller nach §§ 631, 633, 634 Nr. 2, 637 Abs. 1, Abs. 3 BGB einen Vorschuss für die Aufwendungen fordert, die zur Beseitigung des Mangels im Wege der Selbstvornahme erforderlich sind.[863] Das Verlangen des Kostenvorschusses als solches führt nämlich nicht zum Erlöschen des Erfüllungsanspruchs.[864] Der Besteller ist vielmehr berechtigt, den (Nach-)Erfüllungsanspruch auch nach einem Kostenvorschussverlangen geltend zu machen.[865] Das Recht, einen Kostenvorschuss zu verlangen, tritt zunächst *neben* den (Nach-)Erfüllungsanspruch.[866] Dieser bleibt unberührt und besteht fort, bis die Selbstvornahme durchgeführt, der Mangel also beseitigt wurde.[867] Solange bleibt es dem Besteller unbenommen, von der Selbstvornahme Abstand zu nehmen und den Nacherfüllungsanspruch erneut geltend zu machen.[868] In diesem Fall ist er verpflichtet, den bereits erhaltenen Vorschuss Zug um Zug gegen Erbringung der Nacherfüllung zurückzuzahlen.[869]

---

862 Ebenso *Schmid/Senders* NZBau 2016, 474 (475).

863 BGH NJW 2017, 1604 (1606 f. Rn. 45 f.).

864 BGH NJW 2017, 1604 (1606 f. Rn. 45).

865 BGH NJW 2017, 1604 (1606 f. Rn. 45) mit Verweis auf OLG Stuttgart NZBau 2012, 771 f.

866 Staudinger/*Peters* § 634 BGB Rn. 72; BeckOK BGB/*Voit* § 637 Rn. 7; *Hartwig* BauR 2018, 720 (721 f.).

867 *Hartwig* BauR 2018, 720 (721 f.); BeckOK BGB/*Voit* § 637 Rn. 8.

868 *Hartwig* BauR 2018, 720 (722); BeckOK BGB/*Voit* § 637 Rn. 8.

869 *Hartwig* BauR 2018, 720 (722); BeckOK BGB/*Voit* § 637 Rn. 8; Messerschmidt/Voit/ *Moufang/Koos* § 637 BGB Rn. 31.

Dennoch soll das Vorschussverlangen dann zu einem Abrechnungsverhältnis führen, wenn der Besteller den (Nach-)Erfüllungsanspruch aus anderen Gründen nicht mehr mit Erfolg geltend machen kann: *„Das ist etwa der Fall, wenn der Besteller ausdrücklich oder konkludent zum Ausdruck bringt, unter keinen Umständen mehr mit dem Unternehmer, der ihm das Werk als fertiggestellt zur Abnahme angeboten hat, zusammenarbeiten zu wollen, also endgültig und ernsthaft eine (Nach-)Erfüllung durch ihn ablehnt, selbst für den Fall, dass die Selbstvornahme nicht zu einer mangelfreien Herstellung des Werkes führt. In dieser Konstellation kann der Besteller nicht mehr zum (Nach-)Erfüllungsanspruch gegen den Unternehmer zurückkehren."*[870]

3. Ernsthafte und endgültige berechtigte Abnahmeverweigerung

In eine ähnliche Richtung geht die Entscheidung des BGH vom 28.05.2020. Darin stellte er klar, dass das Abrechnungsverhältnis mit der Folge der Fälligkeit der Vergütung auch dann entstehen soll, wenn der Besteller die Abnahme ernsthaft und endgültig verweigert.[871] Im zu entscheidenden Sachverhalt stand die Fälligkeit des Werklohnanspruchs bei einem mit wesentlichen Mängeln behafteten Werk in Frage. Es ging also um die Rechtsfolgen einer ernsthaften und endgültigen *berechtigten* Abnahmeverweigerung.

Hiervon zu unterscheiden sind die ernsthafte und endgültige sowie die vorläufige *unberechtigte* Abnahmeverweigerung eines abnahmereifen Werkes.[872] Diese Formen der Abnahmeverweigerung fallen nach dem Verständnis des BGH nicht mehr unter das Abrechnungsverhältnis und werden an späterer Stelle behandelt.[873]

---

870 BGH NJW 2017, 1604 (1606 Rn. 46 f.).
871 BGH NJW 2020, 2270 Rn. 19; vgl. schon BGH NJW-RR 1998, 1027 (1028) zur Gleichstellung der Abnahme mit der ernsthaften und endgültigen Abnahmeverweigerung in Bezug auf den Verjährungsbeginn.
872 Zum Begriff der ernsthaften und endgültigen berechtigten bzw. unberechtigten Abnahmeverweigerung S. 91, S. 92.
873 Zur ernsthaften und endgültigen unberechtigten Abnahmeverweigerung Kap. 9 B., S. 294 ff., zur vorläufigen unberechtigten Abnahmeverweigerung Kap. 10, S. 307 ff.

4. Ergebnis

Voraussetzung für das Entstehen des Abrechnungsverhältnisses ist nach der Rechtsprechung des BGH stets der Verlust des Erfüllungsanspruchs.[874] Dieser kann zum einen auf die aus der Sphäre des Bestellers stammende *rechtliche oder tatsächliche Unmöglichkeit* der Erfüllung nach § 275 Abs. 1 BGB zurückzuführen sein. Zwar führt die Unmöglichkeit der Leistung nach § 275 Abs. 1 BGB grundsätzlich auch zum Erlöschen des Anspruchs auf die Gegenleistung, § 326 Abs. 1 S. 1 BGB. Dem steht hier aber die Anspruchserhaltungsnorm des § 326 Abs. 2 S. 1 Var. 1 BGB entgegen, weil der Besteller für den Umstand, aufgrund dessen der Werkunternehmer nicht zu leisten braucht, verantwortlich ist.

Der Besteller kann das Erfüllungsstadium aber auch beenden, wenn er seinen Erfüllungsanspruch schlicht *aufgibt*, indem er jede weitere Erfüllung ablehnt bzw. die Abnahme ernsthaft und endgültig berechtigt verweigert.[875]

Der BGH wählt dadurch für den Übergang des Vertragsverhältnisses in das Abrechnungsverhältnis zwei verschiedene Anknüpfungspunkte: einerseits macht er den Verlust des Erfüllungsanspruchs bzw. das Ende des Erfüllungsstadiums allein vom *tatsächlichen Erklärungsverhalten* des Bestellers abhängig.

Andererseits hält er erst die *rechtliche Wirkung* des Schadensersatzverlangens, der Minderungserklärung bzw. der Mangelbeseitigung für ausschlaggebend. Weil in letzteren Verhaltensweisen gleichermaßen eine Erfüllungsverweigerung liegt, ist diese folglich einmal *unmittelbare*, einmal nur *mittelbare* Tatbestandsvoraussetzung des Abrechnungsverhältnisses. Auf dieses Spannungsverhältnis wird im weiteren Verlauf der Prüfung einzugehen sein.

---

874 Ebenso *Voit* NZBau 2017, 521 (522).
875 Vgl. *Voit* NZBau 2017, 521 (522).

Der Tatbestand des Abrechnungsverhältnisses im Sinne der Rechtsprechung lässt sich wie folgt zusammenfassen:

Abb. 6: Tatbestand des Abrechnungsverhältnisses im Sinne der Rechtsprechung

5. Keine Fälle des Abrechnungsverhältnisses

Angelehnt an diese Grundgedanken sind einige Sachverhaltskonstellationen zu nennen, in denen das Erfüllungsstadium fortbesteht, weil das Vertragsverhältnis nicht in das Abrechnungsverhältnis übergeht.

a) *Hilfsweise Aufrechnung des Bestellers*

Insbesondere führt die nur *hilfsweise* erklärte Aufrechnung mit einem Sekundäranspruch nicht zum Entstehen des Abrechnungsverhältnisses mit der Folge der Fälligkeit der Vergütung.[876] Gegenteiliges hatte das OLG Brandenburg vertreten, inzwischen aber richtigerweise korrigiert.[877]

---

[876] *Schmid/Senders* NZBau 2016, 474 (477); OLG Brandenburg NJW-RR 2012, 655 (656).

[877] Den Übergang in das Abrechnungsverhältnis noch bejahend OLG Brandenburg BeckRS 2008, 24166; dies zu Recht verneinend OLG Brandenburg NJW-RR 2012, 655 (656).

Rechnet der Besteller nur hilfsweise auf, wendet er sich primär gegen die fehlende Fälligkeit der Vergütungsforderung.[878] Die Aufrechnungserklärung selbst steht dadurch unter der (grundsätzlich zulässigen) innerprozessualen Bedingung, dass die Vergütungsklage des Werkunternehmers Erfolg hat.[879] Bei der Beurteilung der Erfolgsaussichten dieser Klage darf die Geltendmachung des Sekundäranspruchs demnach nicht berücksichtigt werden.

Wegen der fehlenden Abnahmeerklärung – vorausgesetzt die Abnahme ist nicht *aus anderen Gründen* entbehrlich – muss die Klage mangels Fälligkeit als derzeit unbegründet abgewiesen werden.[880]

b) *Kündigung des Vertrages*

Auch die Kündigung des Vertrages lässt das Abrechnungsverhältnis nicht entstehen.

Vor allem bei komplexeren Werken dauert die Vertragsdurchführung oft länger an, wodurch ähnliche Interessenkonflikte auftreten können wie bei Dauerschuldverhältnissen.[881] Der Gesetzgeber hat deshalb auch für Werk- und Bauverträge die Möglichkeit der Kündigung zur Beendigung des Vertragsverhältnisses geschaffen.[882] Hierauf wird im weiteren Verlauf der Arbeit im Detail eingegangen.[883]

Der BGH hat lange Zeit die Auffassung vertreten, dass die Abnahme nach der Kündigung des Vertrages entbehrlich ist.[884] Jedenfalls für den Bauvertrag gab der VII. Zivilsenat diese Rechtsprechung mit Urteil vom 11.05.2006 auf.[885] Angedeutet wurde das bereits in einem Urteil vom 19.12.2002, das im Kern die Frage des Verjährungsbeginns betraf.[886] Die Vergütungsforderung des Werkunternehmers wird damit nicht mehr unmittelbar mit der Kündigung, sondern erst mit der Abnahme des bereits

---

878 OLG Brandenburg NJW-RR 2012, 655 (656).
879 *Schmid/Senders* NZBau 2016, 474 (477); zur Zulässigkeit der innerprozessualen Bedingung s. MüKoBGB/*Schlüter* § 388 Rn. 4.
880 *Schmid/Senders* NZBau 2016, 474 (477).
881 MüKoBGB/*Busche* § 648 Rn. 1.
882 MüKoBGB/*Busche* § 648 Rn. 1.
883 Dazu Kap. 9 A. II. 3. a) bb) (3), S. 222 f., Kap. 9 A. II. 3. a) cc) (2) (c), S. 243 ff.
884 BGH NJW 1987, 382 (383); BGH NJW-RR 1987, 724; vgl. BGH ZfBR 2000, 471.
885 BGH NJW 2006, 2475 (2476 Rn. 18 ff.).
886 BGH NZBau 2003, 265 (266).

errichteten Teilwerkes fällig.[887] Das gilt unabhängig davon, wer die Kündigung ausspricht und worauf sie gestützt wird.[888]
Der BGH bedient sich dabei mit Recht folgender Überlegungen: Die Kündigung beseitigt die vertraglichen Leistungspflichten ex nunc, d.h. nur für die Zukunft.[889] Sie beendet dadurch gerade nicht das Erfüllungsstadium für den bereits erbrachten Leistungsteil.[890] Hierauf beschränkt sich infolge der Kündigung der Umfang der geschuldeten Leistung.[891] Dasselbe gilt für den Vergütungsanspruch: *„Der nunmehr im geschuldeten Leistungsumfang reduzierte Bauvertrag richtet sich bezüglich der Fälligkeit der Vergütungsforderung weiterhin nach den werkvertraglichen Regelungen, wie sie auch für den ursprünglichen Vertragsumfang galten. Es ist kein rechtlich tragfähiger Grund dafür ersichtlich, an die Fälligkeitsvoraussetzungen des für den erbrachten Leistungsteil geschuldeten Vergütungsanspruchs geringere Anforderungen zu stellen, als sie für den Fall des vollständig durchgeführten Vertrags bestehen. Vielmehr würde eine Reduzierung dieser Anforderungen, ein Verzicht auf die Abnahme als Fälligkeitsvoraussetzung, dazu führen, dass der Unternehmer, ohne dass hierfür ein überzeugender Grund zu ersehen ist, selbst in denjenigen Fällen besser gestellt würde, in denen er Anlass zur Kündigung gegeben hat.“*[892]
Das erfordere aber, dass die Abnahme der nur teilweise erbrachten Leistung möglich ist.[893] Jedenfalls für den Bauvertrag könne das bejaht werden. In der Regel gehe es um hinreichend abgrenzbare Teilleistungen,

---

887 Leupertz/Preussner/Sienz/*Mayr* § 641 BGB Rn. 7; a.A. *Peters* BauR 2012, 11 (15); krit. auch Messerschmidt/Voit/*Messerschmidt* § 640 BGB Rn. 180 ff.
888 Leupertz/Preussner/Sienz/*Mayr* § 641 BGB Rn. 7.
889 BGH NZBau 2003, 265 (266); BGH NJW 2006, 2475 (2476 Rn. 23).
890 BGH NZBau 2003, 265 (266); BGH NJW 2006, 2475 (2476 Rn. 23); diesen Aspekt verkennt wohl *Peters* BauR 2012, 11 (15), der ausführt, es stehe „die Abwicklung eines […] aufgehobenen Vertrages auf dem Programm.“ Eine Differenzierung zwischen erbrachten und nicht erbrachten Leistungen wohl nicht vornehmend Messerschmidt/Voit/*Messerschmidt* § 640 BGB Rn. 181: „Diese rechtliche Beurteilung des BGH erscheint verfehlt, weil der Kündigung weitergehend grundsätzlich die Bedeutung zukommt, dass der Vertrag insgesamt für die Zukunft aufgehoben wird und zwar gerade in Bezug auf die primären Erfüllungspflichten, die nach dem Willen der kündigenden Partei nicht mehr weiter fortbestehen sollen. Wenn die primären Erfüllungsansprüche mit der Kündigung erlöschen, so kann schon alleine aus diesem Grunde kein Raum mehr dafür sein, zwingend die am Ende vertragsgerechter Erfüllung vorgesehene Abnahme für rechtsdogmatisch notwendig zu erachten.“
891 BGH NZBau 2003, 265 (266); BGH NJW 2006, 2475 (2476 Rn. 23).
892 BGH NJW 2006, 2475 (2476 Rn. 23).
893 BGH NJW 2006, 2475 (2476 Rn. 24).

die der Überprüfung dahingehend zugänglich sind, ob sie vertragskonform erbracht wurden. Die Abnahme könne auch hier dieselbe Funktion erfüllen wie bei einem nicht gekündigten Vertrag.[894] Sie diene der Feststellung, ob die auf Grund der Kündigung beschränkte Werkleistung vertragsgemäß erbracht wurde.[895]

Zu berücksichtigen ist, dass die Kündigung durch den Besteller selbst regelmäßig nicht als konkludente Abnahme des bereits erbrachten Leistungsteils ausgelegt werden kann.[896] Anlass der Kündigung ist häufig eine Vertragsverletzung des Werkunternehmers.[897] Aus der Kündigungserklärung darf ein verständiger Werkunternehmer deshalb nicht darauf schließen, dass der Besteller das bis zur Kündigung erbrachte Werk als im Wesentlichen vertragsgerecht anerkennt.[898]

Auch bei einem infolge wirksamer Kündigung vorzeitig beendeten Vertrag kann die Abnahme aber entbehrlich sein, wenn der fortbestehende Teil des Vertragsverhältnisses *seinerseits* in das Abrechnungsverhältnis übergegangen ist.[899] Das kann die Auslegung der Kündigungserklärung ergeben, wenn der kündigende Besteller zum Ausdruck bringt, dass er *auch in Bezug auf die bereits erbrachten Leistungen* keinerlei Maßnahmen zur Nachbesserung oder Nachlieferung durch den Werkunternehmer wünscht.[900]

c) *Rücktritt vom Vertrag*

Teilweise wird mit Verweis auf Entscheidungen des BGH behauptet, das Abrechnungsverhältnis entstehe, wenn der Rücktritt vom Vertrag wirksam erklärt worden ist.[901] In sämtlichen Urteilen, die dieser Ansicht zugrunde gelegt werden, befasst sich der BGH aber nur mit der Erklärung der Minderung als „Auslöser" des Abrechnungsverhältnisses.

---

894 BGH NJW 2006, 2475 (2476 Rn. 24); vgl. BGH NZBau 2003, 265 (266).

895 BGH NZBau 2003, 265 (266).

896 BGH NZBau 2003, 265 (266); BGH NJW 2006, 2475 (2476 Rn. 27); Messerschmidt/Voit/*Messerschmidt* § 640 BGB Rn. 140; Werner/Pastor/*Wagner* Rn. 1781.

897 BGH NZBau 2003, 265 (266).

898 BGH NZBau 2003, 265 (266); Werner/Pastor/*Wagner* Rn. 1781.

899 BGH NJW 2006, 2475 (2476 Rn. 26); vgl. KG NJW 2018, 3258 Rn. 22; *Hartung* NJW 2007, 1099 (1102).

900 KG NJW 2018, 3258 Rn. 22; ähnlich *Retzlaff* BauR 2018, 733 (736).

901 Kniffka/Jurgeleit/*Pause/Vogel* § 641 BGB Rn. 9 mit Verweis auf BGH NJW 2002, 3019, BGH NJW-RR 2002, 160, BGH NJW 2003, 288; Kniffka/Koeble/Jurgeleit/Sacher/*Kniffka* Teil 4 Rn. 489 mit Verweis auf BGH NJW 2017, 1607, BGH NJW 2002, 3019, BGH NJW-RR 2002, 160, BGH NJW 2003, 288.

Soweit in der Literatur obige Einschätzung vertreten wird, wird verkannt, dass es im Falle des Rücktritts auf die Frage der Fälligkeit der Vergütung gar nicht mehr ankommt.[902] Grundsätzlich besteht das Rücktrittsrecht neben dem Kündigungsrecht.[903] Im Gegensatz zur Kündigung beseitigt der Rücktritt die Leistungspflichten aber nicht ausschließlich für die Zukunft, sondern führt zur Rückabwicklung des Vertrages.[904]

Soweit bereits Leistungen erbracht worden sind, richtet sich deren Rückgewähr ausschließlich nach § 346 Abs. 1, Abs. 2 BGB. Hat der Besteller die Vergütung noch nicht bezahlt, erlischt der Anspruch des Werkunternehmers.

d) *Einseitiges Vorgehen des Werkunternehmers*

Der Werkunternehmer kann den Übergang des Vertragsverhältnisses in das Abrechnungsverhältnis außerdem nicht einseitig bewirken, indem er selbst die Mangelbeseitigung endgültig und unberechtigt verweigert und als Kompensation einen Abzug von der geschuldeten Vergütungssumme vornimmt.[905] Kann der Besteller noch Erfüllung verlangen, weil der Erfüllungsanspruch nicht erloschen ist und er diesen auch nicht aufgegeben hat, ist die Abnahme nicht entbehrlich.[906]

e) *Verjährung des Erfüllungsanspruchs*

Ebenso wenig kann die Verjährung des Erfüllungsanspruchs zur Umwandlung des Vertragsverhältnisses in das Abrechnungsverhältnis führen. Das stellte der BGH mit Urteil vom 28.05.2020 klar.[907]

---

902 Ebenso *Jürgens* BauR 2022, 1695 (1700).
903 Messerschmidt/Voit/*von Rintelen* I. Teil H. Rn. 120.
904 BeckOK BGB/*H. Schmidt* § 346 Rn. 29.
905 OLG Düsseldorf, Urt. v. 22.07.2014, 21 U 193/13, juris Rn. 38; Kniffka/Koeble/Jurgeleit/Sacher/*Kniffka* Teil 4 Rn. 492; Leupertz/Preussner/Sienz/*Mayr* § 641 BGB Rn. 15.
906 OLG Düsseldorf, Urt. v. 22.07.2014, 21 U 193/13, juris Rn. 38; Kniffka/Koeble/Jurgeleit/Sacher/*Kniffka* Teil 4 Rn. 492; Leupertz/Preussner/Sienz/*Mayr* § 641 BGB Rn. 15.
907 BGH NJW 2020, 2270 (2271 Rn. 21 ff.).

Dem Urteil lag folgender Sachverhalt zugrunde:[908] Die Klägerin verlangte Zahlung der Gesamtvergütung in Höhe der von ihr ermittelten Schlussrechnungssumme. Die Beklagte beauftragte die Klägerin mit Vertrag vom 09.07.2010 mit der Erweiterung eines Bürogebäudes um eine Wohneinheit. Die Klägerin führte die Arbeiten aus und forderte die Beklagte zur Abnahme auf. Diese lehnte die Beklagte mit Schreiben vom 21.02.2012 unter Bezugnahme auf zahlreiche Mängel ab und forderte die Klägerin am 22.05.2012 zu deren Beseitigung auf. Die Klägerin beseitigte einige Mängel und übersandte am 23.05.2013 die auf den 30.04.2013 datierte Schlussrechnung. Die Beklagte rügte weiterhin bestehende wesentliche Mängel und erklärte die Aufrechnung unter anderem mit einem Vorschussanspruch aus §§ 631, 633, 634 Nr. 2, 637 Abs. 1, Abs. 3 BGB. Die Klägerin erhob im Prozess die Einrede der Verjährung und trug vor, dass es deshalb auf eine Abnahme nicht mehr ankomme.

Weil die Beklagte nie endgültig auf die Abnahme verzichtet hatte, war das Vertragsverhältnis nicht schon deshalb in das Abrechnungsverhältnis übergegangen.[909] Daran solle auch die mögliche Verjährung des Erfüllungsanspruchs nichts ändern.[910] Der entscheidende Grund, der die Fälligkeit der Vergütung gebiete, liege hier nicht vor. Anders als in den anerkannten Fällen des Abrechnungsverhältnisses sei es dem Werkunternehmer rechtlich und tatsächlich möglich, den Anspruch des Bestellers zu erfüllen. Die begründete Erhebung der Einrede der Verjährung lasse den Anspruch nicht untergehen, sondern hindere nur dessen Durchsetzung, § 214 Abs. 1 BGB.[911] Der Anspruch bleibe dennoch erfüllbar.[912]

Der BGH führt hierzu weiter aus: *„Es verstößt nicht gegen Treu und Glauben, wenn der Werklohnanspruch des Unternehmers in einer solchen Situation nicht fällig wird. Aus den (...) bereits genannten Gründen kann der Unternehmer jederzeit die Fälligkeit herbeiführen, indem er die vorhandenen wesentlichen Mängel beseitigt. Es besteht keine Veranlassung, ihm dies nicht mehr zuzumuten, wenn er es über einen längeren Zeitraum unberechtigt unterlassen hat. Aus der Tatsache, dass der Besteller seinen Erfüllungsanspruch in dieser Zeit hat verjähren lassen, kann der Unternehmer im Hinblick auf*

---

908 BGH NJW 2020, 2270; vgl. *Schwab* JuS 2021, 455; Der Sachverhalt wurde erheblich vereinfacht.
909 BGH NJW 2020, 2270 (2271 Rn. 20).
910 BGH NJW 2020, 2270 (2271 Rn. 21).
911 BGH NJW 2020, 2270 (2271 Rn. 21).
912 BGH NJW 2020, 2270 (2271 Rn. 21).

seine Vergütung nichts zu seinen Gunsten ableiten. Der Besteller, der den Werklohn noch nicht (vollständig) gezahlt hat und der berechtigt eine Abnahme verweigert, ist nicht nach Treu und Glauben gehalten, Maßnahmen zur Verjährungshemmung zu ergreifen. Dies zeigt auch der Rechtsgedanke des § 215 I BGB; diese Vorschrift betrifft beiderseits fällige Ansprüche. Ihr liegt die Überlegung zugrunde, dass ein Schuldner, dem ein Gegenanspruch zusteht, kraft dessen er die Inanspruchnahme durch den Gläubiger erfolgreich abwehren kann, sich als hinreichend gesichert ansehen darf und durch die Verjährungsregeln nicht zur frühzeitigen Durchsetzung seiner Forderung im Wege der Aufrechnung oder Klageerhebung gedrängt werden soll. Das gilt ebenso und erst recht, wenn der Schuldner berechtigt die Abnahme verweigert und deshalb zu Recht davon ausgehen kann, dass ein Werklohnanspruch nicht fällig werden kann."[913]

f) Eröffnung des Insolvenzverfahrens über das Vermögen des Werkunternehmers

Schließlich entsteht allein durch den Eigeninsolvenzantrag des Werkunternehmers bzw. die Eröffnung des Insolvenzverfahrens über das Vermögen des Werkunternehmers kein Abrechnungsverhältnis.[914] Der BGH begründet seine Ansicht nicht. Im Ergebnis ist ihm aber zuzustimmen.[915]

Die Eröffnung des Insolvenzverfahrens lässt die beiderseitigen Ansprüche zunächst unberührt, bewirkt also noch keine Umgestaltung des Vertrages.[916] Sie nimmt den Vertragspartnern nur die Möglichkeit, ihre ausstehenden Erfüllungsansprüche durchsetzen zu können.[917] Der Insolvenzverwalter hat dann ein sog. „Erfüllungswahlrecht".[918] Ihm steht es also gemäß § 103 Abs. 1 InsO zu, anstelle des Schuldners den Vertrag noch zu erfüllen.

---

913 BGH NJW 2020, 2270 (2271 Rn. 24).
914 BGH NJW 2018, 697 (698 Rn. 28 f.); BeckOGK/*Seichter*, 01.07.2024, § 634 BGB Rn. 119; Messerschmidt/Voit/*Moufang/Koos* § 634 BGB Rn. 16.
915 Ebenso BeckOGK/*Seichter*, 01.07.2024, § 634 BGB Rn. 119; Messerschmidt/Voit/ *Moufang/Koos* § 634 BGB Rn. 16; Gartz NZBau 2018, 404 (405).
916 BGH NZI 2002, 375 (376); BGH NZI 2017, 60 (61 Rn. 16); Braun/*Fehl-Weileder* § 103 InsO Rn. 4; Messerschmidt/Voit/*Moufang/Koos* § 634 BGB Rn. 16.
917 BGH NZI 2002, 375 (376); BGH NZI 2017, 60 (61 Rn. 16); Braun/*Fehl-Weileder* § 103 InsO Rn. 4.
918 Braun/*Fehl-Weileder* § 103 InsO Rn. 38; vgl. BeckOGK/*Seichter*, 01.07.2024, § 634 BGB Rn. 119; zur Frage, ob das Abrechnungsverhältnis bei Ablehnung der Erfüllung

Auch § 41 Abs. 1 InsO, wonach nicht fällige Forderungen als fällig gelten, greift nicht. Dieser erfasst aufgrund seiner systematischen Stellung (äußere Systematik) nur Insolvenzforderungen, d.h. Ansprüche gegen den insolventen Schuldner, nicht aber Forderungen des Insolvenzschuldners gegen Dritte.[919]

Der Besteller kann dieses Ergebnis auch durch die Kündigung des Vertrages nicht umgehen.[920] Grundsätzlich kann es einen wichtigen Grund zur außerordentlichen Kündigung nach § 648a Abs. 1 S. 1 BGB darstellen, wenn der Werkunternehmer durch Stellung eines Eigeninsolvenzantrags die für die Fortführung des Vertragsverhältnisses erforderliche Vertrauensbasis zerstört.[921] Bisher hat der BGH nicht ausdrücklich entschieden, ob es infolge einer *insolvenzbedingten* Kündigung zu einem automatischen Übergang in das Abrechnungsverhältnis kommt.[922] Hier kann aber nichts anderes gelten als für jede andere Kündigung, die – wie oben beschrieben – den Vertrag gerade nur für die Zukunft beendet.[923] Sämtliche bis zur Kündigung erbrachten Leistungen müssen daher auch im Falle der Insolvenz bis zur Abnahme im Erfüllungsstadium bleiben.[924]

6. Bewertung der Rechtsprechung zum Abrechnungsverhältnis

Auf den ersten Blick scheint der BGH ein klares Ergebnis zu liefern: Solange der Anspruch des Bestellers aus § 631 Abs. 1 Hs. 1 BGB noch erfüllbar ist und der Besteller diesen auch nicht aufgegeben hat, kommt der Übergang des Vertragsverhältnisses in das Abrechnungsverhältnis nicht in Betracht.

Die durch die Rechtsprechung entwickelten Tatbestandsvoraussetzungen des Abrechnungsverhältnisses stoßen in der Literatur dennoch auf erheb-

---

durch den Insolvenzverwalter entsteht, s. jetzt auch OLG Oldenburg, ZfBR 2024, 420 (422 f.).

919 BGH NZI 2017, 60 Rn. 11; MüKoInsO/*Bitter* § 41 Rn. 4 f.
920 BGH NJW 2018, 697 m. Anm. *Voit* NJW 2018, 699 (700); BeckOGK/*Seichter*, 01.07.2024, § 634 BGB Rn. 119; *Gartz* NZBau 2018, 404 (405).
921 BeckOGK/*Seichter*, 01.07.2024, § 634 BGB Rn. 119; *Gartz* NZBau 2018, 404 (405).
922 BeckOGK/*Seichter*, 01.07.2024, § 634 BGB Rn. 119.
923 BGH NJW 2018, 697 m. Anm. *Voit* NJW 2018, 699 (700); BeckOGK/*Seichter*, 01.07.2024, § 634 BGB Rn. 119; *Gartz* NZBau 2018, 404 (405).
924 BGH NJW 2018, 697 m. Anm. *Voit* NJW 2018, 699 (700); BeckOGK/*Seichter*, 01.07.2024, § 634 BGB Rn. 119; *Gartz* NZBau 2018, 404 (405).

liche Kritik.[925] Es wird bemängelt, dass dem Abrechnungsverhältnis die „praktischen Konturen" fehlten,[926] dass der Tatbestand „unscharf" sei,[927] oder dass er „dogmatische Inkonsistenzen" enthalte.[928] Die folgenden Ausführungen zeigen, dass diese Kritik durchaus berechtigt ist.

a) Dogmatische Inkonsistenz des Tatbestandes

Die „dogmatische Inkonsistenz" des Tatbestandes – wie *Schwenker* eines der drei Hauptprobleme des Abrechnungsverhältnisses treffend umschreibt – hat der BGH durch seine oben erwähnten Urteile vom 19.01.2017 erst geschaffen.[929]

Bevor das Schuldrechtsmodernisierungsgesetz[930] in Kraft trat, standen dem Besteller auch ohne Abnahme bereits Mängelrechte nach Maßgabe des § 634 Abs. 1 S. 2 BGB a.F. zu.[931] Eine entsprechende Regelung enthält das BGB heute nicht mehr. Mit der Schuldrechtsmodernisierung entbrannte deshalb der Streit, ob die in § 634 BGB aufgezählten Rechte des Bestellers erst nach der Abnahme geltend gemacht werden können.[932] Den Gesetzesmaterialien zum Schuldrechtsmodernisierungsgesetz war hierzu keine eindeutige Aussage zu entnehmen.[933] Auch der BGH hatte diese Frage lange ausdrücklich offengelassen und erst in seinen drei Grundsatzentscheidungen vom 19.01.2017 geklärt.[934]

---

925 *Schwenker* NJW 2017, 1579 (1581); *Schmid/Senders* NZBau 2016, 474 (477 ff.); *Rodemann*, Das Abrechnungsverhältnis – Prozesslage oder Gestaltung?, FS Eschenbruch, 2019, 347 (353 ff.); *Schmitz*, Einige Gedanken zum Abrechnungsverhältnis, FS Leupertz, 2021, 651 (656 ff.).

926 *Schmitz*, Einige Gedanken zum Abrechnungsverhältnis, FS Leupertz, 2021, 651 (664).

927 *Schmid/Senders* NZBau 2016, 474 (480).

928 *Schwenker* NJW 2017, 1579 (1581).

929 BGH NJW 2017, 1604; BGH NJW 2017, 1607; BGH BauR 2017, 879.

930 Gesetz zur Modernisierung des Schuldrechts v. 26.11.2001 (BGBl. I S. 3138).

931 *Schwenker* NJW 2017, 1579.

932 *Schwenker* NJW 2017, 1579; ausführlich zum Streitstand *Jordan*, Der zeitliche Anwendungsbereich des allgemeinen Leistungsstörungsrechts und der besonderen Gewährleistungsrechte beim Kauf-, Werk- und Mietvertrag, S. 129 ff.

933 Begr. zu § 634 BGB, Gesetzentwurf aus der Mitte des Bundestages zur Modernisierung des Schuldrechts, BT-Drucks. 14/6040, S. 79 (S. 261 ff.).

934 Zul. offengelassen in BGH NJW 2013, 3022 (3023 Rn. 16); *Glöckner* LMK 2017, 392720.

aa) *Abnahme als Voraussetzung zur Geltendmachung der Mängelrechte aus*
   § 634 BGB

Dass die Mängelrechte des § 634 BGB grundsätzlich erst nach Abnahme
geltend gemacht werden können, begründet der BGH zutreffend mit dem
Wortlaut der §§ 634 Nr. 1, 635 BGB und der inneren Systematik des Gesetzes:

   „Bereits der Begriff „Nacherfüllung" in §§ 634 Nr. 1, 635 BGB spricht
dafür, dass die Rechte aus § 634 BGB erst nach der Herstellung zum Tragen
kommen sollen. Die Erfüllung des Herstellungsanspruchs aus § 631 I BGB
tritt bei einer Werkleistung regelmäßig mit der Abnahme ein, § 640 I BGB,
so dass erst nach Abnahme von „Nacherfüllung" gesprochen werden kann.
Aus dem nur für den Nacherfüllungsanspruch geltenden § 635 III BGB folgt,
dass zwischen dem auf Herstellung gerichteten Anspruch aus § 631 I BGB
und dem Nacherfüllungsanspruch Unterschiede bestehen. § 635 III BGB er-
öffnet dem Unternehmer bei der geschuldeten Nacherfüllung nach § 634 Nr. 1
BGB weitergehende Rechte als § 275 II und III BGB. Herstellungsanspruch
und Nacherfüllungsanspruch können demnach nicht nebeneinander beste-
hen. Dafür, dass die Abnahme die Zäsur zwischen Erfüllungsstadium und
der Phase darstellt, in der anstelle des Herstellungsanspruchs Mängelrechte
nach § 634 BGB geltend gemacht werden können, spricht zum einen die
Regelung in § 634 a II iVm I Nr. 1 und 2 BGB, wonach die Verjährung
von Mängelrechten in den meisten Fällen mit der Abnahme beginnt. Zum
anderen stellt die Abnahme auch im Übrigen eine Zäsur dar, da mit ihr
die Fälligkeit des Werklohns eintritt (§ 641 I BGB), die Leistungsgefahr auf
den Besteller übergeht (§ 644 I 1 BGB) und die Beweislast für das Vorliegen
von Mängeln sich umkehrt, soweit kein Vorbehalt nach § 640 II BGB erklärt
wird."[935]

bb) *Zirkelschluss der Rechtsprechung*

Wenn die Mängelrechte nach vorzugswürdiger Ansicht erst nach der Abnahme geltend gemacht werden können, führt das in Bezug auf das Abrechnungsverhältnis zu folgendem Problem: Das Abrechnungsverhältnis
soll unter anderem dadurch entstehen, dass der Besteller nur noch die Minderung erklärt. *Nachdem* das Vertragsverhältnisses in das Abrechnungsver-

---

935 BGH NJW 2017, 1604 (1606 Rn. 33 ff.).

hältnis übergegangen ist, sollen nach Auffassung des BGH die Mängelrechte ausnahmsweise auch ohne Abnahme geltend gemacht werden können.

Die Minderung ist nach §§ 631, 633, 634 Nr. 3 Var. 2, 638 BGB aber selbst ein Mängelrecht. Sie setzt ihrerseits voraus, dass die Abnahme oder der Übergang in das Abrechnungsverhältnis bereits stattgefunden hat. Könnte die Erklärung der Minderung durch den Besteller das Abrechnungsverhältnis begründen, wäre dieses „gleichzeitig Folge und Voraussetzung der Mängelrechte".[936] Der BGH unterliegt hier einem Zirkelschluss.[937]

Vor diesem Hintergrund ist auch die Aussage des BGH zweifelhaft, dass das Vorschussverlangen nach §§ 631, 633, 634 Nr. 2, 637 Abs. 1, Abs. 3 BGB den Übergang in das Abrechnungsverhältnis nicht bewirken könne, weil es nicht zum Erlöschen des Erfüllungsanspruchs führe. Das Vorschussverlangen kann das Abrechnungsverhältnis schon deshalb nicht begründen, ohne einem Zirkelschluss zu unterliegen, weil es – wie die Minderung – ein Mängelrecht ist.

b) *Wirksamkeit des eingewandten Anspruchs*

Die „tatbestandliche Unschärfe" des Abrechnungsverhältnisses äußert sich insbesondere in der Frage, ob der vom Besteller eingewandte Anspruch wirksam sein muss.[938] Die Minderungserklärung geht, wie gezeigt, mangels normativer Grundlage ins Leere.[939] Sie kann keine Rechtswirkungen erzeugen. Der Besteller bringt dadurch aber zum Ausdruck, dass er eine weitere Erfüllung durch den Werkunternehmer ablehnt.[940] Die Erklärung der Minderung könnte den Übergang in das Abrechnungsverhältnis nur dann bewirken, wenn es auf diesen Erklärungswert und gerade nicht auf die Wirksamkeit der Minderung ankäme.

---

936 *Glöckner* LMK 2017, 392720.

937 Ebenso *Glöckner* LMK 2017, 392720; *Schmitz*, Einige Gedanken zum Abrechnungsverhältnis, FS Leupertz, 2021, 651 (658); Bolz/Jurgeleit/*Friedhoff* § 12 VOB/B Rn. 292; andeutungsweise auch *Schwenker* NJW 2017, 1579 (1581); zum Begriff des Zirkelschlusses *Möllers,* Juristische Methodenlehre, § 5 Rn. 36 ff.

938 Dafür *Schettler* NZBau 2023, 432 (437); dagegen *Rodemann*, Das Abrechnungsverhältnis – Prozesslage oder Gestaltung?, FS Eschenbruch, 2019, 347 (356).

939 *Schmitz*, Einige Gedanken zum Abrechnungsverhältnis, FS Leupertz, 2021, 651 (658).

940 *Schmitz*, Einige Gedanken zum Abrechnungsverhältnis, FS Leupertz, 2021, 651 (658).

Der BGH hat hierzu bisher nicht ausdrücklich Stellung bezogen. Den Ausführungen des BGH kann auch im Übrigen nicht eindeutig entnommen werden, ob der vom Besteller eingewandte Anspruch tatsächlich bestehen muss. Einerseits stützt sich der BGH ausdrücklich auf das Erlöschen des Erfüllungsanspruchs, was die unberechtigt erklärte Minderung nicht bewirken könnte.[941] Andererseits erklärt er insbesondere in Bezug auf die Minderung: „Auch in diesem Fall *geht es [dem Besteller] nicht mehr* um den Anspruch auf die Leistung und damit um die Erfüllung des Vertrags."[942] Dasselbe Problem stellt sich beispielsweise, wenn der Besteller Schadensersatz statt der Leistung verlangt, ohne eine (nicht entbehrliche) Frist gesetzt zu haben.[943]

Die eben zitierte Aussage des BGH könnte darauf hindeuten, dass das Abrechnungsverhältnis primär auf der inneren Haltung des Bestellers gründet, das Erlöschen des Erfüllungsanspruchs also selbst im Falle der Minderungserklärung oder des Schadensersatzverlangens *nicht notwendige* Voraussetzung ist.[944]

Immerhin bewirkt auch das Vorschussverlangen nach §§ 631, 633, 634 Nr. 2, 637 Abs. 1, Abs. 3 BGB nicht das Erlöschen des Erfüllungsanspruchs, soll aber in Kombination mit der ernsthaften und endgültigen Erfüllungsverweigerung durch den Besteller trotzdem das Abrechnungsverhältnis herbeiführen.

c) *Wirkungsumfang des Abrechnungsverhältnisses – Reichweite des § 281 Abs. 4 BGB bei Mehrfachstörungen*

Dass dem Tatbestand des Abrechnungsverhältnisses die „praktischen Konturen" fehlen, lässt sich nicht zuletzt anhand folgenden Fallbeispiels erläutern:[945]

---

941 BGH NJW 2017, 1604 (1606 f. Rn. 44 f.); BGH NJW 2017, 1607 (1609 Rn. 45).

942 BGH NJW 2017, 1604 (1606 Rn. 44); BGH NJW 2017, 1607 (1609 Rn. 45); Hervorhebung der Verfasserin.

943 Hierzu jetzt auch Bolz/Jurgeleit/*Friedhoff* § 12 VOB/B Rn. 282 ff.

944 Bejahend *Rodemann*, Das Abrechnungsverhältnis – Prozesslage oder Gestaltung?, FS Eschenbruch, 2019, 347 (356).

945 Angelehnt an die Beispiele in *Schmitz*, Einige Gedanken zum Abrechnungsverhältnis, FS Leupertz, 2021, 651 (659 f.); *Rodemann*, Das Abrechnungsverhältnis – Prozesslage oder Gestaltung?, FS Eschenbruch, 2019, 347 (354).

Der Werkunternehmer W verlangt im September 2021 vom Besteller B die Abnahme des hergestellten Werkes sowie Bezahlung der vereinbarten Vergütung. Das Werk weist die jeweils wesentlichen Mängel M1 bis M4 auf, von denen bisher nur die Mängel M1 bis M3 erkennbar sind. B verweigert deshalb Abnahme und Zahlung. Er setzt dem Werkunternehmer unter Berufung auf die Mängel M1 bis M3 eine angemessene Frist und lässt diese Mängel nach erfolglosem Fristablauf durch einen Zweitunternehmer beseitigen. In Höhe der hierfür aufgewendeten Kosten verlangt er im Dezember 2021 Schadensersatz. W begleicht den Schaden. Seinen Aufforderungen zur Zahlung der Vergütung kommt B nicht nach. W erhebt deshalb Klage auf Zahlung gegen B. Vor der letzten mündlichen Verhandlung tritt im Juli 2022 der Mangel M4 auf. Wegen dieses Mangels verlangt B Erfüllung. Hat die Klage des W auf Zahlung der Vergütung Erfolg, weil das Vertragsverhältnis mit der Geltendmachung des Schadensersatzes statt der Leistung hinsichtlich der Mängel M1 bis M3 in das Abrechnungsverhältnis übergegangen ist?

Nach den bisherigen Ausführungen müsste das Abrechnungsverhältnis mit der Folge der Fälligkeit der Gesamtvergütung im Dezember 2021 entstanden sein:[946] Der Besteller machte gegenüber dem Werkunternehmer nach fruchtlosem Ablauf einer angemessenen Frist nur noch Schadensersatz statt der Leistung in Form des kleinen Schadensersatzes geltend. Die in a) und b) geschilderten Probleme stellen sich im Beispielsfall nicht. Der Anspruch auf Schadensersatz statt der Leistung stützt sich auf §§ 280 Abs. 1, Abs. 3, 281 Abs. 1 S. 1 BGB, also auf allgemeines Leistungsstörungsrecht. Das Schadensersatzverlangen des Bestellers war berechtigt.

Dieses Ergebnis mutet seltsam an, weil mit dem Erfüllungsverlangen im Juli 2022 die Voraussetzungen des Abrechnungsverhältnisses eigentlich nicht mehr vorliegen.[947] In Bezug auf den Tatbestand des Abrechnungsverhältnisses würde das bedeuten, dass dieser wie im Beispielsfall auf einer *„Momentaufnahme"* gründet, also einer Lage, die sich jederzeit wieder verändern kann.[948] Die Fälligkeit der Vergütung würde dadurch an eine Ausgangssituation anknüpfen, die sich ganz grundlegend von der der Abnahme

---

946 Ebenso *Schmitz*, Einige Gedanken zum Abrechnungsverhältnis, FS Leupertz, 2021, 651 (660); *Rodemann*, Das Abrechnungsverhältnis – Prozesslage oder Gestaltung?, FS Eschenbruch, 2019, 347 (354) jeweils in Bezug auf das von ihnen angeführte Fallbeispiel.

947 *Rodemann*, Das Abrechnungsverhältnis – Prozesslage oder Gestaltung?, FS Eschenbruch, 2019, 347 (354).

948 *Rodemann*, Das Abrechnungsverhältnis – Prozesslage oder Gestaltung?, FS Eschenbruch, 2019, 347 (354).

unterscheidet.[949] Während die Abnahme eine unumkehrbare Umgestaltung des Vertragsverhältnisses bewirkt, könnte das Abrechnungsverhältnis nur punktuell bejaht oder verneint werden.[950]

Soll das Verhalten des B im Dezember 2021 das Abrechnungsverhältnis tatsächlich begründen, führt das zu der Folgefrage, ob es mit der Geltendmachung des Erfüllungsanspruchs hinsichtlich des Mangels M4 wieder entfallen ist.[951] Die Auswirkung auf die Fälligkeit der Gesamtvergütung wäre unklar, beide denkbaren Optionen in jedem Fall befremdlich: Denn entweder müsste die Fälligkeit *endgültig* aufgrund eines *vorläufigen, veränderlichen* Zustandes eintreten oder die Gesamtvergütung dürfte nur so lange fällig sein, bis sich dieser vorläufige Zustand wieder verändert.[952] Gerade der zweite Ansatz wäre mit Rechtsunsicherheit und – wie der Beispielsfall zeigt – mit einem erheblichen prozessualen Risiko für den Werkunternehmer verbunden. Überdies wäre insbesondere fraglich, welche Folge das für die Verjährung der Werklohnforderung hätte.[953]

Richtigerweise dürfte das Abrechnungsverhältnis schon im Dezember 2021, also bereits anfänglich nicht entstanden sein, was seinem Tatbestand im Sinne der Rechtsprechung aber nicht eindeutig entnommen werden kann.[954] Die in § 281 Abs. 4 BGB vorgesehene Rechtsfolge steht in systematischem Zusammenhang zu § 281 Abs. 1 S. 1 BGB (innere Systematik).[955] § 281 Abs. 1 S. 1 BGB besagt, dass der Gläubiger nach fruchtlosem Ablauf einer angemessenen Frist nur *insoweit* Schadensersatz verlangen kann, als der Schuldner die fällige Leistung nicht oder nicht wie geschuldet erbringt. Der Anspruch auf Schadensersatz statt der Leistung dient damit der Kom-

---

949 *Rodemann*, Das Abrechnungsverhältnis – Prozesslage oder Gestaltung?, FS Eschenbruch, 2019, 347 (354).
950 *Rodemann*, Das Abrechnungsverhältnis – Prozesslage oder Gestaltung?, FS Eschenbruch, 2019, 347 (354).
951 *Rodemann*, Das Abrechnungsverhältnis – Prozesslage oder Gestaltung?, FS Eschenbruch, 2019, 347 (354).
952 Vgl. *Rodemann*, Das Abrechnungsverhältnis – Prozesslage oder Gestaltung?, FS Eschenbruch, 2019, 347 (354).
953 *Rodemann*, Das Abrechnungsverhältnis – Prozesslage oder Gestaltung?, FS Eschenbruch, 2019, 347 (354).
954 I.E. ebenso *Schmitz*, Einige Gedanken zum Abrechnungsverhältnis, FS Leupertz, 2021, 651 (660) in Bezug auf das von ihm angeführte Fallbeispiel; vgl. *Jürgens* BauR 2022, 1695 (1701 f.).
955 BGH NJW 2021, 464 (465 Rn. 17).

pensation einzelner, konkreter Leistungsstörungen.[956] In der nach § 281 Abs. 1 S. 1 BGB erforderlichen Fristsetzung müssen deshalb die bestimmten Leistungsdefizite benannt werden, die innerhalb der Frist behoben werden sollen.[957] Nach erfolglosem Fristablauf darf berechtigterweise Schadensersatz statt der Beseitigung ebendieser Defizite verlangt werden. Nur *insoweit* kann dann aber auch der Anspruch auf Leistung nach § 281 Abs. 4 BGB ausgeschlossen sein.[958] Im Übrigen muss das Erfüllungsstadium fortbestehen.[959]

Übertragen auf den Beispielsfall bedeutet das: Aus der Erklärung des B war nur abzuleiten, dass er *in Bezug auf die Mängel M1 bis M3* Schadensersatz statt der Leistung in Form des kleinen Schadensersatzes verlangte. Das Schadensersatzverlangen des B konnte dementsprechend aber auch nur insoweit zum Erlöschen des Erfüllungsanspruchs führen.[960] Die parallele Problematik würde sich gleichermaßen stellen, wenn B hinsichtlich der Mängel M1 und M3 die Minderung erklärt hätte. Abgesehen vom hier zusätzlich bestehenden Zirkelschluss beschränkt sich die Gestaltungswirkung der – genau genommen rechtlich unerheblichen – Minderungserklärung auf die darin bezeichneten Mängel.[961]

Der Vertrag und damit auch der Erfüllungsanspruch bleiben dementsprechend im Übrigen unberührt – mit der Folge, dass für das Abrechnungsverhältnis kein Raum ist.[962] Der BGH scheint sich vor diesem Hintergrund selbst zu widersprechen, wenn er für den Übergang in das Ab-

---

956 Kniffka/Koeble/Jurgeleit/Sacher/*Jurgeleit* Teil 5 Rn. 387; *Jürgens* BauR 2022, 1695 (1701).

957 BGH NJW 2016, 2493 (2494 Rn. 14) m.w.N. für die Fristsetzung nach § 323 Abs. 1 BGB; *Jürgens* BauR 2022, 1695 (1701); MüKoBGB/*Ernst* § 281 Rn. 43.

958 *Jürgens* BauR 2022, 1695 (1701).

959 Kniffka/Koeble/Jurgeleit/Sacher/*Jurgeleit* Teil 5 Rn. 13, Rn. 387 f.; *Jürgens* BauR 2022, 1695 (1701); *Jürgens* BauR 2021, 1033 (1038); vgl. MüKoBGB/*Busche* § 634 Rn. 44.

960 Ebenso *Schmitz*, Einige Gedanken zum Abrechnungsverhältnis, FS Leupertz, 2021, 651 (660) in Bezug auf das von ihm angeführte Fallbeispiel.

961 MüKoBGB/*Busche* § 638 Rn. 3, Rn. 14; *Jürgens* BauR 2022, 1695 (1700).

962 MüKoBGB/*Busche* § 638 Rn. 3, Rn. 14; *Jürgens* BauR 2022, 1695 (1700); a.A. *Schettler* NZBau 2013, 432 (437 ff.), der gestützt auf die Reichweite des § 281 Abs. 4 BGB eine Aufspaltung des Abrechnungsverhältnisses in einzelne Mängel befürwortet. Dieses „beschränkte" Abrechnungsverhältnis will er aber wiederum für die Fälligkeit der Vergütung nicht ausreichen lassen. Vielmehr soll die Fälligkeit der Vergütung nur an die ernsthafte und endgültige Abnahmeverweigerung gekoppelt sein, „soweit ihr der Inhalt entnommen werden kann, dass die Herstellungsphase insgesamt beendet sein soll."

rechnungsverhältnis einerseits auf das Schadensersatzverlangen bzw. die Minderungserklärung abstellt, dieses aber andererseits nur annehmen will, wenn beim Besteller *allein* auf Geldzahlung gerichtete Ansprüche (d.h. keinerlei Erfüllungsansprüche mehr) bestehen. Anders wäre das nur, wenn der BGH das Schadensersatzverlangen und die Minderungserklärung nur dann genügen lassen will, wenn ein Erklärungsverhalten des Bestellers hinzutritt, aus dem entnommen werden kann, dass der Besteller auch in Bezug auf noch unbekannte Mängel auf jegliche Erfüllung verzichtet.[963] Das würde die unter b) aufgestellte Vermutung, dass es für den Übergang in das Abrechnungsverhältnis im Grunde ausschließlich auf die innere Haltung des Bestellers ankommt, bestätigen. Die Formulierung, die der BGH unter anderem in seinen Entscheidungen vom 19.01.2017 wählte, nämlich dass der Besteller *„nur noch"* Schadensersatz statt der Leistung geltend machen bzw. die Minderung erklären darf, deutet darauf hin. Anders als im Zusammenhang mit dem Vorschussverlangen nach §§ 631, 633, 634 Nr. 2, 637 Abs. 1, Abs. 3 BGB, bei dem er die zusätzlich erforderliche ernsthafte und endgültige Abnahmeverweigerung explizit erwähnt, äußert sich der BGH hierzu aber nicht eindeutig.

II. Zulässigkeit der Rechtsfortbildung zum Abrechnungsverhältnis

Die Ausführungen zeigen, dass der Tatbestand des Abrechnungsverhältnisses zirkelschlüssig und im Detail unklar ist. Das führt zu erheblichen Anwendungsschwierigkeiten und zu Rechtsunsicherheit in der werk- und bauvertragsrechtlichen Praxis.

Es drängt sich deshalb die Frage auf, ob die Rechtsfigur des Abrechnungsverhältnisses zur Regelung der hierunter gefassten Sachverhalte notwendig ist und – wenn ja –, ob sich dafür eine dogmatische Stütze im Gesetz finden lässt.

Festzustellen ist zu diesem Zweck zunächst, ob die Zivilgerichte mit der Rechtsfigur des Abrechnungsverhältnisses das Recht nur auslegen, oder ob sie damit bereits Rechtsfortbildung betreiben. Anders als mit der Auslegung greift die Rechtsprechung durch Rechtsfortbildung in den Kompetenzbereich der Legislative ein.[964] Während die Auslegung – egal ob vertretbar oder nicht – keiner besonderen Legitimationsgrundlage bedarf,

---

963 Ebenso *Jürgens* BauR 2022, 1695 (1702).
964 *Wank*, Juristische Methodenlehre, § 15 Rn. 2.

sind der Zulässigkeit von Rechtsfortbildung Schranken gesetzt, um einen kompetenzwidrigen Übergriff zu vermeiden.[965]

Bemerkenswert ist, dass der BGH selbst in seinem ersten Urteil zum Abrechnungsverhältnis nicht einmal den Ansatz einer dogmatischen Begründung für seine Entscheidung lieferte. Auch in Folgeurteilen sucht man danach bis heute vergebens.[966] Nur sehr vereinzelt findet sich beispielsweise in einer Entscheidung des OLG Brandenburg der Versuch einer Herleitung.[967] Eine methodische Auseinandersetzung mit dem Rechtsinstitut des Abrechnungsverhältnisses ist aber auch hier nicht erfolgt.

1. Abgrenzung von Auslegung und Rechtsfortbildung

a) *Abgrenzungskriterium*

Die Grenze zwischen Auslegung und Rechtsfortbildung ist oft fließend und deshalb mitunter schwer zu bestimmen. Es bedarf deshalb eines eindeutigen Abgrenzungskriteriums, anhand dessen der Übergang in das Stadium der Rechtsfortbildung festgemacht werden kann.

aa) *Wortsinngrenze*

Von der herrschenden Meinung wird hierfür der „mögliche Wortsinn in der Umgangssprache" herangezogen, sog. *„Wortsinngrenze".*[968]

Innerhalb des möglichen Wortsinns handelt es sich um Auslegung, außerhalb um Rechtsfortbildung. Als Begründung führen *Larenz/Canaris* an, es lasse sich keine andere Grenze zwischen Auslegung und gesetzesergänzender oder -umbildender Rechtsfortbildung finden als die des sprachlich

---

965 *Wank,* Juristische Methodenlehre, § 15 Rn. 2.
966 Vgl. nur BGH NJW 2002, 3019 (3020); BGH NJW 2003, 288; BGH NJW 2005, 2771 (2772); BGH NJW 2017, 1604 (1606 Rn. 44); BGH NJW 2017, 1607 (1609 Rn. 45); BGH NJW 2020, 2270 (2271 Rn. 19); BGH ZWE 2021, 282 (285 Rn. 27).
967 OLG Brandenburg NJW-RR 2013, 23, das sich – jedoch ohne Begründung – auf § 242 BGB stützt.
968 *Bydlinski,* Juristische Methodenlehre und Rechtsbegriff, S. 441, S. 467 ff.; *Larenz/Canaris,* Methodenlehre der Rechtswissenschaft, S. 143 f.; *Fikentscher,* Methoden des Rechts, Bd. III, S. 690; *Fikentscher,* Methoden des Rechts, Bd. IV, S. 294 ff.; *Zippelius,* Juristische Methodenlehre, § 10 VI., S. 51; *Looschelders/Roth,* Juristische Methodik, S. 66 ff.

möglichen Wortsinns.[969] *Bydlinski* hält die Bindung an den Wortlaut unter anderem aus Gründen der Rechtsklarheit für zwingend.[970]

bb) *Gesetzessinngrenze*

Gegen die Wortsinngrenze äußert *Wank* sowohl linguistische als auch juristische Bedenken.[971] Er kritisiert, dass es keine Wortbedeutung unabhängig von ihrem Kontext gebe.[972] Juristisch bedeutsam könne nur die *juristisch-fachsprachliche, teleologische Wortbedeutung* sein. Das sei „der Sinn, den der Ausdruck zur Verfolgung eines bestimmten Regelungsziels in der juristischen Fachsprache in einem bestimmten Kontext hat."[973] Letztlich sei aber auch nicht der objektiv-teleologische Gesetzestext selbst bedeutsam, sondern der Normtext in seiner Interpretation durch Rechtsprechung und Literatur. Die Sinnabweichung vom so verstandenen Rechtssatz stelle Rechtsfortbildung dar, sog. „*Gesetzessinn-*" oder „*Normsinngrenze*".[974]

Ähnlich könnte das mittlerweile auch das Bundesverfassungsgericht sehen. Noch im Jahr 2015 äußerte es sich wie folgt: „Die Möglichkeit einer verfassungskonformen Auslegung endet [...] dort, wo sie mit dem Wortlaut und dem klar erkennbaren Willen des Gesetzgebers in Widerspruch träte."[975] In einem Beschluss aus dem Jahr 2018 erwähnte das Bundesverfassungsgericht den Wortlaut als Grenze der Auslegung dagegen nicht mehr ausdrücklich: „Ein Normverständnis, das im Widerspruch zu dem klar erkennbar geäußerten Willen des Gesetzgebers steht, kann auch im Wege der verfassungskonformen Auslegung nicht begründet werden."[976]

---

969 *Larenz/Canaris,* Methodenlehre der Rechtswissenschaft, S. 144.
970 *Bydlinski,* Juristische Methodenlehre und Rechtsbegriff, S. 470 f.
971 *Wank,* Juristische Methodenlehre, § 7 Rn. 61 ff., § 15 Rn. 15 ff.; *Wank/Maties,* Die Auslegung von Gesetzen, § 5, S. 43 ff.; *Wank* RdA 1987, 129 (131 f.); *Wank,* Die juristische Begriffsbildung, S. 24 ff.
972 *Wank,* Juristische Methodenlehre, § 15 Rn. 15.
973 *Wank,* Juristische Methodenlehre, § 15 Rn. 15.
974 *Wank,* Juristische Methodenlehre, § 15 Rn. 15; *Wank* RdA 1987, 129 (134); ähnlich *Reimer,* Juristische Methodenlehre, Rn. 553.
975 BVerfG NVwZ 2015, 510 (515 Rn. 86) m.w.N.
976 BVerfG NJW 2018, 1935 (1950 Rn. 150) m.w.N.

b) Das Abrechnungsverhältnis als Rechtsfortbildung

Einer besonderen Legitimationsgrundlage für das Abrechnungsverhältnis bedürfte es nicht, wenn dessen Tatbestandsmerkmale nichts anderes sind als konkludente Abnahmen. Dann würde der BGH weder die Wortsinn- noch die Gesetzessinngrenze überschreiten, das Recht also nicht fortbilden, sondern nur auslegen. In diesem Fall würde es sogar zu weit führen, das Abrechnungsverhältnis als eigene Rechtsfigur zu bezeichnen.

Es wird vertreten, dass sowohl in der Geltendmachung von Schadensersatz statt der Leistung als auch in der Erklärung der Minderung stets die konkludente Abnahme der Werkleistung liegt.[977] Diese soll unter dem Vorbehalt der Gewährleistungsansprüche i.S.d. § 640 Abs. 3 BGB für die Mängel stehen, auf die der Besteller den Schadensersatzanspruch oder die Minderungserklärung stützt.[978] Die konkludente Abnahme soll auch in der Mängelbeseitigung im Wege der Ersatzvornahme zu sehen sein.[979] Schließlich soll sogar in jeder endgültigen Abnahmeverweigerung, die mit der Nutzung des Werkes einhergeht, eine konkludente Abnahme liegen.[980] Verantwortlich dafür soll das mit der Nutzung zum Ausdruck kommende Behaltenwollen der Leistung sein, das als das wirklich Gewollte der hierzu widersprüchlichen ausdrücklichen Abnahmeverweigerung des Bestellers vorgehen müsse.[981]

Ob das Verhalten des Bestellers als konkludente Abnahme ausgelegt werden kann, ist, wie im ersten Kapitel beschrieben, stets eine Frage des Einzelfalls.[982] Wer in jedem Behaltenwollen und in jeder Inbenutzungnahme (die auch im Falle des Schadensersatzverlangens, der Minderungserklärung und der Ersatzvornahme regelmäßig gegeben sein wird) unabhängig von den Beweggründen und Begleitumständen die konkludente Billigung der Leistung sieht, nimmt eine zu pauschale Betrachtung vor.[983] Richtigerweise hatte der BGH deshalb beispielsweise im eingangs erwähnten ersten Urteil zum Abrechnungsverhältnis aus dem Jahr 1978 die konkludente Abnahme

---

977 *Von Hartmann,* ZfBR 2006, 737 (739).
978 *Von Hartmann,* ZfBR 2006, 737 (739).
979 *Sonntag,* NJW 2009, 3084 (3085).
980 *Leitzke* BauR 2009, 146 (148).
981 *Leitzke* BauR 2009, 146 (148).
982 Dazu S. 42.
983 Jedes dem Abrechnungsverhältnis zugrunde liegende Bestellerverhalten als konkludente Abnahme auszulegen, lehnen *Schmid/Senders,* NZBau 2016, 474 (480) ebenfalls ab.

trotz der Inbenutzungnahme der Leistung abgelehnt.[984] Die Besteller hatten hier das Bürogebäude nur deshalb bezogen, weil drohende Mietausfälle abgewendet werden sollten. In einem solchen Fall darf ein verständiger Werkunternehmer nicht auf die konkludente Billigung der Leistung schließen.[985]

Es würde außerdem zu weit führen, in den Fällen einer ausdrücklichen Abnahmeverweigerung die konkludente Abnahme des Werkes anzunehmen. Entscheidend ist nicht das wirklich Gewollte – wobei ohnehin fraglich ist, ob das tatsächlich die Billigung der Leistung ist –, sondern die normative Erklärungsbedeutung. Rügt der Besteller Mängel und verbindet das mit der endgültigen Abnahmeverweigerung kann ein verständiger Werkunternehmer trotz des Behaltenwollens und/oder der Inbenutzungnahme kaum auf die Billigung der Leistung schließen.[986] Etwas anderes kann nur in den Fällen gelten, in denen die Abnahme erst nach Ablauf des dem Besteller zuzubilligenden Prüfungszeitraums verweigert wird.

Es sind vereinzelte Sachverhalte denkbar, in denen das Behalten bzw. Inbenutzungnehmen des Werkes verbunden mit einem Schadensersatzverlangen, der Minderungserklärung oder der Ersatzvornahme noch als konkludente Abnahme ausgelegt werden kann. Regelmäßig wird es in solchen Konstellationen aber an der rechtsgeschäftlichen Abnahme fehlen. Nur diese Fälle fasst der BGH, wie schon das eben erwähnte Urteil aus dem Jahr 1978 zeigt, unter den Begriff des Abrechnungsverhältnisses.

Mit dem Rechtsinstitut des Abrechnungsverhältnisses lassen die Zivilgerichte demnach die Fälligkeit der Vergütung abweichend vom Regelungsgehalt des § 641 Abs. 1 S. 1 BGB ohne die erklärte rechtsgeschäftliche Abnahme eintreten. Sie verzichten nicht nur auf das Erfordernis der körperlichen Entgegennahme, sondern insbesondere auch auf die entsprechend dem Sinn und Zweck des § 641 Abs. 1 S 1 BGB notwendige Billigung der Leistung durch den Besteller. Hierin liegt eine Überschreitung sowohl der Wortsinn- also auch der Gesetzessinngrenze.

Bei der Rechtsfigur des Abrechnungsverhältnisses handelt es sich um Rechtsfortbildung. Sie bedarf deshalb einer besonderen Legitimationsgrundlage.

---

984 BGH NJW 1979, 549 (550).
985 Zur konkludenten Abnahme durch Inbenutzungnahme im Falle der Ausübung der Schadensminderungsobliegenheit S. 43.
986 Zum Verhältnis von konkludenter Abnahme und ausdrücklicher Abnahmeverweigerung S. 45.

2. Zulässigkeit von Rechtsfortbildung im Allgemeinen

Zunächst ist festzuhalten, dass die rechtsprechende Gewalt zur Rechtsfortbildung grundsätzlich befugt ist.[987] In der *Soraya*-Entscheidung führte das Bundesverfassungsgericht hierzu aus: *„Die traditionelle Bindung des Richters an das Gesetz, ein tragender Bestandteil des Gewaltentrennungsgrundsatzes und damit der Rechtsstaatlichkeit, ist im Grundgesetz jedenfalls der Formulierung nach dahin abgewandelt, daß die Rechtsprechung an „Gesetz und Recht" gebunden ist (Art. 20 Abs. 3). [....] Die Formel hält das Bewußtsein aufrecht, daß sich Gesetz und Recht zwar faktisch im allgemeinen, aber nicht notwendig und immer decken. Das Recht ist nicht mit der Gesamtheit der geschriebenen Gesetze identisch. Gegenüber den positiven Satzungen der Staatsgewalt kann unter Umständen ein Mehr an Recht bestehen, das seine Quelle in der verfassungsmäßigen Rechtsordnung als einem Sinnganzen besitzt und dem geschriebenen Gesetz gegenüber als Korrektiv zu wirken vermag; es zu finden und in Entscheidungen zu verwirklichen, ist Aufgabe der Rechtsprechung. [...] Richterliche Tätigkeit besteht nicht nur im Erkennen und Aussprechen von Entscheidungen des Gesetzgebers. Die Aufgabe der Rechtsprechung kann es insbesondere erfordern, Wertvorstellungen, die der verfassungsmäßigen Rechtsordnung immanent, aber in den Texten der geschriebenen Gesetze nicht oder nur unvollkommen zum Ausdruck gelangt sind, in einem Akt des bewertenden Erkennens, dem auch willenhafte Elemente nicht fehlen, ans Licht zu bringen und in Entscheidungen zu realisieren."[988]*

3. Gesetzesanalogie zu § 641 Abs. 1 S. 1 BGB

Das Abrechnungsverhältnis könnte auf eine Gesetzesanalogie zu § 641 Abs. 1 S. 1 BGB oder zu § 162 Abs. 1 BGB gestützt werden. Denkbar wäre außerdem eine Rechtsanalogie zu beiden Vorschriften.

Unter der analogen Anwendung einer Bestimmung versteht man die Erstreckung von Rechtsfolgen einer Norm mit anderen Tatbestandsvorausset-

---

[987] *Wank*, Juristische Methodenlehre, § 15 Rn. 24; *Rüthers/Fischer/Birk*, Rechtstheorie, Rn. 823.
[988] BVerfGE 34, 269 (286 f.).

zungen auf einen vergleichbaren ungeregelten Sachverhalt.[989] Der Analogie liegt die Annahme zugrunde, dass die zu entscheidende der gesetzlich geregelten Interessenlage derart ähnlich ist, dass der Gesetzgeber die gesetzliche Regelung auch auf den ungeregelten Sachverhalt anwenden würde.[990] Die generelle Zulässigkeit des Analogieschlusses ergibt sich aus dem in Art. 3 Abs. 1 GG verankerten Gleichbehandlungsgrundsatz: Wenn der Gesetzgeber nur einen Sachverhalt geregelt hat und für einen anderen Sachverhalt mit gleichgelagerter Interessenkonstellation eine gesetzliche Regelung fehlt, soll letzterer nach denselben gesetzlichen Wertungen entschieden werden.[991]

Aus diesem Gedanken lassen sich die methodischen Vorgaben an eine zulässige Analogiebildung ableiten, die im Folgenden zu prüfen sind: Das sind namentlich die Analogiefähigkeit der herangezogenen Norm (a), das Vorliegen einer Lücke (b) und die vergleichbare Interessenlage zwischen gesetzlich geregeltem und nicht geregeltem Fall (c).[992]

Während bei einer *Gesetzesanalogie* eine einzelne Vorschrift als Legitimationsgrundlage herangezogen wird, stützt sich die *Rechtsanalogie* auf eine Reihe von Bestimmungen, denen ein gemeinsamer gesetzgeberischer Grundgedanke entnommen und auf den nicht geregelten Fall angewendet werden kann.[993]

Die Betrachtung soll sich zunächst auf BGB-Werk- und Bauverträge beschränken. Ob sich das für diese Verträge gefundene Ergebnis durch die Einbeziehung der VOB/B ändert, wird danach gesondert behandelt.[994]

Als die sachnähere Vorschrift wird zuerst § 641 Abs. 1 S. 1 BGB auf seine Tauglichkeit als Legitimationsgrundlage hin untersucht.

---

989 *Reimer*, Juristische Methodenlehre, Rn. 555; *Rüthers/Fischer/Birk*, Rechtstheorie, Rn. 889.
990 *Rüthers/Fischer/Birk*, Rechtstheorie, Rn. 889.
991 *Rüthers/Fischer/Birk*, Rechtstheorie, Rn. 889; *Reimer*, Juristische Methodenlehre, Rn. 559.
992 *Wank*, Juristische Methodenlehre, § 15 Rn. 121; *Reimer*, Juristische Methodenlehre, Rn. 562.
993 *Wank*, Juristische Methodenlehre, § 15 Rn. 112; *Bydlinski*, Juristische Methodenlehre und Rechtsbegriff, S. 477; Teilweise ist auch die Rede von „Einzel-" und „Gesamtanalogie", vgl. *Möllers*, Juristische Methodenlehre, § 6 Rn. 94 ff.
994 Dazu S. 288 ff.

a) *Analogiefähigkeit des § 641 Abs. 1 S. 1 BGB*

Die untersuchte Bestimmung ist analogiefähig, wenn kein Analogieverbot besteht.[995] Da die Rechtsfortbildung durch Analogie, wie gezeigt, grundsätzlich zulässig ist, bedarf ein Analogieverbot der besonderen Rechtfertigung.[996] Es besteht, „wenn das Gesetz ausdrücklich oder doch dem Sinne nach sagt, eine bestimmte Rechtsfolge solle „nur" in den durch das Gesetz bestimmten Fällen eintreten."[997]

Das gilt umso mehr vor dem Hintergrund, dass ein Analogieverbot entgegen dem Gleichbehandlungsgebot dazu zwingt, rechtsähnliche Sachverhalte verschieden zu behandeln.[998] Das kann allenfalls aus Gründen der Rechtssicherheit geboten sein.[999]

§ 641 Abs. 1 S. 1 BGB legt nicht ausdrücklich fest, dass die Fälligkeit der Vergütung *nur* an die erklärte Abnahme geknüpft sein soll. Auch dem unmittelbaren Normumfeld ist eine entsprechende Aussage nicht zu entnehmen. Auf das Fehlen eines Analogieverbots deutet insbesondere die Abnahmefiktion aus § 640 Abs. 2 S. 1 BGB hin. Das Gesetz selbst sieht hier die Erstreckung der Rechtsfolge des § 641 Abs. 1 S. 1 BGB auf einen Sachverhalt vor, bei dem die Abnahme gerade nicht erklärt worden ist. Dass es sich dabei nicht um die einzige zugelassene Ausnahme zu dem in § 641 Abs. 1 S. 1 BGB aufgestellten Grundsatz handeln soll, verdeutlicht der Wortlaut des § 640 Abs. 2 S. 1 BGB. Die Formulierung, wonach ein Werk *auch* als abgenommen gilt, wenn (...), mag auf den ersten Blick unglücklich gewählt sein, weil das Gesetz keine weitere Abnahmefiktion vorsieht. Ihr kann aber entnommen werden, dass der Gesetzgeber bei der Neuformulierung der Abnahmefiktion in § 640 Abs. 2 S. 1 BGB weitere Fälle, in denen die Fälligkeit der Vergütung ohne Abnahme eintritt, vor Augen gehabt haben muss. Das Einfügen des Wortes „auch" in § 640 Abs. 2 S. 1 BGB zeigt, dass die gesetzlich vorgesehene Abnahmefiktion nicht die einzig denkbare „Auflockerung" der strengen Bindung von Abnahme und

---

995 *Wank*, Juristische Methodenlehre, § 15 Rn. 121; *Reimer*, Juristische Methodenlehre, Rn. 563.

996 *Reimer*, Juristische Methodenlehre, Rn. 563; vgl. *Canaris*, Die Feststellung von Lücken im Gesetz, S. 183.

997 *Larenz* NJW 1965, 1 (5); vgl. *Canaris*, Die Feststellung von Lücken im Gesetz, S. 184.

998 *Canaris*, Die Feststellung von Lücken im Gesetz, S. 183.

999 *Canaris*, Die Feststellung von Lücken im Gesetz, S. 183 f.

Fälligkeit sein soll. Ein erhebliches Bedürfnis nach Rechtssicherheit, das zu einem anderen Ergebnis führen könnte, ist nicht erkennbar.

An der Analogiefähigkeit der Norm bestehen daher keine Zweifel.

b) *Lücke*

Unter einer „Lücke" – der zweiten Voraussetzung eines zulässigen Analogieschlusses – wird die *planwidrige Unvollständigkeit* des Gesetzes, gemessen am Maßstab der gesamten geltenden Rechtsordnung, verstanden.[1000] Man könnte die „Lücke" deshalb auch als die „unbefriedigende Unvollständigkeit innerhalb des Rechtsganzen" bezeichnen.[1001] Planwidrig meint an dieser Stelle so viel wie „gegen den gesetzgeberischen Wertungsplan".[1002] Abzugrenzen ist dabei von der gewollten, d.h. planmäßigen Nichtregelung, dem sog. „beredten Schweigen" des Gesetzes.[1003]

aa) *Vorgehen bei der Lückenfeststellung und Lückenarten*

(1) *Zweistufige Prüfung*

Ob in Bezug auf die Tatbestandsvarianten, die den Übergang des Vertragsverhältnisses in das Abrechnungsverhältnis und damit die Fälligkeit der Gesamtvergütung ohne rechtsgeschäftliche Abnahme begründen sollen, eine Lücke gegeben ist, ist zweistufig zu prüfen. Auf der *„ersten Stufe der Lückenfeststellung"* steht die Frage, ob es überhaupt an einer Regelung fehlt. Dabei darf sich die Betrachtung nicht darauf beschränken, ob der konkrete Sachverhalt unter keinen Tatbestand einer Norm subsumiert werden kann.[1004] Gleichermaßen muss zusätzlich die Rechtsfolgenseite einbezogen

---

1000 *Canaris*, Die Feststellung von Lücken im Gesetz, S. 17, S. 39; *Engisch*, Einführung in das juristische Denken, Kap. VII. I., S. 199 ff.; *Bydlinski*, Juristische Methodenlehre und Rechtsbegriff, S. 473; *Rüthers/Fischer/Birk*, Rechtstheorie, Rn. 832; *Wank*, Juristische Methodenlehre, § 15 Rn. 49.

1001 *Engisch*, Einführung in das juristische Denken, Kap. VII. I., S. 199.

1002 Vgl. *Rüthers/Fischer/Birk*, Rechtstheorie, Rn. 834 ff.

1003 *Canaris*, Die Feststellung von Lücken im Gesetz, S. 39 f.; *Rüthers/Fischer/Birk*, Rechtstheorie, Rn. 838; *Larenz/Canaris*, Methodenlehre der Rechtswissenschaft, S. 191.

1004 *Looschelders/Roth*, Juristische Methodik, S. 221.

werden.[1005] Zu untersuchen ist daher, ob es eine gesetzliche Vorschrift gibt, nach der die Gesamtvergütung unmittelbar – d.h., ohne dass weitere Schritte zur Fälligstellung erforderlich sind – bei Eintreten des Abrechnungsverhältnisses i.S.d. Definition der Rechtsprechung fällig wird.

Wird die Unvollständigkeit des Gesetzes bejaht, ist auf der *„zweiten Stufe der Lückenfeststellung"* zu ermitteln, ob die Regelung planwidrig unterblieben ist.

Enthält das Gesetz eine Lücke, richtet sich die Weite des richterlichen Beurteilungsspielraums nach der Art der festgestellten Lücke.[1006] Zu unterscheiden sind Normlücken (2), Rechts- und Gebietslücken (3) sowie Gesetzeslücken (4).

(2) *Normlücken*

Eine sog. *Normlücke* besteht, wenn die Normstruktur unvollständig ist, wenn also ein notwendiger Bestandteil der gesetzlichen Regelung fehlt.[1007] Der Richter hat hier nur die ungeregelte Frage zu beantworten.[1008] Eine solche Normlücke kommt nicht in Betracht. § 641 Abs. 1 S. 1 BGB ist eine hinsichtlich ihrer Normstruktur in sich vollständige Bestimmung und daher ohne Ergänzung anwendbar.

(3) *Rechts- und Gebietslücken*

Eine *Rechts- und Gebietslücke* läge vor, wenn die Rechtsordnung im Ganzen unvollständig ist, weil sie einen regelungsbedürftigen Lebensbereich insgesamt gesetzlich ungeregelt lässt.[1009] Das Gesetz enthält mit § 640 Abs. 2 BGB eine Bestimmung, die das Verhältnis von Werkunternehmer und Besteller für den Fall der Uneinbringlichkeit der Abnahmeerklärung regeln soll. Eine Rechts- und Gebietslücke ist vor diesem Hintergrund zu verneinen.

1005 *Looschelders/Roth*, Juristische Methodik, S. 221.
1006 *Rüthers/Fischer/Birk*, Rechtstheorie, Rn. 884.
1007 *Rüthers/Fischer/Birk*, Rechtstheorie, Rn. 847; *Canaris*, Die Feststellung von Lücken im Gesetz, S. 59 f.; *Larenz/Canaris*, Methodenlehre der Rechtswissenschaft, S. 193; *Fikentscher*, Methoden des Rechts, Bd. III, S. 719.
1008 *Canaris*, Die Feststellung von Lücken im Gesetz, S. 59 f.; *Rüthers/Fischer/Birk*, Rechtstheorie, Rn. 885.
1009 *Larenz/Canaris*, Methodenlehre der Rechtswissenschaft, S. 196; *Rüthers/Fischer/ Birk*, Rechtstheorie, Rn. 855 ff.

(4) *Gesetzeslücken*

Möglich wäre daher nur das Vorliegen einer *Gesetzeslücke*. Eine Gesetzeslücke ist anzunehmen, wenn innerhalb eines geregelten Lebensbereiches eine Bestimmung, die nach der zugrundeliegenden Regelungsabsicht erforderlich wäre, fehlt.[1010] Diese Art der Lücke kann grundsätzlich im Wege der Analogie geschlossen werden.[1011]

Zu unterscheiden ist zwischen *primären* (anfänglichen) und *sekundären* (nachträglichen) Lücken und im Weiteren jeweils zwischen *bewussten* und *unbewussten* Lücken.

Eine *primäre bewusste Lücke* liegt vor, wenn der Gesetzgeber schon bei der Schaffung der Norm weiteren Regelungsbedarf gesehen hat, diesem aber nicht nachkommen konnte oder wollte.[1012] Der Gesetzgeber hat die Klärung der offenen Fragen vielmehr bewusst der Rechtsprechung und Literatur überlassen.[1013] Das kommt üblicherweise in den Materialien zum Ausdruck.[1014]

Eine *sekundäre bewusste Lücke* ist gegeben, wenn der spätere Gesetzgeber beispielsweise im Rahmen einer Gesetzesnovelle das Problem gesehen und bewusst nicht geregelt hat oder nicht regeln konnte.[1015] Auch das gibt er im Regelfall durch eine Äußerung in den Materialien zu erkennen.[1016]

Die in der Praxis deutlich relevanteren Fälle sind die der unbewussten Lücken. Hier hat der Gesetzgeber eine Rechtsfrage, die nach dem Normzweck grundsätzlich regelungsbedürftig ist – die er also „eigentlich" hätte regeln müssen – übersehen.[1017] Eine *primäre unbewusste Lücke* lag schon

---

1010 *Rüthers/Fischer/Birk,* Rechtstheorie, Rn. 850 ff.; *Larenz/Canaris,* Methodenlehre der Rechtswissenschaft, S. 193; *Fikentscher,* Methoden des Rechts, Bd. III, S. 720; *Wank,* Juristische Methodenlehre, § 15 Rn. 58 f.; *Larenz/Canaris, Fikentscher* und *Wank* verwenden dafür den Begriff der „Regelungslücke".

1011 *Rüthers/Fischer/Birk,* Rechtstheorie, Rn. 886.

1012 *Wank,* Juristische Methodenlehre, § 15 Rn. 62; *Wank/Maties,* Die Auslegung von Gesetzen, § 11, S. 84 f.

1013 *Wank,* Juristische Methodenlehre, § 15 Rn. 62; *Wank/Maties,* Die Auslegung von Gesetzen, § 11, S. 84 f.

1014 *Wank,* Juristische Methodenlehre, § 15 Rn. 62; *Wank/Maties,* Die Auslegung von Gesetzen, § 11, S. 84 f.

1015 *Wank,* Juristische Methodenlehre, § 15 Rn. 63.

1016 *Wank,* Juristische Methodenlehre, § 15 Rn. 63.

1017 *Rüthers/Fischer/Birk,* Rechtstheorie, Rn. 852; *Wank,* Juristische Methodenlehre, § 15 Rn. 49; *Wank/Maties,* Die Auslegung von Gesetzen, § 11, S. 85.

bei Inkrafttreten des Gesetzes vor.[1018] Eine *sekundäre unbewusste Lücke* entsteht erst später, indem durch den Wandel von Rechtstatsachen oder des Normumfelds neue Fragen auftauchen, die – ausgehend von der Grundabsicht des Gesetzes – eine Regelung erfordern würden.[1019]

Für die hier untersuchten Fälle des Abrechnungsverhältnisses kommen daher – sofern es sich nicht um einen Fall des beredten Schweigens handelt – folgende Lückenarten in Betracht:

Abb. 7: Lückenfeststellung[1020]

bb) *Unvollständigkeit des Werk- und Bauvertragsrechts – „erste Stufe der Lückenfeststellung"*

(1) *Fälligkeit der Vergütung aufgrund Abnahmefiktion nach § 640 Abs. 2 S. 1 BGB*

Die Vergütung wird im absoluten Regelfall nicht schon infolge der Abnahmefiktion aus § 640 Abs. 2 S. 1 BGB fällig sein. Es mag sein, dass der Werkunternehmer sein Abnahmeverlangen mit einer angemessenen Fristsetzung

---

1018 *Wank/Maties*, Die Auslegung von Gesetzen, § 11, S. 85; *Engisch*, Einführung in das juristische Denken, Kap. VII. I., S. 207.

1019 *Wank/Maties*, Die Auslegung von Gesetzen, § 11, S. 85; *Wank*, Juristische Methodenlehre, § 15 Rn. 71; *Engisch*, Einführung in das juristische Denken, Kap. VII. I., S. 207.

1020 Angelehnt an die Übersicht in *Wank*, Juristische Methodenlehre, § 15 Rn. 77.

i.S.d. § 640 Abs. 2 S. 1 BGB verbunden hat. Der Besteller hat die Abnahme in sämtlichen Tatbestandsvarianten aber unter Angabe mindestens eines (tatsächlich bestehenden) Mangels verweigert, was dem Eintritt der Abnahmefiktion und damit der Fälligkeit der Gesamtvergütung entgegensteht. Etwas anderes gilt allenfalls dann, wenn die Abnahmeverweigerung „zu spät", d.h. erst nach Fristablauf, erklärt wurde.

Ob § 640 Abs. 2 S. 1 BGB die Wertung zu entnehmen ist, dass der Werkunternehmer gegebenenfalls erneut eine angemessene Frist setzen und ihren erfolglosen Ablauf abwarten muss – insbesondere nachdem der Besteller die Mängel hat beseitigen lassen und einem weiteren Abnahmeverlangen keine Mängel mehr entgegenhalten könnte – ist erst eine Frage der Planwidrigkeit und damit auf der „zweiten Stufe der Lückenfeststellung" zu klären.

(2) *Fälligkeit der Vergütung aufgrund gesetzlich angeordneter Entbehrlichkeit der Abnahme*

Wie schon zu Beginn des Kapitels angeführt, handelt es sich bei den Sachverhaltsvarianten des Abrechnungsverhältnisses grundsätzlich auch nicht um Fälle, die unter die gesetzlich angeordneten Entbehrlichkeitstatbestände (§ 646 BGB und § 641 Abs. 2 S. 1 BGB) subsumiert werden können. Eine Ausnahme gilt nur bei Vorliegen eines „gestaffelten Werkvertrages" i.S.d. § 641 Abs. 2 S. 1 BGB, bei dem unter Umständen die Vertragsabwicklung infolge der oben beschriebenen „Durchgriffsfälligkeit" möglich ist.[1021]

(3) *Fälligkeit der Vergütung aufgrund Bestellerkündigung nach § 648 S. 1 BGB*

Das dem Abrechnungsverhältnis zugrunde gelegte Verhalten des Bestellers könnte unter Umständen als konkludente Kündigungserklärung i.S.d. § 648 S. 1 BGB ausgelegt werden. Eine solche ist, soweit es sich nicht um einen Bauvertrag nach § 650a Abs. 1 S. 1 BGB handelt – für seit dem 01.01.2018 geschlossene Bauverträge gilt das Schriftformerfordernis des § 650h BGB – formlos wirksam.[1022] § 648 S. 2 Hs. 1 BGB regelt, dass der Werkunternehmer

---

im Falle der Kündigung dazu berechtigt ist, die vereinbarte Vergütung zu verlangen. Er muss sich nach Halbsatz 2 aber das anrechnen lassen, was er infolge der Aufhebung des Vertrages an Aufwendungen erspart oder durch anderweitige Verwendung seiner Arbeitskraft erwirbt oder zu erwerben böswillig unterlässt. § 648 S. 2 BGB orientiert sich dementsprechend an der ursprünglich vereinbarten Gesamtvergütung (sog. „große Kündigungsvergütung") und scheint hinsichtlich seiner Rechtsfolge auf die Sachverhaltsvarianten des Abrechnungsverhältnisses zu passen.[1023]

Wie bereits festgestellt, beendet die Kündigung das Vertragsverhältnis nur ex nunc, also mit Wirkung für die Zukunft.[1024] Der Gegenstand des Werkvertrages beschränkt sich dann auf die bis zur Kündigungserklärung erbrachten Leistungen („nicht weggekündigter Leistungsteil"). Hinsichtlich dieser Leistungen besteht das Erfüllungsstadium bis zur Abnahmeerklärung fort. Hieraus hat der BGH zumindest für Bauverträge mit Recht geschlossen, dass es in Bezug auf den „nicht weggekündigten Leistungsteil" zur Fälligkeit der Vergütung weiterhin der Abnahme bedarf, weil die Abnahme der nur teilweise erbrachten Leistung jedenfalls bei diesem Vertragstyp möglich ist.[1025] Dabei hat er ausdrücklich offengelassen, ob letzteres auch außerhalb von Bauverträgen zu bejahen ist.

Jedenfalls in den hier untersuchten Sachverhalten, denen ein fertiggestelltes, aber mit wesentlichen Mängeln behaftetes Werk zugrunde liegt, muss die Abnahme als Fälligkeitsvoraussetzung unabhängig davon verlangt werden, ob es sich um einen Werk- oder um einen Bauvertrag handelt. Die Kündigungserklärung des Bestellers führt dazu, dass hinsichtlich aller gerügten Mängel keine weitere Erfüllung, d.h. keine Beseitigung, geschuldet ist („weggekündigter Leistungsteil"). Die infolge der Kündigung beschränkte Werkleistung ist unter Nichtbeachtung der „weggekündigten Mängel" weiterhin bedenkenlos der Überprüfung dahingehend zugänglich, ob sie (im Übrigen) vertragskonform erbracht wurde. Die Abnahme des „nicht weggekündigten Leistungsteils" ist folglich tatsächlich möglich und auch rechtlich nötig.

Selbst wenn in dem für das Abrechnungsverhältnis relevanten Bestellerverhalten also zugleich eine Kündigungserklärung i.S.d. § 648 S. 1 BGB liegt, reicht alleine das nicht aus, um die Gesamtvergütung fällig zu stellen.

1023 Vgl. MüKoBGB/*Busche* § 648a Rn. 10 zum Begriff der „großen Kündigungsvergütung".

1024 Dazu S. 197 f.

1025 BGH NJW 2006, 2475 (2476 Rn. 23 f.).

Der Werkunternehmer ist – auch wenn der Wortlaut des § 648 S. 2 Hs. 1 BGB das suggeriert – eben nicht schon deshalb berechtigt, die vereinbarte Vergütung zu verlangen, weil der Besteller gekündigt hat.

(4) *Ergebnis*

Mit Ausnahme der Sachverhalte, in denen die Abnahmefiktion des § 640 Abs. 2 S. 1 BGB greift oder ein Fall des § 641 Abs. 2 S. 1 BGB gegeben ist, lässt sich keine gesetzliche Regelung finden, die an das Bestellerverhalten, das nach der Rechtsprechung das Abrechnungsverhältnis herbeiführt, die Fälligkeit der Gesamtvergütung ohne Abnahme anknüpft. Das Werk- und Bauvertragsrecht ist in dieser Hinsicht unvollständig („erste Stufe der Lückenfeststellung").

cc) *Planwidrige Nichtregelung – „zweite Stufe der Lückenfeststellung"*

Um erkennen zu können, ob die unter das Abrechnungsverhältnis gefassten Sachverhalte planwidrig nicht geregelt wurden, muss der Wertungsplan des Gesetzes herausgearbeitet werden. Hierzu ist ein Vergleich der vorhandenen Gesetzeslage und der ideal gedachten Gesetzeskonzeption erforderlich.[1026] Was unter der „ideal gedachten Gesetzeskonzeption" zu verstehen ist, ist anhand der geltenden Gesamtrechtsordnung zu beurteilen.[1027] Es handelt sich dabei um ein „Produkt der harmonisierenden Interpretation von Norm- und Wertungswidersprüchen".[1028] Die Lückenfeststellung ist deshalb ein Bewertungsakt des Rechtsanwenders.[1029] Es muss danach gefragt werden, ob der Gesetzgeber die Frage *„eigentlich"* hätte regeln müssen und eine entsprechende Regelung schlichtweg *vergessen* hat.[1030]

1026 *Rüthers/Fischer/Birk*, Rechtstheorie, Rn. 833.
1027 *Rüthers/Fischer/Birk*, Rechtstheorie, Rn. 834; *Larenz/Canaris* legen als Wertungsmaßstab die „Regelungsabsicht und die immanente Teleologie des Gesetzes selbst" zugrunde (*Larenz/Canaris*, Methodenlehre der Rechtswissenschaft, S. 195).
1028 *Rüthers/Fischer/Birk*, Rechtstheorie, Rn. 834.
1029 *Rüthers/Fischer/Birk*, Rechtstheorie, Rn. 834; *Canaris*, Die Feststellung von Lücken im Gesetz, S. 17; *Larenz/Canaris*, Methodenlehre der Rechtswissenschaft, S. 195; *Möllers*, Juristische Methodenlehre, § 6 Rn. 151.
1030 *Wank*, Juristische Methodenlehre, § 15 Rn. 49.

(1) Bewusste Gesetzeslücke

Keine besonderen Schwierigkeiten bereitet dabei grundsätzlich die Feststellung einer bewussten Gesetzeslücke. Für eine *primäre bewusste Gesetzeslücke* fehlen jegliche Anhaltspunkte in den Materialien des historischen Gesetzgebers. Denkbar wäre daher allenfalls das Vorliegen einer *sekundären bewussten Gesetzeslücke*.

Die Rechtsprechung zum Abrechnungsverhältnis besteht seit dem Ende der 1970er Jahre. Zum Zeitpunkt der Gesetzesnovellen in den Jahren 2000 und 2017, mit denen die Abnahmefiktion in das Gesetz eingefügt bzw. neuformuliert wurde, muss diese Rechtsprechung dem Gesetzgeber bereits hinreichend bekannt gewesen sein. Es ließe sich deshalb damit argumentieren, dass der Gesetzgeber, wenn er trotz Kenntnis keine Regelung getroffen hat, wohl mit der damaligen Rechtsprechung einverstanden gewesen sein muss.[1031]

Für einen bewussten Regelungsverzicht könnte auch der Wortlaut des § 640 Abs. 2 S. 1 BGB sprechen, wonach ein Werk *auch* als abgenommen gilt, wenn die dort im Weiteren genannten Voraussetzungen erfüllt sind. Das Werk- und Bauvertragsrecht kennt neben § 640 Abs. 2 S. 1 BGB keine weitere Abnahmefiktion. Der Gesetzgeber muss also – wie an andere Stelle schon erläutert – bei der Schaffung der Vorschrift gesetzlich nicht geregelte Fälle vor Augen gehabt haben, die durch § 640 Abs. 2 S. 1 BGB nicht verdrängt, sondern ergänzt werden sollten. Davon ausgehend auf eine sekundäre bewusste Lücke zu schließen, würde dennoch zu weit führen und käme einer Unterstellung gleich. Weder den Materialien zur Einführung des § 640 Abs. 1 S. 3 BGB a.F. noch zur Neuformulierung in § 640 Abs. 2 BGB ist zu entnehmen, dass der Gesetzgeber die Behandlung des Abrechnungsverhältnisses bewusst der Rechtsprechung überlassen wollte.[1032]

(2) Unbewusste Gesetzeslücke

In Betracht kommt deshalb allenfalls eine *primäre unbewusste Gesetzeslücke*. Die dem Abrechnungsverhältnis zugrunde liegenden Sachverhaltsvarianten bzw. der darin auftretende Konflikt sind nicht erst durch den Wandel

---

1031 Vgl. *Wank*, Juristische Methodenlehre, § 15 Rn. 63.
1032 Vgl. *Wank*, Juristische Methodenlehre, § 15 Rn. 63, der betont, dass von einer bewussten Lücke nicht gesprochen werden sollte, wenn es an einer ausdrücklichen Äußerung in den Materialien fehlt.

von Rechtstatsachen oder des Normumfelds entstanden, sodass eine *sekundäre unbewusste Gesetzeslücke* ausgeschlossen werden kann.

Maßstab zur Beurteilung der Planwidrigkeit ist die geltende Gesamtrechtsordnung. Zu untersuchen ist deshalb, ob dem Rechtsgedanken einer oder mehrerer Bestimmungen zu entnehmen ist, dass in den unter das Abrechnungsverhältnis gefassten Verhaltensweisen des Bestellers die Gesamtvergütung eigentlich fällig werden müsste (a). Zugleich dürfte an anderer Stelle dem Gesetz zum einen keine dahingehende Wertung entnommen werden, dass die Fälligkeit der Gesamtvergütung *gar nicht oder zumindest nicht unmittelbar im Zeitpunkt des für das Abrechnungsverhältnis relevanten Bestellerverhaltens* eintreten soll (b). Zum anderen, dass für diese Fälle nicht die *Gesamt-*, sondern nur eine *Teilvergütung* vorgesehen ist (c).

(a) *Rechtsgedanke des § 641 Abs. 1 S. 1 BGB*

Zum Einstieg in die Überlegung, ob der Gesetzgeber die Fälligkeit in den Sachverhaltsvarianten des Abrechnungsverhältnisses hätte regeln müssen, bedarf es einer vertieften Betrachtung des in § 641 Abs. 1 S. 1 BGB enthaltenen Rechtsgedankens.

(aa) *Bedeutungsgehalt der Abnahmeerklärung i.R.v. § 641 Abs. 1 S. 1 BGB*

Hierzu ist erneut ein Blick auf den Bedeutungsgehalt der Abnahmeerklärung im Zusammenhang mit § 641 Abs. 1 S. 1 BGB zu werfen. Mit der in § 641 Abs. 1 S. 1 BGB geregelten gesetzlichen Vorleistungspflicht des Werkunternehmers wird dem Interesse des Bestellers an vertragsgerechter Erfüllung der Vorrang eingeräumt vor seiner Verpflichtung, die Gesamtvergütung zu zahlen.[1033] Der Werkunternehmer soll die Gesamtvergütung erst verlangen können, wenn dieses durch § 641 Abs. 1 S. 1 BGB vorrangig geschützte Interesse des Bestellers wegfällt. Der Fortfall des Erfüllungsinteresses wird entsprechend der gesetzgeberischen Grundentscheidung durch die Abnahmeerklärung zum Ausdruck gebracht. Die Abnahmeerklärung ist damit das gesetzlich vorgesehene Erklärungsmittel, mit dem der Wille zur Beendigung des Erfüllungsstadiums geäußert wird.

Die in der Abnahmeerklärung beinhaltete Billigung des Werkes setzt sich bei dieser Betrachtungsweise aus zwei Elementen zusammen: Zum

---

1033 BGH NJW 1996, 1280 (1281).

einen erklärt der Besteller, dass er mit der Leistung einverstanden ist, zum anderen, dass er kein weiteres Interesse an der Erfüllung hat. Dass der Besteller das Werk als im Wesentlichen vertragsgerecht anerkennt, ist dabei nichts anderes als der Grund seines Interessenfortfalls. Noch exakter könnte man also sagen: Mit der Billigung des Werkes erklärt der Besteller, dass er kein weiteres Interesse an der Erfüllung hat, *weil* er mit der Leistung einverstanden ist. Dieser Interessenfortfall bezieht sich auf die Vertragsleistung in ihrer Gesamtheit. Es wird ein endgültiger Zustand geschaffen, der die *unumkehrbare Umgestaltung des gesamten Vertragsverhältnisses* und damit den Eintritt der Fälligkeit der Vergütung rechtfertigt.

Ausgehend vom Rechtsgedanken des § 641 Abs. 1 S. 1 BGB bildet die Äußerung, dass kein Erfüllungsinteresse mehr besteht, den Kern der Aussage des Bestellers. Der Bedeutungsgehalt der Abnahmeerklärung lässt sich daher folgendermaßen darstellen:

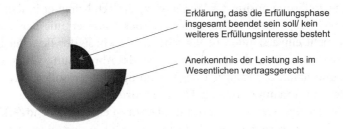

Erklärung, dass die Erfüllungsphase insgesamt beendet sein soll/ kein weiteres Erfüllungsinteresse besteht

Anerkenntnis der Leistung als im Wesentlichen vertragsgerecht

Abb. 8: Bedeutungsgehalt der Abnahmeerklärung

Das die Fälligkeit auslösende Moment ist die eigentliche Kernaussage der Abnahmeerklärung. Deutlich wird das, wenn man sich vor Augen hält, dass der Besteller, was allgemein anerkannt ist, das jederzeitige Recht zur Abnahme hat.

Er ist – wie an anderer Stelle bereits ausgeführt – grundsätzlich nicht daran gehindert, ein nicht abnahmereifes Werk in Kenntnis der fehlenden Abnahmereife abzunehmen und damit in das Nacherfüllungsstadium überzugehen.[1034] Wenn der Besteller dies tut, will er damit zwar nicht zum Ausdruck bringen, dass er die Leistung als im Wesentlichen vertragsgerecht anerkennt. Schließlich weiß er, dass es (noch) keine vertragsgerechte Leistung gibt. Der Besteller erklärt die Abnahme aber deshalb, weil er kein weiteres Interesse an der Erfüllung hat.

1034 MüKoBGB/*Busche* § 640 Rn. 11; Kniffka/Jurgeleit/*Pause*/*Vogel* § 640 BGB Rn. 26; dazu bereits S. 39 f.

Wenn er vor diesem Hintergrund durch die Erklärung der Abnahme dennoch in der Lage ist, die Erfüllungsphase tatsächlich zu beenden, kann das nur folgendes heißen: Das Ende der Vorleistungspflicht kann nicht vom tatsächlichen, d.h. vom ernst gemeinten Billigen der Leistung abhängen. Entscheidend für den Eintritt der Fälligkeit muss nach dem Rechtsgedanken des § 641 Abs. 1 S. 1 BGB vielmehr sein, *dass* die Erfüllung nicht mehr gewollt ist, *nicht warum* dies so ist.

(bb) *Bedeutungsgehalt des dem Abrechnungsverhältnis zugrunde liegenden Bestellerverhaltens im Vergleich*

Auf den ersten Blick scheinen sich die Abnahmeerklärung und das dem Abrechnungsverhältnis zugrunde liegende Bestellerverhalten inhaltlich vollständig voneinander zu unterscheiden. Während sich der Besteller mit der Abnahmeerklärung positiv zur Werkleistung äußert, bringt er in den Fällen des Abrechnungsverhältnisses zum Ausdruck, dass er mit der Leistung absolut nicht einverstanden ist. Es scheint, als würde der Besteller in den Sachverhaltsvarianten, die den Übergang in das Abrechnungsverhältnis bewirken und damit die Fälligkeit der Vergütung auslösen sollen, das genaue Gegenteil zur Abnahme erklären. Dieser Eindruck täuscht.

Macht der Besteller Schadensersatz statt der Leistung geltend, erklärt er die Minderung, beseitigt den Mangel selbst oder fordert einen Vorschuss und lehnt in diesem Zusammenhang die Erfüllung ernsthaft und endgültig ab, bringt er auch ohne Abnahmeerklärung zum Ausdruck, dass die Erfüllungsphase beendet sein soll.[1035] Dennoch enthält dieses Erklärungsverhalten nicht zwangsläufig dieselbe Kernaussage wie die Abnahmeerklärung i.R.v. § 641 Abs. 1 S. 1 BGB. Der Wille zur Beendigung des Erfüllungsstadiums muss nämlich nicht – wie das bei der Abnahmeerklärung der Fall ist – die Werkleistung in ihrer Gesamtheit umfassen. Er bezieht sich zunächst auf das *konkret gerügte bzw. beseitigte* Leistungsdefizit, sodass man der entsprechenden Erklärung nur folgenden Bedeutungsgehalt zuschreiben kann:

1035 Vgl. *Schmitz*, Einige Gedanken zum Abrechnungsverhältnis, FS Leupertz, 2021, 651 (658); ähnlich jetzt auch Bolz/Jurgeleit/*Friedhoff* § 12 VOB/B Rn. 288.

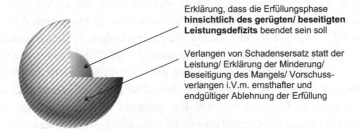

Erklärung, dass die Erfüllungsphase **hinsichtlich des gerügten/ beseitigten Leistungsdefizits** beendet sein soll

Verlangen von Schadensersatz statt der Leistung/ Erklärung der Minderung/ Beseitigung des Mangels/ Vorschussverlangen i.V.m. ernsthafter und endgültiger Ablehnung der Erfüllung

Abb. 9: Bedeutungsgehalt des dem Abrechnungsverhältnis zugrunde liegenden
Bestellerverhaltens – Option 1

Während die Abnahmeerklärung zur Folge hat, dass der Besteller endgültig nicht mehr auf seinen Erfüllungsanspruch zurückkommen kann, gilt das für die Sachverhaltsvarianten des Abrechnungsverhältnisses gerade nicht zwingend. Die Rechtsprechung betont zwar, dass es für den Übergang des Vertragsverhältnisses in das Abrechnungsverhältnis auf den Untergang des Erfüllungsanspruchs ankomme.[1036] Sie lässt dann wohl aber insbesondere die Geltendmachung eines Schadensersatzanspruchs statt der Leistung bezogen auf einzelne Schlechtleistungen ausreichen, was gerade nur insoweit zum Erlöschen des Erfüllungsanspruchs führt, als es um die Beseitigung der gerügten Leistungsdefizite geht. Ebenso scheint es aus Sicht des BGH für den Übergang in das Abrechnungsverhältnis zu genügen, wenn der Besteller im Zusammenhang mit seinem Vorschussverlangen nach §§ 631, 633, 634 Nr. 2, 637 Abs. 1, Abs. 3 BGB nur in Bezug auf die ihm bei Abgabe der Erklärung bekannten, nicht vertragsgemäßen Zustände die weitere Erfüllung ernsthaft und endgültig ablehnt.[1037] In beiden Fällen besagt das aber nicht, dass der Besteller nicht aufgrund eines sich später zeigenden Defizits noch Erfüllung beanspruchen will und kann. Es wird nur ein vorläufiger, umkehrbarer Zustand geschaffen, was oben bereits als „Problem der Momentaufnahme" bezeichnet wurde.[1038]

Wenn das Gesetz an einen Tatbestand, der gerade nicht unumkehrbar ist wie die Abnahmeerklärung selbst, nicht die Rechtsfolge der Fälligkeit der Gesamtvergütung knüpft, kann das in der Gesamtbetrachtung der oben genannten Aspekte keinesfalls als planwidrig bewertet werden.

1036   Vgl. nur OLG Bamberg NJW 2015, 1533 Rn. 27.
1037   *Schmitz*, Einige Gedanken zum Abrechnungsverhältnis, FS Leupertz, 2021, 651
         (664).
1038   Siehe S. 206 ff.

Etwas anderes muss gelten, wenn der Besteller auf andere Weise als durch die Abnahmeerklärung deutlich macht, dass er insgesamt, d.h. bezogen auf das Werk *in seiner Gesamtheit*, das nach dem Rechtsgedanken des § 641 Abs. 1 S. 1 BGB vorrangig schutzwürdige Erfüllungsinteresse verloren hat. Es besteht dann kein Grund mehr, die Vorleistungspflicht des Werkunternehmers aufrechtzuerhalten. Nach der „ideal gedachten Gesetzeskonzeption" müsste in dieser Sachverhaltskonstellation nach dem jetzigen Stand der Untersuchung die Gesamtvergütung auch ohne Abnahmeerklärung fällig werden.

Dass das Erfüllungsinteresse hinsichtlich des Gesamtwerkes entfallen ist, ist zum einen anzunehmen, wenn der Besteller die Abnahme ausdrücklich ernsthaft und endgültig verweigert. Zum anderen ergibt sich dies, wenn – wie das der BGH im Zusammenhang mit einem Vorschussverlangen nach §§ 631, 633, 634 Nr. 2, 637 Abs. 1, Abs. 3 BGB bereits fordert – zum Schadensersatzverlangen, der Minderungserklärung oder der Beseitigung einzelner Mängel das Erklärungsverhalten des Bestellers hinzutritt, dass er jegliche weitere Erfüllung durch den Werkunternehmer ernsthaft und vor allem *endgültig* verweigert. Der Besteller muss also zu erkennen geben, dass seine Ablehnung *zukunftsbezogen* ist und sich auch auf möglicherweise noch hervortretende, bisher nicht bekannte Leistungsstörungen bezieht.[1039] Das wäre beispielsweise der Fall, wenn der Besteller dem Werkunternehmer erklärt, dass er ihn nie wieder auf dem Baustellengrundstück sehen möchte oder er dem Werkunternehmer den Besitz an dem herzustellenden Werk endgültig entzieht.[1040] In beiden Beispielen enthält das Bestellerverhalten die unumstößliche Erklärung, dass er weitere Arbeiten des Werkunternehmers sowohl im Hinblick auf bestehende *als auch auf künftige* Defizite nicht mehr zulassen möchte und auch die Abnahme nicht mehr erklären wird. Dabei handelt es sich entsprechend dem in dieser Arbeit zugrunde gelegten Begriffsverständnis um nichts anderes als die *konkludente ernsthafte und endgültige berechtigte Abnahmeverweigerung*.[1041]

1039 *Schmitz*, Einige Gedanken zum Abrechnungsverhältnis, FS Leupertz, 2021, 651 (663), der sich für den Fall der ernsthaften und endgültigen Verweigerung der Erfüllung durch den Besteller auf eine analoge Anwendung von § 162 Abs. 1 BGB stützt, ohne die Analogie aber näher zu begründen.

1040 *Schmitz*, Einige Gedanken zum Abrechnungsverhältnis, FS Leupertz, 2021, 651 (663).

1041 Zum Begriff der ernsthaften und endgültigen berechtigten Abnahmeverweigerung S. 91.

All diesen Fällen ist gemeinsam, dass die Aussage des Bestellers denselben Kerngehalt trägt wie die Abnahmeerklärung i.R.v. § 641 Abs. 1 S. 1 BGB:

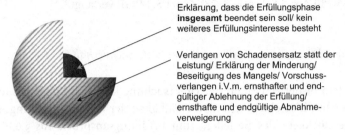

Erklärung, dass die Erfüllungsphase **insgesamt** beendet sein soll/ kein weiteres Erfüllungsinteresse besteht

Verlangen von Schadensersatz statt der Leistung/ Erklärung der Minderung/ Beseitigung des Mangels/ Vorschussverlangen i.V.m. ernsthafter und endgültiger Ablehnung der Erfüllung/ ernsthafte und endgültige Abnahmeverweigerung

Abb. 10: Bedeutungsgehalt des dem Abrechnungsverhältnis zugrunde liegenden Bestellerverhaltens – Option 2

Die Abnahmeerklärung und die ausdrücklich oder konkludent erklärte ernsthafte und endgültige berechtigte Abnahmeverweigerung unterscheiden sich in ihrem „Erklärungsmantel". Dieser hüllt das „Warum" des Interessenfortfalls ein, welches, wie gezeigt, nicht ausschlaggebend ist für das Ende der Vorleistungspflicht. Anderenfalls würde es dem Besteller zum Vorteil gereichen, wenn er seinen Willen zur Beendigung der Erfüllungsphase nicht in das Erklärungsmittel einkleidet, das § 641 Abs. 1 S. 1 BGB in direkter Anwendung vorsieht. Der rechtstreue Besteller, der sein bei fehlender Abnahmereife jederzeit bestehendes Recht zur Abnahme wahrnimmt, um seinem Willen zur Beendigung der Erfüllungsphase Ausdruck zu verleihen, würde benachteiligt werden, würde nur dieses Verhalten die Fälligkeit der Vergütung auslösen. Das soeben beschriebene Bestellerverhalten muss daher zumindest in Bezug auf den Fälligkeitsbeginn dieselbe Gestaltungswirkung haben wie die Abnahmeerklärung.

Ein gegenüber der Pflicht zur Zahlung der Vergütung vorrangiges Erfüllungsinteresse des Bestellers kann auch dann nicht mehr bestehen, wenn der Werkunternehmer keine weiteren Arbeiten erbringen kann, weil es keine offenen Erfüllungsansprüche mehr gibt. Das ist der Fall, wenn *sämtliche* Leistungsdefizite vom Besteller oder von einem durch ihn beauftragten Dritten beseitigt wurden. Das Werk enthält dann keinerlei Mängel mehr, wegen derer der Besteller auf seinen Erfüllungsanspruch zurückkommen könnte. Das Werk ist mit anderen Worten insgesamt vertragsgemäß hergestellt i.S.d. § 640 Abs. 1 S. 1 BGB. Die Erfüllung ist dem Werkunternehmer gemäß § 275 Abs. 1 BGB *vollständig*, d.h. nicht nur bezogen auf einzelne Defizite, unmöglich geworden.

Gleiches gilt aufgrund der Gestaltungswirkung des § 281 Abs. 4 BGB, wenn der Besteller nach Ablauf einer angemessenen Frist hinsichtlich *aller* nicht vertragsgemäß erbrachten Arbeiten Schadensersatz statt der Leistung nach §§ 280 Abs. 1 S. 1, Abs. 3, 281 Abs. 1 S. 1 BGB verlangt.[1042]

(cc) *Zwischenergebnis: denkbare lückenhafte Sachverhalte*

Nach dem bisherigen Stand der Untersuchung lässt sich Folgendes festhalten: Bejaht die Rechtsprechung die Fälligkeit der Gesamtvergütung, solange eine Rückkehr des Bestellers zum Erfüllungsanspruch aus § 631 Abs. 1 Hs. 1 BGB noch denkbar ist, ist das Fehlen einer gesetzlichen Bestimmung nicht als planwidrig zu bewerten.

Etwas anderes muss entsprechend dem Rechtsgedanken des § 641 Abs. 1 S. 1 BGB gelten, wenn das Interesse des Bestellers an einer vollständig vertragsgerechten Leistung aus einem anderen Grund als ihrer Billigung entfällt, der Besteller also in Bezug auf das Gesamtwerk jegliches Erfüllungsinteresse verloren hat.

Das ist jedenfalls dann anzunehmen, wenn der Besteller den Erfüllungsanspruch vollständig zum Erlöschen bringt – d.h., sobald die Erfüllung *insgesamt* rechtlich oder tatsächlich unmöglich geworden ist, weil der Besteller *alle* Leistungsdefizite beseitigt hat und/oder *hinsichtlich aller* nicht vertragsgemäßen Leistungen Schadensersatz statt der Leistung verlangt hat.[1043] In allen anderen Fällen, in denen es bezogen auf das Gesamtwerk an der rechtlichen oder tatsächlichen Unmöglichkeit fehlt, gilt: Die Fälligkeit der Vergütung müsste nach der „ideal gedachten Gesetzeskonzeption" eintreten, wenn der Besteller beispielsweise nur hinsichtlich einzelner Defizite Schadensersatz oder einen Vorschuss verlangt, aber zugleich jede weitere Erfüllung durch den Werkunternehmer ernsthaft und endgültig ablehnt und dadurch konkludent die ernsthafte und endgültige berechtigte Abnahmeverweigerung erklärt. Dasselbe gilt für die ausdrückliche ernsthafte und endgültige berechtigte Abnahmeverweigerung.

1042 Vgl. *Schmitz*, Einige Gedanken zum Abrechnungsverhältnis, FS Leupertz, 2021, 651 (663), der für diesen Fall davon ausgeht, dass der Werklohn fällig werden muss, ohne dafür aber eine dogmatische Grundlage zu nennen.

1043 Vgl. *Schmitz*, Einige Gedanken zum Abrechnungsverhältnis, FS Leupertz, 2021, 651 (663), der die Gesamtvergütung ebenfalls nur für den Fall, dass hinsichtlich aller nicht vertragsgemäßen Arbeiten Schadensersatz verlangt wird, für fällig hält, ohne dies jedoch methodisch zu begründen.

Es lassen sich demnach vorläufig drei Sachverhaltskonstellationen festhalten, in denen die Unvollständigkeit des Gesetzes planwidrig sein, also eine Gesetzeslücke vorliegen müsste:

Konstellation 1:

Der Besteller hat unberechtigt sämtliche Leistungsdefizite beseitigt oder durch einen Dritten beseitigen lassen und auf diese Weise die vollständige Vertragsgemäßheit des Werkes hergestellt. Der Werkunternehmer verlangt nun die vereinbarte Vergütung.

Konstellation 2:

a)

Der Besteller hat dem Werkunternehmer eine angemessene Frist i.S.d. § 281 Abs. 1 S. 1 BGB gesetzt, nach ihrem erfolglosen Ablauf sämtliche Defizite selbst beseitigt oder durch einen Dritten beseitigen lassen und damit die vollständige Vertragsgemäßheit des Werkes hergestellt. Der Werkunternehmer verlangt die vereinbarte Vergütung.

Der Besteller rechnet mit einem Schadensersatzanspruch statt der Leistung aus §§ 280 Abs. 1, Abs. 3, 281 Abs. 1 S. 1 BGB in Höhe der Beseitigungskosten auf.

b)

Der Besteller hat dem Werkunternehmer eine angemessene Frist i.S.d. § 281 Abs. 1 S. 1 BGB gesetzt, nach ihrem erfolglosen Ablauf aber nicht wie in Konstellation 2a alle vorhandenen Defizite beseitigt. Der Werkunternehmer verlangt die vereinbarte Vergütung.

Der Besteller rechnet wiederum mit einem Schadensersatzanspruch statt der Leistung aus §§ 280 Abs. 1, Abs. 3, 281 Abs. 1 S. 1 BGB hinsichtlich aller nicht vertragsgemäßen Leistungen in Höhe des schlechtleistungsbedingten Minderwertes (als Differenz zwischen dem tatsächlichen Wert des empfangenen Werkes und dem hypothetischen Wert des mangelfrei hergestellten Werkes) auf.[1044]

Den Konstellationen 2a und 2b ist gemeinsam, dass Kläger nicht der Besteller ist. In diesem Fall würde sich die Frage nach der Fälligkeit gar nicht stellen.[1045] Die dem Werkunternehmer zustehende Vergütung wäre dann nämlich nur inzident i.R.d. Schadensberechnung relevant.

Konstellation 3:

Der Besteller beseitigt (berechtigt oder unberechtigt) einen Mangel, ohne dadurch die vollständige Vertragsgemäßheit der Leistung herzustellen./ Der Besteller verlangt Schadensersatz statt der Leistung aus §§ 280 Abs. 1, Abs. 3, 281 Abs. 1 S. 1 BGB hinsichtlich eines Mangels; Das Werk weist allerdings weitere Defizite auf./ Der Besteller erklärt die (rechtlich unerhebliche) Minderung./ Der Besteller fordert einen (ebenfalls rechtlich unerheblichen) Vorschuss i.S.d. § 637 Abs. 3 BGB.

Zugleich verweigert der Besteller ausdrücklich oder konkludent ernsthaft, endgültig und berechtigt die Abnahme. Der Werkunternehmer verlangt im Anschluss daran die vereinbarte Vergütung.

(b) *Wertung der Gesamtrechtsordnung hinsichtlich des Fälligkeitszeitpunkts*

Fraglich ist, ob der Gesamtrechtsordnung eine Wertungsentscheidung zu entnehmen ist, die der Fälligkeit der Gesamtvergütung im Zeitpunkt des Übergangs in das Abrechnungsverhältnis i.S.d. drei o.g. Sachverhaltskonstellationen entgegensteht – oder die umgekehrt, das bisher gefundene Ergebnis bestätigt.

1044 Zur Berechnung des schlechtleistungsbedingten Minderwertes BGH NJW 2018, 1463 (1465 Rn. 27); MüKoBGB/*Ernst* § 281 Rn. 144; Eine Schadensberechnung auf der Grundlage fiktiv berechneter Mängelbeseitigungskosten ist im Werk- und Bauvertragsrecht nicht möglich, BGH NJW 2018, 1463 (1465 Rn. 31 ff.).
1045 Vgl. *Retzlaff* BauR 2016, 733 (739).

(aa) *Rechtsgedanke der §§ 323 Abs. 2 Nr. 1, 281 Abs. 2 Var. 1 BGB*

Ist das Verhalten des Bestellers auch als Kündigung i.S.d. § 648 S. 1 BGB auszulegen (beispielsweise, wenn der Besteller die ausstehende Leistung nach entsprechender Ankündigung selbst ausführt oder ausführen lässt, vgl. *Konstellation 2a*)[1046], könnte der Werkunternehmer darauf verwiesen sein, zur Fälligstellung seines Vergütungsanspruchs zunächst den Weg über die Abnahmefiktion nach § 640 Abs. 2 S. 1 BGB hinsichtlich des noch im Erfüllungsstadium befindlichen Leistungsteils gehen zu müssen. Wenn der „nicht weggekündigte" Leistungsteil keine verborgenen Mängel enthält, d.h. insgesamt mangelfrei ist, könnte der Besteller dem (erneuten) Abnahmeverlangen des Werkunternehmers (dieses Mal) keinerlei Mängel entgegenhalten. War das Abnahmeverlangen mit einer angemessenen Fristsetzung verbunden, könnte die Fälligkeit der Vergütung ohne die Rechtsfigur des Abrechnungsverhältnisses nach Fristablauf eintreten. Letzteren müsste der Werkunternehmer aber abwarten.

Liegt keine Bestellerkündigung nach § 648 S. 1 BGB vor, könnte der Werkunternehmer nach dem gesetzgeberischen Willen zunächst selbst gemäß § 648a Abs. 1 S. 1 BGB aus wichtigem Grund kündigen müssen, um dann hinsichtlich der bereits erbrachten Leistung die Abnahmefiktion aus § 640 Abs. 2 S. 1 BGB herbeiführen zu können. Die Ausgangssituation wäre – mit Ausnahme der zusätzlich erforderlichen Kündigungserklärung durch den Werkunternehmer – dieselbe wie im vorgenannten Fall.

Schließlich könnte der Werkunternehmer unabhängig von der Kündigung zumindest immer dann zunächst auf § 640 Abs. 2 S. 1 BGB verwiesen sein, wenn der Besteller die gerügten Mängel selbst beseitigt hat oder beseitigen hat lassen. Dann ist das Werk gegebenenfalls insgesamt (*Konstellation 1 und 2a*), jedenfalls aber subjektiv (*Konstellation 3*) mangelfrei.[1047] Subjektive Mangelfreiheit meint in diesem Zusammenhang, dass der Besteller zwar nicht sämtliche, aber alle für ihn bisher erkennbaren Mängel beseitigt hat. Der Werkunternehmer könnte daher im Anschluss an die Behebung des Mangels zur Abnahme unter angemessener Fristsetzung i.S.d. § 640 Abs. 2 S. 1 BGB auffordern, ohne dass der Besteller dem Abnahmeverlangen noch einen Mangel entgegenhalten könnte. Die Fälligkeit der Vergütung könnte auch in diesem Fall ohne die Rechtsfigur des Abrechnungsverhält-

---

1046 BGH WM 1972, 1025; Messerschmidt/Voit/*Oberhauser* § 648 BGB Rn. 9; Grüneberg/*Retzlaff* § 648 BGB Rn. 3.
1047 *Schmid/Senders* NZBau 2016, 474 (479 f.) zu § 640 Abs. 1 S. 3 BGB a.F.

nisses eintreten. Der Werkunternehmer müsste aber ebenfalls den Fristablauf abwarten.

Ein ähnlicher Vorschlag fand sich zu § 640 Abs. 1 S. 3 BGB a.F.:[1048] Beseitigt der Besteller oder ein von ihm beauftragter Dritter den Mangel selbst, werde die Nacherfüllung anstelle des Werkunternehmers durchgeführt. Diese Ersatzmaßnahme inklusive des als mangelfrei anzunehmenden Leistungsteils mache das Werk insgesamt abnahmereif. Die Abnahmereife sei nämlich eine objektive Tatsache und könne gerade nicht nur durch den Werkunternehmer herbeigeführt werden. Der Besteller sei dem Werkunternehmer gegenüber deshalb zur Abnahme verpflichtet. Weil § 640 Abs. 1 S. 3 BGB a.F. die Abnahmepflicht voraussetze, könne der Werkunternehmer dem Besteller jetzt eine Frist zur Abnahme setzen. Nach Fristablauf werde die Abnahme dann fingiert und die Fälligkeit der Gesamtvergütung trete ein. Die Rechtsfigur des Abrechnungsverhältnisses sei deshalb obsolet.

Die Vertreter dieser Ansicht gingen sogar noch einen Schritt weiter:[1049] Auch die Tatbestandsvarianten des Abrechnungsverhältnisses, in denen keine tatsächliche Mangelbeseitigung vorgenommen wird, seien mit der eben geschilderten Situation vergleichbar. Der Besteller erhalte Schadensersatz als Kompensation des Mangels bzw. als das Surrogat der Mangelbeseitigung. Das könne als „normativ zu verstehende Mangelbeseitigung" und damit ebenfalls als Herstellung der Abnahmereife gesehen werden. Auch hier könne die Fälligkeit der Vergütung über § 640 Abs. 1 S. 3 BGB a.F. herbeigeführt werden. Nichts anderes gelte, wenn der Besteller die Minderung erklärt.

Ob sich der Gedanke der „normativen Mangelbeseitigung" auf den heute geltenden § 640 Abs. 2 S. 1 BGB übertragen lässt, ist fraglich. Dahingestellt werden könnte das jedenfalls dann, wenn § 640 Abs. 2 S. 1 BGB schon in den Fällen der tatsächlichen Mangelbeseitigung nicht die Wertung zu entnehmen ist, dass die Fälligkeit der Vergütung erst nach Ablauf einer angemessenen und erfolglosen Frist eintreten soll.

§ 640 Abs. 2 S. 1 BGB dient dem Werkunternehmer als Instrument zur effektiven Abwicklung des Vertragsverhältnisses, wenn sich der Besteller passiv verhält oder wenn er die Abnahme durch Verweigerungen „ins Blaue hinein" grundlos hinauszögert.[1050] Das Fristsetzungserfordernis in § 640 Abs. 2 S. 1 BGB soll dabei einzig und allein den Besteller schützen.

1048 *Schmid/Senders* NZBau 2016, 474 (479 f.).
1049 *Schmid/Senders* NZBau 2016, 474 (480).
1050 Dazu S. 133; S. 144 f.

Die Abnahmewirkungen, insbesondere die Fälligkeit der Vergütung, sollen nicht direkt eintreten. Vielmehr soll dem Besteller ausreichend Gelegenheit gegeben werden, das Werk auf seine Vertragsgemäßheit hin überprüfen zu können.[1051]

Beseitigt der Besteller einzelne Mängel selbst oder durch einen Dritten und erklärt darüber hinaus ernsthaft und endgültig, dass er zur Abnahme des Gesamtwerkes generell nicht mehr bereit ist, ist der Besteller nicht mehr schutzwürdig. Es wäre, wie von *Henkel* zu § 640 Abs. 1 S. 3 BGB a.F. treffend beschrieben, „widersinnig, dem Besteller eine weitere Gelegenheit zur Abnahme einzuräumen, wenn er eindeutig zu erkennen gegeben hat, dass er sich bereits endgültig entschieden hat."[1052] Für § 640 Abs. 2 BGB kann nichts anderes gelten. Das Fristsetzungserfordernis aus § 640 Abs. 2 S. 1 BGB ist von vorneherein sinn- und zwecklos.[1053] Enthält das BGB an anderer Stelle ein Fristsetzungserfordernis – beispielsweise in § 323 Abs. 1 BGB oder § 281 Abs. 1 S. 1 BGB – macht das Gesetz ausdrücklich eine Ausnahme, wenn die Fristsetzung ihren Zweck nicht erfüllen kann (vgl. § 323 Abs. 2 Nr. 1 BGB, § 281 Abs. 2 Var. 1 BGB).[1054] Dem kann der allgemeine Rechtsgedanke entnommen werden, dass das Abwarten des Fristablaufs dem Anspruchsberechtigten in diesem Fall nicht zumutbar ist.

Eine derartige Einschränkung enthält § 640 Abs. 2 BGB nicht. Nachdem § 640 Abs. 2 BGB erst nach den §§ 323 Abs. 2 Nr. 1, 281 Abs. 2 BGB in das Gesetz eingefügt wurde, könnte hieraus auf eine bewusste Entscheidung des Gesetzgebers gegen die Entbehrlichkeit der Fristsetzung geschlossen werden.[1055] Es würde allerdings zu einem unerträglichen Wertungswider-

---

1051 Dazu S. 137.

1052 *Henkel*, Die Abnahmefiktionen im Werkvertragsrecht, S. 31 zu § 640 Abs. 1 S. 3 BGB a.F.

1053 *Henkel*, Die Abnahmefiktionen im Werkvertragsrecht, S. 30 f. zu § 640 Abs. 1 S. 3 BGB a.F.; vgl. HK-WerkBauVertrR/*Herdy*/*Raab* § 641 BGB Rn. 12 sowie BeckOK BGB/*Voit* § 641 Rn. 5 jeweils zur ernsthaften und endgültigen unberechtigten Abnahmeverweigerung; a.A. HK-BGB/*Scheuch* § 640 Rn. 12; *Scheuch* NJW 2018, 2513 (2516), der die Fristsetzung als Ermahnung für den Besteller, seine vorgebrachten Einwände zu prüfen, für dienlich hält; ebenso *Erkelenz* ZfBR 2000, 435 (439 Fn. 32) noch zu § 640 Abs. 1 S. 3 BGB a.F., nach dessen Auffassung der Besteller wegen der weitreichenden Wirkungen der Abnahme immer noch einmal Gelegenheit zur Besinnung erhalten muss.

1054 Zum Sinn und Zweck des § 323 Abs. 2 Nr. 1 BGB BeckOGK/*Looschelders*, 01.08.2024, § 323 BGB Rn. 179; zu § 281 Abs. 2 Var. 1 BGB *Looschelders*, Schuldrecht AT, § 27 Rn. 18.

1055 Die §§ 323 Abs. 2 Nr. 1, 281 Abs. 2 BGB wurden durch das Gesetz zur Modernisierung des Schuldrechts v. 26.11.2001 (BGBl. I S. 3138) eingefügt.

spruch führen, wenn der Werkunternehmer trotz deren Sinn- und Zwecklosigkeit dazu gezwungen wäre, eine angemessene Frist setzen und ihren erfolglosen Ablauf abwarten zu müssen.[1056] Vom Gesetzgeber kann das nicht gewollt sein.

Erklärt der Besteller zwar nicht ernsthaft und endgültig, dass er keine weitere Erfüllung mehr wünscht, gibt aber die Beseitigung *sämtlicher* Mängel in Auftrag bzw. führt die Mängelbeseitigung selbst durch, kann im Ergebnis nichts anderes gelten. Bewirkt der Besteller das vollständige Erlöschen des Erfüllungsanspruchs, liegt darin die gleiche endgültige Entscheidung in Bezug auf die Abwicklung des Vertragsverhältnisses. Auch in diesem Fall wird das Fristsetzungserfordernis deshalb obsolet und es ist dem Werkunternehmer nicht zumutbar, den Ablauf einer von ihm zu setzenden Frist abwarten zu müssen.

Im Ergebnis muss dasselbe gelten, wenn in den eben beschriebenen Verhaltensweisen des Bestellers eine Kündigungserklärung i.S.d. § 648 S. 1 BGB liegt. Eine Fristsetzung i.S.d. § 640 Abs. 2 S. 1 BGB wäre auch hier zwecklos. Dem Werkunternehmer ist es ebenso wenig zuzumuten, in Bezug auf die bereits erbrachte, „nicht weggekündigte" Leistung die Abnahmefiktion herbeiführen und den Fristablauf abwarten zu müssen, um zur Fälligkeit der Vergütung zu gelangen. Erst recht kann der Werkunternehmer in allen anderen Fällen nicht in die Kündigung gemäß § 648a Abs. 1 S. 1 BGB hineingezwungen werden. Weil auch hier die bereits erbrachten Leistungen noch vom Besteller abzunehmen sind,[1057] gilt in Bezug auf die Zumutbarkeit einer Fristsetzung i.S.d. § 640 Abs. 2 S. 1 BGB das oben Gesagte.

Der Bedeutungsgehalt des § 640 Abs. 2 S. 1 BGB und der mit der erforderlichen Fristsetzung verfolgte Sinn und Zweck bestätigen die oben aufgestellte Vermutung, dass die Vergütung in den drei genannten Sachverhaltskonstellationen unmittelbar fällig werden müsste.

1056 Vgl. *Henkel*, Die Abnahmefiktionen im Werkvertragsrecht, S. 30 f. zu § 640 Abs. 1 S. 3 BGB a.F.; HK-WerkBauVertrR/*Herdy/Raab* § 641 BGB Rn. 12 zur ernsthaften und endgültigen unberechtigten Abnahmeverweigerung; ähnlich Soergel/*Buchwitz* § 641 BGB Rn. 9; a.A. *Erkelenz* ZfBR 2000, 435 (439 Fn. 32) zu § 640 Abs. 1 S. 3 BGB a.F., der die Fristsetzung nie für unzumutbar hält.

1057 Kniffka/Jurgeleit/*Schmitz* § 648a BGB Rn. 44; Erman/*Schwenker/Rodemann* § 648a BGB Rn. 8.

(bb) *Wertung des § 286 Abs. 2 Nr. 3 BGB*

Ein weiteres Argument hierfür liefert § 286 Abs. 2 Nr. 3 BGB, dem dieselbe Wertung zugrunde liegt wie den §§ 323 Abs. 2 Nr. 1, 281 Abs. 2 Var. 1 BGB. § 286 Abs. 2 Nr. 3 BGB betrifft die Entbehrlichkeit der Mahnung in den Fällen der ernsthaften und endgültigen Leistungsverweigerung. Die Bestimmung beruht auf folgendem Gedanken: „Gibt der Schuldner klar zu erkennen, dass er die Leistung nicht erbringen wird, ist eine Leistungsaufforderung zwecklos. Es wäre reiner Formalismus, vom Gläubiger gleichwohl eine Mahnung zu verlangen."[1058] Diese Überlegung lässt sich auf das Erfordernis der Abnahme übertragen: Auch hier wäre es bloße Förmelei, die Abnahme bzw. eine erneute Aufforderung hierzu zu verlangen, wenn der Besteller ohnehin deutlich gemacht hat, dass er keinerlei Erfüllung mehr anstrebt und dementsprechend die Abnahme nicht mehr erklären wird.

(cc) *Beschränkung der Rechte des Werkunternehmers auf die §§ 642, 643, 645 BGB bei Verletzung einer Mitwirkungsobliegenheit*

Liegt in der endgültigen Verweigerung jeder weiteren Erfüllung zugleich die Verletzung einer Mitwirkungsobliegenheit i.S.d. § 642 Abs. 1 BGB, könnte der Werkunternehmer auf die Rechte aus den §§ 642, 643, 645 BGB beschränkt sein. Der Besteller verletzt seine Mitwirkungsobliegenheit insbesondere, wenn er dem Werkunternehmer ein Baustellenverbot erteilt oder anderweitig das Werk dessen Besitz entzieht.[1059]

Das hätte zur Folge, dass der Werkunternehmer zunächst die *Aufhebung des Vertrages* nach § 643 S. 2 BGB erwirken müsste. Auch hierzu müsste er dem Besteller gemäß § 643 S. 1 BGB zunächst noch eine *angemessene Frist* zur Nachholung der Handlung mit der Erklärung bestimmen, dass er den Vertrag kündige, wenn die Handlung nicht bis zum Ablauf der Frist vorgenommen werde.

Für die endgültige Erfüllungsverweigerung *vor* Fertigstellung der Leistung hatte der BGH klargestellt, dass der Unternehmer bei Nichterfüllung der dem Besteller obliegenden Mitwirkungspflicht nicht auf die Rechte aus

---

1058 *Looschelders*, Schuldrecht AT, § 26 Rn. 12.
1059 BGH NJW 2003, 1601; vgl. HK-WerkBauVertrR/*Jordan/Raab* § 642 BGB Rn. 3; Kniffka/Jurgeleit/*Retzlaff* § 642 BGB Rn. 32; BeckOGK/*Lasch*, 01.10.2024, § 642 BGB Rn. 22.

den §§ 642 ff. BGB beschränkt sei und hierzu ausgeführt: „[...] zu den Verbindlichkeiten aus einem Schuldverhältnis [gehören] auch die im § 642 BGB erwähnten Gläubigerobliegenheiten. Ihre Verletzung gewährt daher dem Unternehmer alle die Rechtsbehelfe, die ihm bei Zuwiderhandlungen des Vertragspartners gegen sonstige Verbindlichkeiten zustehen; *daneben* hat er noch die *zusätzlichen* Rechte aus den §§ 642 ff. BGB. Diese Grundsätze gelten nicht nur dann, wenn der Unternehmer neben den Rechten aus den §§ 642 ff. BGB solche aus positiver Vertragsverletzung herleitet [...]. Vielmehr sind sie auch anzuwenden, wenn der Unternehmer Erfüllung verlangt. Die Interessenlagen unterscheiden sich insoweit nicht von einander [sic]. Es wäre auch ein unerträgliches und mit Treu und Glauben nicht zu vereinbarendes Ergebnis, wenn es dem Besteller freistehen sollte, durch willkürliche Nichterfüllung seiner Gläubigerobliegenheiten den Unternehmer zur Kündigung des Vertrags zu zwingen."[1060]

Nichts anderes kann gelten, wenn das Werk zwar fertiggestellt ist, aber wesentliche Mängel aufweist und daher noch nicht abnahmereif ist. Die oben herausgearbeiteten Rechtsgedanken der §§ 323 Abs. 2 Nr. 1, 281 Abs. 2 Var. 1 BGB müssen i.R.v. § 643 S. 1 BGB gleichermaßen gelten: Auch hier kann es dem Werkunternehmer nicht zugemutet werden, dem Besteller noch eine Frist i.S.d § 643 S. 1 BGB setzen und die Vertragsaufhebung nach erfolglosem Fristablauf abwarten zu müssen.[1061]

(dd) *Wertung des § 259 ZPO*

Eine der bisher vermuteten Planwidrigkeit entgegenstehende Wertungsentscheidung hinsichtlich des Fälligkeitszeitpunkts ist für die oben erarbeiteten Sachverhaltskonstellationen auch nicht in § 259 ZPO enthalten. § 259 ZPO regelt die Klage auf künftige Leistung. Dem Gläubiger einer Leistung wird ermöglicht, schon vor Fälligkeit des Anspruchs einen vollstreckungsfähigen Titel zu erhalten.[1062] Er kann infolgedessen *im Zeitpunkt der Fälligkeit* unmittelbar die Zwangsvollstreckung betreiben.[1063] Einzige Voraussetzung für die Begründetheit der Klage ist, dass den Umständen nach die Besorgnis gerechtfertigt ist, dass der Schuldner sich der rechtzeitigen

---

1060 BGH NJW 1968, 1873 (1874); Hervorhebung der Verfasserin.
1061 Ähnlich Soergel/*Buchwitz* § 641 BGB Rn. 9.
1062 HK-ZPO/*Saenger* § 259 Rn. 1.
1063 HK-ZPO/*Saenger* § 259 Rn. 1; MüKoZPO/*Becker-Eberhard* § 259 Rn. 1.

Leistung entziehen werde. Es muss – wie es in den hier untersuchten Sachverhalten der Fall ist – „aus den Erklärungen des Schuldners oder aus seinem Verhalten der Schluss gezogen werden können, dass er nicht leisten wolle, wobei es nicht auf den Grund ankommt."[1064]

§ 259 ZPO hat lediglich prozessuale Bedeutung, bewirkt also materiellrechtlich keine Änderung bzgl. der Fälligkeit des geltend gemachten Anspruchs.[1065] Dementsprechend kann der Bestimmung keine Aussage über das „Ob" und „Wann" der Fälligkeit des zugrunde liegenden Anspruchs entnommen werden.

(ee) Wertung des § 632a Abs. 1 S. 1 BGB

§ 632a Abs. 1 S. 1 BGB könnte allerdings die Wertung entnommen werden, dass nur eine Abschlagszahlung fällig sein soll, der Werkunternehmer also noch nicht endgültig abrechnen können und in diesem Rahmen die Gesamtvergütung verlangen können soll, solange es wie in den oben aufgeführten Sachverhaltskonstellationen an der Abnahmeerklärung fehlt.[1066]

§ 632a Abs. 1 S. 1 BGB verfolgt – wie im Zusammenhang mit den Rechtswirkungen der Abnahme ausgeführt – den Zweck, den vorleistungspflichtigen Unternehmer zu entlasten, indem die sich aus der erforderlichen Vorfinanzierung ergebenden wirtschaftlichen Nachteile abgemildert werden.[1067]

Die Abschlagszahlung soll der Herstellung von Waffengleichheit dienen, solange noch weitere Leistungen zu erbringen sind, für die eine solche Vorfinanzierung gegebenenfalls notwendig ist. Ist der Werkunternehmer nicht mehr vorleistungspflichtig, entfällt das Bedürfnis, die finanziellen Interessen des Werkunternehmers während des Herstellungszeitraums zu schützen.[1068] Grundsätzlich geht der Anspruch auf Abschlagszahlung deshalb im Vergütungsanspruch auf, sobald dieser fällig ist.[1069] Hier kommt der nur vorläufige Charakter der Abschlagszahlung zum Tragen. Sie ist nichts anderes als eine „finanzielle Überbrückungshilfe", die dem Werkunternehmer zustehen soll, bis er endgültig abrechnen darf. Ab wann die end-

---

1064 Stein/Jonas/*Roth* § 259 ZPO Rn. 14.
1065 MüKoZPO/*Becker-Eberhard* § 259 Rn. 2.
1066 Zum Anspruch auf Abschlagszahlung als Durchbrechung der Vorleistungspflicht des Werkunternehmers S. 75 f.
1067 HK-WerkBauVertrR/*Brunstamp/Raab* § 632a BGB Rn. 40; dazu S. 43.
1068 HK-WerkBauVertrR/*Brunstamp/Raab* § 632a BGB Rn. 40; vgl. BeckOK BGB/*Voit* § 632a Rn. 17.
1069 BGH NJW-RR 2004, 957 (958); Grüneberg/*Retzlaff* § 632a BGB Rn. 3.

gültige Abrechnung möglich sein soll, ergibt sich nicht aus § 632a Abs. 1 S. 1 BGB. Die Bestimmung äußert sich nur über die rechtliche Ausgestaltung des Vorleistungszeitraums, aber nicht über seine Dauer und insbesondere nicht über sein Ende.

Aus § 632a Abs. 1 S. 1 BGB ist deshalb nicht abzuleiten, dass die oben beschriebenen drei Sachverhaltskonstellationen nicht auch die Vorleistungspflicht des Werkunternehmers beenden können – mit der Folge, dass der Werkunternehmer endgültig abrechnen darf.

(c) *Wertung der Gesamtrechtsordnung hinsichtlich der Vergütungshöhe*

Weil § 632a Abs. 1 S. 1 BGB außerdem nur eine Aussage darüber trifft, dass bei *vorläufigen* Zahlungen ein bloßer Teil der Vergütung anfallen soll, enthält die Vorschrift auch keine Wertung hinsichtlich der Vergütungshöhe bei *endgültiger* Abrechnung.

Fraglich ist aber, ob dem Gesetz an anderer Stelle für die hier betrachteten drei Sachverhaltskonstellationen eine Wertungsentscheidung zur Vergütungshöhe zu entnehmen ist, die der Werkunternehmer verlangen können soll.

In Bezug auf den unter *Konstellation 1* gefassten Sachverhalt kann auf § 326 Abs. 2 S. 1 Var. 1 BGB zurückgegriffen werden. § 326 Abs. 2 S. 1 Var. 1 BGB regelt die Gegenleistungsgefahr und bestimmt, dass diese abweichend von der Grundregel des § 326 Abs. 1 S. 1 Hs. 1 BGB beim Gläubiger liegen soll.[1070] Ist der Gläubiger für den Umstand, auf Grund dessen der Schuldner nach § 275 Abs. 1 bis 3 BGB nicht zu leisten braucht, allein oder weit überwiegend verantwortlich, geht der Anspruch auf die Gegenleistung trotz der Unmöglichkeit der vom Schuldner zu erbringenden Leistung nicht unter. § 326 Abs. 2 S. 1 Var. 1 BGB trifft damit zwar keine unmittelbare Aussage über die Fälligkeit der Gegenleistung, sehr wohl aber über deren Höhe. Wenn sich der Schuldner gemäß § 326 Abs. 2 S. 2 BGB nur dasjenige anrechnen lassen muss, was er infolge der Befreiung von der Leistung erspart oder durch anderweitige Verwendung seiner Arbeitskraft erwirbt oder zu erwerben böswillig unterlässt, muss die Bestimmung in Satz 1 grundsätzlich vom *Erhalt der vollen Gegenleistung* ausgehen.[1071]

1070 BeckOGK/*Herresthal*, 01.04.2022, § 326 BGB Rn. 169.
1071 Vgl. Motive, II, S. 208 (= *Mugdan*, S. 115): „[...] der Schuldner ist berechtigt, die Gegenleistung zu fordern, wie wenn er erfüllt hätte."

Auch in den oben aufgeführten *Konstellationen 2a und 2b* muss der Werkunternehmer die Gesamtvergütung fordern können. Hintergrund ist folgender: Sowohl in *Konstellation 2a* als auch in *Konstellation 2b* macht der Besteller nur einen Schadensersatz statt der Leistung (kleiner Schadensersatz) und gerade keinen Schadensersatz statt der ganzen Leistung (großer Schadensersatz) geltend. Es handelt sich dabei um zwei Berechnungsmethoden des Schadens.[1072] Beim Schadensersatz statt der Leistung behält der Besteller das Werk und erlangt *als Ausgleich für das Leistungsdefizit* Ersatz in Geld.[1073] Dabei kann er – wie in *Konstellation 2a* – die tatsächlichen Mangelbeseitigungskosten, oder – wie in *Konstellation 2b* – den schlechtleistungsbedingten Minderwert des Werkes fordern.[1074] In beiden Fällen bleibt es beim Gegenseitigkeitsverhältnis der Ansprüche, d.h. das Austauschverhältnis besteht fort.[1075] Den Vergütungsanspruch kann der Werkunternehmer daher grundsätzlich *in voller Höhe* verlangen. Es findet keine automatische Verrechnung statt.[1076] Gegen den Vergütungsanspruch kann der Besteller nur mit dem Schadensersatzanspruch aufrechnen.[1077]

Es bleibt damit zu prüfen, ob dem Werkunternehmer auch in der *Konstellation 3*, d.h. im Falle der ernsthaften und endgültigen Ablehnung jeder weiteren Erfüllung bzw. der ernsthaften und endgültigen berechtigten Abnahmeverweigerung durch den Besteller, die Gesamtvergütung zustehen müsste. Hier könnte auf die Rechtsgedanken der Kündigungsvorschriften aus § 648 S. 2 BGB und § 648a Abs. 5 BGB zurückgegriffen werden.

Liegt in der ernsthaften und endgültigen Erfüllungsablehnung bzw. Abnahmeverweigerung ohnehin eine Bestellerkündigung i.S.d § 648 S. 1 BGB, greift hinsichtlich der Vergütungshöhe § 648 S. 2 Hs. 1 BGB direkt. § 648 S. 2 Hs. 1 BGB bestimmt, dass der Werkunternehmer, wie oben dargestellt,

---

1072 BeckOGK/*Seichter*, 01.07.2024, § 636 BGB Rn. 358.
1073 BeckOGK/*Seichter*, 01.07.2024, § 636 BGB Rn. 358; BeckOK BGB/*Voit* § 636 Rn. 55.
1074 BeckOGK/*Seichter*, 01.07.2024, § 636 BGB Rn. 358; BeckOK BGB/*Voit* § 636 Rn. 56.
1075 BeckOGK/*Seichter*, 01.07.2024, § 636 BGB Rn. 359; BeckOK BGB/*Voit* § 636 Rn. 55.
1076 Vgl. BGH NJW 2011, 1729 Rn. 14; BeckOGK/*Seichter*, 01.07.2024, § 636 BGB Rn. 359; BeckOK BGB/*Voit* § 636 Rn. 55; mit ähnlicher Begründung *Jürgens* BauR 2022, 1695 (1706), der sich auf die Schadensberechnung nach der Surrogationsmethode, bei der die Gegenforderung nicht berücksichtigt wird, stützt.
1077 BGH NJW 2011, 1729 Rn. 14; BeckOGK/*Seichter*, 01.07.2024, § 636 BGB Rn. 359; BeckOK BGB/*Voit* § 636 Rn. 55.

die ursprünglich vereinbarte Vergütung verlangen können soll.[1078] Gemeint ist damit die Gesamtvergütung. Dass er sich nach § 648 S. 2 Hs. 2 BGB ersparte Aufwendungen oder das durch anderweitige Verwendung seiner Arbeitskraft Erworbene oder böswillig nicht Erworbene anrechnen lassen muss, soll lediglich verhindern, dass der Werkunternehmer aus der Kündigung einen Vorteil zieht.[1079]

Der Besteller soll den Vertrag jederzeit *grundlos* beenden dürfen, wenn sein Interesse an der Herstellung des Werkes wegfällt.[1080] Die sich daraus ergebende Privilegierung des Bestellers soll kompensiert werden, indem der Werkunternehmer eine Vergütung verlangen kann, die sich an der ursprünglich vereinbarten Gesamtvergütung orientiert.[1081]

Die endgültige Ablehnung jeder weiteren Vertragsdurchführung im Sinne der Kriterien des Abrechnungsverhältnisses könnte unter Umständen auch als wirksame Kündigungserklärung aus wichtigem Grund gemäß § 648a Abs. 1 S. 1 BGB mit den dort festgelegten Rechtsfolgen ausgelegt werden. Das wäre der Fall, wenn dem Besteller ein Festhalten an der Vertragsdurchführung nicht mehr zugemutet werden kann, vgl. § 648a Abs. 1 S. 2 BGB.[1082] Voraussetzung ist eine *schwerwiegende Vertragsstörung*, die das Vertrauensverhältnis zwischen Werkunternehmer und Besteller erheblich erschüttert und den Vertragszweck gefährdet.[1083] Das ist beispielsweise der Fall, wenn der Werkunternehmer nachhaltig gegen Verpflichtungen aus dem Vertrag verstößt.[1084] Dass der Werkunternehmer ein mit Mängeln behaftetes Werk zur Abnahme angeboten hat, genügt selbst bei bedeutenden Mängeln für eine Kündigung aus wichtigem Grund regelmäßig noch nicht.[1085] Etwas anderes kann in dem seltenen Fall gelten, dass aufgrund der Mangelhaftigkeit der Leistung das Vertrauen des Bestellers in die Zuverlässigkeit und vor allem in die fachliche Eignung des Werkunternehmers zerstört wurde und aufgrund der Art der Mängel zu befürchten ist, dass

---

1078 Dazu S. 222 f.
1079 Vgl. MüKoBGB/*Busche* § 648 Rn. 24.
1080 Messerschmidt/Voit/*Oberhauser* § 648 BGB Rn. 2.
1081 Vgl. Messerschmidt/Voit/*Oberhauser* § 648 BGB Rn. 2.
1082 BeckOGK/*Kessen*, 01.10.2024, § 648a BGB Rn. 14.
1083 MüKoBGB/*Busche* § 648a Rn. 3; Messerschmidt/Voit/*Oberhauser* § 648a BGB Rn. 2.
1084 BGH NJW 1996, 1108 (1109); MüKoBGB/*Busche* § 648a Rn. 3.
1085 Messerschmidt/Voit/*Oberhauser* § 648a BGB Rn. 4.

der Werkunternehmer die Leistung insgesamt nicht mangelfrei erbringen wird.[1086]

Gemäß § 648a Abs. 5 BGB ist der Werkunternehmer bei einer Kündigung aus wichtigem Grund nur berechtigt, die Vergütung zu verlangen, die auf den bis zur Kündigung erbrachten Teil des Werkes entfällt. § 648a Abs. 5 BGB orientiert sich damit nicht an der ursprünglich für das Gesamtwerk vereinbarten Vergütung, sog. „kleine Kündigungsvergütung".[1087] Im Ergebnis bedeutet das, dass dem Werkunternehmer bei einer Kündigung aus wichtigem Grund keine Kompensation des entgangenen Gewinns für die nicht mehr zu erbringenden Leistungsteile zustehen soll.

Erbracht und dementsprechend auch zu vergüten sind diejenigen Bauleistungen, die sich zum Zeitpunkt der Kündigung im Bauwerk *verkörpern*.[1088] Für die Höhe der dem Werkunternehmer zustehenden Vergütung kommt es nicht auf die Qualität der verkörperten Leistung an.[1089] Hat der Werkunternehmer eine mangelhafte Leistung erbracht, muss der Besteller insoweit mit Mängelansprüchen aufrechnen.[1090] Das lässt sich zum einen mit dem Wortlaut der Norm begründen, der nur von der erbrachten und gerade nicht von der *vertragsgemäß* erbrachten Leistung spricht. Eine hiervon abweichende Sichtweise würde zum anderen zu einer automatischen Verrechnung des Vergütungsanspruchs mit Ansprüchen wegen Schlechterfüllung führen. Wie an anderer Stelle bereits ausgeführt, kennt das Gesetz ein derartiges Rechtsinstitut nicht.[1091]

Übertragen auf den hier untersuchten Fall, bei dem ein Werk als fertiggestellt zur Abnahme angeboten wird, allerdings wesentliche Mängel aufweist, bedeutet das: die Leistung ist zwar nicht vertragsgemäß, wurde aber dennoch entsprechend dem eben herausgearbeiteten Begriffsverständnis *vollständig erbracht*. Auch bei einer Kündigung aus wichtigem Grund ist deshalb bei der Berechnung der dem Werkunternehmer zustehenden Vergütung von der Gesamtvergütung auszugehen. Der schlechtleistungsbedingte Minderwert des Werkes ist also nicht schon bei der Feststellung der

---

1086 BGH NJW 1960, 431 (432); Messerschmidt/Voit/*Oberhauser* § 648a BGB Rn. 4.

1087 MüKoBGB/*Busche* § 648a Rn. 10.

1088 OLG München BeckRS 2019, 63745 Rn. 84; Kniffka/Koeble/Jurgeleit/*Kniffka* Teil 8 Rn. 46; BeckOGK/*Kessen*, 01.10.2024, § 648 BGB Rn. 72.

1089 OLG München BeckRS 2019, 63745 Rn. 84; Kniffka/Koeble/Jurgeleit/*Kniffka* Teil 8 Rn. 46; BeckOGK/*Kessen*, 01.10.2024, § 648 BGB Rn. 72.

1090 OLG München BeckRS 2019, 63745 Rn. 84; Kniffka/Koeble/Jurgeleit/*Kniffka* Teil 8 Rn. 46; BeckOGK/*Kessen*, 01.10.2024, § 648 BGB Rn. 72.

1091 Dazu S. 188 f.

Vergütungshöhe, sondern erst im Wege der Aufrechnung zu berücksichtigen. Bilden vorhandene Mängel an der Leistung den Kündigungsgrund, führt das lediglich dazu, dass der Besteller sofort, d.h. ohne dass es einer Fristsetzung bedarf, Ersatzansprüche geltend machen kann.[1092]

§ 648 S. 2 BGB und § 648a Abs. 5 BGB kann hinsichtlich der Höhe der fällig zu werdenden Vergütung eine Wertung entnommen werden, die auf alle in *Konstellation 3* genannten Fälle (d.h., unabhängig davon, ob das Verhalten des Bestellers als Kündigungserklärung auszulegen ist) übertragen werden kann: Bietet der Werkunternehmer eine mit wesentlichen Mängeln behaftete Leistung als fertiggestellt zur Abnahme an und verweigert der Besteller diese ausdrücklich oder konkludent ernsthaft und endgültig, müsste nach der „ideal gedachten Gesetzeskonzeption" stets die Gesamtvergütung fällig werden.

Mit der „Gesamtvergütung" ist jedoch nicht zwangsläufig die „Vergütung in voller Höhe" gemeint. Zunächst soll damit nur ausgedrückt werden, dass bei der Berechnung der konkreten Vergütungshöhe von der vereinbarten Gesamtvergütung auszugehen ist. Hiervon könnten möglicherweise ersparte eigene Aufwendungen des Werkunternehmers abzuziehen sein. Zu denken ist beispielsweise an den Fall, dass der Besteller die Mängel durch einen Drittunternehmer hat beseitigen lassen, den Werkunternehmer aber mangels Fristsetzung nicht auf Schadensersatz in Anspruch nehmen kann. Könnte der Werkunternehmer die volle Vergütung ohne jegliche Abzüge verlangen, würde er dadurch ungerechtfertigt finanziell bessergestellt werden. Dem wird zu einem späteren Zeitpunkt nachgegangen.[1093]

dd) *Ergebnis*

Nach der „ideal gedachten Gesetzeskonzeption" hätte der Gesetzgeber in den hier relevanten drei Sachverhaltskonstellationen die Fälligkeit der Gesamtvergütung „eigentlich" regeln müssen. Weil er das nicht getan hat, liegt in diesen Fällen eine primäre unbewusste Gesetzeslücke vor.

1092 OLG Dresden BauR 2001, 809 (811); Kniffka/Koeble/Jurgeleit/*Kniffka* Teil 8 Rn. 102; BeckOGK/*Kessen*, 01.10.2024, § 648 BGB Rn. 75; faktisch bedarf es auch in diesem Fall einer Fristsetzung, weil diese Voraussetzung einer zulässigen Kündigung aus wichtigem Grund ist, § 648a Abs. 3 i.V.m. § 314 Abs. 2 S. 1 BGB.

1093 Dazu S. 292 ff.

c) Vergleichbare Interessenlage

Nachdem der Analogieschluss einen Verstoß gegen das Gleichbehandlungsgebot aus Art. 3 Abs. 1 GG verhindern soll, setzt er schließlich voraus,
dass die Interessenlage der nicht geregelten Sachverhaltsvarianten des Abrechnungsverhältnisses mit derjenigen, die § 641 Abs. 1 S. 1 BGB zugrunde
liegt, vergleichbar ist.[1094] Dafür muss im ersten Schritt festgestellt werden,
in welchen Merkmalen der geregelte und die nicht geregelten Fälle übereinstimmen. Im zweiten Schritt ist zu klären, ob die übereinstimmenden
Merkmale im Hinblick auf den Regelungszweck des § 641 Abs. 1 S. 1 BGB
auch gleichwertig sind, und ob die sich unterscheidenden Merkmale eine
Ungleichbehandlung erfordern.[1095]

Oben wurde festgestellt, dass sich die Abnahmeerklärungen und die zum
Abrechnungsverhältnis entwickelten, drei planwidrig nicht geregelten Sachverhaltskonstellationen in ihrem Begriffskern – nämlich der Erklärung,
dass bezogen auf das Gesamtwerk kein weiteres Erfüllungsinteresse besteht
– gleichen.[1096] Unterschiedlich ist jeweils das „Warum" des Interessenfortfalls. Weil dieses nach dem Rechtsgedanken des § 641 Abs. 1 S. 1 BGB nicht
ausschlaggebend ist für das Ende der Vorleistungspflicht, ist eine Ungleichbehandlung aufgrund dieser Abweichung nicht geboten. Die vergleichbare
Interessenlage besteht.

d) Vereinbarkeit der analogen Anwendung von § 641 Abs. 1 S. 1 BGB mit höherrangigem Recht

Damit ist bisher geklärt, dass in bestimmten Sachverhaltskonstellationen
eine Gesetzeslücke vorhanden ist, die durch die analoge Anwendung des
§ 641 Abs. 1 S. 1 BGB grundsätzlich geschlossen werden *kann*. Das bedeutet
allerdings nicht automatisch, dass der Rechtsanwender die Lücke auf diesem Weg anstelle des Gesetzgebers auch schließen *darf*.

1094 *Wank*, Juristische Methodenlehre, § 15 Rn. 111; *Rüthers/Fischer/Birk*, Rechtstheorie,
Rn. 889.
1095 Zu beiden Schritten *Wank*, Juristische Methodenlehre, § 15 Rn. 113.
1096 Dazu S. 229 ff.

aa) *Einfluss des höherrangigen Rechts auf die Zulässigkeit von Rechtsfortbildung*

(1) *Verfassungsrecht als Grenze und Gebot der Rechtsfortbildung*

Der Rechtsfortbildung sind nicht nur durch die Methodenlehre, sondern auch durch das Verfassungsrecht Grenzen gesetzt.[1097] Das gilt einerseits für die Frage, *ob* die Lückenschließung überhaupt in Betracht kommt, andererseits auch dafür, *wie*, d.h. auf welche Art und Weise sich die Lücke schließen lässt.[1098]

Wie *Wank* treffend feststellt, liegt jeder Rechtsfortbildung ein Erkenntnis- und ein Handlungsaspekt zugrunde.[1099] Die Zulässigkeit der Rechtsfortbildung ist deshalb *zweistufig* zu prüfen. An erster Stelle muss (wie hier bereits geschehen) die Feststellung stehen, ob überhaupt Regelungsbedarf besteht (*Erkenntnisaspekt*). Hierzu ist die Methodenlehre unerlässlich. Das alleine reicht aber noch nicht aus, um automatisch die Befugnis zur Lückenschließung (*Handlungsaspekt*) annehmen zu können.[1100] Zu prüfen bleibt daher Folgendes:

1097 *Wank*, Juristische Methodenlehre, § 15 Rn. 39, der die Verbindung von Methodenlehre und Verfassungsrecht in Bezug auf die Grenzen der Rechtsfortbildung als *„hermeneutisch-verfassungsrechtliche Theorie"* bezeichnet; *Wank*, Grenzen richterlicher Rechtsfortbildung, S. 82; *Bumke*, Verfassungsrechtliche Grenzen fachrichterlicher Rechtserzeugung, in: *Bumke* (Hrsg.), Richterrecht zwischen Gesetzesrecht und Rechtsgestaltung, 33 ff.; *Möllers*, Juristische Methodenlehre, § 13 Rn. 1 ff., der basierend auf dieser Idee sein „Fünf Stufen-System" zur Vermeidung einer Entscheidung contra legem entwickelt hat; *Fenn*, Der Grundsatz der Tarifeinheit – Zugleich zu Voraussetzungen und Grenzen richterlicher Rechtsfortbildung, FS Kissel, 213 (216 ff.).

1098 *Wank*, Juristische Methodenlehre, § 15 Rn. 78 ff., Rn. 91 ff.; *Wank* ZGR 1988, 314 (355).

1099 *Wank*, Juristische Methodenlehre, § 15 Rn. 37.

1100 *Wank*, Juristische Methodenlehre, § 15 Rn. 37.

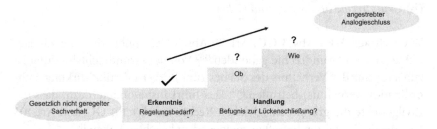

Abb. 11: Voraussetzungen eines zulässigen Analogieschlusses

Die Zivilgerichte unterliegen auch bei der Rechtfortbildung der Bindung an Recht und Gesetz nach Art. 20 Abs. 3 GG.[1101] Die Rechtsfortbildung bedarf deshalb einer *verfassungsrechtlichen Absicherung*, die sich im Ausgangspunkt an den Vorgaben des Art. 20 Abs. 3 GG orientieren muss.[1102]

(a) *Demokratieprinzip, Rechtsstaatsprinzip und Gewaltenteilungsgrundsatz als Grenze*

Die Richtermacht ist vor dem Hintergrund, dass Gesetzeslücken in erster Linie vom Parlament geschlossen werden sollen, insbesondere durch den Gewaltenteilungsgrundsatz aus Art. 20 Abs. 2 S. 2 BGB als wesentliches Teilelement des Rechtsstaatsprinzips beschränkt.[1103] Grenzen können sich darüber hinaus aus dem Demokratieprinzip aus Art. 20 Abs. 1, Abs. 2 S. 1 GG sowie dem Grundsatz der Rechtssicherheit und des Gesetzesvorbehalts als weitere Ausprägungen des Rechtsstaatsprinzips ergeben.[1104] Hierauf wird später im Einzelnen eingegangen.

1101 *Jocham*, Die Grenzen der richterlichen Rechtsfortbildung im Privatrecht, S. 33 f., der die Rechtsfortbildung deshalb als Form der „Rechtsanwendung" beschreibt.

1102 *Wank*, Juristische Methodenlehre, § 15 Rn. 39 ff.; *Möllers*, Juristische Methodenlehre, § 13 Rn. 70 ff., Rn. 86 ff.; *Jocham*, Die Grenzen der richterlichen Rechtsfortbildung im Privatrecht, S. 136, S. 203 ff.; *Jocham* bezeichnet Art. 20 Abs. 3 GG treffend als den „Ausgangspunkt der Grenzanalyse" (*Jocham*, Die Grenzen der richterlichen Rechtsfortbildung im Privatrecht, S. 80).

1103 *Wank*, Juristische Methodenlehre, § 15 Rn. 37; Rn. 80 ff.; *Möllers*, Juristische Methodenlehre, § 13 Rn. 87 ff.; *Jocham*, Die Grenzen der richterlichen Rechtsfortbildung im Privatrecht, S. 243 ff.

1104 *Wank*, Juristische Methodenlehre, § 15 Rn. 83 ff.; *Möllers*, Juristische Methodenlehre, § 13 Rn. 99 ff.; *Jocham*, Die Grenzen der richterlichen Rechtsfortbildung im Privatrecht, S. 241 ff., S. 245 ff.

(b) *Grundrechte als Grenze und Gebot*

Wie sich aus Art. 1 Abs. 3 GG, Art. 20 Abs. 3 GG ergibt, sind die Zivilgerichte auch an Grundrechte gebunden.[1105] Von der Grundrechtsbindung ist
zunächst nur das Verhältnis des Staates zum Bürger (Vertikalwirkung/Sub-
ordinationsverhältnis) betroffen.[1106] Das führt insbesondere dazu, dass die
Zivilgerichte die grundrechtsgleichen Rechte aus Art. 101 GG und Art. 103
GG, die das Verfahren betreffen, zwingend zu beachten haben.[1107]

In der vorliegenden Situation kommt es aber nur darauf an, inwieweit
die Grundrechte im Privatrechtsverhältnis durchzusetzen sind, inwieweit
sie also bei der *inhaltlichen* Entscheidungsfindung und damit auch bei der
Rechtsfortbildung zu berücksichtigen sind (Horizontalwirkung/Gleichord-
nungsverhältnis).[1108]

Grundrechte wurden primär als Abwehrrechte gegen den Staat konzi-
piert.[1109] Zwischen Privatpersonen wirken die Grundrechte deshalb nicht
unmittelbar.[1110] Trotzdem stehen zivilgerichtliche Entscheidungen unter
ihrem Einfluss.[1111] Denn die Grundrechte verkörpern eine objektive Wertentscheidung, die als verfassungsrechtliche Grundentscheidung für alle
Rechtsbereiche gilt.[1112] Über sämtliche auslegungsfähigen und -bedürftigen
Tatbestandsmerkmale wirken sie in das Privatrecht hinein.[1113] Ein Staat,
dessen Verfassung eine Werteordnung enthält, ist zum Schutz der in
den grundrechtlichen Schutzgütern zum Ausdruck kommenden Werte verpflichtet.[1114] Die aus den Grundrechten abgeleiteten Schutzpflichten richten sich nicht nur an den Gesetzgeber, sondern nachrangig auch an die

---

1105 Stern/*Schaefer*, Das Staatsrecht der Bundesrepublik Deutschland, Bd. III, § 77
Rn. 2; Dreier/*Sauer* Art. 1 Abs. 3 GG Rn. 86 ff.

1106 *Jocham*, Die Grenzen der richterlichen Rechtsfortbildung im Privatrecht, S. 203 ff.

1107 *Epping/Lenz/Leydecker*, Grundrechte, Rn. 358; *Jocham*, Die Grenzen der richterlichen Rechtsfortbildung im Privatrecht, S. 205.

1108 *Jocham*, Die Grenzen der richterlichen Rechtsfortbildung im Privatrecht, S. 206.

1109 BVerfGE 7, 198; *Ruffert*, Vorrang der Verfassung und Eigenständigkeit des Privatrechts, S. 88 f.; *Epping/Lenz/Leydecker*, Grundrechte, Rn. 14, Rn. 346.

1110 *Epping/Lenz/Leydecker*, Grundrechte, Rn. 346.

1111 *Epping/Lenz/Leydecker*, Grundrechte, Rn. 347 ff.

1112 BVerfGE 7, 198; BVerfG GRUR 2023, 549 (553 Rn. 128); *Epping/Lenz/Leydecker*,
Grundrechte, Rn. 347a.

1113 BVerfGE 129, 78 (102).

1114 BVerfG GRUR 2023, 549 (553 Rn. 128); *Ipsen*, Staatsrecht II, Rn. 104; vgl. *Ep-
ping/Lenz/Leydecker*, Grundrechte, Rn. 350: „[...] die Schutzpflichten sind speziel-
le Ausprägungen der objektiv-rechtlichen Funktion der Grundrechte."

Rechtsprechung.[1115] Dabei geht es einerseits um die Pflicht des Staates, eigene Grundrechtsverletzungen zu vermeiden, andererseits aber vor allem darum, durch geeignete Maßnahmen einzelne Bürger vor unzulässigen Grundrechtsbeeinträchtigungen durch andere Bürger zu schützen.[1116]

Hieraus ergibt sich, dass die Grundrechte in ihrer Schutzfunktion die Rechtsfortbildung einerseits verbieten, sie andererseits aber auch gebieten können.[1117] Zivilgerichte sind nach der Rechtsprechung des Bundesverfassungsgerichts sogar dazu befugt, „individuelle Rechtspositionen [...] über das verfassungsrechtlich gebotene Mindestmaß hinaus [zu] stärken."[1118] Der Frage, wie weit der Einfluss der Grundrechte insbesondere vor dem Hintergrund der Privatautonomie tatsächlich reicht bzw. welchen konkreten Spielraum die Gerichte haben und ob sich das im Ergebnis auf die Zulässigkeit der Rechtsfortbildung zum Abrechnungsverhältnis auswirkt, wird im weiteren Verlauf der Prüfung nachzugehen sein.

(2) *EU-Grundrechte als Grenze und Gebot*

Grenzrelevant ist neben dem Verfassungsrecht grundsätzlich auch das Recht der Europäischen Union.[1119] In den hier untersuchten Fällen könnten allenfalls die EU-Grundrechte, die dem EU-Primärrecht im Rang gleichgestellt sind (Art. 6 Abs. 1 S. 1 Hs. 2 EUV), die Rechtsfortbildung zum Abrechnungsverhältnis zusätzlich begrenzen oder gebieten.[1120] Das EU-Primärrecht gilt und wirkt wegen des im Zustimmungsgesetz enthaltenen Rechtsanwendungsbefehls unmittelbar, wenn der Rechtsakt hinreichend

---

1115 BVerfGE 138, 377 (391 f. Rn. 39); *Epping/Lenz/Leydecker,* Grundrechte, Rn. 351; *Jocham,* Die Grenzen der richterlichen Rechtsfortbildung im Privatrecht, S. 235.

1116 Dreier/*Sauer* Vorb. vor Art. 1 GG Rn. 115.

1117 Vgl. BVerfGE 138, 377 (391 f. Rn. 40) zu den Grundrechten als Grenze/Verbot; mit ähnlicher Begründung *Jocham,* Die Grenzen der richterlichen Rechtsfortbildung im Privatrecht, S. 219, S. 386.

1118 BVerfGE 138, 377 (394 Rn. 47).

1119 *Möllers,* Juristische Methodenlehre, § 13 Rn. 83 ff.; *Jocham,* Die Grenzen der richterlichen Rechtsfortbildung im Privatrecht, S. 136, S. 255 ff.; *Rüthers/Fischer/Birk,* Rechtstheorie, Rn. 912c; *Wank* scheint das Unionsrecht nicht ausdrücklich einzubeziehen, vgl. *Wank,* Juristische Methodenlehre, § 15 Rn. 39 ff.

1120 Zum Begriff der EU-Grundrechte *Jocham,* Die Grenzen der richterlichen Rechtsfortbildung im Privatrecht, S. 256 ff.

bestimmt und inhaltlich unbedingt ist.[1121] Auch dann greift deshalb die Bindungswirkung aus Art. 20 Abs. 3 GG.[1122]

Inwieweit hieraus zu folgern ist, dass die Zivilgerichte die EU-Grundrechte im Privatrechtsverhältnis tatsächlich durchsetzen müssen, ist davon abhängig, ob sie im konkret untersuchten Fall über einen Anwendungsbereich verfügen.[1123] Grundsätzlich binden die Unionsgrundrechte nicht nur die Organe, Einrichtungen oder sonstigen Stellen der EU, sondern auch die Mitgliedsstaaten, Art. 51 Abs. 1 S. 1 Var. 2 GRCh. Das gilt allerdings nur, soweit diese „das Recht der Union" durchführen. Geht es hingegen – wie hier – um rein nationale, d.h. nicht unionsrechtlich determinierte Bestimmungen, werden die Entscheidungen der Zivilgerichte nicht durch die EU-Grundrechte beeinflusst.[1124] Unionsrechtliche Wertungen können deshalb im Folgenden außer Acht gelassen werden.

bb) Das „Ob" der Lückenschließung im Einzelfall

Zu klären bleibt daher, ob und inwieweit verfassungsrechtliche Vorgaben die Zulässigkeit der Rechtsfortbildung zum Abrechnungsverhältnis beeinflussen.

Bedenken gegen die Lückenschließung als solche („Ob" der Lückenschließung) könnten sich aus dem Rechtsstaatsprinzip ergeben. Wesentliches Element des Rechtsstaatsprinzips ist der Grundsatz der Rechtssicherheit.[1125] Rechtssicherheit meint so viel wie „Verlässlichkeit der Rechtsordnung".[1126] Staatliche Hoheitsakte müssen einerseits so klar und bestimmt und andererseits so beständig sein, dass sich der Bürger auf sie hinreichend

---

1121 *Jocham*, Die Grenzen der richterlichen Rechtsfortbildung im Privatrecht, S. 255 f.; zur unmittelbaren Geltung: *Schroeder*, Grundkurs Europarecht, § 5 Rn. 10 ff.; zur unmittelbaren Wirkung/Anwendbarkeit: EuGH ECLI:EU:C:1963:1, Slg. 1962, 7 (25) – *Van Gend & Loos/Niederländische Finanzverwaltung; Schroeder*, Grundkurs Europarecht, § 5 Rn. 25 ff.

1122 *Jocham*, Die Grenzen der richterlichen Rechtsfortbildung im Privatrecht, S. 256.

1123 *Haratsch/Koenig/Pechstein*, Europarecht, Rn. 638 ff.; *Jocham*, Die Grenzen der richterlichen Rechtsfortbildung im Privatrecht, S. 258.

1124 EUGH ECLI:EU:C:2015:60, Rn. 28 ff. – *Nisttahuz Poclava/Ariza Toledano; Haratsch/Koenig/Pechstein*, Europarecht, Rn. 645; *Jocham*, Die Grenzen der richterlichen Rechtsfortbildung im Privatrecht, S. 258.

1125 *Dürig/Herzog/Scholz/Grzeszick* Art. 20 GG VII Rn. 27, Rn. 50.

1126 Statt aller: BVerfGE 45, 142 (167); *Jocham*, Die Grenzen der richterlichen Rechtsfortbildung im Privatrecht, S. 251.

verlassen kann.[1127] Anderenfalls bliebe das Handeln des Staates für den Bürger unvorhersehbar und damit sowohl unberechenbar als auch unverständlich.[1128] Aus dem Gedanken des Rechtsstaatsprinzips spricht es deshalb gegen die richterliche Rechtsfortbildung, wenn das Richterrecht nicht ausreichend Rechtssicherheit bietet.[1129] Der Grundsatz der Rechtssicherheit kann der Zulässigkeit der Rechtsfortbildung eine *absolute Grenze* setzen oder aber nur *strengere Anforderungen* daran stellen.[1130]

Die oben dargestellte Konturenlosigkeit und Widersprüchlichkeit der Rechtsprechung in Bezug auf die Tatbestandsvoraussetzungen des Abrechnungsverhältnisses führt zu erheblicher Rechtsunsicherheit.[1131] Um den sich daraus ergebenden Konflikt mit dem Rechtsstaatsprinzip aufzulösen und die verfassungsrechtliche Zulässigkeit der Rechtsfortbildung dem Grunde nach zu gewährleisten, ist eine *Konkretisierung der Tatbestandsvoraussetzungen* erforderlich, der es gelingt, sämtliche Unsicherheiten und Widersprüchlichkeiten zu beseitigen. Wie der Tatbestand auszugestalten ist, wird an späterer Stelle ausgeführt.[1132]

Ob sich im Übrigen aus Rechtsstaats-, Gewaltenteilungs- und Demokratieprinzip Bedenken gegen das „Ob" der Lückenschließung ergeben, könnte hier ebenso offenbleiben, wie die Frage, ob der Schutz einzelner Grundrechte die Rechtsfortbildung ver- oder gebietet, wenn darüber hinaus auch das „Wie" der Lückenschließung in Konflikt mit der Verfassung geriete.

cc) Das „Wie" der Lückenschließung im Einzelfall

Auch hinsichtlich des „Wie" der Lückenschließung sind die sich aus Rechtsstaats-, Gewaltenteilungs- und Demokratieprinzip ergebenden Grenzen zu

---

1127 Dürig/Herzog/Scholz/*Grzeszick* Art. 20 GG VII Rn. 50; *Jocham,* Die Grenzen der richterlichen Rechtsfortbildung im Privatrecht, S. 251.

1128 Dürig/Herzog/Scholz/*Grzeszick* Art. 20 GG VII Rn. 50; vgl. *Jocham,* Die Grenzen der richterlichen Rechtsfortbildung im Privatrecht, S. 251.

1129 *Wank,* Juristische Methodenlehre, § 15 Rn. 84; ähnlich *Möllers,* Juristische Methodenlehre, § 13 Rn. 67 f., Rn. 142; vgl. auch *Bumke,* Verfassungsrechtliche Grenzen fachrichterlicher Rechtserzeugung, in: *Bumke* (Hrsg.), Richterrecht zwischen Gesetzesrecht und Rechtsgestaltung, 33 (42).

1130 *Jocham,* Die Grenzen der richterlichen Rechtsfortbildung im Privatrecht, S. 251.

1131 Ebenso *Schmitz,* Einige Gedanken zum Abrechnungsverhältnis, FS Leupertz, 2021, 651 (664), ohne jedoch den Bezug zur Zulässigkeit der Rechtsfortbildung herzustellen; zur Kritik am Tatbestand siehe S. 202 ff.

1132 Dazu S. 283 ff.

beachten.[1133] Die durch die Art und Weise der Rechtsfortbildung gefundene Lösung muss sich in das geltende Recht einfügen.[1134] Das bedeutet einerseits, dass die Rechtsfortbildung nicht über das zur Lückenschließung notwendige Maß hinausgehen darf, sog. *Notwendigkeitsmaxime*.[1135] Das würde den Grundsatz der Gewaltenteilung unverhältnismäßig beeinträchtigen.[1136] Andererseits könnte Rechtsunsicherheit hervorgerufen werden und ein Konflikt mit dem Rechtsstaatsprinzip entstehen, wenn die konkrete Art und Weise der Lückenschließung das erforderliche Maß an Rechtsfortbildung nicht erreicht. Das wäre zum Beispiel der Fall, wenn das „Wie" der Lückenschließung zu viele Folgefragen aufwerfen würde.[1137] Rechtsstaatsprinzip und Gewaltenteilungsgrundsatz geben dadurch einen Rahmen vor, innerhalb dessen eine Lücke in zulässiger Art und Weise geschlossen werden kann. Der Grundsatz der Rechtssicherheit bildet insoweit die „untere", der Grundsatz der Gewaltenteilung die „obere Grenze".

Die Lückenschließung über eine Gesetzesanalogie zu § 641 Abs. 1 S. 1 BGB kann die hier im Kern untersuchte Frage der Fälligkeit der Gesamtvergütung grundsätzlich beantworten. Sie würde aber aufgrund der nur *punktuellen Rechtsfolge* hinsichtlich des Eintritts der übrigen Abnahmewirkungen zahlreiche weitere Fragen aufwerfen und deshalb zu Rechtsunsicherheit führen. Teilweise wird die „Aufspaltung der Abnahmewirkungen" als Folgeproblem der Rechtsfortbildung zum Abrechnungsverhältnis befürchtet.[1138] In der Literatur wird dem Rechtsanwender deshalb mitunter ausdrücklich empfohlen, notfalls mehrfach und trotz der Tatsache, dass der Besteller die Fiktion schnell zu Fall bringen kann, aus Gründen der Rechtsicherheit zu versuchen, doch den Fiktionseintritt über § 640 Abs. 2 S. 1 BGB zu erreichen.[1139]

Hinreichend Rechtsklarheit bestünde noch bei der Frage der Beweislast: Zu einer Beweislastumkehr kann es nach dem Wortlaut des § 363 BGB nur kommen, wenn der Besteller die Leistung als Erfüllung annimmt. Das ist beim Übergang in das Abrechnungsverhältnis gerade nicht der Fall. Die Be-

---

1133 *Wank* ZGR 1988, 314 (355); *Wank*, Juristische Methodenlehre, § 15 Rn. 91.

1134 Vgl. *Wank* RdA 1987, 129 (155); *Wank* ZGR 1988, 314 (355); *Wank*, Juristische Methodenlehre, § 15 Rn. 91.

1135 *Wank* ZGR 1988, 314 (355); *Wank*, Juristische Methodenlehre, § 15 Rn. 91.

1136 *Wank*, Juristische Methodenlehre, § 15 Rn. 91.

1137 Vgl. *Wank* RdA 1987, 129 (155 f.); *Wank* ZGR 1988, 314 (355), jeweils ohne direkten Bezug zum Rechtsstaatsprinzip.

1138 *Schmid/Senders* NZBau 2016, 474 (477 f.).

1139 Vgl. nur Motzke/Seewald/Tschäpe/*Seewald* § 5 A. Rn. 432, Rn. 447.

weislastverteilung ließe sich aber mit der Rosenberg´schen Formel[1140] eindeutig klären: Verlangt der Werkunternehmer seinen Vergütungsanspruch, muss er beweisen, dass er das Werk im Wesentlichen mangelfrei hergestellt hat.[1141] Macht dagegen der Besteller Mängelansprüche geltend, trägt der Besteller die Beweislast hinsichtlich des Vorliegens von Mängeln.[1142]

Fraglich wäre dagegen die Auswirkung auf die Gefahrtragung. Die Vergütungsgefahr ist nach § 644 Abs. 1 S. 1 BGB grundsätzlich an die Abnahme geknüpft. § 644 Abs. 1 S. 2 BGB sieht den Übergang der Vergütungsgefahr schon im Zeitpunkt des Annahmeverzugs vor. Dieser kann aber gerade nicht eintreten, wenn das Werk noch wesentliche Mängel aufweist.[1143] Für den Fall der endgültigen Abnahmeverweigerung eines abnahmereifen Werkes enthält das Gesetz keine Regelung für die Vergütungsgefahr. Wenn aufgrund des Übergangs in das Abrechnungsverhältnis die Vorleistungspflicht des Werkunternehmers in analoger Anwendung des § 641 Abs. 1 S. 1 BGB enden soll, ist dieser nicht mehr für die Erfolgsherbeiführung verantwortlich. Folgerichtig müsste dann auch die Vergütungsgefahr auf den Besteller übergehen.[1144]

Mit § 641 Abs. 1 S. 1 BGB analog als Legitimationsgrundlage des Abrechnungsverhältnisses wäre außerdem keine Aussage über die Möglichkeit zur Geltendmachung der Mängelansprüche aus § 634 BGB getroffen.

Der Übergang des Vertragsverhältnisses in das Abrechnungsverhältnis setzt voraus, dass der Besteller jegliches Erfüllungsinteresse verloren hat und das dem Werkunternehmer gegenüber kundtut. Denknotwendig kann das nur zur Folge haben, dass der Besteller dann allenfalls Gewährleistungsansprüche geltend machen darf.[1145] Zutreffend hatte der BGH in den oben mehrfach zitierten Urteilen vom 19.01.2017 deshalb ausgeführt, dass der Besteller Mängelrechte nach § 634 BGB ohne Abnahme geltend machen kann, wenn das Vertragsverhältnis in das Abrechnungsverhältnis übergegangen ist.[1146] Diese Rechtsprechung läuft auch nicht ins Leere, weil die notwendigen Voraussetzungen für die Geltendmachung der Ge-

---

1140 Zur Rosenberg´schen Formel S. 79.

1141 *Voit* NZBau 2017, 521 (524); i.E. auch Bolz/Jurgeleit/*Friedhoff* § 12 VOB/B Rn. 310.

1142 *Voit* NZBau 2017, 521 (524); Bolz/Jurgeleit/*Friedhoff* § 12 VOB/B Rn. 309.

1143 Siehe dazu S. 92.

1144 *Voit* NZBau 2017, 521 (524).

1145 Dem Nacherfüllungsanspruch aus §§ 634 Nr. 1, 635 Abs. 1 BGB wird aufgrund des Vorverhaltens des Bestellers allerdings ein Leistungsverweigerungsrecht des Werkunternehmers aus § 242 BGB entgegenstehen.

1146 BGH NJW 2017, 1604; BGH NJW 2017, 1607; BGH BauR 2017, 879.

währleistungsrechte bereits *vor* der Abnahme bzw. *vor* Übergang in das Abrechnungsverhältnis geschaffen werden können.[1147] Damit ist Folgendes gemeint: Verlangt der Besteller beispielsweise einen Vorschuss nach §§ 631, 633, 634 Nr. 2, 637 Abs. 1, Abs. 3 BGB und lehnt zugleich ernsthaft und endgültig jede weitere (Nach-)Erfüllung durch den Werkunternehmer ab, auch wenn die Selbstvornahme nicht gelingt, entsteht ein Abrechnungsverhältnis. Um den Vorschuss geltend machen zu können, müsste der Besteller *nach* Übergang in das Abrechnungsverhältnis zunächst eine Frist zur Nacherfüllung setzen.[1148]

Dadurch wäre er zu widersprüchlichem Verhalten gezwungen, weil eine wirksame Fristsetzung das ernsthafte Nacherfüllungsverlangen – diese hatte der Besteller aber gerade endgültig abgelehnt – voraussetzt.[1149] Möglich ist allerdings, dass der Besteller vor der ernsthaften und endgültigen Erfüllungsverweigerung, d.h. noch *im Erfüllungsstadium* eine Frist setzt. Eine nochmalige Fristsetzung im Nacherfüllungsstadium hinsichtlich desselben Mangels ist dann gemäß § 637 Abs. 2 S. 2 Var. 2 BGB entbehrlich, sodass der Besteller den Vorschuss nach Übergang in das Abrechnungsverhältnis sofort geltend machen kann.[1150]

Für vor der Schuldrechtsreform geschlossene Verträge hat der BGH außerdem entschieden, dass die werkrechtliche Sonderverjährung aus § 634a Abs. 1 BGB auch ohne Abnahme mit dem Übergang in das Abrechnungsverhältnis beginnt.[1151] Ob das für später geschlossene Verträge gleichermaßen gilt, konnte der BGH bisher offenlassen.[1152] Er stellte aber ausdrücklich klar, dass die Frage des Verjährungsbeginns ohne Abnahme unter anderem davon abhänge, ob der Besteller auch ohne Abnahme die Mängelrechte aus

---

1147 BeckOGK/*Rast*, 01.07.2024, § 637 BGB Rn. 26.

1148 BeckOGK/*Rast*, 01.07.2024, § 637 BGB Rn. 25.

1149 OLG Koblenz NZBau 2023, 381 (384 Rn. 46); BeckOGK/*Rast*, 01.07.2024, § 637 BGB Rn. 25.

1150 Sich wohl ebenso auf die Entbehrlichkeit stützend OLG Hamm NJW 2023, 2045 (2049 Rn. 23); i.E. ebenso, jedoch ohne dogmatische Begründung OLG Koblenz NZBau 2023, 381 (384 Rn. 46); *Schettler* NZBau 2023, 432 (436); BeckOK BGB/*Voit* § 637 Rn. 4; vgl. *Schwepcke* NJW 2023, 2006 (2008 Rn. 14 ff.), der sich auf den wortgleichen § 636 Var. 3 BGB stützt.

1151 BGH NZBau 2010, 768 (770 Rn. 23); BGH NZBau 2011, 310 (311 Rn. 16); Messerschmidt/Voit/*Moufang/Koos* § 634a BGB Rn. 62.

1152 BGH NZBau 2010, 768 (771 Rn. 28); BGH NZBau 2011, 310 (311 Rn. 17); Messerschmidt/Voit/*Moufang/Koos* § 634a BGB Rn. 62.

§ 634 BGB geltend machen kann.[1153] Das war zum Zeitpunkt der Entscheidung noch nicht geklärt.

Wie beschrieben, folgt der Gesetzgeber mit der werkvertraglichen Sonderverjährung einem objektiven System.[1154] Der Verjährungsbeginn wird an den objektiven Umstand der Abnahme geknüpft, um die Gewährleistungsverpflichtung des Werkunternehmers zum Schutz seiner Interessen zeitlich zu beschränken.[1155] Hat der Besteller geäußert, dass kein Erfüllungsinteresse mehr besteht, soll sich der Werkunternehmer nicht unbegrenzt lange zur Nacherfüllung bereithalten müssen.[1156] Warum dieses Interesse weggefallen ist – ob der Besteller die Leistung also billigt oder ob er so unzufrieden ist, dass er jede weitere Erfüllung ablehnt – kann wegen des mit der werkvertraglichen Sonderverjährung verfolgten Sinn und Zwecks für den Verjährungsbeginn keine Rolle spielen. Auch in den Sachverhaltsoptionen des Abrechnungsverhältnisses müsste deshalb der Lauf der Sonderverjährung mit dem jeweiligen Bestellerverhalten beginnen.[1157]

e) Ergebnis

Unter Berücksichtigung der verfassungsrechtlichen Grenzen zulässiger Rechtsfortbildung lässt sich für die hier untersuchten Sachverhaltskonstellationen Folgendes festhalten: Das dem Abrechnungsverhältnis zugrunde gelegte Bestellerverhalten dürfte nach der Konzeption des Werk- und Bauvertragsrechts nicht nur in Bezug auf die Fälligkeit der Vergütung mit der Abnahme gleichgestellt werden. Vielmehr müsste es weitestgehend sämtliche Rechtswirkungen der Abnahme auslösen.[1158]

Die Lückenschließung im Wege der Gesetzesanalogie zu § 641 Abs. 1 S. 1 BGB würde sich aufgrund der nur punktuellen Rechtsfolge vor diesem Hintergrund nicht in den vorhandenen gesetzlichen Rahmen einfügen und eine Vielzahl an Folgefragen aufwerfen. Hinsichtlich der Bedeutung des Abrechnungsverhältnisses für die vertragliche Beziehung zwischen Werkunternehmer und Besteller würde die Wahl dieser Legitimationsgrundlage

---

1153 BGH NZBau 2010, 768 (771 Rn. 28).
1154 Dazu S. 81.
1155 Vgl. BGH NZBau 2010, 768 (770 Rn. 22).
1156 Vgl. BGH NZBau 2010, 768 (770 Rn. 23).
1157 Mit ähnlicher Begründung auch Kniffka/Jurgeleit/*Jurgeleit* § 634a BGB Rn. 48, Rn. 50; vgl. auch OLG Düsseldorf NJW 2019, 2944 (2946 Rn. 31).
1158 So auch *Voit* NZBau 2017, 521 (524); Bolz/Jurgeleit/*Friedhoff* § 12 VOB/B Rn. 301 f.

trotz der grundsätzlich bestehenden vergleichbaren Interessenlage für den Rechtsanwender zu einem unsicheren Ergebnis in Bezug auf das Vertragsverhältnis in seiner Gesamtheit führen.

Da dies zu vermeiden ist, lässt sich die bestehende Lücke nicht in zulässiger Art und Weise durch eine Gesetzesanalogie zu § 641 Abs. 1 S. 1 BGB schließen.

4. Gesetzesanalogie zu § 162 Abs. 1 BGB

Rechtsklarheit hinsichtlich der übrigen Abnahmewirkungen könnte geschaffen werden, wenn nicht § 641 Abs. 1 S. 1 BGB analog, sondern § 162 Abs. 1 BGB analog als Legitimationsgrundlage herangezogen werden könnte.

a) *Bedeutungsgehalt des § 162 Abs. 1 BGB für die direkte und analoge Anwendung*

Aus dem in § 242 BGB verankerten Gebot von Treu und Glauben leitet sich der allgemeine Rechtsgedanke ab, „dass niemand aus einem von ihm treuwidrig herbeigeführten Ereignis Vorteile herleiten darf."[1159] § 162 BGB konkretisiert diesen Grundsatz für Rechtsgeschäfte, die unter einer Bedingung i.S.d. § 158 BGB stehen.[1160] Seinem Wortlaut nach *fingiert* § 162 Abs. 1 BGB den Eintritt der Bedingung, wenn dieser von der Partei, zu deren Nachteil er gereichen würde, wider Treu und Glauben verhindert wird. Es handelt sich bei § 162 Abs. 1 BGB nicht um die Sanktion des treuwidrigen Verhaltens.[1161] Sinn und Zweck der Bestimmung ist es vielmehr, die Durchsetzung des gemeinsamen Regelungswillens sicherzustellen – und zwar so, wie ihn die Parteien für den Eintritt der Bedingung vorgesehen haben.[1162] § 162 Abs. 2 BGB vervollständigt diesen Gedanken, wenn der Eintritt der Bedingung von der Partei, zu deren Vorteil er gereicht, wider Treu und

---

1159   BAG NJW 2008, 872 (876 Rn. 40); Grüneberg/*Ellenberger* § 162 BGB Rn. 1, Rn. 6; BeckOK BGB/*Rövekamp* § 162 Rn. 1.

1160   Grüneberg/*Ellenberger* § 162 BGB Rn. 1, Rn. 6; BeckOK BGB/*Rövekamp* § 162 Rn. 1; MüKoBGB/*Westermann* § 162 Rn. 1, Rn. 18.

1161   MüKoBGB/*Westermann* § 162 Rn. 3, Rn. 18; BeckOK BGB/*Rövekamp* § 162 Rn. 1; Staudinger/*Bork* § 162 BGB Rn. 2.

1162   MüKoBGB/*Westermann* § 162 Rn. 3, Rn. 18; BeckOK BGB/*Rövekamp* § 162 Rn. 1; Staudinger/*Bork* § 162 BGB Rn. 2.

Glauben herbeiführt wird. Für diesen Fall gilt der Bedingungseintritt als nicht erfolgt.

Voraussetzung des § 162 Abs. 1 BGB ist, dass eine Vertragspartei den Kausalverlauf objektiv und entgegen den Grundsätzen von Treu und Glauben zum Nachteil der anderen Partei dergestalt beeinflusst hat, dass *infolge der treuwidrigen Manipulation* die Bedingung und der hieran geknüpfte Erfolg nicht mehr eintreten können.[1163]

Das setzt denknotwendig die Beeinflussbarkeit des Kausalverlaufs voraus.[1164] Der Versuch, auf einen nicht beeinflussbaren Kausalverlauf einzuwirken, reicht daher zur Herbeiführung der Rechtsfolge aus § 162 Abs. 1 BGB nicht aus. Hierin kommt der fehlende Sanktionscharakter des § 162 BGB besonders deutlich zum Ausdruck.[1165] Ebenfalls kann deshalb das bloße Erschweren oder Verzögern des Bedingungseintritts zur Bewirkung des Fiktionseintritts nicht genügen.[1166] Etwas anderes muss gelten, wenn der Bedingungseintritt durch eine *dauernde Verzögerung* behindert wird.[1167] Dies ist angesichts des mit § 162 BGB verfolgten Zwecks der Verhinderung des Bedingungseintritts gleichzusetzen.

Wann ein Verstoß gegen Treu und Glauben vorliegt, „ist mittels einer umfassenden Würdigung des Verhaltens der den Bedingungseintritt beeinflussenden Vertragspartei nach Anlass, Zweck und Beweggrund unter Berücksichtigung aller Umstände des Einzelfalls [...] festzustellen."[1168] Entscheidend ist, welches Verhalten von einem loyalen Vertragspartner erwartet werden konnte.[1169] Das ist in erster Linie durch Auslegung des Inhalts des Rechtsgeschäfts zu ermitteln.[1170]

Die analoge Anwendung des § 162 Abs. 1 BGB auf die Sachverhaltsvarianten des Abrechnungsverhältnisses hätte vor diesem Hintergrund die Wirkung einer *weiteren Abnahmefiktion* neben der aus § 640 Abs. 2 BGB. Damit würde nicht nur der Gesamtvergütungsanspruch fällig werden, son-

---

1163 BeckOK BGB/*Rövekamp* § 162 Rn. 3; Staudinger/*Bork* § 162 BGB Rn. 3.

1164 Staudinger/*Bork* § 162 BGB Rn. 3.

1165 Staudinger/*Bork* § 162 BGB Rn. 3.

1166 OLG Düsseldorf BauR 2012, 1413 (1414); Staudinger/*Bork* § 162 BGB Rn. 6; Grüneberg/*Ellenberger* § 162 BGB Rn. 2; krit. MüKoBGB/*Westermann* § 162 Rn. 15, der bei bloß verzögertem Bedingungseintritt zumindest die zeitliche Verschiebung ausgleichen will.

1167 Staudinger/*Bork* § 162 BGB Rn. 6.

1168 BGH NJW 2005, 3417.

1169 BGH NJW 2005, 3417; Staudinger/*Bork* § 162 BGB Rn. 7.

1170 BGH NJW 2005, 3417; Staudinger/*Bork* § 162 BGB Rn. 7.

dern auch die übrigen Abnahmewirkungen eintreten. Lediglich die in § 640 Abs. 3 BGB aufgeführten Gewährleistungsrechte gingen trotz fehlenden Vorbehalts nicht verloren. Insoweit kann auf die Ausführungen zur Abnahmefiktion nach § 640 Abs. 2 BGB verwiesen werden.[1171]

Die analoge Anwendung des § 162 Abs. 1 BGB würde im Hinblick auf das „*Ob*" des Eintritts sämtlicher Abnahmewirkungen ein sicheres und eindeutiges Ergebnis liefern und keine Folgefragen offenlassen. Die hinsichtlich dieses Teilaspekts gegen die analoge Anwendung von § 641 Abs. 1 S. 1 BGB bestehenden verfassungsrechtlichen Bedenken würden hier jedenfalls nicht relevant.

b) *Methodische Anforderungen an die Analogiebildung*

§ 162 Abs. 1 BGB käme als Legitimationsgrundlage demnach grundsätzlich in Frage – vorausgesetzt, die folgenden Anforderungen an die Analogiebildung sind erfüllt.

aa) *Analogiefähigkeit des § 162 BGB*

Zu untersuchen ist zunächst, ob § 162 BGB analogiefähig ist. Bei der Prüfung der Analogiefähigkeit des § 641 Abs. 1 S. 1 BGB wurde bereits ausgeführt, dass ein Analogieverbot immer dann anzunehmen ist, „wenn das Gesetz ausdrücklich oder doch dem Sinne nach sagt, eine bestimmte Rechtsfolge solle „nur" in den durch das Gesetz bestimmten Fällen eintreten."[1172] Konkretisierend ist dies so zu verstehen, dass nur solche Vorschriften analogiefähig sind, denen ein Rechtsprinzip zu entnehmen ist.[1173] Für den Begriff des „Rechtsprinzips" findet sich keine allgemeingültige Definition. Charakteristisches Merkmal ist aber, dass jedes Rechtsprinzip bis zu einem gewissen Grad verallgemeinerungsfähig ist.[1174] Die zu untersuchende Bestimmung darf also gerade keine Ausnahmevorschrift sein, es sei denn, auch ihr kann innerhalb eines höheren Prinzips ein engeres entnommen

---

1171 Siehe S. 146.

1172 *Larenz* NJW 1965, 1 (5).

1173 *Enneccerus*, Lehrbuch des bürgerlichen Rechts /1,1, § 44, S. 96 ff.; *Schiedermair*, Das Anwendungsgebiet des § 162 BGB, § 7, S. 31.

1174 Vgl. *Möllers*, Juristische Methodenlehre, § 9 Rn. 21, Rn. 23; *Basedow* AcP 200 (2000), 446 (453).

werden.[1175] Ausnahmevorschriften sind entgegen dem häufig zitierten Satz *„singularia non sunt extendenda"* in den Grenzen ihres Grundgedankens ebenfalls entsprechend anwendbar.[1176]

Fraglich ist deshalb, ob in § 162 BGB ein eigenes Rechtsprinzip zum Ausdruck kommt. Das wäre nicht der Fall, wenn es sich bei dieser Bestimmung um eine Einzelfallregelung des Grundsatzes von Treu und Glauben aus § 242 BGB handelt, die *nur* für rechtsgeschäftlich vereinbarte Bedingungen gelten soll.

Dem Wortlaut des § 162 BGB ist derartiges nicht zu entnehmen. Die Tatsache, dass § 162 BGB schon in seiner direkten Anwendung auf die *rechtsgeschäftlich vereinbarte* Bedingung beschränkt ist, ergibt sich erst aus der systematischen Stellung der Norm in den §§ 158 ff. BGB, die sich ausschließlich auf vereinbarte Bedingungen beziehen. Dass der hinter § 162 BGB stehende Gedanke nicht auf rechtsgeschäftlich vereinbarte Bedingungen beschränkt, sondern von allgemeinerer Gültigkeit ist, bestätigen auch folgende Überlegungen:[1177] Nach dem Regelungswillen der Parteien soll ein bestimmtes Zusammenwirken stattfinden. Ein Vertragspartner wird nun entgegen den Grundsätzen von Treu und Glauben tätig und verursacht zum eigenen Vorteil und zum Nachteil des anderen einen Erfolg, der das vereinbarte Zusammenwirken vereitelt. Im Fall des § 162 Abs. 1 BGB ist dieser Erfolg die Verhinderung des Bedingungseintritts, in dem des Absatzes 2 deren Herbeiführung. Sinn und Zweck des § 162 BGB ist es, die treuwidrige Erlangung eines solchen Vorteils zu verhindern. Der treuwidrig herbeigeführte Erfolg wird deshalb versagt und dem ursprünglichen Regelungswillen zu seiner objektiven Durchsetzung verholfen.[1178] Dieser Gedanke lässt sich auf jede Form der vereinbarten und treuwidrig vereitelten Kooperation des Vertragspartners übertragen.

§ 162 BGB ist damit keine nur für rechtsgeschäftliche Bedingungen konzipierte Sondervorschrift zu § 242 BGB.[1179] Sie ist nicht Einzelfall*regelung*,

---

1175 *Enneccerus*, Lehrbuch des bürgerlichen Rechts /1,1, § 44, S. 96 ff.; *Schiedermair*, Das Anwendungsgebiet des § 162 BGB, § 7, S. 31; *Canaris*, Die Feststellung von Lücken im Gesetz, S. 181; *Ganns*, Die analoge Anwendung des § 162 BGB, S. 33.

1176 *Canaris*, Die Feststellung von Lücken im Gesetz, S. 181; *Ganns*, Die analoge Anwendung des § 162 BGB, S. 33.

1177 *Schiedermair*, Das Anwendungsgebiet des § 162 BGB, § 19, S. 113.

1178 *Schiedermair*, Das Anwendungsgebiet des § 162 BGB, § 19, S. 113.

1179 So schon RGZ 58, 406 (409); *Schiedermair*, Das Anwendungsgebiet des § 162 BGB, § 7, S. 32, § 19, S. 116; *Ganns*, Die analoge Anwendung des § 162 BGB, S. 32 f.

sondern Einzel*anwendung* des Grundsatzes von Treu und Glauben.[1180] § 162 BGB enthält innerhalb eines höheren Prinzips einen eigenen und verallgemeinerungsfähigen Rechtsgedanken.[1181]

Vor diesem Hintergrund ein Analogieverbot anzunehmen, hätte zur Folge, den Rechtsanwender zur Ungleichbehandlung rechtsähnlicher Fälle zu zwingen.[1182] Darin läge ein Verstoß gegen das Gleichbehandlungsgebot aus Art. 3 Abs. 1 GG.[1183]

Die Annahme eines Analogieverbots könnte allenfalls durch das Gebot der Rechtssicherheit veranlasst sein.[1184] Dieses Gebot verlangt unter anderem eine gewisse Vorhersehbarkeit staatlicher Belastungen.[1185] Bürgerinnen und Bürger sollen sich auf ihnen möglicherweise bevorstehende staatliche Eingriffe einrichten können.[1186] Weshalb das Gebot der Rechtssicherheit für den Fall des § 162 BGB eine Beschränkung des Anwendungsbereiches auf die ausdrücklich genannten Fälle fordern sollte, ist insofern nicht ersichtlich. Gerade weil § 162 BGB nur das ohnehin ursprünglich von den Parteien Vereinbarte durchsetzen will, ist nicht zu befürchten, dass die analoge Anwendung zu unvorhersehbaren Belastungen führen könnte.

Die Norm ist folglich analogiefähig.[1187] Der in ihr enthaltene Gedanke kann auf wesentlich gleiche Tatbestände angewendet werden.

1180 So schon RGZ 58, 406 (409); *Schiedermair*, Das Anwendungsgebiet des § 162 BGB, § 7, S. 32, § 19, S. 116; *Ganns*, Die analoge Anwendung des § 162 BGB, S. 32 f.
1181 Ebenso Grüneberg/*Ellenberger* § 162 BGB Rn. 6; Staudinger/*Bork* § 162 BGB Rn. 15; *Schiedermair*, Das Anwendungsgebiet des § 162 BGB, § 7, S. 32, § 19, S. 112 ff.; *Ganns*, Die analoge Anwendung des § 162 BGB, S. 33 f.
1182 *Canaris*, Die Feststellung von Lücken im Gesetz, S. 183.
1183 *Canaris*, Die Feststellung von Lücken im Gesetz, S. 183.
1184 *Canaris*, Die Feststellung von Lücken im Gesetz, S. 183 f.; siehe dazu schon S. 217.
1185 BVerfGE 159, 183 (208 Rn. 61); Dürig/Herzog/Scholz/*Grzeszick* Art. 20 GG VII Rn. 107.
1186 BVerfGE 159, 183 (208 Rn. 61); Dürig/Herzog/Scholz/*Grzeszick* Art. 20 GG VII Rn. 107.
1187 So bereits RGZ 58, 406 (409); ebenso Grüneberg/*Ellenberger* § 162 BGB Rn. 6; Staudinger/*Bork* § 162 BGB Rn. 15; *Schiedermair*, Das Anwendungsgebiet des § 162 BGB, § 7, S. 32, § 19, S. 112 ff.; *Ganns*, Die analoge Anwendung des § 162 BGB, S. 32 ff.

bb) *Lücke*

Auch hier kommt bzgl. des Vorliegens einer Lücke nur eine primäre unbewusste Gesetzeslücke in Betracht.[1188] Wie i.R.d. Prüfung der Gesetzesanalogie zu § 641 Abs. 1 S. 1 BGB bereits beschrieben, muss die Lückenfeststellung zweistufig erfolgen.[1189]

(1) *Unvollständigkeit des Gesetzes – „erste Stufe der Lückenfeststellung"*

Auf der „ersten Stufe der Lückenfeststellung" ist wiederum darauf abzustellen, ob eine Bestimmung in direkter Anwendung in Bezug auf die gewünschte Rechtsfolge zu einem vernünftigen und zweckmäßigen Ergebnis führt.[1190]

Gerade weil § 162 BGB den Grundsatz von Treu und Glauben aus § 242 BGB „nur" konkretisiert, stellt sich die Frage, ob in den Fällen, in denen § 162 Abs. 1 BGB nicht direkt anwendbar ist, nicht stets auf § 242 BGB zurückgegriffen werden könnte. Das Vorliegen einer Lücke wäre dann generell ausgeschlossen, weil es an der Unvollständigkeit des Gesetzes fehlt. Die Beantwortung dieser Frage hängt im Wesentlichen davon ab, nach welchen Kriterien die beiden Bestimmungen voneinander abzugrenzen sind, d.h. wie weit der Anwendungsbereich des § 242 BGB reicht.

Früher wurde die Auffassung vertreten, dass eine analoge Anwendung von § 162 BGB insbesondere deshalb notwendig sei, weil § 242 BGB nur innerhalb bestehender Schuldverhältnisse gelte, während § 162 BGB deren Eintritt bzw. Nichteintritt gerade fingiere.[1191] Schließt man sich dem an, wäre daher außerhalb bereits bestehender Schuldverhältnisse die Möglichkeit und Erforderlichkeit der analogen Anwendung von § 162 BGB gegeben.

Nach heutiger wohl überwiegender Meinung soll § 242 BGB hingegen ungeachtet des scheinbar eindeutigen Wortlauts und der systematischen Stellung innerhalb des Buches 2 „Recht der Schuldverhältnisse" (äußere Systematik) auch auf rechtliche Sonderverbindungen im weitesten Sinn

---

1188 Zu den Lückenarten und zum Begriff der Gesetzeslücke S. 218 ff.
1189 Dazu S. 218.
1190 Vgl. *Schiedermair*, Das Anwendungsgebiet des § 162 BGB, § 7, S. 32, der in diesem Zusammenhang von der „Notwendigkeit der Analogie" spricht.
1191 *Oertmann*, Die Rechtsbedingung, S. 156; *Schiedermair*, Das Anwendungsgebiet des § 162 BGB, § 7, S. 33, § 19, S. 116.

anwendbar sein.[1192] Für eine solche Sonderverbindung soll schon jeder „soziale Kontakt qualifizierter Art", also „ein Mehr" gegenüber dem nur allgemeinen gesellschaftlichen Verhältnis zwischen Privatpersonen, genügen.[1193] Voraussetzung hierfür soll eine Verknüpfung der beiderseitigen Interessen sein, die eine gesteigerte Pflichtenbindung rechtfertigt.[1194]

Im BGB findet sich keine allgemeine Definition des Begriffs „Schuldverhältnis".[1195] § 311 Abs. 1 BGB regelt die Entstehung eines Schuldverhältnisses durch Vertrag. § 311 Abs. 2 BGB stellt klar, dass ein Schuldverhältnis mit Pflichten nach § 241 Abs. 2 BGB auch schon durch die Aufnahme von Vertragsverhandlungen, die Anbahnung eines Vertrages oder ähnliche geschäftliche Kontakte entsteht. Das Gesetz hat damit einen wesentlichen Bereich der „Sonderverbindungen" bereits normiert.[1196] Jedenfalls in den in § 311 Abs. 2 BGB genannten Fällen gilt § 242 BGB daher unmittelbar.[1197] Ob darüber hinaus auch der „soziale Kontakt qualifizierter Art" vom direkten Anwendungsbereich der Norm erfasst ist, ist hier nicht zu entscheiden. Denn unabhängig davon, ob ein Schuldverhältnis, eine Sonderverbindung i.S.d. § 311 Abs. 2 BGB oder nur ein „sozialer Kontakt qualifizierter Art" besteht, unterscheiden sich § 162 BGB und § 242 BGB jedenfalls in ihrer Rechtsfolge.

Treu und Glauben bilden nach herrschender Meinung eine „allen Rechten, Rechtsstellungen, Rechtslagen, Rechtsinstituten und Rechtsnormen immanente Inhaltsbegrenzung."[1198] Verstößt ein Verhalten gegen Treu und Glauben i.S.d. § 242 BGB ist von der bestehenden Rechtslage zum Nachteil des sich treuwidrig Verhaltenden und zu Gunsten der Gegenpartei abzuweichen.[1199] Die „an sich" eintretenden Rechtsfolgen werden versagt.[1200] Das führt insbesondere dazu, dass ein Anspruch nicht geltend gemacht

---

1192 MüKoBGB/*Schubert* § 242 Rn. 121; Grüneberg/*Grüneberg* § 242 BGB Rn. 5; Soergel/*Teichmann* § 242 BGB Rn. 33 f.; a.A. Staudinger/*Looschelders/Olzen* § 242 BGB Rn. 128.

1193 MüKoBGB/*Schubert* § 242 Rn. 122; Grüneberg/*Grüneberg* § 242 BGB Rn. 5; Soergel/*Teichmann* § 242 BGB Rn. 33; a.A. Staudinger/*Looschelders/Olzen* § 242 BGB Rn. 128.

1194 Soergel/*Teichmann* § 242 BGB Rn. 34.

1195 Staudinger/*Looschelders/Olzen* § 242 BGB Rn. 130.

1196 Staudinger/*Looschelders/Olzen* § 242 BGB Rn. 130.

1197 Staudinger/*Looschelders/Olzen* § 242 BGB Rn. 130.

1198 Statt aller BGH NJW 2018, 1756 (1757 f. Rn. 20); Jauernig/*Mansel* § 242 BGB Rn. 33.

1199 Jauernig/*Mansel* § 242 BGB Rn. 36.

1200 Jauernig/*Mansel* § 242 BGB Rn. 33, Rn. 36; MüKoBGB/*Schubert* § 242 Rn. 246.

werden kann oder für den sich treuwidrig Verhaltenden günstige Rechtstatsachen nicht berücksichtigt werden.[1201] Beispielsweise bleibt eine rechtsmissbräuchlich erhobene Einrede unbeachtet.[1202] Bei der Anwendung von § 242 BGB wird also regelmäßig nur die Geltendmachung eines Rechts ausgeschlossen.[1203] Sein Bestand wird aber dem Grunde nach nicht angetastet.[1204] § 162 BGB führt aufgrund der Fiktionswirkung hingegen zur *objektiven Verwirklichung* des gegnerischen Rechts und enthält damit eine gegenüber § 242 BGB weitergehende Rechtsfolge.[1205]

Letzteres kann dem Parteiwillen unter Umständen besser gerecht werden – nämlich dann, wenn der *ursprüngliche Regelungswille* der Parteien bzw. das *ursprünglich Vereinbarte* durchgesetzt werden soll.[1206] Es sind Sachverhalte denkbar, bei denen die analoge Anwendung des § 162 BGB zu vernünftigeren und zweckmäßigeren Ergebnissen führen kann als der Rückgriff auf § 242 BGB.[1207] Steht hingegen der Sanktionsgedanke im Vordergrund, liegt die direkte Anwendung von § 242 BGB näher.[1208]

Übertragen auf die Rechtsfortbildung zum Abrechnungsverhältnis bedeutet das: Liefert § 162 BGB aufgrund seiner spezifischen Rechtsfolgenanordnung das gegenüber § 242 BGB billigere Resultat, scheidet die direkte Anwendung von § 242 BGB aus, was zur Unvollständigkeit des Gesetzes führt.

Wie eingangs erwähnt, hatte das OLG Brandenburg in einem Urteil aus dem Jahr 2013 als eines von wenigen Gerichten versucht, einen Begründungsansatz für das Abrechnungsverhältnis zu liefern. Das OLG Brandenburg hatte sich dabei (ohne sich damit näher auseinanderzusetzen) auf § 242 BGB gestützt.[1209] Dem Besteller war es deshalb verwehrt, die fehlende Abnahme der Werkleistung dem Zahlungsbegehren des Klägers entgegen-

---

1201 MüKoBGB/*Schubert* § 242 Rn. 246.
1202 Jauernig/*Mansel* § 242 BGB Rn. 36.
1203 *Ganns*, Die analoge Anwendung des § 162 BGB, S. 39.
1204 *Ganns*, Die analoge Anwendung des § 162 BGB, S. 39.
1205 *Ganns*, Die analoge Anwendung des § 162 BGB, S. 39.
1206 Vgl. Staudinger/*Looschelders*/*Olzen* § 242 BGB Rn. 372; MüKoBGB/*Westermann* § 162 Rn. 18; *Ganns*, Die analoge Anwendung des § 162 BGB, S. 39.
1207 Ebenso *Ganns*, Die analoge Anwendung des § 162 BGB, S. 39 f.; *Schiedermair*, Das Anwendungsgebiet des § 162 BGB, § 7, S. 32 f., § 19, S. 116 f.; Staudinger/*Looschelders*/*Olzen* § 242 BGB Rn. 372; MüKoBGB/*Westermann* § 162 Rn. 18.
1208 Staudinger/*Looschelders*/*Olzen* § 242 BGB Rn. 372; MüKoBGB/*Westermann* § 162 Rn. 18; BeckOGK/*Reymann*, 01.06.2024, § 162 BGB Rn. 30.4.
1209 OLG Brandenburg NJW-RR 2013, 23; vgl. *Schmid/Senders* NZBau 2016, 474 (477).

zuhalten.[1210] Folgt man der Ansicht des OLG Brandenburg und hält bereits § 242 BGB für eine taugliche Legitimationsgrundlage, wäre für die analoge Anwendung von § 162 Abs. 1 BGB kein Raum.

Mit dem Abrechnungsverhältnis soll allerdings durch den Eintritt der Abnahmewirkungen weniger der Besteller sanktioniert, sondern in erster Linie der Regelungswille der Parteien durchgesetzt werden. Mit Abschluss des Werkvertrages haben Werkunternehmer und Besteller die Kooperation des Bestellers in Form der Abnahmeerklärung zur Voraussetzung des Vergütungsanspruchs gemacht.[1211] Diesem Kooperationsgedanken soll zur Geltung verholfen werden. Es geht also darum, das ursprünglich Vereinbarte objektiv zu verwirklichen, wie es die spezifische Rechtsfolgenanordnung des § 162 Abs. 1 BGB in direkter Anwendung für die rechtsgeschäftlich vereinbarte Bedingung vorsieht.

Die Anwendung des § 242 BGB würde in den Sachverhaltsvarianten des Abrechnungsverhältnisses nicht die gewünschte Rechtsfolge eintreten lassen und daher nicht zu einem zweckmäßigen Ergebnis führen. Da auch das Werk- und Bauvertragsrecht selbst, wie oben gezeigt, keine passende Regelung bereithält, ist das Gesetz unvollständig.[1212]

(2) *Planwidrigkeit – „zweite Stufe der Lückenfeststellung"*

Eine Lücke setzt in der „zweiten Stufe" voraus, dass die Unvollständigkeit des Gesetzes bezüglich des Abrechnungsverhältnisses auch dem Wertungsplan des Gesetzgebers widerspricht. Insoweit kann auf die Ausführungen zu § 641 Abs. 1 S. 1 BGB analog verwiesen werden. Die folgende Übersicht fasst diese nochmals zusammen:[1213]

1210 OLG Brandenburg NJW-RR 2013, 23; in diese Richtung jetzt auch *Oberhauser* NZBau 2024, 379 (385).

1211 *Retzlaff* BauR 2016, 733; siehe hierzu bereits S. 31, S. 131.

1212 Dazu S. 221 ff.

1213 Dazu eingehend S. 224 ff.

Abb. 12: *Planwidrige Nichtregelung der Fälligkeit*

cc) *Vergleichbare Interessenlage*

Zu prüfen ist nun, inwieweit auch in allen drei Sachverhaltskonstellationen eine vergleichbare Interessenlage zu dem in § 162 Abs. 1 BGB geregelten Fall – d.h. zur treuwidrigen Vereitelung des Bedingungseintritts – besteht.

(1) *Bedingungsvereitelung i.S.d. § 162 Abs. 1 BGB als „maximale Kooperationsvereitelung"*

§ 162 Abs. 1 BGB verlangt die Verhinderung des Bedingungseintritts, also gerade nicht nur seine Verzögerung oder Erschwerung. Das „erfolgreiche" Vereiteln der Bedingung setzt damit eine gewisse Dauerhaftigkeit bzw. Endgültigkeit voraus. Die Umsetzung des ursprünglich Vereinbarten muss mit anderen Worten also vollständig und unumkehrbar scheitern. Die in § 162 Abs. 1 BGB beschriebene Bedingungsvereitelung ist damit nichts anderes als eine „*maximale Kooperationsverweigerung*" der Partei, zu deren Nachteil der an die Kooperation gekoppelte Erfolg gereicht.[1214]

Vergleichbar zur Konzeption des § 162 BGB beruhen auch werk- und bauvertragliche Beziehungen auf einem Kooperationsverhältnis.[1215] Liegt in den in Abbildung 12 aufgeführten Sachverhaltskonstellationen in der Verweigerungshaltung des Bestellers die oben beschriebene „maximale Ko-

---

1214 Vgl. *Retzlaff* BauR 2016, 733 (735).
1215 Siehe schon S. 31, S. 131.

operationsverweigerung", die zum Scheitern des hiermit verbundenen Erfolgseintritts (Eintritt der Abnahmewirkungen) führt, kommt das Verhalten einer Bedingungsvereitelung i.S.d. § 162 Abs. 1 BGB gleich.

Lehnt der Besteller ernsthaft und endgültig jede weitere Erfüllung ab, ohne zugleich die Abnahme zu erklären (konkludente Abnahmeverweigerung) bzw. verweigert er ausdrücklich mit dieser Qualität die Abnahme (*Konstellation 3*), bringt er damit eine dem Fall des § 162 Abs. 1 BGB entsprechende „maximale Kooperationsverweigerung" zum Ausdruck. Er erklärt, dass er dauerhaft, d.h. auch in Bezug auf ihm bisher nicht bekannte Leistungsdefizite, keine Erfüllung mehr verlangen wird und schließt dadurch aus, es zu einer Abnahme des Werkes kommen zu lassen. Dadurch schafft er in Bezug auf den Eintritt der Abnahmewirkungen einen Zustand, der der Bedingungsvereitelung i.S.d. § 162 Abs. 1 BGB gleichkommt.

Nichts anderes gilt für die *Konstellationen 1 und 2*. Der Besteller bringt in beiden Sachverhaltskonstellationen durch die Mangelbeseitigung bzw. das Schadensersatzverlangen jeweils den Erfüllungsanspruch vollständig zu Fall und macht auf diese Weise gleichermaßen den Verlust seines Erfüllungsinteresses deutlich. Weil es auch hier an einer Abnahmeerklärung fehlt, versagt er dem Werkunternehmer jegliche weitere Kooperation und versetzt das Vertragsverhältnis in ein ähnliches Stadium wie in *Konstellation 3*.

Kernaussage des Bestellers in sämtlichen hier relevanten Fällen ist, unter keinen Umständen mehr mit dem Werkunternehmer zusammenarbeiten zu wollen.[1216] Damit beruhen alle drei Konstellationen auf einer „maximalen Kooperationsverweigerung", wie sie auch § 162 Abs. 1 BGB zugrunde liegt.

(2) *Treuwidrigkeit des Bestellerverhaltens*

Eine vergleichbare Interessenlage zu § 162 Abs. 1 BGB kann aber nur dann angenommen werden, wenn die „maximale Kooperationsverweigerung" des Bestellers auch den Grundsätzen von Treu und Glauben widerspricht. Das hängt insbesondere davon ab, ob von einem loyalen Besteller eine andere Reaktion zu erwarten wäre.[1217] Ausschlaggebend dafür, welches Ver-

---

1216 Ebenso *Retzlaff* BauR 2016, 733 (735), der damit wohl auch die vergleichbare Interessenlage zu § 162 Abs. 1 BGB andeuten wollte.

1217 BGH NJW 1984, 2568 (2569); BGH NJW 2005, 3417; Staudinger/*Bork* § 162 BGB Rn. 7.

halten mit dem Grundsatz von Treu und Glauben im Einklang steht, ist dabei in erster Linie der Inhalt des konkreten Rechtsgeschäfts, der durch Auslegung zu ermitteln ist.[1218]

Verweigert der Besteller die Abnahme, wenn das Werk mit wesentlichen Mängeln behaftet ist, ist das zunächst einmal sein gutes Recht und daher keinesfalls treuwidrig. Zur Abnahme verpflichtet ist der Besteller bei Vorliegen von Mängeln nämlich nur so weit, wie es sich um unwesentliche Mängel handelt, § 640 Abs. 1 S. 2 BGB.[1219]

Das Recht auf Abnahmeverweigerung ist allerdings selbst bei wesentlichen Mängeln auf die *vorläufige Abnahmeverweigerung* beschränkt, d.h. der Besteller muss die Beseitigung der wesentlichen Mängel und damit weiterhin Erfüllung verlangen. Allen drei Fällen „maximaler Kooperationsverweigerung" liegt hingegen eine *endgültige* Entscheidung des Bestellers gegen die weitere Erfüllung durch den Werkunternehmer zugrunde. Diese Endgültigkeit rechtfertigt es, in den drei Sachverhaltskonstellationen „maximaler Kooperationsverweigerung" von einem treuwidrigen Eingriff in den Geschehensablauf zu sprechen.

Erklären lässt sich dieses Ergebnis mit den vertraglichen Pflichten von Werkunternehmer und Besteller. Der Werkunternehmer hat sich nicht zur Herstellung eines im Wesentlichen mangelfreien, sondern eines vollständig mangelfreien Werkes verpflichtet. Weil der Besteller den Vertrag nach § 648 S. 1 BGB jederzeit grundlos kündigen kann, korrespondiert diese Pflicht zur Herstellung nicht mit einem entsprechenden Anspruch des Werkunternehmers auf Herstellung.[1220] Der Werkunternehmer kann den Besteller also nicht zur Vertragsdurchführung zwingen.[1221]

Aus dem vertraglichen Treueverhältnis ist der Besteller aber nach § 241 Abs. 2 BGB dazu verpflichtet, alles zu vermeiden, was den Interessen, Rechten und Rechtsgütern des Werkunternehmers schaden könnte.[1222] Der Werkunternehmer verfolgt jedenfalls das finanzielle Interesse am Erhalt der vereinbarten Vergütung. Wenn der Besteller weder die weitere Erfüllung verlangt noch den Vertrag durch die Erklärung der Abnahme in das Nacherfüllungsstadium überführt, bringt er die Vertragsabwicklung zum

---

1218 BGH NJW 2005, 3417 (3418); Staudinger/*Bork* § 162 BGB Rn. 7.

1219 Zum Regelungsgehalt des § 640 Abs. 1 S. 2 BGB S. 85 ff.

1220 Messerschmidt/Voit/*von Rintelen* § 631 BGB Rn. 81; HK-WerkBauVertrR/*Lederer*/*Raab* § 631 BGB Rn. 22; MüKoBGB/*Busche* § 631 BGB Rn. 61.

1221 HK-WerkBauVertrR/*Lederer*/*Raab* § 631 BGB Rn. 22.

1222 Vgl. BGH NJW-RR 2013, 534 (535 Rn. 9); HK-WerkBauVertrR/*Lederer*/*Raab* § 631 BGB Rn. 63; Kniffka/Jurgeleit/*von Rintelen* § 631 BGB Rn. 689.

Stillstand. Um an die Vergütung zu gelangen, müsste der Werkunternehmer (gegebenenfalls erneut) versuchen, die Abnahmefiktion nach § 640 Abs. 2 BGB unter Setzung einer angemessenen Frist herbeizuführen. Alternativ bliebe dem Werkunternehmer der Weg über die Kündigung gemäß § 643 BGB oder gemäß § 648a Abs. 1 S. 1 BGB i.V.m. einer Klage auf Abnahme (sollte der „nicht weggekündigte" Teil des Werkes vertragsgemäß sein). Wäre der Werkunternehmer hierzu verpflichtet, stünde es dem Besteller frei, den Werkunternehmer in die Kündigung des Vertrages hineinzuzwingen. All das ist ihm, wie oben festgestellt, nicht zumutbar.[1223] Der Besteller schädigt durch sein Verhalten demnach das vom Werkunternehmer verfolgte (finanzielle) Interesse am Erhalt der Gesamtvergütung.

Gerade weil der Werkunternehmer in Vorleistung treten muss, wäre bei einem wesentlich mangelhaften Werk von einem sich loyal verhaltenden Besteller, der die nach § 241 Abs. 2 BGB erforderliche Rücksicht auf dieses schutzwürdige Interesse des Werkunternehmers nimmt, demnach wahlweise folgendes Verhalten zu erwarten: Entweder der Besteller erklärt die Abnahme nur vorläufig und ermöglicht dem Werkunternehmer die Beseitigung der Mängel; oder der Besteller kündigt gemäß § 648 S. 1 BGB bzw. gemäß § 648a Abs. 1 S. 1 BGB (sofern ein wichtiger Grund besteht) den Vertrag und erklärt die Abnahme hinsichtlich des „nicht weggekündigten Leistungsteils". Alternativ zur letztgenannten Option bleibt dem Besteller, der kein weiteres Erfüllungsinteresse mehr hat, die Möglichkeit, die Abnahme bzgl. des gesamten Werkes mit dem Vorbehalt des § 640 Abs. 3 BGB zu erklären und das Vertragsverhältnis dadurch in das Nacherfüllungsstadium zu überführen.

Wählt der Besteller keine dieser Optionen, sondern verdeutlicht auf andere Art und Weise, nämlich in Form der „maximalen Kooperationsverweigerung" i.S.d. in Abbildung 12 aufgeführten Sachverhaltskonstellationen den Wegfall des Erfüllungsinteresses, verhält er sich treuwidrig. Die vergleichbare Interessenlage ist damit grundsätzlich gegeben.

dd) *Rechtsfolge der analogen Anwendung von § 162 Abs. 1 BGB*

Zu untersuchen bleibt die Dimension der analogen Anwendung von § 162 Abs. 1 BGB. Konkret geht es dabei um die Frage, ob diese tatsächlich die

---

1223   Dazu S. 235 ff.

Wirkung einer weiteren Abnahmefiktion neben § 640 Abs. 2 BGB hätte, wie es eingangs als allgemeine These aufgestellt wurde.[1224] Zwar schafft der Besteller – wie soeben herausgearbeitet – in den Konstellationen des Abrechnungsverhältnisses einen zu § 162 Abs. 1 BGB vergleichbaren Zustand treuwidriger Bedingungsvereitelung. § 162 Abs. 1 BGB ist aber nur dann eine geeignete und zielgenaue Legitimationsgrundlage für das Abrechnungsverhältnis, wenn die vereitelte „Bedingung" tatsächlich in der Abnahme gesehen werden kann. Denn Rechtsfolge des § 162 Abs. 1 BGB ist nur die Fiktion desjenigen Umstands, der unmittelbar treuwidrig vereitelt wurde.

Dies ist vorliegend insofern problematisch, als den betreffenden Sachverhaltskonstellationen stets ein mit wesentlichen Mängeln behaftetes Werk zugrunde liegt. Beseitigt der Besteller sämtliche Leistungsdefizite berechtigt oder unberechtigt oder verweigert er (ohne selbst die Vertragsgemäßheit des Werkes herbeizuführen) die Abnahme ernsthaft und endgültig, vereitelt er damit unmittelbar „nur" die *Herbeiführung der Erfüllung durch den Werkunternehmer.* Dies ist die „Bedingung" i.S.d. § 162 Abs. 1 BGB. Die analoge Anwendung von § 162 Abs. 1 BGB führt dann aber nur dazu, dass ein im Wesentlichen mangelfreies Werk fingiert wird. Die bloß mittelbar vereitelte Abnahme stellt demgegenüber einen eigenen Folgeakt dar und wird daher von der Fiktion nicht erfasst.

Daraus folgt, dass der *Rechtsgedanke* des § 162 Abs. 1 BGB das Abrechnungsverhältnis zwar treffend erfasst, die *Rechtsfolge* einer analogen Anwendung auf die diesem zugrunde liegenden Sachverhalte aber nicht weit genug reichen würde, um den Eintritt der Abnahmewirkungen herbeizuführen.

5. Rechtsanalogie zu §§ 162 Abs. 1, 641 Abs. 1 S. 1 BGB

Ergänzend könnte der Rechtsgedanke des § 641 Abs. 1 S. 1 BGB als Lückenschluss auf Rechtsfolgenseite herangezogen werden. Die §§ 162 Abs. 1, 641 Abs. 1 S. 1 BGB wären dann zwar nicht jeweils selbständig, jedoch in ihrer Gesamtheit eine sachgerechte Legitimationsgrundlage für das Abrechnungsverhältnis.

1224 Dazu S. 259.

a) *Gemeinsamer Grundgedanke der §§ 162 Abs. 1, 641 Abs. 1 S. 1 BGB*

Voraussetzung einer derartigen Rechtsanalogie ist ein hinter den §§ 162 Abs. 1, 641 Abs. 1 S. 1 BGB stehender gemeinsamer und verallgemeinerungsfähiger Grundgedanke.[1225] Dieser muss seiner Wertung nach auf die gesetzlich nicht geregelten Tatbestände des Abrechnungsverhältnisses gleichermaßen zutreffen, um auf diese übertragen werden zu können.[1226]

Nach dem Rechtsgedanken des § 641 Abs. 1 S. 1 BGB soll die Gesamtvergütung fällig sein, sobald der Besteller den Wegfall jeglichen Erfüllungsinteresses zum Ausdruck bringt.[1227] § 162 Abs. 1 BGB verfolgt den Zweck, den vom Eintritt einer Bedingung abhängigen Erfolg für den Fall ihres Vereitelns mittels einer Fiktion eintreten zu lassen. Ziel ist es dabei, die Durchsetzung des Regelungswillens sicherzustellen, wie ihn die Parteien für den Eintritt der vereinbarten Bedingung vorgesehen haben.[1228] Sowohl die Rechtsfolge des § 641 Abs. 1 S. 1 BGB als auch die des § 162 Abs. 1 BGB knüpft daran an, dass eine Vertragspartei die endgültige Beendigung der vertraglichen Kooperation anstrebt. Mit dieser „maximalen Kooperationsverweigerung", die nichts anderes ist, als die Äußerung des Fortfalls jeden Erfüllungsinteresses, soll in beiden Fällen der mit der Kooperation verbundene rechtliche Erfolg eintreten.

In der Zusammenschau ergibt sich Folgendes: Entsprechend dem Gedanken des § 641 Abs. 1 S. 1 BGB folgt aus der Kundgabe des Fortfalls jeglichen Erfüllungsinteresses als rechtlicher Erfolg die Fälligkeit der Vergütung und damit eine der gesetzlich vorgesehenen Abnahmewirkungen. § 162 Abs. 1 BGB will in derselben Situation den ursprünglichen Regelungswillen eigentlich *vollumfänglich* durchsetzen. Übergreifend muss es daher den sich wechselseitig ergänzenden Wertungen des Gesetzes entsprechen, wenn in Rechtsanalogie zu beiden Bestimmungen *sämtliche Abnahmewirkungen* als eingetreten gelten.

1225 *Wank*, Juristische Methodenlehre, § 15 Rn. 112 ff; *Möllers*, Juristische Methodenlehre, § 6 Rn. 155 ff.; *Larenz/Canaris*, Methodenlehre der Rechtswissenschaft, S. 204.

1226 *Wank*, Juristische Methodenlehre, § 15 Rn. 112 ff; *Möllers*, Juristische Methodenlehre, § 6 Rn. 155 ff.; *Larenz/Canaris*, Methodenlehre der Rechtswissenschaft, S. 204.

1227 Dazu S. 226 ff.

1228 Dazu S. 258 ff.

b) Vereinbarkeit der analogen Anwendung der §§ 162 Abs. 1, 641 Abs. 1 S. 1 BGB mit höherrangigem Recht

Die analoge Anwendung der §§ 162 Abs. 1, 641 Abs. 1 S. 1 BGB müsste sich darüber hinaus aber auch innerhalb der durch das Verfassungsrecht gesetzten Grenzen zulässiger Rechtsfortbildung bewegen.

aa) Das „Ob" der Lückenschließung

(1) Rechtsstaats- und Demokratieprinzip als Grenze

Hinsichtlich des „Obs" der Lückenschließung gilt das zur Zulässigkeit der analogen Anwendung von § 641 Abs. 1 S. 1 BGB Gesagte: Die bezogen auf die Tatbestandsvoraussetzungen für den Übergang in das Abrechnungsverhältnis unklare und in sich widersprüchliche Rechtsprechung bedarf aus Gründen der Rechtssicherheit der Konkretisierung.[1229] Im Zusammenhang mit der analogen Anwendung von § 162 Abs. 1 BGB gilt das in Anbetracht seiner weitreichenden Rechtsfolge umso mehr.

Auch im Übrigen dürften das Rechtsstaatsprinzip – insbesondere der hieraus abzuleitende Gewaltenteilungsgrundsatz – und das Demokratieprinzip der Rechtsfortbildung zum Abrechnungsverhältnis keine absolute Grenze setzen.

Rechtsstaat bedeutet „Gerechtigkeitsstaat".[1230] Wesentlicher Bestandteil des Rechtsstaatsprinzips und eine der „Leitideen des Grundgesetzes" ist deshalb die Forderung nach materieller Gerechtigkeit (*materielles Rechtsstaatsprinzip*").[1231] Die Gerichte sind mitverantwortlich dafür, diese Idee zu verwirklichen.[1232] Hieraus abgeleitet spricht es für die Zulässigkeit der Rechtsfortbildung, wenn eine regelungsbedürftige Materie vom Gesetzgeber nicht geregelt wird.[1233] An der Regelungsbedürftigkeit des Abrechnungsverhältnisses bestehen angesichts seiner besonderen praktischen Bedeutung keine Zweifel.

1229 Dazu S. 253 ff.
1230 *Wank*, Grenzen richterlicher Rechtsfortbildung, S. 234.
1231 BVerfGE 133, 168 (198 Rn. 55) m.w.N.; Dreier/*Schulze-Fielitz* Art. 20 GG (Rechtsstaat) Rn. 50; *Wank*, Grenzen richterlicher Rechtsfortbildung, S. 234, S. 238.
1232 *Wank*, Grenzen richterlicher Rechtsfortbildung, S. 238.
1233 *Wank*, Juristische Methodenlehre, § 15 Rn. 83; vgl. *Wank*, Grenzen richterlicher Rechtsfortbildung, S. 238 ff.

Das darf aber nicht dazu führen, dass die Gerichte einen Sachverhalt regeln, der eine wesentliche Frage i.S.d. „Wesentlichkeitstheorie" betrifft.[1234] Nach der „Wesentlichkeitstheorie" ist der Gesetzgeber dazu verpflichtet, „in grundlegenden normativen Bereichen, zumal im Bereich der Grundrechtsausübung, soweit diese staatlicher Regelung zugänglich ist, alle wesentlichen Entscheidungen selbst zu treffen."[1235] Die „Wesentlichkeitstheorie" ist ebenfalls Ausdruck des Rechtsstaats-, aber auch des Demokratieprinzips.[1236] Sie ergänzt den Grundsatz des Vorbehalts des Gesetzes, der nur besagt, *dass* es in bestimmten Fällen eines formellen Gesetzes bedarf, nicht aber, *in welchem Umfang* der Gesetzgeber selbst entscheiden muss.[1237]

Der Grundsatz des Gesetzesvorbehalts und die Wesentlichkeitstheorie betreffen zunächst nur die Kompetenzabgrenzung von Legislative und Exekutive.[1238] Das Bundesverfassungsgericht geht seit jeher davon aus, dass die sich daraus ergebenden Einschränkungen auch im Verhältnis der Legislative zur Judikative Anwendung finden und dadurch der zulässigen Rechtsfortbildung eine Grenze setzen.[1239] Dieser Ansicht ist zuzustimmen.[1240] Einem Richter darf es in keinem Bereich – d.h. auch nicht bei der Lösung eines Konflikts zweier Privatrechtssubjekte – erlaubt sein, sich eigenmächtig einen Maßstab für seine Entscheidung auszudenken.[1241] Wenn der Grundsatz des Gesetzesvorbehalts und der Wesentlichkeitstheorie dem Demokratieprinzip Ausdruck verleihen sollen, muss darin eine „absolute Aufgabenzuweisung" an den parlamentarischen Gesetzgeber gesehen werden.[1242] Das bedeutet, dass Wesentliches i.S.d. Wesentlichkeitstheorie nur

---

1234 *Wank,* Juristische Methodenlehre, § 15 Rn. 87.

1235 St. Rspr.: vgl. BVerfGE 49, 89 (126) m.w.N.; BVerfGE 61, 260 (275).

1236 BVerfGE 139, 19 (45 Rn. 52); *Detterbeck,* Öffentliches Recht, Rn. 35; *Jachmann* JA 1994, 399 (400).

1237 *Detterbeck,* Öffentliches Recht, Rn. 35; *Jocham,* Die Grenzen der richterlichen Rechtsfortbildung im Privatrecht, S. 248.

1238 *Rüthers/Fischer/Birk,* Rechtstheorie, Rn. 254; *Jachmann* JA 1994, 399 (400).

1239 BVerfGE 84, 212 (226); BVerfGE 88, 103 (116); *Rüthers/Fischer/Birk,* Rechtstheorie, Rn. 254.

1240 Ebenso für die Anwendbarkeit im Verhältnis von Legislative zur Judikative *Jocham,* Die Grenzen der richterlichen Rechtsfortbildung im Privatrecht, S. 249; *Ruffert,* Vorrang der Verfassung und Eigenständigkeit des Privatrechts, S. 132; *Fenn,* Der Grundsatz der Tarifeinheit – Zugleich zu Voraussetzungen und Grenzen richterlicher Rechtsfortbildung, FS Kissel, 213 (221); dagegen *Möllers,* Juristische Methodenlehre, § 13 Rn. 92 ff.

1241 *Jocham,* Die Grenzen der richterlichen Rechtsfortbildung im Privatrecht, S. 249.

1242 *Fenn,* Der Grundsatz der Tarifeinheit – Zugleich zu Voraussetzungen und Grenzen richterlicher Rechtsfortbildung, FS Kissel, 213 (221).

vom unmittelbar demokratisch legitimierten Parlament und *von keiner anderen Gewalt*, d.h. weder von Exekutive noch von Judikative, entschieden werden darf.[1243]

Zu klären ist, ab wann eine solche eigenmächtige Entscheidung, d.h. ein Verstoß gegen den Vorbehalt des Gesetzes anzunehmen ist. Im Zivilrecht kann hier im Unterschied zum Strafrecht und dem Öffentlichen Recht ein weniger strenger Maßstab gelten. Es ist also keine strenge Bindung an einen vorhandenen Normtext zu fordern.[1244] Anders als in der Eingriffsverwaltung führt die Rechtsfortbildung im Zivilrecht nämlich weder zu einer einseitigen Begünstigung des Staates noch zu einer allgemeinwohlorientierten Sanktion, sondern betrifft „nur" das Verhältnis gleichgeordneter Grundrechtsträger.[1245] Aufgrund der niedrigeren Eingriffsintensität ist der Grundsatz des Gesetzesvorbehalts deshalb gewahrt, solange sich der Zivilrichter mit seiner Entscheidung auf eine *legislative Wertentscheidung* stützt. Diese muss, um dem Richter im Prozess überhaupt als Entscheidungsgrundlage dienen zu können, zwangsläufig hinreichend präzise sein, sodass ein Konflikt mit der Wesentlichkeitstheorie in diesem Fall nicht zu befürchten ist.[1246]

Mit der Rechtsfortbildung zum Abrechnungsverhältnis setzen die Gerichte keine eigenen rechtspolitischen Vorstellungen um. Sie knüpfen vielmehr, wie gezeigt, an eine gesetzgeberische Grundentscheidung an, denken eine schon getroffene Legislativentscheidung also nur „zu Ende". Die Rechtsfortbildung genügt in diesem Fall dem Vorbehalt des Gesetzes und der Wesentlichkeitstheorie.

Aus demselben Grund ergeben sich auch keine verfassungsrechtlichen Bedenken aus dem in Art. 20 Abs. 2 S. 2 GG verankerten Grundsatz der Gewaltenteilung. Danach dürfen Gerichte keine Befugnisse beanspruchen, „die von der Verfassung dem Gesetzgeber übertragen worden sind, indem sie sich aus der Rolle des Normanwenders in die einer normsetzenden In-

---

1243 *Fenn*, Der Grundsatz der Tarifeinheit – Zugleich zu Voraussetzungen und Grenzen richterlicher Rechtsfortbildung, FS Kissel, 213 (221).

1244 *Jocham*, Die Grenzen der richterlichen Rechtsfortbildung im Privatrecht, S. 249; vgl. auch *Ruffert*, Vorrang der Verfassung und Eigenständigkeit des Privatrechts, S. 132 f.; ähnlich Sachs/*Sachs* Art. 20 GG Rn. 121, der davon spricht, dass „die methodisch gerechtfertigte Analogie Ausdruck der dem Vorbehalt genügenden Rechtsbindung des Rechtsanwenders ist."

1245 *Jocham*, Die Grenzen der richterlichen Rechtsfortbildung im Privatrecht, S. 249; *Ruffert*, Vorrang der Verfassung und Eigenständigkeit des Privatrechts, S. 132 f.

1246 *Jocham*, Die Grenzen der richterlichen Rechtsfortbildung im Privatrecht, S. 250.

stanz begeben und damit der Bindung an Recht und Gesetz entziehen."[1247] „Eine Interpretation, die sich über den klar erkennbaren Willen des Gesetzgebers hinwegsetzt, greift unzulässig in die Kompetenzen des demokratisch legitimierten Gesetzgebers ein."[1248] Das heißt wiederum, dass der Richter die gesetzgeberische Grundentscheidung respektieren muss.[1249] Weil die Rechtsfortbildung zum Abrechnungsverhältnis, wie eben gezeigt, an eine legislative Wertentscheidung anknüpft, achtet sie das Gebot der Gewaltenteilung und der Bindung an Recht und Gesetz.

Der Rechtsfortbildung als solcher stehen demnach keine verfassungsrechtlichen Bedenken aus den Staatsstrukturprinzipien entgegen.

(2) *Gebot der Rechtsfortbildung aus Art. 12 Abs. 1 GG i.V.m. dem grundrechtlichen Untermaßverbot*

Aus verfassungsrechtlicher Sicht könnte die Rechtsfortbildung zum Übergang des Vertragsverhältnisses in das Abrechnungsverhältnis sogar geboten sein. Bisher wurde nur festgestellt, *dass* die Grundrechte in ihrer Schutzfunktion Rechtsfortbildung nicht nur erlauben, sondern auch erforderlich machen können.[1250] Zu klären ist, *unter welchen Voraussetzungen* ein solches Gebot entstehen kann.

(a) *Das Untermaßverbot als Pendant des Übermaßverbots*

Ausgangspunkt der Überlegung ist die Tatsache, dass der Auftrag aus den grundrechtlichen Schutzpflichten primär an den Gesetzgeber gerichtet ist.[1251] Diesem muss dabei eine weite Einschätzungs-, Wertungs- und

---

1247 BVerfGE 128, 193 (210) m.w.N.

1248 BVerfGE 149, 126 (154 Rn. 73) m.w.N.

1249 BVerfGE 128, 193 (210); BVerfGE 149, 126 (154 Rn. 73); *Wank*, Juristische Methodenlehre, § 15 Rn. 82; *Möllers*, Juristische Methodenlehre, § 13 Rn. 100; vgl. *Bumke*, Verfassungsrechtliche Grenzen fachrichterlicher Rechtserzeugung, in: *Bumke* (Hrsg.), Richterrecht zwischen Gesetzesrecht und Rechtsgestaltung, 33 (41).

1250 Dazu S. 250 f.

1251 Vgl. BVerfGE 138, 377 (391 f. Rn. 39); *Epping/Lenz/Leydecker*, Grundrechte, Rn. 351; *Jocham*, Die Grenzen der richterlichen Rechtsfortbildung im Privatrecht, S. 235.

Gestaltungsfreiheit zugebilligt werden.[1252] Das gilt aber nur bis zur „unteren Schutzgrenze", die nicht unterschritten werden darf.[1253] Die Rede ist vom sog. „Untermaßverbot", das das Pendant zum „Übermaßverbot" (Verhältnismäßigkeitsgrundsatz) bildet.[1254] „Wie der freiheitsbeschränkende Staat nicht übermäßig in die Freiheiten seiner Bürger eingreifen darf, so darf das freiheitsschützende Gemeinwesen sie nicht unterhalb des gebotenen Maßes, also untermäßig, sichern."[1255] Jeder Grundrechtsträger hat einen aus den im Einzelfall betroffenen Grundrechten abgeleiteten Anspruch auf Gewährleistung des grundrechtlichen Mindeststandards.[1256] Kommt der Gesetzgeber dem nicht (hinreichend) nach, kann es zur Pflicht des Richters werden, das gebotene Schutzniveau durch verfassungskonforme Rechtsfortbildung herzustellen.[1257]

Bei der Bestimmung des „grundrechtlichen Mindeststandards" ist zu berücksichtigen, dass der Gesetzgeber bei der Erfüllung seiner Schutzpflichten grundrechtliche Belange Dritter beachten und in einen angemessenen Ausgleich bringen muss.[1258] Das ist immer auch eine politische Entscheidung, die alleine der Legislative obliegt.[1259] Grundrechtliche Schutzpflichten sind nach der Rechtsprechung des Zweiten Senats des Bundesverfassungsgerichts deshalb nur verletzt, „wenn überhaupt keine Schutzvorkehrungen getroffen werden, die getroffenen Regelungen und Maßnahmen

---

1252 BVerfG GRUR 2023, 549 (553 Rn. 128) m.w.N.; Merten/Papier/*Merten,* Handbuch der Grundrechte, § 68 Rn. 81.

1253 Merten/Papier/*Merten,* Handbuch der Grundrechte, § 68 Rn. 81.

1254 *Denninger,* Vom Elend des Gesetzgebers zwischen Übermaßverbot und Untermaßverbot, FS Mahrenholz, 561 (566); Merten/Papier/*Merten,* Handbuch der Grundrechte, § 68 Rn. 81; Das Untermaßverbot geht zurück auf *Schuppert,* Funktionell-rechtliche Grenzen der Verfassungsinterpretation, S. 14 f., und wurde in den Folgejahren vom BVerfG anerkannt, vgl. nur BVerfGE 88, 203; dazu *Jocham,* Die Grenzen der richterlichen Rechtsfortbildung im Privatrecht, S. 236.

1255 Merten/Papier/*Merten,* Handbuch der Grundrechte, § 68 Rn. 81; vgl. *Denninger,* Vom Elend des Gesetzgebers zwischen Übermaßverbot und Untermaßverbot, FS Mahrenholz, 561 (566 f.).

1256 BVerfG GRUR 2023, 549 (553 Rn. 129) m.w.N.; BeckOK GG/*Ruffert* Art. 12 Rn. 19 zum Schutzanspruch aus Art. 12 GG.

1257 BGH NJW 2022, 1088 (1090 Rn. 22) m.w.N.; *Jocham,* Die Grenzen der richterlichen Rechtsfortbildung im Privatrecht, S. 235.

1258 Vgl. *Ipsen,* Staatsrecht II, Rn. 106.

1259 Vgl. *Ipsen,* Staatsrecht II, Rn. 107.

offensichtlich ungeeignet oder völlig unzulänglich sind oder wenn sie erheblich hinter dem Schutzziel zurückbleiben."[1260]

(b) *Schutz der wirtschaftlichen Betätigungsfreiheit aus Art. 12 Abs. 1 GG*

Dies führt zu der Frage, ob der Gesetzgeber mit den vorhandenen werk- und bauvertragsrechtlichen Bestimmungen das Mindestmaß an grundrechtlichem Schutz zulasten des Werkunternehmers unterschreitet und dadurch gegen das Untermaßverbot verstößt. Die Rechtsfortbildung zum Abrechnungsverhältnis wäre unter diesen Umständen verfassungsrechtlich geboten.

Eine entsprechende Schutzpflicht gegenüber dem Werkunternehmer könnte sich aus Art. 12 Abs. 1 GG ergeben. Art. 12 Abs. 1 GG gewährleistet als einheitliches Grundrecht der Berufsfreiheit die Freiheit der Berufswahl und der Berufsausübung.[1261] Als Beruf wird jede auf Dauer angelegte Tätigkeit zur Schaffung und Erhaltung einer Lebensgrundlage verstanden.[1262] Neben der abwehrrechtlichen Dimension der Berufsfreiheit ist allgemein anerkannt, dass sich aus Art. 12 Abs. 1 GG auch staatliche Schutzpflichten ergeben können.[1263]

Als das *„Hauptfreiheitsrecht des Wirtschaftslebens"*[1264] und *„typisches Wirtschaftsgrundrecht"*[1265] schützt Art. 12 Abs. 1 GG die Freiheit der beruflichen wirtschaftlichen Betätigung.[1266] Wirtschaftliche Betätigung bedeutet „Handeln unter dem Gesichtspunkt des Erwerbsnutzens".[1267] Vor diesem Hintergrund, vor allem aber, weil dem Beruf eine existenzsichernde Funk-

---

1260 BVerfG GRUR 2023, 549 (553 Rn. 129) m.w.N.; BVerfGE 77, 170 (215); ähnlich *Epping/Lenz/Leydecker,* Grundrechte, Rn. 351, die das Untermaßverbot nur dann verletzt sehen, wenn „das staatliche Verhalten den erforderlichen Mindestschutz grundlegend und evident verfehlt."; a.A. Merten/Papier/*Merten,* Handbuch der Grundrechte, § 68 Rn. 83 ff., der sich für einen Proportionalitätsmaßstab ausspricht.

1261 BVerfGE 7, 377 (401); *Ipsen,* Staatsrecht II, Rn. 634.

1262 Huber/Voßkuhle/*Manssen* Art. 12 GG Rn. 37.

1263 BVerfGE 81, 242; Dürig/Herzog/Scholz/*Remmert* Art. 12 Abs. 1 GG Rn. 1; Dreier/ *Wollenschläger* Art. 12 GG Rn. 204 f.; BeckOK GG/*Ruffert* Art. 12 Rn. 19.

1264 Dürig/Herzog/Scholz/*Scholz,* 101. EL 2023, Art. 12 GG Rn. 4.

1265 Dürig/Herzog/Scholz/*Di Fabio* Art. 2 Abs. 1 GG Rn. 79.

1266 Dürig/Herzog/Scholz/*Remmert* Art. 12 Abs. 1 GG Rn. 104 f.; Huber/Voßkuhle/ *Manssen* Art. 12 GG Rn. 69; Stern/*Sodan,* Das Staatsrecht der Bundesrepublik Deutschland, Bd. IV, § 125 Rn. 41 ff.

1267 Dürig/Herzog/Scholz/*Di Fabio* Art. 2 Abs. 1 GG Rn. 79.

tion zukommt, erfasst der Schutzumfang auch das Recht auf „wirtschaftliche Verwertung einer erbrachten beruflichen Leistung".[1268] Oder mit den Worten des Bundesverfassungsgerichts: „Die Freiheit, einen Beruf auszuüben, ist untrennbar verbunden mit der Freiheit, eine angemessene Vergütung zu fordern."[1269] Diese durch Art. 12 Abs. 1 GG gewährleistete Freiheit könnte in den Sachverhaltsvarianten des Abrechnungsverhältnisses zulasten des Werkunternehmers nicht hinreichend i.S.d. oben beschriebenen Mindeststandards gesetzlich geschützt sein.

Der Gesetzgeber hat grundsätzlich erkannt, dass der Werkunternehmer aufgrund des Abnahmeerfordernisses dem Besteller unterlegen und deshalb hinsichtlich der Durchsetzung seines Vergütungsanspruchs schutzbedürftig ist. Als Beitrag zur Waffengleichheit sollte § 640 Abs. 2 BGB dienen. Zugunsten des Werkunternehmers kann außerdem das Recht auf Abschlagszahlungen aus § 632a Abs. 1 S. 1 BGB angeführt werden. Beide Bestimmungen sind jedenfalls nicht völlig ungeeignet, das Recht des Werkunternehmers auf wirtschaftliche Verwertung seiner Tätigkeit zu schützen. Es bleibt allenfalls der Aspekt, ob das bestehende gesetzliche Schutzkonzept erheblich hinter dem Schutzziel zurückbleibt und aus diesem Grund gegen das Untermaßverbot verstößt.

Das könnte dahingestellt bleiben, wenn die Gerichte in den Sachverhaltsvarianten des Abrechnungsverhältnisses auch über das verfassungsrechtlich gebotene grundrechtliche Mindestmaß hinaus in zulässiger Art und Weise rechtsfortbildend tätig werden dürfen, um die Rechtsposition des Werkunternehmers zu stärken. Dass diese Befugnis grundsätzlich besteht, wurde bereits klargestellt.

Fraglich ist allein, wie weit der Spielraum der Gerichte in diesem Fall geht. Hierzu führt das Bundesverfassungsgericht aus:

„Soweit die vom Gericht im Wege der Rechtsfortbildung gewählte Lösung dazu dient, der Verfassung, insbesondere verfassungsmäßigen Rechten des Einzelnen, zum Durchbruch zu verhelfen, sind die Grenzen richterlicher Rechtsfortbildung weiter, da insoweit eine auch den Gesetzgeber treffende Vorgabe der höherrangigen Verfassung konkretisiert wird. Umgekehrt sind die Grenzen richterlicher Rechtsfortbildung demgemäß bei einer Verschlechterung der rechtlichen Situation des Einzelnen enger gesteckt; die Rechtsfindung muss sich umso stärker auf die Umsetzung bereits bestehender Vor-

---

1268 BVerfGE 81, 242 (254); BVerfGE 97, 228 (253); Huber/Voßkuhle/*Manssen* Art. 12 GG Rn. 69.
1269 BVerfGE 88, 145 (159).

gaben des einfachen Gesetzesrechts beschränken, je schwerer die beeinträchtigte Rechtsposition auch verfassungsrechtlich wiegt. Bei der gerichtlichen Entscheidung zivilrechtlicher Streitigkeiten, in denen überwiegend Interessenkonflikte zwischen Privaten zu lösen sind, trifft regelmäßig die Beeinträchtigung einer Rechtsposition auf der einen Seite mit der Förderung einer Rechtsposition auf der anderen Seite zusammen. Belastet ein Zivilgericht eine Person etwa mit einer im Wege der Rechtsfortbildung begründeten Pflicht, so erfolgt dies zumeist, um die Rechtsposition einer anderen Person zu stärken. Je schwerer der verfassungsrechtliche Gehalt der gestärkten Position wiegt, umso klarer ist eine entsprechende Lösung dem Gericht wie dem Gesetzgeber durch die Verfassung vorgezeichnet und umso weiter kann die Befugnis der Gerichte reichen, diese Position im Wege der Rechtsfortbildung – auch unter Belastung einer gegenläufigen, aber schwächeren Rechtsposition – durchzusetzen."[1270]

Übertragen auf die Rechtsfortbildung zum Abrechnungsverhältnis sind die Grenzen der Rechtsfortbildung hier weiter gesteckt. Die mit dem Eintritt der Abnahmewirkungen ohne Abnahmeerklärung verbundene Grundrechtsbeeinträchtigung des Bestellers in Art. 2 Abs. 1 GG wiegt hier nur gering. Art. 2 Abs. 1 GG dient grundsätzlich dem Schutz der Selbstbestimmung über eigene Rechtsbeziehungen und damit auch dem Schutz vor staatlicher Einflussnahme in bestehende Vertragsbeziehungen.[1271] Irrelevant ist dafür, ob die Parteien die Vertragsbedingungen frei vereinbart haben, oder ob sie bei der Ausgestaltung der Vertragsbeziehung an gesetzliche Bestimmungen gebunden waren.[1272] Der Besteller verhält sich aber, wie oben aufgezeigt wurde, selbst nicht vertragstreu und ist deshalb nicht schutzwürdig. Der Werkunternehmer ist demgegenüber in besonderem Maße vom Besteller abhängig. Der durch den Besteller verursachte „Stillstand in der Vertragsabwicklung" beeinträchtigt ihn erheblich in seiner wirtschaftlichen Dispositionsfreiheit, ohne dass zugunsten des Bestellers plausible Gründe, die sein Verhalten rechtfertigen könnten, ins Feld geführt werden können.

Mit der Rechtsfortbildung zum Abrechnungsverhältnis überschreiten die Gerichte damit die grundrechtlichen Grenzen richterlicher Rechtsfortbildung nicht. Gegen das „*Ob*" der Lückenschließung bestehen keine verfassungsrechtlichen Bedenken.

1270   BVerfGE 138, 377 (392 Rn. 41 f.).
1271   BVerfGE 88, 384 (403); Dürig/Herzog/Scholz/*Di Fabio* Art. 2 Abs. 1 GG Rn. 102.
1272   BVerfGE 88, 384 (403).

bb) Das „Wie" der Lückenschließung

Die Lückenschließung im Wege der analogen Anwendung der §§ 162 Abs. 1, 641 Abs. 1 S. 1 BGB liefert außerdem hinsichtlich der Frage, ob mit der Fälligkeit der Gesamtvergütung auch die übrigen Abnahmewirkungen eintreten, ein eindeutiges und vorhersehbares Ergebnis, sodass dem „Wie" der Lückenschließung in dieser Hinsicht der Grundsatz der Rechtssicherheit nicht entgegensteht.[1273]

Dass mit der analogen Anwendung der §§ 162 Abs. 1, 641 Abs. 1 S. 1 BGB eine weitere, sich auf das Vertragsverhältnis in seiner Gesamtheit auswirkende Abnahmefiktion – und damit gerade nicht nur eine punktuelle Regelung für die Fälligkeit der Vergütung – geschaffen wird, gerät auch nicht in Konflikt mit der oben angesprochenen „Notwendigkeitsmaxime". Zur Erinnerung: Rechtsfortbildung darf danach nur insoweit vorgenommen werden, als es zur Lückenschließung nötig ist.[1274] Die sich aus der befürworteten Rechtsanalogie ergebende weitreichende Rechtsfolge ist aus Gründen der Rechtssicherheit allerdings erforderlich, weil die in Abb. 12 genannten Sachverhaltskonstellationen nach der „ideal gedachten Gesetzeskonzeption" sämtliche Abnahmewirkungen auslösen müssten. Die konkrete Art und Weise der Lückenschließung entspricht damit der „Notwendigkeitsmaxime".

Zu klären bleibt, ob durch die analoge Anwendung der §§ 162 Abs. 1, 641 Abs. 1 S. 1 BGB auch mit hinreichender Sicherheit bestimmt werden kann, *wann* die Abnahmewirkungen eintreten. Es wird befürchtet, dass der Besteller vor allem mit einem früheren Verjährungsbeginn seiner Mängelansprüche konfrontiert werden könnte, weil die Rechtsprechung keine gesicherte Erkenntnis über den exakten Zeitpunkt des Eintritts der Abnahmewirkungen liefert.[1275] Für den Besteller bestehe deshalb das Risiko, dass begründete Mängelansprüche bereits verjährt sein könnten.

Schon für die direkte Anwendung des § 162 Abs. 1 BGB ist dem Wortlaut des Gesetzes nicht zu entnehmen, zu welchem Zeitpunkt die Bedingung als eingetreten gilt. Das lässt sich aber aus dem Sinn und Zweck der Norm

---

1273 Dazu bereits S. 259 f.
1274 *Wank* ZGR 1988, 314 (355); *Wank*, Juristische Methodenlehre, § 15 Rn. 91.
1275 Vgl. *Schmitz*, Einige Gedanken zum Abrechnungsverhältnis, FS Leupertz, 2021, 651 (664 f.), der diese Problematik losgelöst von einer an methodischen und verfassungsrechtlichen Vorgaben orientierten, dogmatischen Einordnung der Rechtsfortbildung aufwirft.

ableiten. Mit der in § 162 Abs. 1 BGB vorgesehenen Fiktion soll der ursprünglichen Parteivereinbarung zur Geltung verholfen werden. Geht mit der Bedingungsvereinbarung die Bestimmung eines konkreten Zeitpunkts einher (z.B. das Erleben eines bestimmten Tages), ist darauf abzustellen, wann die Bedingung bei gewöhnlichem Ablauf der Dinge eingetreten wäre.[1276] Zuvor hätte nämlich auch bei ordnungsgemäßem Verhalten nicht mit der geschuldeten Leistung gerechnet werden dürfen.[1277] In allen anderen Fällen ohne mitlaufende Zeitbestimmung muss auf den Zeitpunkt, zu dem der Bedingungseintritt treuwidrig vereitelt wurde, abgestellt werden.[1278]

Überträgt man diese Gedanken auf die Rechtsfortbildung zum Abrechnungsverhältnis, bedeutet das für den fraglichen Zeitpunkt: Der Eintritt der Abnahmewirkungen ist nicht an einen konkret bestimmten Zeitpunkt geknüpft. Das gilt selbst dann, wenn die Parteien einen Abnahmetermin vereinbart haben, weil das Ergebnis dieses Termins auch die vorläufige Abnahmeverweigerung wegen vorhandener wesentlicher Mängel sein könnte.

Für den Eintritt der Abnahmewirkungen muss deshalb auf den Zeitpunkt der treuwidrigen Vereitelung der Erfolgsherbeiführung durch den Werkunternehmer und die damit mittelbar vereitelte Abnahme abgestellt werden. Das ist der Moment, in dem der Besteller jegliches Erfüllungsinteresse verloren hat, d.h. in dem er sämtliche Mängel beseitigt, hinsichtlich sämtlicher Mängel Schadensersatz verlangt oder jede weitere Erfüllung bzw. die Abnahme ernsthaft und endgültig verweigert hat.[1279] Zu diesem Zeitpunkt durfte der Werkunternehmer, weil er das Werk bereits als fertiggestellt zur Abnahme angeboten hat (hieran knüpft die Rechtsfortbildung zum Abrechnungsverhältnis überhaupt erst an),[1280] auch mit dem Eintritt der Abnahmewirkungen rechnen.

1276 *Flume*, Allgemeiner Teil des Bürgerlichen Rechts, § 40 1b, S. 718; diesem folgend Erman/*Armbrüster* § 162 BGB Rn. 6; Staudinger/*Bork* § 162 BGB Rn. 12.
1277 Erman/*Armbrüster* § 162 BGB Rn. 6.
1278 *Flume*, Allgemeiner Teil des Bürgerlichen Rechts, § 40 1b, S. 718; diesem folgend Erman/*Armbrüster* § 162 BGB Rn. 6; Staudinger/*Bork* § 162 BGB Rn. 12; ähnlich MüKoBGB/*Westermann* § 162 Rn. 17, der ausführt, dass im Regelfall im Einklang mit dem Gesetzestext als maßgeblicher Zeitpunkt der der Verhinderung des Bedingungseintritts zugrunde zu legen sein wird.
1279 Ähnlich jetzt auch Bolz/Jurgeleit/*Friedhoff* § 12 VOB/B Rn. 313 f.
1280 Vgl. nur BGH NJW 2017, 1604 (1607 Rn. 44): „An [der Rechtsprechung zum Abrechnungsverhältnis] hält der Senat auch nach Inkrafttreten des Schuldrechtsmodernisierungsgesetzes jedenfalls für den Fall fest, dass der Unternehmer das Werk als fertiggestellt zur Abnahme anbietet."; dazu schon S. 190.

Der Zeitpunkt, zu dem die Abnahmewirkungen als eingetreten gelten, lässt sich zweifelsfrei bestimmen. Auch gegen das *„Wie"* der Lückenschließung bestehen demnach keine verfassungsrechtlichen Bedenken.

c) *Ergebnis*

Die Rechtsfortbildung zum Übergang des Vertragsverhältnisses in das Abrechnungsverhältnis lässt sich auf eine Rechtsanalogie zu den §§ 162 Abs. 1, 641 Abs. 1 S. 1 BGB stützen. Die Anwendbarkeit der darin enthaltenen Rechtsgedanken gilt allerdings nicht uneingeschränkt. Grenzen ergeben sich sowohl aus der Methodenlehre als auch aus dem Verfassungsrecht: Eine vergleichbare Interessenlage besteht nur in den oben herausgearbeiteten drei Sachverhaltskonstellationen. Das macht eine Konkretisierung der von den Gerichten bisher genannten Tatbestandsvoraussetzungen, wie sie in Abb. 6[1281] aufgezeigt wurden, erforderlich. An die Ausgestaltung des Tatbestandes sind aber nicht nur aus methodischen Gründen strengere Anforderungen zu stellen. Das Verfassungsrecht, konkret der Grundsatz der Rechtssicherheit als Ausprägung des Rechtsstaatsprinzips, gebietet das gleichermaßen.

III. Methodisch und verfassungsrechtlich gebotene Konkretisierung des Tatbestandes

Zu fragen bleibt, ob das Verfassungsrecht als Grenze der Rechtsfortbildung eine noch weitergehende Konkretisierung des Tatbestandes erfordert, als sie sich aus den Faktoren im Rahmen der vergleichbaren Interessenlage ohnehin ergibt.

Wie oben herausgearbeitet, kommt es aus methodischen Gründen für den Übergang des Vertragsverhältnisses in das Abrechnungsverhältnis allein darauf an, dass der Besteller auf andere Weise als durch die Abnahmeerklärung zum Ausdruck bringt, dass er bezogen auf das Gesamtwerk keinerlei weitere Erfüllung verlangt.

Das ist *insbesondere* dann anzunehmen, wenn der Besteller den Erfüllungsanspruch insgesamt aus rechtlichen oder tatsächlichen Gründen zum Erlöschen bringt – sei es, weil er hinsichtlich sämtlicher Defizite statt der

---

1281 S. 195.

Leistung Schadensersatz verlangt, oder weil er (ohne Schadensersatz zu verlangen) sämtliche vorhandenen Leistungsdefizite selbst beseitigt. Ausreichend ist es aber schon, wenn der Besteller – ohne das Erlöschen des Erfüllungsanspruchs herbeizuführen – die Abnahme zwar berechtigt, aber ernsthaft und endgültig verweigert. Daneben genügt die Ablehnung jeder weiteren Erfüllung durch den Werkunternehmer, was entsprechend den hierzu bereits getroffenen Feststellungen als konkludente ernsthafte und endgültige Abnahmeverweigerung ausgelegt werden kann.[1282]

Dabei hat die Tatbestandsvariante „Erlöschen des Erfüllungsanspruchs" genau genommen keinen eigenständigen Charakter. Das Verhalten des Bestellers, das das Erlöschen des Erfüllungsanspruchs herbeiführt und dem Werkunternehmer dadurch jede Möglichkeit nimmt, seine vertragliche Verpflichtung noch zu erfüllen, muss aus Sicht eines verständigen Werkunternehmers vielmehr ebenfalls als konkludente ernsthafte und endgültige berechtigte Abnahmeverweigerung verstanden werden.[1283]

Der Übergang des Vertragsverhältnisses in das Abrechnungsverhältnis kann bei allein methodischer Betrachtung damit auf die *ernsthafte und endgültige berechtigte Abnahmeverweigerung als einzige Tatbestandsvoraussetzung* reduziert werden und lässt sich folgendermaßen darstellen:[1284]

1282 Dazu bereits S. 230 ff.

1283 Ebenso Kleine-Möller/Merl/Glöckner/*Manteufel* § 12 Rn. 74; Der Zugang der Abnahmeverweigerung ist regelmäßig entsprechend dem Rechtsgedanken des § 151 BGB entbehrlich (zum Normzweck des § 151 BGB BeckOGK/*Möslein*, 01.02.2018, § 151 BGB Rn. 4).

1284 Ohne nähere Begründung nennt auch *Friedhoff* BauR 2022, 1409 (1410 f.) die ernsthafte und endgültige Abnahmeverweigerung als einzige Tatbestandsvoraussetzung des Abrechnungsverhältnisses; jetzt auch Bolz/Jurgeleit/*Friedhoff* § 12 VOB/B Rn. 150, Rn. 295; sowie *Oberhauser* NZBau 2024, 379 (387); ebenso wohl *Rodemann*, Das Abrechnungsverhältnis – Prozesslage oder Gestaltung?, FS Eschenbruch, 2019, 347 (356).

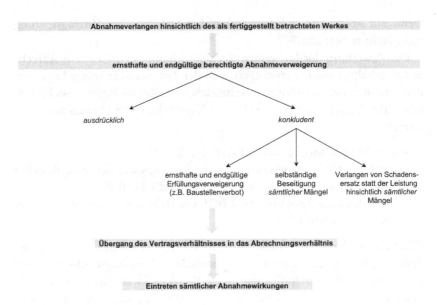

Abb. 13: Korrigierter Tatbestand des Abrechnungsverhältnisses

In Bezug auf den Verjährungsbeginn hatte der BGH diese Form der Konkretisierung des Tatbestandes für vor der Schuldrechtsreform geschlossene Verträge in einem Urteil selbst angedeutet, dann aber in Bezug auf die Fälligkeit der Vergütung und/oder auf nach der Schuldrechtsreform geschlossene Verträge nicht aufgegriffen. Dort hieß es: „Der Beginn der fünfjährigen Verjährung ist nicht zwingend an die Abnahme der Werkleistung geknüpft. Die nach den vorstehenden Erwägungen für den Verjährungsbeginn maßgeblichen Grundsätze greifen auch, wenn der Besteller das Werk zwar nicht abgenommen hat, er aber aus anderen Gründen keine Erfüllung des Vertrags mehr verlangt und das vertragliche Erfüllungsverhältnis in ein Abwicklungs- und Abrechnungsverhältnis umgewandelt wird. Deshalb beginnt die Verjährung nach der Rechtsprechung des BGH auch dann, wenn der Besteller die Entgegennahme des Werkes als Erfüllung der Vertragsleistung ablehnt, *indem er die Abnahme endgültig verweigert.* Ob eine in diesem Sinne endgültige Abnahmeverweigerung vorliegt, ist nach den Umständen des jeweiligen Einzelfalls zu beurteilen. Sie ist nach der Rechtsprechung des BGH *insbesondere dann anzunehmen, wenn* der Besteller dem Unternehmer gem. § 634 I 1 BGB erfolglos eine Frist mit Ablehnungsandrohung für die Beseitigung wesentlicher Mängel gesetzt hat.

Denn mit Ablauf dieser Frist kommt eine Erfüllung der Vertragsleistung nicht mehr in Betracht."[1285]

Die Bewertung der bisherigen Rechtsprechung des BGH zum Abrechnungsverhältnis machte ersichtlich, dass der Tatbestand in seiner bestehenden, undifferenzierten Form in erheblichem Maße zu Rechtsunsicherheit führt. Die Ursache hierfür wurde im Wesentlichen drei Umständen zugeordnet:

- dem Zirkelschluss, dem der BGH unterliegt;[1286]
- der Unklarheit, inwieweit es auf die Berechtigung des vom Besteller eingewandten Anspruchs ankommt;[1287] und schließlich
- der Reichweite des § 218 Abs. 4 BGB bei Mehrfachstörungen (Problem der „Momentaufnahme").[1288]

Führt die an den methodischen Vorgaben orientierte Konkretisierung des Tatbestandes auf die ernsthafte und endgültige berechtigte Abnahmeverweigerung bereits zur Auflösung dieser Probleme, wäre die Rechtsfortbildung auch verfassungsrechtlich zulässig. Dann nämlich wäre sie hinreichend klar und bestimmt. Die „Verlässlichkeit der Rechtordnung" wäre gewährleistet.

Stützt man sich für den Übergang in das Abrechnungsverhältnis auf die ernsthafte und endgültige berechtigte Abnahmeverweigerung, besteht die Gefahr eines Zirkelschlusses nicht. Dieser war darauf zurückzuführen, dass der Besteller durch die Erklärung der Minderung das Erfüllungsstadium beenden können soll. Die Minderung ist allerdings selbst ein Mängelrecht. Ihre wirksame Erklärung setzt also den Übergang in das Nacherfüllungsstadium bereits voraus.[1289] Das Abrechnungsverhältnis entsteht bei der hier vorgenommenen Eingrenzung des Tatbestandes nicht aufgrund der rechtlichen Umgestaltung der vertraglichen Beziehung. Es ist deshalb unerheblich, dass die Minderungserklärung vor der Abnahme und vor Übergang in das Abrechnungsverhältnis keine rechtliche Wirkung erzeugen kann. Erklärt der Besteller nur noch die Minderung, geht das Vertragsverhältnis also nicht aufgrund deren (nicht vorhandenen) Gestaltungswirkung in das Abrechnungsverhältnis über, sondern weil diese Erklärung unter Berück-

---

1285 BGH NZBau 2010, 768 (770 Rn. 23); Hervorhebung der Verfasserin.
1286 Dazu S. 204 f.
1287 Dazu S. 205 f.
1288 Dazu S. 206 ff.
1289 Siehe S. 205.

sichtigung der Umstände des Einzelfalls möglicherweise als ernsthafte und endgültige berechtigte Abnahmeverweigerung auszulegen ist.

Unklarheit, ob für den Übergang des Vertragsverhältnisses in das Abrechnungsverhältnis die Wirksamkeit des eingewandten Anspruchs ausschlaggebend ist, besteht dann ebenfalls nicht mehr. Einzig entscheidend ist bei der hier vorgenommenen Konkretisierung die *innere Haltung* des Bestellers in Bezug auf die Werkleistung des Unternehmers. Verlangt der Besteller beispielsweise Schadensersatz statt der Leistung, ohne eine Frist i.S.d. § 281 Abs. 1 S. 1 BGB gesetzt zu haben, führt das ungeachtet der fehlenden Wirksamkeit dieses Schadensersatzverlangens zum Abrechnungsverhältnis, solange darin nur die ernsthafte und endgültige unberechtigte Abnahmeverweigerung gesehen werden kann.[1290] Die Wirksamkeit des vom Besteller geltend gemachten Anspruchs wirkt sich damit nicht schon auf das Bestehen des Zahlungsanspruchs des Werkunternehmers aus. Entscheidend ist das erst für die Frage, ob der Zahlungsanspruch (teilweise) durch wirksame Aufrechnung erloschen ist.

Auch das oben erläuterte Problem der „Momentaufnahme" löst sich durch die hier befürwortete Konkretisierung des Tatbestandes auf. Denn das Abrechnungsverhältnis kann dadurch nicht an das teilweise Erlöschen des Erfüllungsanspruchs und damit nicht an einen vorläufigen, veränderlichen Zustand anknüpfen. Vielmehr muss mit dem Erfordernis der ernsthaften und endgültigen Abnahmeverweigerung stets eine unumstößliche Erklärung bezogen auf das vollständige Werk bzw. die vertragliche Beziehung in ihrer Gesamtheit vorliegen. Verlangt der Besteller nur hinsichtlich einzelner Leistungsdefizite Schadensersatz statt der Leistung, kann das dementsprechend selbst dann, wenn das Schadensersatzverlangen berechtigt ist, für sich betrachtet nicht zum Abrechnungsverhältnis führen. Vielmehr müssen zu diesem Verhalten, an das sich grundsätzlich noch ein weiteres Erfüllungsverlangen anschließen kann, Umstände *hinzutreten*, die das vollständige Aufgeben des Erfüllungsanspruchs und damit die ernsthafte und endgültige Abnahmeverweigerung rechtfertigen können.

Mit der hier vorgenommenen Konkretisierung der Tatbestandsvoraussetzungen des Abrechnungsverhältnisses wird eine eindeutige und hinreichend bestimmte Lösung bezüglich der Abwicklung des Vertragsverhältnisses geschaffen. Ihr gelingt es, die zur Zeit bestehende Rechtsunsicherheit zu beseitigen. Der korrigierte Tatbestand des Abrechnungsverhältnisses ist damit auch verfassungsrechtlich zulässig.

1290 Ähnlich jetzt auch Bolz/Jurgeleit/*Friedhoff* § 12 VOB/B Rn. 287 ff.

IV. Bedeutung der Rechtsfortbildung zum Abrechnungsverhältnis im Anwendungsbereich der VOB/B

Die bisherigen Ausführungen haben sich ausschließlich an BGB-Werk- und Bauverträgen orientiert. Es stellt sich daher die Frage, ob es eines Rückgriffs auf die Rechtsfortbildung zum Abrechnungsverhältnis auch dann bedarf, wenn die VOB/B wirksam in den Vertrag einbezogen wurde.

1. Auswirkung privatautonomer Vereinbarungen auf die Zulässigkeit richterlicher Rechtsfortbildung

Wie im ersten Teil der Arbeit festgestellt, ist die VOB/B vertragsrechtlicher Natur.[1291] Es handelt sich um AGB i.S.d. § 305 Abs. 1 S. 1 BGB. Zu untersuchen ist deshalb zunächst, ob auch privatautonom gesetztes Recht die Rechtsfortbildung durch die Zivilgerichte beschränken kann. Ausgangspunkt der Überlegung ist erneut Art. 20 Abs. 3 GG, der wie oben dargestellt die Grenzen zulässiger Rechtsfortbildung absteckt.[1292] Grundsätzlich muss die sich hieraus ergebende Bindung der Zivilgerichte an Gesetz und Recht auch das Vertragsrecht umfassen.[1293] Art. 20 Abs. 3 GG bezieht sich nämlich auf sämtliche Rechtakte, die für die Gerichte einen verbindlichen Entscheidungsmaßstab vorsehen.[1294] Einen solchen geben nicht nur abstrakt-generelle Regelungen vor, sondern auch privatautonom gesetztes Recht, das der Zivilrichter gleichermaßen vollziehen muss.[1295]

Dennoch beeinträchtigen privatautonome Vereinbarungen die Zulässigkeit der Rechtsfortbildung nicht. Wird eine Bestimmung fortgebildet und handelt es sich dabei um *dispositives Recht*, führt eine hiervon abweichende (wirksame) privatautonome Vereinbarung „nur" dazu, dass die fortgebildete Bestimmung verdrängt wird und deshalb nicht anwendbar ist.[1296] An der Zulässigkeit der Rechtsfortbildung selbst ändert das nichts. Privatautonome Vereinbarungen stellen dementsprechend keine „echte" Grenze rich-

---

1291 Siehe S. 100.
1292 Ähnlich *Jocham*, Die Grenzen der richterlichen Rechtsfortbildung im Privatrecht, S. 80, der Art. 20 Abs. 3 GG als den „Ausgangspunkt für die Grenzanalyse" bezeichnet; dazu bereits S. 207.
1293 *Jocham*, Die Grenzen der richterlichen Rechtsfortbildung im Privatrecht, S. 118.
1294 *Jocham*, Die Grenzen der richterlichen Rechtsfortbildung im Privatrecht, S. 118.
1295 *Jocham*, Die Grenzen der richterlichen Rechtsfortbildung im Privatrecht, S. 118.
1296 *Jocham*, Die Grenzen der richterlichen Rechtsfortbildung im Privatrecht, S. 118.

terlicher Rechtsfortbildung dar. Wird *zwingendes Recht* fortgebildet, kann eine privatautonome Vereinbarung schon aufgrund der Unabdingbarkeit der Norm die Rechtsfortbildung nie beschränken.[1297] Eine der fortgebildeten Norm widersprechende Parteivereinbarung wäre in diesem Fall unwirksam, weil den Parteien die *Gestaltungsmacht über das zwingende Recht* fehlt.[1298]

2. Mögliche Kollision der VOB/B und der §§ 162 Abs. 1, 641 Abs. 1 S. 1 BGB analog – Dispositivität der §§ 162 Abs. 1, 641 Abs. 1 S. 1 BGB

Wurde die VOB/B wirksam in den Vertrag einbezogen, stellt sich also nicht erneut die Frage nach der Zulässigkeit der Rechtsfortbildung zum Abrechnungsverhältnis, sondern nach der Auflösung einer möglichen Kollision der VOB/B und der §§ 162 Abs. 1, 641 Abs. 1 S. 1 BGB. Die Antwort hierauf ist, wie soeben aufgezeigt, von der Dispositivität der beiden fortgebildeten Normen abhängig.

Ob die §§ 162 Abs. 1, 641 Abs. 1 S. 1 BGB abdingbar sind, könnte wiederum offenbleiben, wenn eine Kollision bereits deshalb nicht zu befürchten ist, weil die VOB/B ohnehin keine Bestimmung bereithält, unter die die Fälle des Abrechnungsverhältnisses gefasst werden können.

Auch im Anwendungsbereich der VOB/B ist die Abnahme, wie oben ausgeführt, grundsätzlich Fälligkeitsvoraussetzung, wenngleich § 16 Abs. 3 Nr. 1 S. 1 VOB/B das nicht ausdrücklich bestimmt.[1299] Sowohl der oben untersuchte § 12 Abs. 5 Nr. 1 VOB/B als auch § 12 Abs. 5 Nr. 2 VOB/B können den Eintritt der Abnahmewirkungen bei einer ernsthaften und endgültigen berechtigten Abnahmeverweigerung nicht herbeiführen. Der Rechtsfortbildung zum Abrechnungsverhältnis liegt die Annahme zugrunde, dass der Auftragnehmer das Werk als fertiggestellt zur Abnahme anbietet. Beide Tatbestandsvarianten des § 12 Abs. 5 VOB/B erfordern nach ihrem eindeutigen Wortlaut aber das Fehlen eines Abnahmeverlangens.

Wie das BGB enthält auch die VOB/B Bestimmungen zur Kündigung des Vertrages. § 8 VOB/B betrifft die Kündigung durch den Auftraggeber – insbesondere ist auch hier in § 8 Abs. 1 Nr. 1 VOB/B ein zu § 648 S. 1 BGB

1297 *Jocham*, Die Grenzen der richterlichen Rechtsfortbildung im Privatrecht, S. 118.
1298 *Neuner*, BGB Allgemeiner Teil, § 45 Rn. 4; MüKoBGB/*Armbrüster* § 134 Rn. 9; Staudinger/*Fischer/Hengstberger* § 134 BGB Rn. 10.
1299 Dazu S. 119 ff.

vergleichbares Kündigungsrecht des Auftraggebers verankert. § 9 VOB/B regelt die Kündigung durch den Auftragnehmer. Regelungen zur Vergütung finden sich in § 8 Abs. 1 Nr. 2 VOB/B bzw. in § 9 Abs. 3 VOB/B. Unabhängig davon, wer den Vertrag kündigt und warum er kündigt, kann der Auftraggeber aus denselben Gründen, wie sie im Zusammenhang mit § 648 S. 2 BGB und § 648a Abs. 5 BGB aufgeführt wurden, die Vergütung auch bei Einbeziehung der VOB/B erst nach der – in den untersuchten Fällen nicht (mehr) erreichbaren – Abnahme des Werkes verlangen.[1300]

Auch § 6 Abs. 5 VOB/B kommt nicht als vorrangige Bestimmung in Betracht. § 6 Abs. 5 VOB/B gibt dem Auftragnehmer die Möglichkeit der Zwischenabrechnung, wenn sich die Ausführungen auf voraussichtlich längere Zeit verzögert, ohne dass die Leistung unmöglich wird. Der Regelung liegt die Annahme zugrunde, dass eine weitere Erfüllung grundsätzlich noch denkbar ist.[1301] In den Fällen des Abrechnungsverhältnisses geht es aber gerade um die endgültige Abrechnung, wenn nicht mehr erfüllt werden kann oder soll. Sie können daher vom Sinn und Zweck des § 6 Abs. 5 VOB/B nicht erfasst sein.

Mangels abweichender Bestimmung in der VOB/B sind die §§ 162 Abs. 1, 641 Abs. 1 S. 1 BGB analog auch unter deren Einbeziehung in den Vertrag in den oben beschriebenen Sachverhaltskonstellationen des Abrechnungsverhältnisses als Legitimationsgrundlage heranzuziehen.[1302]

V. Kodifikation des Abrechnungsverhältnisses – eine Empfehlung de lege ferenda

Kommen die Gerichte der oben erarbeiteten, methodisch und verfassungsrechtlich gebotenen Konkretisierung des Tatbestandes des Abrechnungsverhältnisses nicht nach, könnte der Gesetzgeber zur Schaffung einer

---

1300 Messerschmidt/Voit/*Voit* § 8 VOB/B Rn. 2 zur freien Auftraggeberkündigung nach § 8 Abs. 1 Nr. 1 VOB/B; Messerschmidt/Voit/*Voit* § 8 VOB/B Rn. 15 zur Auftraggeberkündigung aus wichtigem Grund nach § 8 Abs. 2 bis 4 VOB/B; Messerschmidt/Voit/*Voit* § 9 VOB/B Rn. 8 sowie Ingenstau/Korbion/*Joussen* § 9 Abs. 3 VOB/B zur Auftragnehmerkündigung nach § 9 VOB/B.

1301 Vgl. Kapellmann/Messerschmidt/*Markus* § 6 VOB/B Rn. 45.

1302 Ebenfalls für die Anwendbarkeit der Rechtsfortbildung zum Abrechnungsverhältnis auf VOB-Verträge (jedoch ohne nähere Begründung und insbesondere ohne Klärung des Verhältnisses von richterlicher Rechtsfortbildung und privatautonomen Vereinbarungen) Kapellmann/Messerschmidt/*Messerschmidt* § 16 VOB/B Rn. 325; Ingenstau/Korbion/*Locher* § 16 VOB/B Rn. 15.

entsprechenden Norm verpflichtet sein. Um diese Frage beantworten zu können, ist erneut eine Bewertung anhand des Untermaßverbotes vorzunehmen.

Zuvor ist allerdings Folgendes klarzustellen: Die Pflicht des Gesetzgebers zum Tätigwerden ist getrennt davon zu beurteilen, ob die Rechtsfortbildung zulässig ist. Die Rechtsfortbildung *kann* zulässig sein, weil sie wegen eines Verstoßes des Gesetzgebers gegen das Untermaßverbot geboten ist. Nachdem sie aber, wie oben ausgeführt, in Grenzen auch über das verfassungsrechtlich gebotene Maß hinausgehen darf, kann die Rechtsfortbildung verfassungsrechtlich zulässig sein, ohne geboten, d.h. ohne ein *verfassungsrechtliches Muss,* zu sein.

Bisher wurde festgestellt, dass ein gesetzliches Schutzkonzept zugunsten des Werkunternehmers grundsätzlich vorhanden ist. Noch nicht entschieden ist, ob dieses den „grundrechtlichen Mindeststandard" erfüllt oder noch erheblich hinter dem gebotenen Schutzzweck zurückbleibt und aus diesem Grund gegen das Untermaßverbot verstößt.

Die Messlatte für die Annahme eines Verstoßes gegen das Untermaßverbot liegt – wie oben ausgeführt – sehr hoch. Zweifellos besteht mit den vorhandenen gesetzlichen Vorschriften noch keine ausreichende Waffengleichheit zwischen Werkunternehmer und Besteller. Das Interesse des Werkunternehmers an der endgültigen Abrechnung seiner Leistungen ist außerdem nachvollziehbar und schutzwürdig. Dennoch hat der Gesetzgeber insbesondere mit dem Anspruch auf Abschlagszahlung nach § 632a Abs. 1 S. 1 BGB eine Vorschrift in das Gesetz aufgenommen, die die wirtschaftliche Dispositionsfreiheit des durch die Vorleistungspflicht finanziell belasteten Werkunternehmers unabhängig von der Abnahmebereitschaft des Bestellers effektiv schützen kann. Trotz seiner Schwachpunkte steht mit § 640 Abs. 2 BGB eine weitere Möglichkeit zur Verfügung, die Abnahmewirkungen ohne oder sogar gegen den Willen des Bestellers eintreten zu lassen. Vor diesem Hintergrund einen Verstoß gegen das Untermaßverbot zu bejahen, würde zu weit führen. Dem Werkunternehmer einen umfassenderen Schutz zu gewähren, mag aus verfassungsrechtlicher Sicht sinnvoll und aus politischer Sicht wünschenswert sein. Das rechtfertigt es aber noch nicht, auch eine verfassungsrechtliche *Pflicht* zur Herstellung dieses Schutzes anzunehmen.

Angesichts der Bedeutung des Abrechnungsverhältnisses in der Praxis und des grundsätzlich bestehenden Schutzbedürfnisses des Werkunternehmers ist dem Gesetzgeber – sollten die Gerichte der Konkretisierungsvorgabe nicht nachkommen – aber dringend zu *empfehlen,* tätig zu werden.

Das Abrechnungsverhältnis könnte hierzu folgendermaßen gesetzlich ausgestaltet werden (Änderungen im Vergleich zur bestehenden Rechtslage sind durch Kursivsetzung hervorgehoben):

§ 640 Abnahme. (1) (...)

(3) Die Abnahme ist entbehrlich, wenn der Besteller die Abnahme des wesentlich mangelhaften Werkes ernsthaft und endgültig verweigert, insbesondere indem er

1. jede weitere Erfüllung durch den Unternehmer ernsthaft und endgültig ablehnt, oder

2. die Vertragsgemäßheit des Werkes selbst herbeiführt, oder

3. hinsichtlich sämtlicher nicht wie geschuldet erbrachten Leistungen nur noch Schadensersatz statt der Leistung fordert.

(4) Nimmt der Besteller ein mangelhaftes Werk gemäß Absatz 1 Satz 1 ab, obschon er den Mangel kennt, so (...)

Mit der hier vorgeschlagenen Einfügung des Abrechnungsverhältnisses in Absatz 3 enthielte § 640 BGB einen gesetzlich normierten Tatbestand zur Entbehrlichkeit der Abnahme. Neben § 640 Abs. 2 BGB (entsprechend dem oben erarbeiteten Änderungsvorschlag), der sich primär an den *„schweigenden"* Besteller richtet, stünde dem Werkunternehmer dann auch ein Schutzinstrument gegen den *„protestierenden"* Besteller zu.

VI. Anrechnung ersparter Aufwendungen

Bisher wurde erarbeitet, dass der Besteller in den drei Sachverhaltskonstellationen des Abrechnungsverhältnisses, in denen der Besteller jeweils die ernsthafte und endgültige Abnahmeverweigerung zum Ausdruck bringt, die Gesamtvergütung verlangen können soll. Wie bereits dargestellt, ist damit nicht zwangsläufig die „Vergütung in voller Höhe" gemeint. Ist von der Fälligkeit der Gesamtvergütung die Rede, heißt das zunächst einmal nur, dass bei der Bemessung der Vergütungshöhe von der für das Gesamtwerk vereinbarten Vergütung und nicht von einer bloßen Teilvergütung auszugehen ist.

Die Fälle des Abrechnungsverhältnisses kennzeichnen sich dadurch, dass der Werkunternehmer die ursprünglich vereinbarte Werkleistung nicht vollständig vertragsgemäß erbracht und sich aufgrund des Verhaltens des Bestellers möglicherweise eigene Aufwendungen erspart hat. Dies führt zu der Frage, inwieweit sich hieraus Auswirkungen auf die Höhe der Vergütung, die der Werkunternehmer verlangen kann, ergeben.

Hinsichtlich der Bemessung der dem Werkunternehmer zustehenden Vergütungshöhe sind wiederum drei verschiedene Sachverhalte zu unterscheiden. In allen Fällen nimmt der Werkunternehmer den Besteller auf Zahlung in Anspruch.

Option 1:

Das dem Abrechnungsverhältnis zugrundeliegende Bestellerverhalten ist auch als grundlose Kündigung i.S.d. § 648 S. 1 BGB bzw. § 8 Abs. 1 Nr. 1 VOB/B auszulegen. Zur Ermittlung der Höhe der ohne Abnahme fälligen Gesamtvergütung ist § 648 S. 2 Hs. 2 BGB bzw. der wortgleiche § 8 Abs. 1 Nr. 2 S. 2 VOB/B heranzuziehen. Der Werkunternehmer muss sich das anrechnen lassen, was er infolge der Aufhebung des Vertrages an Aufwendungen erspart oder durch anderweitige Verwendung seiner Arbeitskraft erwirbt oder zu erwerben böswillig unterlässt.

Option 2:

Der Besteller hat unberechtigt sämtliche Leistungsdefizite beseitigt oder beseitigen lassen und auf diese Weise die vollständige Vertragsgemäßheit des Werkes selbst hergestellt. In diesem Fall greift der zu § 648 S. 2 Hs. 2 BGB wortgleiche § 326 Abs. 2 S. 2 BGB in direkter Anwendung.

Option 3:

In allen anderen Fällen, die nicht unter die beiden erstgenannten Option fallen, aber den Übergang in das Abrechnungsverhältnis bewirken, ist hinsichtlich der Höhe der Vergütung auf den gemeinsamen Rechtsgedanken der §§ 326 Abs. 2 S. 2, 648 S. 2 Hs. 2 BGB zurückzugreifen. Beide Bestimmungen wollen verhindern, dass der Schuldner gegenüber der Situation der ordnungsgemäßen Vertragsdurchführung bessergestellt wird.[1303] In Rechts-

---

1303 MüKoBGB/*Ernst* § 326 Rn. 88; MüKoBGB/*Busche* § 648 Rn. 24.

analogie zu §§ 326 Abs. 2 S. 2, 648 S. 2 BGB besteht der Gesamtvergütungsanspruch des Werkunternehmers daher auch in dieser dritten Option nur
abzüglich der ersparten Aufwendungen, des durch anderweitige Verwendung der Arbeitskraft Erworbenen oder des zu erwerben böswillig Unterlassenen.[1304]

B. Ernsthafte und endgültige unberechtigte Abnahmeverweigerung

Neben dem Abrechnungsverhältnis, das nichts anderes ist als die Umschrei-
bung der ernsthaften und endgültigen berechtigten Abnahmeverweigerung,
nennt der BGH die Abnahmeverweigerung durch den Besteller gesondert
als Fallgruppe der Fälligkeit ohne Abnahme. Jedenfalls die ernsthafte und
endgültige berechtigte Abnahmeverweigerung kann damit nicht gemeint
sein. Bisher wurde auch herausgearbeitet, dass die *vorläufige berechtigte
Abnahmeverweigerung* keinen Eintritt der Abnahmewirkungen erzeugt.[1305]

Ungeklärt und im Weiteren noch zu untersuchen sind die Folgen der
ernsthaften und endgültigen unberechtigten sowie der *vorläufigen unberechtigten Abnahmeverweigerung* auf die Rechtswirkungen der Abnahme. Zur
Erinnerung: Im Falle der ernsthaften und endgültigen unberechtigten Abnahmeverweigerung behauptet der Besteller, dass das Werk einen oder
mehrere wesentliche Mängel enthalte, verlangt aber auch endgültig keine
weitere Erfüllung mehr. Mit der vorläufigen unberechtigten Abnahmeverweigerung lehnt der Besteller nach dem in dieser Untersuchung zugrunde
gelegten Begriffsverständnis die Abnahme des abnahmereifen Werkes bis
zur Beseitigung eines irrtümlich angenommenen, wesentlichen Mangels
ab.[1306]

1304 Mit ähnlicher Differenzierung ebenso *Retzlaff* BauR 2016, 733 (738 ff.); i.E. eben-
      falls für eine Anrechnung, jedoch ohne Begründung und Differenzierung Grüne-
      berg/*Retzlaff* § 641 BGB Rn. 6; Bei einer Rechtsanalogie stützt sich der Analogie-
      schluss auf eine Reihe von Vorschriften (*Wank*, Juristische Methodenlehre, § 15
      Rn. 112).
1305 Dazu S. 90 f.
1306 Zum Begriff der vorläufigen unberechtigten Abnahmeverweigerung S. 92.

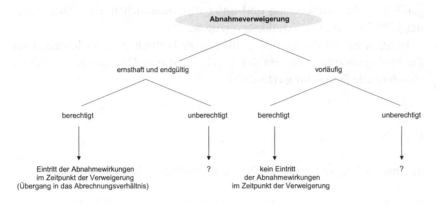

Abb. 14: Formen der Abnahmeverweigerung und deren Folge auf die Abnahmewirkungen

Die Aussage des BGH, die Abnahme sei bei einer Abnahmeverweigerung entbehrlich, bezog sich in den entsprechenden Urteilen jeweils auf die *ernsthafte und endgültige unberechtigte Abnahmeverweigerung*.[1307] Es handelt sich dabei unzweifelhaft ebenfalls um Rechtsfortbildung, weshalb sich erneut die Frage nach einer passenden Legitimationsgrundlage stellt.

Die ernsthafte und endgültige unberechtigte Abnahmeverweigerung könnte – anders als das Abrechnungsverhältnis – bereits auf eine Gesetzesanalogie zu § 162 Abs. 1 BGB gestützt werden.

I. Methodische Anforderungen an die analoge Anwendung von § 162 Abs. 1 BGB

Der ernsthaften und endgültigen unberechtigten Abnahmeverweigerung und dem Tatbestand des Abrechnungsverhältnisses ist gemeinsam, dass der Besteller jede weitere Erfüllung durch den Werkunternehmer auch für die Zukunft ablehnt. Er will unter keinen Umständen mehr mit dem Werkunternehmer zusammenarbeiten. Das Werk ist aber im Unterschied zu den Fällen, in denen das Vertragsverhältnis in das Abrechnungsverhältnis übergeht, abnahmereif. Der Besteller wäre also zur Erklärung der Abnahme verpflichtet gewesen. Mit deren Verweigerung ist er, wie im Ersten Teil aus-

---

1307 Vgl. nur BGH NJW 1996, 1280 (1281); BGH NJW 2008, 511 (514 f. Rn. 29); BGH NZBau 2010, 557 (558); BGH NZBau 2019, 572 (573 Rn. 23).

geführt, in Annahmeverzug und unter den zusätzlichen Voraussetzungen des § 286 BGB auch in Schuldnerverzug geraten.

Fraglich ist, ob das in Bezug auf die methodischen Anforderungen an die Analogiebildung eine von den Ergebnissen zum Abrechnungsverhältnis abweichende Beurteilung erfordert.

1. Lücke

a) *Unvollständigkeit des Gesetzes – „erste Stufe der Lückenfeststellung"*

Festzuhalten ist zunächst, dass das i.R.d. Untersuchung des Abrechnungsverhältnisses zur Unvollständigkeit des Werk- und Bauvertragsrechts Gesagte auf die Sachverhalte der ernsthaften und endgültigen unberechtigten Abnahmeverweigerung übertragen werden kann:[1308] Die Abnahmefiktion des § 640 Abs. 2 BGB kann ebenfalls nur in den seltenen Fällen greifen, in denen die Abnahme „zu spät", d.h. erst nach Fristablauf verweigert wird. Die ernsthafte und endgültige unberechtigte Abnahmeverweigerung kann außerdem nicht unter § 646 BGB und nur in sehr seltenen Fällen unter § 641 Abs. 2 S. 1 BGB subsumiert werden. Kann das Bestellerverhalten als „freie Kündigung" i.S.d. § 648 S. 1 BGB ausgelegt werden, führt auch das nicht zur Fälligkeit der Gesamtvergütung. Denn die Kündigung nach § 648 S. 1 BGB, die – wie gezeigt – das Vertragsverhältnis nur ex nunc beendet, hilft nicht über das Abnahmeerfordernis hinweg.[1309]

aa) *Aussagegehalt des § 644 Abs. 1 S. 2 BGB*

Für das abnahmereife Werk verhilft § 644 Abs. 1 S. 2 BGB ebenfalls nicht zur Fälligkeit der Gesamtvergütung. Die Bestimmung trifft ihrem Wortlaut und ihrer amtlichen Überschrift nach nur eine Aussage über den Gefahrübergang im Zeitpunkt des Annahmeverzugs. Sie enthält nicht zugleich eine Regelung zur Fälligkeit der Vergütung.[1310]

1308 Dazu S. 221 ff.

1309 Dazu S. 222 f.

1310 A.A. *Pietsch*, Die Abnahme im Werkvertragsrecht – geschichtliche Entwicklung und geltendes Recht, S. 193 f. für die parallele Problematik bei der vorläufigen unberechtigten Abnahmeverweigerung.

bb) *Inhalt und Reichweite des Anspruchs aus §§ 280 Abs. 1, Abs. 2, 286 Abs. 1 S. 1, 249 Abs. 1 BGB*

Teilweise wird der Eintritt sämtlicher Abnahmewirkungen im Zeitpunkt jeglicher unberechtigten Abnahmeverweigerung in der Literatur mit den §§ 280 Abs. 1, Abs. 2, 286 Abs. 1 S. 1, 249 Abs. 1 BGB begründet.[1311] Die Vertreter dieser Ansicht treffen damit implizit auch eine Aussage über die ernsthafte und endgültige unberechtigte Abnahmeverweigerung. Dahinter steht folgender Gedanke:[1312] Wird der Besteller wirksam in Schuldnerverzug gesetzt, steht dem Werkunternehmer ein Anspruch auf Schadensersatz zu. Art und Umfang des Schadensersatzes richten sich primär nach § 249 Abs. 1 BGB. Der Werkunternehmer ist so zu stellen, wie er stünde, wenn der zum Ersatz verpflichtende Umstand nicht eingetreten wäre (Naturalrestitution). Hätte der Besteller sich ordnungsgemäß verhalten, hätte er die Abnahme erklärt. Hieraus wird geschlossen, dass die Abnahmewirkungen mit dem Schuldnerverzug eintreten. Weil die Mahnung im Falle der ernsthaften und endgültigen unberechtigten Abnahmeverweigerung gemäß § 286 Abs. 2 Nr. 3 BGB entbehrlich ist, ist der für den Eintritt des Schuldnerverzugs relevante Zeitpunkt derjenige der Abnahmeverweigerung. Trifft den Besteller ein Verschulden i.S.d. § 286 Abs. 4 BGB, wäre das Gesetz insoweit nicht unvollständig.

Dieser Ansatz verkennt Inhalt und Reichweite der Naturalrestitution. Nach § 249 Abs. 1 BGB gilt *nicht automatisch* mit dem anspruchsbegründenden Ereignis der Zustand, der ohne dieses schädigende Ereignis bestehen würde.[1313] Begrifflich setzt die Naturalrestitution vielmehr *aktives*

1311 Kleine-Möller/Merl/Glöckner/*Merl*/*Hummel* § 14 Rn. 214; Kniffka/Jurgeleit/*Pause*/*Vogel* § 640 BGB Rn. 35; Beck´scher VOB/B-Komm./*Eichberger*/*Zelta* § 13 Abs. 4 Rn. 208; Ingenstau/Korbion/*Oppler* § 12 Abs. 1 VOB/B Rn. 20; *Groß*, Die verweigerte Abnahme, FS Locher, 53 (56 ff.); *Soergel*, Wirkung der Abnahme und der unberechtigten Nichtabnahme, Seminar Abnahme und Gewährleistung in VOB und BGB, 25 (42 f.).

1312 Hierzu ausführlich *Friedhoff* BauR 2022, 1409 (1415) zur parallelen Problematik bei der vorläufigen unberechtigten Abnahmeverweigerung.

1313 *Friedhoff* BauR 2022, 1409 (1415); Bolz/Jurgeleit/*Friedhoff* § 12 VOB/B Rn. 140 jeweils zur parallelen Problematik bei der vorläufigen unberechtigten Abnahmeverweigerung; ähnlich *Fischer*, Die zweifelhafte Abnahmefiktion des § 640 Abs. 1 S. 3 BGB, S. 187: „Die Rechtsfolge führt aber nicht dazu, dass die geschuldete Leistung selbst ersetzt […] wird."

Verhalten voraus.[1314] Bezogen auf den hier untersuchten Fall könnte der Besteller daher Naturalrestitution allenfalls durch die Erklärung der Abnahme selbst leisten.[1315] Dieses Bestellerverhalten kann den hypothetischen Zustand ohne das schädigende Ereignis aber nicht wiederherstellen, weil die Erklärung nur ex nunc, nicht aber ex tunc wirken kann.[1316] Die Naturalrestitution mit der Folge des rückwirkenden Eintritts der Abnahmewirkungen ist damit gemäß § 275 Abs. 1 BGB unmöglich.[1317]

Der Eintritt der Abnahmewirkungen im Zeitpunkt der ernsthaften und endgültigen unberechtigten Abnahmeverweigerung lässt sich insofern nicht auf die Regelungen zum Schuldnerverzug stützen.

cc) *Ergebnis*

Das Gesetz enthält keine Regelung zur Fälligkeit der Gesamtvergütung bei einer ernsthaften und endgültigen unberechtigten Abnahmeverweigerung („erste Stufe der Lückenfeststellung").

1314 *Friedhoff* BauR 2022, 1409 (1415); Bolz/Jurgeleit/*Friedhoff* § 12 VOB/B Rn. 140 jeweils zur parallelen Problematik bei der vorläufigen unberechtigten Abnahmeverweigerung; vgl. auch BeckOK BGB/*Flume* § 249 Rn. 56, der von der „Herstellungspflicht" des Ersatzpflichtigen spricht; ähnlich Staudinger/*Höpfner* § 249 BGB Rn. 181, der die Naturalrestitution als die „Herstellung durch den Schädiger selbst" bezeichnet.

1315 *Friedhoff* BauR 2022, 1409 (1415); Bolz/Jurgeleit/*Friedhoff* § 12 VOB/B Rn. 140 jeweils zur parallelen Problematik bei der vorläufigen unberechtigten Abnahmeverweigerung.

1316 *Friedhoff* BauR 2022, 1409 (1415); Bolz/Jurgeleit/*Friedhoff* § 12 VOB/B Rn. 140 jeweils zur parallelen Problematik bei der vorläufigen unberechtigten Abnahmeverweigerung.

1317 I.E. ähnlich, ohne aber auf die Unmöglichkeit der Naturalrestitution abzustellen *Friedhoff* BauR 2022, 1409 (1415); Bolz/Jurgeleit/*Friedhoff* § 12 VOB/B Rn. 140 jeweils zur parallelen Problematik bei der vorläufigen unberechtigten Abnahmeverweigerung.

b) Planwidrigkeit – „zweite Stufe der Lückenfeststellung"

Zur Planwidrigkeit der fehlenden Regelung („zweite Stufe der Lückenfeststellung") sind folgende Erwägungen anzustellen:

aa) Wertung des § 644 Abs. 1 S. 2 BGB – Gleichlauf von Gefahrübergang und Fälligkeit der Vergütung

Die Planwidrigkeit könnte bei der unberechtigten Abnahmeverweigerung schon aufgrund der Wertung des § 644 Abs. 1 S. 2 BGB zu bejahen sein, wenn danach der Gefahrübergang und die Fälligkeit der Vergütung zeitlich zusammenfallen müssten. Wie bereits festgestellt, enthält § 644 Abs. 1 S. 2 BGB nur eine Regelung für die Vergütungsgefahr.[1318] Die Vergütungsgefahr betrifft die Frage, ob der Besteller trotz des zufälligen Untergangs oder der zufälligen Verschlechterung des Werkes, also trotz des Ausbleibens der geschuldeten Leistung, die Vergütung vollständig zahlen zu muss.[1319] Für die Geltendmachung des Vergütungsanspruchs wird § 644 Abs. 1 S. 2 BGB relevant, sobald der Werkunternehmer von seiner Pflicht zur Herstellung eines mangelfreien Werkes befreit ist. Dann erhält die Bestimmung abweichend von der Grundregel des § 326 Abs. 1 S. 1 BGB die Vergütungspflicht des Bestellers aufrecht.[1320] Für die Fälligkeit der Vergütung ergeben sich daraus zwei denkbare zeitliche Anknüpfungspunkte: einerseits der Zeitpunkt des Annahmeverzugs – d.h. der ernsthaften und endgültigen unberechtigten Abnahmeverweigerung –, andererseits der des Werkuntergangs.[1321] Gefahrübergang und Fälligkeit der Vergütung müssen vor diesem Hintergrund nicht zwingend zeitlich zusammenfallen. § 644 Abs. 1 S. 2 BGB kann dementsprechend keine eindeutige Wertung hinsichtlich des Fälligkeitszeitpunkts entnommen werden.[1322]

1318 Dazu S. 77 f.
1319 BeckOK BGB/*Voit* § 644 Rn. 1; HK-WerkBauVertrR/*Jordan/Raab* § 644 BGB Rn. 2.
1320 *Oetker/Maultzsch*, Vertragliche Schuldverhältnisse, § 8 Rn. 193, Rn. 202.
1321 Diese Differenzierung ebenfalls vornehmend *Pietsch*, Die Abnahme im Werkvertragsrecht – geschichtliche Entwicklung und geltendes Recht, S. 193 f. für die parallele Problematik bei der vorläufigen unberechtigten Abnahmeverweigerung.
1322 A.A. *Pietsch*, Die Abnahme im Werkvertragsrecht – geschichtliche Entwicklung und geltendes Recht, S. 193 f. für die parallele Problematik bei der vorläufigen unberechtigten Abnahmeverweigerung.

bb) *Wertung des § 322 Abs. 2 BGB*

Gegen die Fälligkeit der Gesamtvergütung im Zeitpunkt der ernsthaften und endgültigen unberechtigten Abnahmeverweigerung könnte die gesetzgeberische Intention des § 322 Abs. 2 BGB sprechen. § 322 Abs. 2 BGB gewährt dem Vorleistungspflichtigen – hier dem Werkunternehmer – die Möglichkeit, auf „Leistung nach Empfang der Gegenleistung" zu klagen, wenn der andere Teil im Verzug der Annahme ist. Mit „Leistung" ist bezogen auf den hier untersuchten Fall die Zahlung der Vergütung durch den Besteller gemeint, mit „Gegenleistung" die Herstellung des versprochenen Werkes durch den Werkunternehmer. Hinter § 322 Abs. 2 BGB stehen folgende Gedanken:[1323] Eine unbeschränkte Klage des Vorleistungspflichtigen gegen den Vorleistungsberechtigten auf Leistung müsste mangels Fälligkeit als derzeit unbegründet abgewiesen werden. Eine Klage auf Leistung Zug-um-Zug wäre wegen der Vorleistungspflicht des Klägers ebenfalls erfolglos, vgl. § 320 Abs. 1 S. 1 Hs. 2 BGB. Weil der Vorleistungspflichtige aber das seinerseits Erforderliche bereits getan hat, soll er die vom Vorleistungsberechtigten geschuldete Leistung einklagen können. Diese Möglichkeit gewährt § 322 Abs. 2 BGB und schließt damit zugunsten des Vorleistungspflichtigen eine „prozessuale Schutzlücke".

Wegen § 322 Abs. 3 BGB, der sich aufgrund seines systematischen Standorts sowohl auf Absatz 1 als auch auf Absatz 2 bezieht und auf § 274 Abs. 2 BGB verweist, lässt sich ein Urteil auf Leistung nach Empfang der Gegenleistung i.S.d. § 322 Abs. 2 BGB ohne Erbringung der Gegenleistung vollstrecken.[1324] Es wird in der Zwangsvollstreckung also behandelt wie ein Zug-um-Zug Urteil.[1325]

Die Existenz des § 322 Abs. 2 BGB verdeutlicht, dass der Annahmeverzug des Vorleistungsberechtigten (hier des Bestellers) grundsätzlich nur in der Vollstreckung Beachtung finden und materiell-rechtlich an der Vorleistungspflicht nichts ändern soll.[1326] Anderenfalls wäre die Vorschrift obsolet.[1327]

1323 Staudinger/*Schwarze* § 322 BGB Rn. 24 f.; MüKoBGB/*Emmerich* § 322 Rn. 13 f.
1324 *Gernhuber*, Das Schuldverhältnis, § 15 III 5, S. 363; Soergel/*Gsell* § 322 BGB Rn. 28.
1325 *Gernhuber*, Das Schuldverhältnis, § 15 III 5, S. 363; Soergel/*Gsell* § 322 BGB Rn. 28.
1326 Wohl h.M., vgl. nur Soergel/*Gsell* § 322 BGB Rn. 25, Rn. 28; BeckOGK/*Rüfner*, 01.04.2024, § 322 BGB Rn. 29; Staudinger/*Schwarze* § 322 BGB Rn. 28; *Gernhuber*, Das Schuldverhältnis, § 15 III 4, S. 362; a.A. *Huber*, Leistungsstörungen I, § 15 I 2, S. 372 f., der aber erkennt, dass § 322 Abs. 2 BGB dadurch praktisch obsolet wird.
1327 Hierzu allg. BeckOGK/*Rüfner*, 01.04.2024, § 322 BGB Rn. 29.

Eine Aussage wird damit aber nur über das unmittelbar annahmeverzugsbegründende Verhalten getroffen. Das ist im hier untersuchten Fall die „einfache", d.h. vorläufige Verweigerung der Abnahme des abnahmereifen Werkes. Die *ernsthafte und endgültige* unberechtigte Abnahmeverweigerung ist demgegenüber ein „Mehr", weil der Besteller *zusätzlich* erklärt, keinesfalls weiterhin mit dem Werkunternehmer kooperieren zu wollen. Zu den Rechtsfolgen dieses „Mehrs" gegenüber dem „einfachen" annahmeverzugsbegründenen Verhalten äußert sich § 322 Abs. 2 BGB nicht.[1328] § 322 Abs. 2 BGB enthält damit keine gesetzgeberische Wertung, die der Fälligkeit im Zeitpunkt der ernsthaften und endgültigen unberechtigten Abnahmeverweigerung entgegensteht.

cc) *Übertragbarkeit der zum Abrechnungsverhältnis herausgearbeiteten gesetzlichen Wertungen*

Die gesetzlichen Wertungen, die bei der Untersuchung des Abrechnungsverhältnisses herausgearbeitet wurden, können auf die ernsthafte und endgültige unberechtigte Abnahmeverweigerung übertragen werden.[1329] Diese knüpfen nämlich allesamt nicht an der Berechtigung zur Abnahmeverweigerung an. Ausschlaggebend dafür, dass nach der „ideal gedachten Gesetzeskonzeption" die Gesamtvergütung fällig werden musste, war die *Endgültigkeit* des Bestellerverhaltens. Besonders deutlich wird das, wenn man sich erneut den Regelungszweck des § 641 Abs. 1 S. 1 BGB vergegenwärtigt: Danach kann es für den Eintritt der Fälligkeit nur darauf ankommen, *dass* die Erfüllung nicht mehr gewollt ist, *nicht warum* dies so ist. Mit der ernsthaften und endgültigen unberechtigten Abnahmeverweigerung bringt der Besteller den Verlust jeglichen Erfüllungsinteresses gleichermaßen zum Ausdruck wie in den Fällen berechtigter Verweigerung. Was den Besteller zu dieser Aussage bewegt hat, und ob er das Werk für wesentlich mangelhaft hielt oder nicht, kann dementsprechend keine Rolle spielen. Insbesondere eine zusätzliche Fristsetzung i.S.d. § 640 Abs. 2 S. 1 BGB wäre auch im vorliegenden Fall von vorneherein sinn- und zwecklos. Dem

---

1328 Wohl ebenso HK-BGB/*Fries* § 322 Rn. 3; Jauernig/*Stadler* § 322 BGB Rn. 3, die beide davon ausgehen, dass der Vorleistungsberechtigte aufgrund des Rechtsgedankens des § 162 Abs. 1 BGB bei endgültiger Verweigerung unbedingt zu verurteilen ist.
1329 Dazu S. 224 ff.

Werkunternehmer kann das Abwarten des Fristablaufs deshalb ebenso wenig zugemutet werden wie in den Sachverhaltsvarianten des Abrechnungsverhältnisses.[1330] Der in § 286 Abs. 2 Nr. 3 BGB enthaltene und auf das Abnahmeerfordernis übertragbare Rechtsgedanke gilt in den Fällen der unberechtigten Abnahmeverweigerung, in denen den Besteller sogar eine Abnahmepflicht trifft, umso mehr.

c) *Ergebnis*

Das Gesetz enthält keine Regelung zur Fälligkeit der Gesamtvergütung bei ernsthafter und endgültiger unberechtigter Abnahmeverweigerung, obwohl es für diese Frage nach der „ideal gedachten Gesetzeskonzeption" eigentlich Regelungsbedarf gab. Eine Lücke ist gegeben. Dabei handelt es sich – wie schon in den Fällen des Abrechnungsverhältnisses – um eine *primäre unbewusste Gesetzeslücke*.[1331]

2. Vergleichbare Interessenlage

Die vergleichbare Interessenlage zum in § 162 Abs. 1 BGB gesetzlich geregelten Fall besteht zweifelsfrei erst recht bei der ernsthaften und endgültigen unberechtigten Abnahmeverweigerung. Der Besteller hat hier – ähnlich wie in den oben herausgearbeiteten Sachverhaltsoptionen des Abrechnungsverhältnisses – jegliches Erfüllungsinteresse verloren, was er dem Werkunternehmer durch die endgültige Abnahmeverweigerung eindeutig signalisiert. Sein Verhalten entspricht einer *„maximalen Kooperationsverweigerung",* die zur Bedingungsvereitelung i.S.d. § 162 Abs. 1 BGB gleichartig und gleichwertig ist. Die ernsthafte und endgültige unberechtigte Abnahmeverweigerung ist außerdem nicht nur pflichtwidrig, sondern auch treuwidrig. Selbst wenn der Besteller das Werk nur irrtümlich für wesentlich mangelhaft hält,

---

1330 HK-WerkBauVertrR/*Herdy/Raab* § 641 BGB Rn. 12; BeckOK BGB/*Voit* § 641 Rn. 5; *Henkel*, Die Abnahmefiktionen im Werkvertragsrecht, S. 31 zu § 640 Abs. 1 S. 3 BGB a.F.; a.A. *Scheuch* NJW 2018, 2513 (2516) zu § 640 Abs. 1 S. 3 BGB a.F., der die Fristsetzung als Ermahnung für den Besteller, seine vorgebrachten Einwände zu prüfen, für dienlich hält; ebenso *Erkelenz* ZfBR 2000, 435 (439 Fn. 32) zu § 640 Abs. 1 S. 3 BGB a.F., nach dessen Auffassung der Besteller wegen der weitreichenden Wirkungen der Abnahme immer noch einmal Gelegenheit zur Besinnung erhalten muss.

1331 Zu den Lückenarten und ihrer Abgrenzung siehe bereits S. 218 ff.

wäre von ihm zu erwarten, dass er dem Werkunternehmer zumindest die Gelegenheit zur Beseitigung des (tatsächlich nicht vorhandenen) Mangels gibt, die Abnahme also (zwar immer noch unberechtigt, aber wenigstens) *nur vorläufig* verweigert. Alternativ bliebe dem loyalen Besteller der Weg über die Abnahme des Gesamtwerkes verbunden mit einem Vorbehalt i.S.d. § 640 Abs. 3 BGB hinsichtlich des vermeintlich vorhandenen Mangels bzw. über die Abnahme des Teilwerkes nach Kündigung des Vertrages.

Anders als bei den Konstellationen des Abrechnungsverhältnisses ist bei der ernsthaften und endgültigen unberechtigten Abnahmeverweigerung aufgrund der bereits bestehenden wesentlichen Mangelfreiheit des Werkes der unmittelbar vereitelte Umstand die Abnahme selbst. Diese kann folglich im Wege der analogen Anwendung von § 162 Abs. 1 BGB fingiert werden, ohne dass es der ergänzenden Heranziehung des Rechtsgedankens des § 641 Abs. 1 S. 1 BGB bedarf.

II. Vereinbarkeit der analogen Anwendung von § 162 Abs. 1 BGB mit höherrangigem Recht

Wie schon mit der Rechtsfortbildung zum Abrechnungsverhältnis knüpfen die Gerichte auch hier an eine gesetzgeberische Grundentscheidung an und bleiben in ihrer Rolle als Normanwender. Der Lückenschließung im Wege der Gesetzesanalogie zu § 162 Abs. 1 BGB stehen damit insbesondere die sich aus Rechtsstaats- und Demokratieprinzip ergebenden Grenzen nicht entgegen. Die Gerichte stärken im Übrigen in zulässiger Art und Weise das Recht des Werkunternehmers auf wirtschaftliche Betätigungsfreiheit aus Art. 12 Abs. 1 GG.[1332] Weil der Besteller im Zeitpunkt der endgültigen Verweigerung zur Abnahme sogar verpflichtet gewesen wäre, ist er nicht schutzwürdig. Die Grenzen zulässiger Rechtsfortbildung sind im hier untersuchten Sachverhalt deshalb besonders weit gesteckt.

Die analoge Anwendung des § 162 Abs. 1 BGB bewirkt mit dem Eintritt sämtlicher Abnahmewirkungen eine deutlich über den „bloßen" Eintritt der Fälligkeit der Vergütung hinausgehende Rechtsfolge. Die hierauf gestützte Rechtsfortbildung mag damit besonders weitreichende Auswirkungen auf das Vertragsverhältnis zwischen Werkunternehmer und Besteller haben. Sie „schießt" dennoch nicht „über das Ziel hinaus", gerät also nicht in Konflikt mit der „Notwendigkeitsmaxime" als Ausfluss des Gewaltenteilungsgrund-

---

1332 Hierzu S. 278 ff.

satzes. Für den Gefahrübergang sieht das BGB mit § 644 Abs. 1 S. 2 BGB ohnehin eine ausdrückliche Regelung vor. Im Übrigen kann nichts anderes gelten als i.R.d. Abrechnungsverhältnisses: Wenn der Besteller jede weitere Erfüllung endgültig ablehnt und die Vorleistungspflicht des Werkunternehmers mit diesem Zeitpunkt endet, soll er sich allenfalls Gewährleistungsansprüchen aussetzen müssen – das aber auch nur für den in § 634a Abs. 1 BGB vorgegebenen Zeitraum.

Auch der konkrete Zeitpunkt des Eintritts der Abnahmewirkungen ist eindeutig bestimmbar: Für den Eintritt der Abnahmewirkungen muss und kann entsprechend dem zum Abrechnungsverhältnis Gesagten auf den Zeitpunkt ihrer treuwidrigen Vereitelung abgestellt werden. Das ist der Zeitpunkt, zu dem die Abnahme des angebotenen Werkes unberechtigt ernsthaft und endgültig verweigert wird. Gegen die Lückenschließung im Wege der Gesetzesanalogie zu § 162 Abs. 1 BGB bestehen keine verfassungsrechtlichen Bedenken.

III. Ergebnis

Die Rechtsfortbildung zur ernsthaften und endgültigen unberechtigten Abnahmeverweigerung lässt sich auf eine Gesetzesanalogie zu § 162 Abs. 1 BGB stützen.[1333]

§ 162 Abs. 1 BGB analog wird bei wirksamer Einbeziehung der VOB/B in den Vertrag nicht durch eine darin enthaltene abweichende Bestimmung verdrängt. So wie die VOB/B keine Regelung für die ernsthafte und endgültige berechtigte Abnahmeverweigerung enthält, trifft sie auch keine Aussage zur ernsthaften und endgültigen unberechtigten Abnahmeverweigerung.

Anknüpfend an die i.R.d. Abrechnungsverhältnisses ausgesprochene Empfehlung, die Fälle entbehrlicher Abnahme gesetzlich auszugestalten, ist der oben erarbeitete Kodifikationsvorschlag wie folgt zu modifizieren:

1333 Ohne jegliche Begründung ebenso Grüneberg/*Retzlaff* § 641 BGB Rn. 4; Werner/ Pastor/*Wagner/Werner* Rn. 1788; Ingenstau/Korbion/*Oppler* § 12 Abs. 3 VOB/B Rn. 8; bezogen auf jegliche unberechtigte endgültige Verweigerung der Leistungsannahme HK-BGB/*Fries* § 322 Rn. 3; Jauernig/*Stadler* § 322 BGB Rn. 3.

§ 640 Abnahme. (1) (...)

(3) Die Abnahme ist entbehrlich, wenn der Besteller diese ~~Abnahme des wesentlich mangelhaften Werkes~~ ernsthaft und endgültig verweigert, insbesondere indem er

1. *jede weitere Erfüllung durch den Unternehmer ernsthaft und endgültig ablehnt, oder*
2. *die Vertragsgemäßheit des Werkes selbst herbeiführt, oder*
3. *hinsichtlich sämtlicher nicht wie geschuldet erbrachten Leistungen nur noch Schadensersatz statt der Leistung fordert.*

(4) Nimmt der Besteller ein mangelhaftes Werk gemäß Absatz 1 Satz 1 ab, obschon er den Mangel kennt, so (...)

Kapitel 10: Vorläufige unberechtigte Abnahmeverweigerung

A. Fälligkeit der Gesamtvergütung im Zeitpunkt der vorläufigen unberechtigten Abnahmeverweigerung

Zu klären bleibt, ob die Gesamtvergütung auch dann ohne Abnahme fällig ist, wenn der Besteller die Abnahme zwar unberechtigt, aber nur vorläufig verweigert.

I. Fehlende eindeutige Aussage der Rechtsprechung

Entgegen einzelnen Literaturstimmen hat die Rechtsprechung zu dieser Frage noch nicht eindeutig Stellung bezogen.[1334]

Messerschmidt führt hierzu aus, der BGH lasse die Abnahmewirkungen auch mit der vorläufigen unberechtigten Abnahmeverweigerung eintreten.[1335] Er stütze sich dabei ebenfalls auf den Rechtsgedanken des § 162 Abs. 1 BGB.[1336] Zur Begründung verweist *Messerschmidt* auf eine Entscheidung des X. Zivilsenats des BGH aus dem Jahr 1990.[1337] Hierbei verkennt er, dass der Entscheidung keine vorläufige, sondern die endgültige Abnahmeverweigerung zugrunde lag. Eine Aussage über die Rechtsfolge der vorläufigen unberechtigten Abnahmeverweigerung konnte dem Urteil insofern nicht entnommen werden.[1338]

Retzlaff nennt weitere Entscheidungen, in denen die Gerichte die Fälligkeit der Vergütung mit der vorläufigen unberechtigten Abnahmeverweigerung angenommen haben sollen.[1339]

1334 Messerschmidt/Voit/*Messerschmidt* § 640 BGB Rn. 238; Beck'scher VOB/B-Komm./*Bröker* § 12 Abs. 3 Rn. 25; Grüneberg/*Retzlaff* § 641 BGB Rn. 5; *Fischer,* Die zweifelhafte Abnahmefiktion des § 640 Abs. 1 S. 3 BGB, S. 164.

1335 Messerschmidt/Voit/*Messerschmidt* § 640 BGB Rn. 238; ebenso Beck'scher VOB/B-Komm./*Bröker* § 12 Abs. 3 Rn. 25.

1336 Messerschmidt/Voit/*Messerschmidt* § 640 BGB Rn. 238; ebenso Beck'scher VOB/B-Komm./*Bröker* § 12 Abs. 3 Rn. 25.

1337 BGH NJW 1990, 3008 (3009).

1338 Ebenso *Friedhoff* BauR 2022, 1409 (1416).

1339 Grüneberg/*Retzlaff* § 641 BGB Rn. 5 mit Verweis auf BGH NJW 2008, 511, BGH NJW 2020, 2270 und OLG Koblenz NZBau 2014, 293.

Diesen lagen ebenfalls jeweils andere Sachverhaltskonstellation zugrunde: einmal handelte es sich um die endgültige unberechtigte,[1340] einmal um die endgültige berechtigte Abnahmeverweigerung.[1341]

Demgegenüber verweist *Retzlaff* an anderer Stelle auf ein Urteil des BGH, aus dem sich gerade das Gegenteil ergeben soll, nämlich dass der „bloße Annahmeverzug" – der im Zeitpunkt der vorläufigen unberechtigten Abnahmeverweigerung eintritt – die Gesamtvergütung noch nicht fällig werden lässt.[1342] Der zu beurteilende Sachverhalt betraf ein mit wesentlichen Mängeln behaftetes Werk. Der Besteller hatte deshalb die Abnahme grundsätzlich berechtigt verweigert. Er befand sich aber möglicherweise – was im Ergebnis offengelassen wurde – mit der Annahme der angebotenen Mängelbeseitigungsarbeiten im Verzug. Auf diesen Annahmeverzug bezog sich die Aussage des BGH, dass der Werklohn deshalb noch nicht fällig werde. Eine darüber hinausgehende Einschätzung zu den Rechtsfolgen des Verzugs *mit der Abnahme des abnahmereifen Werkes* enthielt das Urteil nicht.

Soweit einzelne Entscheidungen[1343] tatsächlich die vorläufige unberechtigte Abnahmeverweigerung betreffen, kann daraus nicht mit hinreichender Klarheit hergeleitet werden, dass die Gesamtvergütung *im Zeitpunkt* der vorläufigen unberechtigten Abnahmeverweigerung fällig werden soll.[1344] Die Kernaussage dieser Entscheidungen ist nämlich nur, dass trotz fehlender Abnahme direkt auf Zahlung des Werklohns geklagt werden kann, ohne dass es zuvor einer Klage auf Abnahme bedarf.[1345] Damit wird lediglich das Erfordernis eines zweistufigen Vorgehens aufgegeben.[1346] Hintergrund dieser Erleichterung zugunsten des Werkunternehmers sind prozessökonomische Erwägungen.[1347] Weil im Vergütungsprozess ohnehin die Abnahmereife des Werkes geprüft werden muss, wird zutreffend in der Zahlungsklage zugleich eine konkludente Abnahmeklage gesehen.[1348]

1340   BGH NJW 2008, 511 (514 f. Rn. 29).
1341   BGH NJW 2020, 2270 (2271 Rn. 19 f.).
1342   *Retzlaff* BauR 2016, 733 (735) mit Verweis auf BGH NZBau 2002, 266.
1343   Statt aller BGH NJW-RR 1999, 1246 (1247); OLG Koblenz NZBau 2014, 293; OLG Nürnberg NZBau 2021, 539 (540 Rn. 11 ff.); OLG Stuttgart NZBau 2022, 658 (659 Rn. 29).
1344   Ebenso *Friedhoff* BauR 2022, 1409 (1416 f.).
1345   Ebenso *Friedhoff* BauR 2022, 1409 (1416 f.); zur isolierten Einklagbarkeit der Abnahme S. 91.
1346   *Friedhoff* BauR 2022, 1409 (1416 f.).
1347   *Friedhoff* BauR 2022, 1409 (1416 f.).
1348   OLG Nürnberg NZBau 2021, 539 Rn. 9; *Friedhoff* BauR 2022, 1409 (1416 f.).

Dieser prozessualen Erleichterung darf nun aber keine materiell-rechtliche Bedeutung zugeschrieben werden. Daraus zu der Annahme zu kommen, dass die Gesamtvergütung *im Zeitpunkt* der vorläufigen Abnahmeverweigerung fällig wird, wäre verfehlt. Genau genommen tritt die Fälligkeit nämlich erst mit dem konkludenten gerichtlichen Ausspruch der Abnahmereife des Werkes ein.[1349]

II. Stellungnahme

Diese fehlende eindeutige Aussage der Rechtsprechung führt zu der Frage, ob die Gesamtvergütung nicht tatsächlich schon im Zeitpunkt der vorläufigen unberechtigten Verweigerung aufgrund eines der geltenden Gesamtrechtsordnung zu entnehmenden und auf diese Situation anwendbaren Rechtsgedankens fällig werden müsste.

1. § 162 Abs. 1 BGB

Der Rechtsgedanke des § 162 Abs. 1 BGB kann anders als für die Fälle der endgültigen Abnahmeverweigerung nicht herangezogen werden.[1350] Mit der vorläufigen Abnahmeverweigerung ist, auch wenn sie unberechtigt erfolgt, kein der treuwidrigen Bedingungsvereitelung gleichwertiger Sachverhalt gegeben.[1351] Es fehlt schon an der Vereitelung des Bedingungseintritts bzw. – in der vorliegend entscheidenden Situation – an der Vereitelung des Eintritts des Abnahmewirkungen. Denn diese erfordert nach hier vertretener Auffassung eine gewisse Dauerhaftigkeit bzw. Endgültigkeit. Überdies liegt auch nicht jeder vorläufigen Abnahmeverweigerung ein treuwidriges Verhalten zugrunde.[1352] Stützt der Besteller die Verweigerung irrtümlicherweise auf tatsächlich nicht existierende wesentliche Mängel, ist sein Verhalten

---

1349 *Friedhoff* BauR 2022, 1409 (1416 f.).
1350 Sich hierauf stützend Grüneberg/*Retzlaff* § 641 BGB Rn. 5; Beck´scher VOB/B-Komm./*Bröker* § 12 Abs. 3 Rn. 26.
1351 Ebenso Ingenstau/Korbion/*Oppler* § 12 Abs. 3 VOB/B Rn. 9; *Friedhoff* BauR 2022, 1409 (1416).
1352 Ebenso *Friedhoff* BauR 2022, 1409 (1416).

zwar pflichtwidrig.[1353] Ein Verstoß gegen die Grundsätze von Treu und Glauben kann darin in aller Regel aber nicht gesehen werden.[1354]

2. § 641 Abs. 1 S. 1 BGB

Die Fälligkeit der Vergütung im Zeitpunkt der vorläufigen unberechtigten Abnahmeverweigerung anzunehmen, wäre außerdem nicht in Einklang zu bringen mit dem Rechtsgedanken des § 641 Abs. 1 S. 1 BGB und dem daraus abzuleitenden Bedeutungsgehalt der Abnahmeerklärung.[1355] Hierzu wurde oben erarbeitet, dass das Ende der Vorleistungspflicht des Werkunternehmers vom Wegfall des Erfüllungsinteresses des Bestellers abhängt. Diesen Willen tut der Besteller im gesetzlichen Regelfall mit der Entgegennahme und Billigung des Werkes kund, also mit seiner Abnahme. Vergleichbar hierzu sind die Fälle, in denen der Besteller auf andere Weise als durch die Billigung äußert, dass er keine weitere Erfüllung verlangt. Jede vorläufige Abnahmeverweigerung kennzeichnet sich aber gerade dadurch, dass der Besteller weiterhin auf Erfüllung (in Form der Beseitigung des vermeintlich vorhandenen wesentlichen Mangels) besteht.

3. § 644 Abs. 1 S. 2 BGB

In der Literatur wird die Fälligkeit der Vergütung teilweise aus den Bestimmungen zum Annahmeverzug – konkret aus dem Rechtsgedanken des § 644 Abs. 1 S. 2 BGB – hergeleitet.[1356] Telos der Bestimmungen zu den Rechtsfolgen des Annahmeverzugs (§ 300 Abs. 1, Abs. 2 BGB, § 304 BGB, § 644 Abs. 1 S. 2 BGB) ist, den Schuldner von Risiken und Belastungen zu befreien, die sich aus der verspäteten Annahme der angebotenen Leistung

---

1353 Ebenso *Friedhoff* BauR 2022, 1409 (1416).
1354 Ebenso *Friedhoff* BauR 2022, 1409 (1416).
1355 Hierzu bereits S. 226 ff.; ähnlich *Friedhoff* BauR 2022, 1409 (1412, 1414), der einen Widerspruch zur Rechtsnatur der Abnahme sieht.
1356 Kleine-Möller/Merl/Glöckner/*Manteufel* § 12 Rn. 73; MüKoBGB/*Busche* § 634a Rn. 47 zum Verjährungsbeginn infolge vorläufiger unberechtigter Abnahmeverweigerung; *Pietsch*, Die Abnahme im Werkvertragsrecht – geschichtliche Entwicklung und geltendes Recht, S. 192 ff.

ergeben.[1357] Schon die Gründer des BGB gingen davon aus, dass der Annahmeverzug gerade nicht mit der Erfüllung gleichgesetzt werden darf.[1358]

So zielt insbesondere § 644 Abs. 1 S. 2 BGB nicht darauf ab, die Vergütung fällig zu stellen, sondern nur das Vergütungs*risiko* des Werkunternehmers abzumildern.[1359]

Wie i.R.d. endgültigen unberechtigten Abnahmeverweigerung ausgeführt, müssen Gefahrübergang und Fälligkeit der Vergütung im Übrigen nicht zwangsläufig zeitlich zusammenfallen, damit § 644 Abs. 1 S. 2 BGB seine Wirkung entfalten kann.[1360]

4. § 640 Abs. 2 BGB

Dass der zwar nicht zwingende, aber dennoch mögliche Gleichlauf von Fälligkeit und Gefahrübergang gerade nicht hergestellt werden soll, verdeutlicht außerdem § 640 Abs. 2 BGB.[1361] Den Materialien zur Änderung des § 640 BGB ist das Motiv zu entnehmen, dass die Fiktion durch die Angabe eines *beliebigen* Mangels zerstört werden können soll.[1362] Eine Unterscheidung zwischen wesentlichen und unwesentlichen Mängeln sollte gerade nicht mehr vorgenommen werden.[1363] Ließe man die Fälligkeit der

---

1357 *Willebrand/Detzer* BB 1992, 1801 (1804); *Fischer,* Die zweifelhafte Abnahmefiktion des § 640 Abs. 1 S. 3 BGB, S. 176.

1358 Motive, II, S. 73 (= *Mugdan,* S. 40): „Der Schuldner wird durch den Verzug des Gläubigers, [...], nicht liberiert; [...]."

1359 *Kaiser,* Das Mängelhaftungsrecht in Baupraxis und Bauprozeß, Rn. 181; *Fischer,* Die zweifelhafte Abnahmefiktion des § 640 Abs. 1 S. 3 BGB, S. 176.

1360 Dazu S. 299.

1361 *Friedhoff* BauR 2022, 1409 (1413); Bolz/Jurgeleit/*Friedhoff* § 12 VOB/B Rn. 138; a.A. Messerschmidt/Voit/*Messerschmidt* § 640 BGB Rn. 240, der § 640 Abs. 2 BGB wegen der an die vorläufige unberechtigte Abnahmeverweigerung knüpfenden Rechtsfolgen schlichtweg keine ausschlaggebende Bedeutung mehr zukommen lassen will.

1362 Begr. zur Änderung des § 640 BGB, Gesetzentwurf der Bundesregierung zur Reform des Bauvertragsrechts und der kaufrechtlichen Mängelhaftung v. 18.05.2016, BT-Drucks. 18/8486, S. 24 (S. 48).

1363 Begr. zur Änderung des § 640 BGB, Gesetzentwurf der Bundesregierung zur Reform des Bauvertragsrechts und der kaufrechtlichen Mängelhaftung v. 18.05.2016, BT-Drucks. 18/8486, S. 24 (S. 48).

Vergütung im Zeitpunkt der vorläufigen Abnahmeverweigerung eintreten, liefe das dem erkennbaren Willen des Gesetzgebers zuwider.[1364]

Anders ist die Sachlage zu beurteilen, wenn der Besteller wider besseres Wissen einen nicht bestehenden Mangel vorbringt und deshalb die Abnahme verweigert. Zu Recht weisen die Materialien zur Änderung des § 640 Abs. 2 BGB auf die Rechtsmissbräuchlichkeit eines solchen Verhaltens hin – mit der Folge, dass sich der Besteller nicht darauf berufen kann, dem Abnahmeverlangen i.S.d. § 640 Abs. 2 BGB einen Mangel entgegengehalten zu haben.[1365] Dieses Verhalten ist aber nicht mehr unter die vorläufige unberechtigte Abnahmeverweigerung nach dem hier zugrunde gelegten Begriffsverständnis zu fassen und wird daher in diesem konkreten Zusammenhang nicht relevant.

Im Übrigen ist es dem Werkunternehmer – anders als bei der ernsthaften und endgültigen Abnahmeverweigerung – grundsätzlich auch zuzumuten, (gegebenenfalls mehrfach) unter Fristsetzung i.S.d. § 640 Abs. 2 S. 1 BGB zur Abnahme aufzufordern, um den Eintritt der Abnahmewirkungen herbeizuführen.[1366] Verweigert der Besteller die Abnahme nur vorläufig und (irrtümlich) unberechtigt, zeigt er sich nämlich weiterhin abnahmebereit.

5. § 322 Abs. 2 BGB

Gegen den Eintritt der Abnahmewirkungen im Zeitpunkt der vorläufigen Abnahmeverweigerung spricht schließlich auch der Regelungsgehalt des § 322 Abs. 2 BGB. Wie oben behandelt, geht § 322 Abs. 2 BGB davon aus, dass das annahmeverzugsbegründende Verhalten des Gläubigers, hier des Bestellers, am Bestehen der Vorleistungspflicht materiell-rechtlich nichts ändert. Etwas anderes konnte für die endgültige unberechtigte Abnahmeverweigerung nur deshalb gelten, weil hier zur „einfachen" annahme-

---

1364 Ebenso *Friedhoff* BauR 2022, 1409 (1413); ähnlich *Scheuch* NJW 2018, 2513 (2516), der ausführt, dass die Aufnahme der Abnahmefiktion in das Gesetz wenig Sinn ergäbe, wenn für die Fälligkeit des Werklohns weiterhin flächendeckend auf die unberechtigte Abnahmeverweigerung abzustellen wäre.

1365 Begr. zur Änderung des § 640 BGB, Gesetzentwurf der Bundesregierung zur Reform des Bauvertragsrechts und der kaufrechtlichen Mängelhaftung v. 18.05.2016, BT-Drucks. 18/8486, S. 24 (S. 48); *Friedhoff* BauR 2022, 1409 (1413).

1366 Ebenso *Joussen* BauR 2018, 328 (332); *Henkel*, Die Abnahmefiktionen im Werkvertragsrecht, S. 31 zu § 640 Abs. 1 S. 3 BGB a.F., die jeweils klarstellen, dass eine gesonderte Fristsetzung nach § 640 Abs. 2 BGB bzw. § 640 Abs. 1 S. 3 BGB a.F. nur bei der endgültig verweigerten Abnahme entbehrlich ist.

verzugsbegründenden Abnahmeverweigerung die endgültige und zukunftsbezogene Kooperationsverweigerung hinzutritt.[1367] Dieser Gedanke kann i.R.d. vorläufigen unberechtigten Abnahmeverweigerung, welche gerade die eben beschriebene „einfache" annahmeverzugsbegründende Verweigerung darstellt, nicht fruchtbar gemacht werden.

Dass die Gesamtvergütung im Zeitpunkt der vorläufigen unberechtigten Abnahmeverweigerung fällig wird, ist damit weder gerechtfertigt noch geboten.

B. Rechtsfolgen der vorläufigen unberechtigten Abnahmeverweigerung

I. Eintritt von Annahme- und Schuldnerverzug

Die vorläufige unberechtigte Abnahmeverweigerung führt damit grundsätzlich „nur" zum Annahmeverzug und nach Mahnung auch zum Schuldnerverzug.[1368] Die Mahnung ist hier nicht gemäß § 286 Abs. 2 Nr. 3 BGB entbehrlich. Bei Einbeziehung der VOB/B greift wegen der darin vorgesehenen 12-Tages-Frist aber § 286 Abs. 2 Nr. 2 BGB. Der Schuldnerverzug bewirkt den Eintritt der Abnahmewirkungen aufgrund von Inhalt und Reichweite des Anspruchs aus §§ 280 Abs. 1, Abs. 2, 286 Abs. 1 S. 1, 249 Abs. 1 BGB auch nicht nach Mahnung bzw. Ablauf der 12-Tages-Frist.[1369] Unabhängig davon kann der Werkunternehmer über §§ 280 Abs. 1, Abs. 2, 286 Abs. 1 S. 1, 249 Abs. 1 BGB die Kosten ersetzt verlangen, die infolge des

---

1367 Dazu S. 300 f.

1368 So jetzt auch Bolz/Jurgeleit/*Friedhoff* § 12 VOB/B Rn. 141.

1369 Zur Reichweite des Anspruchs aus §§ 280 Abs. 1, Abs. 2, 286 Abs. 1 S. 1, 249 Abs. 1 BGB S. 297 f.; zur Entbehrlichkeit der Mahnung bei wirksamer Einbeziehung des § 12 Abs. 1 VOB/B S. 125; a.A. Kleine-Möller/Merl/Glöckner/*Merl/Hummel* § 14 Rn. 214; Kniffka/Jurgeleit/*Pause/Vogel* § 640 BGB Rn. 35; Beck´scher VOB/B-Komm./*Eichberger/Zelta* § 13 Abs. 4 Rn. 208; Ingenstau/Korbion/*Oppler* § 12 Abs. 1 VOB/B Rn. 20; *Groß*, Die verweigerte Abnahme, FS Locher, 53 (56 ff.); *Soergel*, Wirkung der Abnahme und der unberechtigten Nichtabnahme, Seminar Abnahme und Gewährleistung in VOB und BGB, 25 (41 f.) jeweils allgemein zu jeder unberechtigten Abnahmeverweigerung; *Kaiser*, Das Mängelhaftungsrecht in Baupraxis und Bauprozeß, Rn. 44b spezifisch zur vorläufigen unberechtigten Abnahmeverweigerung.

Schuldnerverzugs angefallen sind, beispielsweise Kosten für die Lagerung oder den Schutz des Werkes.[1370]

Darüber hinaus steht dem Werkunternehmer der Anspruch aus § 304 BGB auf Ersatz von Mehraufwendungen zu. Er ist damit trotz des fehlenden Eintritts der Abnahmewirkungen in finanzieller Hinsicht geschützt.

II. Prozessuale Möglichkeiten

In prozessualer Hinsicht verbleiben dem Werkunternehmer neben der isolierten Klage auf Abnahme zum einen die Möglichkeit der unmittelbaren Klage auf Werklohn[1371], und zum anderen die Klage nach § 322 Abs. 2 BGB.[1372] Obwohl die vorläufige unberechtigte Abnahmeverweigerung weniger schwer wiegt als die endgültige Abnahmeverweigerung, kann der Werkunternehmer auch in diesem Fall Klage auf künftige Leistung nach § 259 ZPO erheben.[1373] Eine hinreichende Besorgnis der Leistungsverweigerung i.S.d. § 259 ZPO kann hier darin gesehen werden, dass der Besteller – auch wenn er grundsätzlich weiterhin zur Abnahmeerklärung bereit ist – seine schon bestehende Abnahmeverpflichtung ernsthaft bestreitet.[1374] Unschädlich ist dabei, dass der Besteller nach dem hier zugrunde gelegten Verständnis der vorläufigen unberechtigten Abnahmeverweigerung gutgläubig ist. Für die Klage nach § 259 ZPO kommt es auf ein voluntatives Element, d.h. insbesondere auf die Bösgläubigkeit, nicht an.[1375]

III. Fälligkeit der Vergütung im Zeitpunkt des Ausschlusses der Leistungspflicht

Die Fälligkeit der Vergütung muss allerdings zu dem Zeitpunkt eintreten, zu dem der Werkunternehmer nach § 275 Abs. 1 bis 3 BGB von seiner Leistungspflicht befreit wird. Anderenfalls würde zum einen die Gefahrtragungsregel des § 644 Abs. 1 S. 2 BGB ins Leere gehen. Zum anderen kann

---

1370 Insoweit zutreffend Kniffka/Jurgeleit/*Pause/Vogel* § 640 BGB Rn. 35, der darüber hinaus aber auch den Eintritt der Abnahmewirkungen infolge Schuldnerverzugs annimmt.

1371 *Friedhoff* BauR 2022, 1409 (1418).

1372 *Retzlaff* BauR 2016, 733 (735).

1373 Zur Klage auf künftige Leistung nach § 259 ZPO siehe bereits S. 240 f.

1374 HK-ZPO/*Saenger* § 259 Rn. 4.

1375 HK-ZPO/*Saenger* § 259 Rn. 4.

man insoweit auch auf die Wertung des § 641 Abs. 1 S. 1 BGB zurückgreifen, weil mit dem Untergang des Werkes zwangsläufig das durch § 641 Abs. 1 S. 1 BGB vorrangig geschützte Erfüllungsinteresse des Bestellers weggefallen ist. § 326 Abs. 2 S. 2 BGB ist in diesem Zusammenhang zu entnehmen, dass bei der Berechnung der konkreten Vergütungshöhe von der für das Gesamtwerk vereinbarten Vergütung auszugehen ist.

Voraussetzung ist aber, dass der Werkunternehmer den Umstand, auf Grund dessen er nach § 275 Abs. 1 bis 3 BGB nicht zu leisten braucht, nicht zu vertreten hat. Anderenfalls greift nämlich die in § 326 Abs. 2 S. 1 Hs. 2 BGB vorgesehene Anspruchserhaltung nicht – mit der Folge, dass der Vergütungsanspruch des Werkunternehmers nach § 326 Abs. 1 S. 1 BGB erlischt. Trifft den Werkunternehmer kein solches Vertretenmüssen, lässt sich die Fälligkeit der Gesamtvergütung demzufolge auf eine *Rechtsanalogie zu §§ 641 Abs. 1 S. 1 BGB, 644 Abs. 1 S. 2, 326 Abs. 2 S. 1 Hs. 2 BGB* stützen.

Den Bestimmungen ist entsprechend ihren oben erörterten Einzelwertungen der Grundgedanke zu entnehmen, dass der Gläubiger (Werkunternehmer) im Falle der vom Schuldner (Besteller) nicht zu vertretenden Leistungsbefreiung und des damit wegfallenden Leistungsinteresses während des Annahmeverzugs die Gegenleistung (d.h. hier die Gesamtvergütung) verlangen können soll.

Anders als i.R.d. Abrechnungsverhältnisses führt die Wahl dieser Legitimationsgrundlage nicht zur Rechtsunsicherheit in Bezug auf die übrigen Abnahmewirkungen und ist deshalb auch aus verfassungsrechtlicher Sicht unbedenklich. Ist das Werk untergegangen, stellt sich nämlich insbesondere die Frage nach spezifischen Mängelansprüchen, nach deren Verjährung sowie danach, wer die Beweislast für das Vorliegen einzelner Mängel trägt, nicht mehr.

Sollte der Werkunternehmer den Untergang des Werkes zu vertreten haben, ist der Besteller über den Schadensersatzanspruch aus §§ 280 Abs. 1, Abs. 3, 283 S. 1 BGB hinreichend geschützt.

Unter Berücksichtigung dieser Gedanken könnte der oben formulierte Vorschlag zur Änderung des § 640 BGB um das hier gefundene Ergebnis wie folgt ergänzt werden:

§ 640 Abnahme. (1) (...)

(3) Die Abnahme ist entbehrlich, wenn

1. *der Besteller diese ernsthaft und endgültig verweigert, insbesondere indem er*

    a) *jede weitere Erfüllung durch den Unternehmer ernsthaft und endgültig ablehnt, oder*

    b) *die Vertragsgemäßheit des Werkes selbst herbeiführt, oder*

    c) *hinsichtlich sämtlicher nicht wie geschuldet erbrachten Leistungen nur noch Schadensersatz statt der Leistung fordert.*

2. *der Unternehmer aufgrund eines Umstandes, den er nicht zu vertreten hat, nach § 275 Abs. 1 bis 3 nicht zu leisten braucht, und dieser Umstand zu einer Zeit eintritt, zu welcher der Besteller im Verzug der Annahme ist.*

(4) Nimmt der Besteller ein mangelhaftes Werk gemäß Absatz 1 Satz 1 ab, obschon er den Mangel kennt, so (...)

Abschließend soll die i.R.d. ernsthaften und endgültigen unberechtigten Abnahmeverweigerung angeführte Übersicht zu den Formen der Abnahmeverweigerung und deren zu diesem Zeitpunkt teilweise ungeklärten Folgen auf die Rechtswirkungen der Abnahme (Abb. 14) aufgegriffen werden.[1376] Diese kann nun folgendermaßen vervollständigt werden:[1377]

1376 S. 295.
1377 Vgl. jetzt auch Bolz/Jurgeleit/*Friedhoff* § 12 VOB/B Rn. 146 ff.

B. Rechtsfolgen der vorläufigen unberechtigten Abnahmeverweigerung

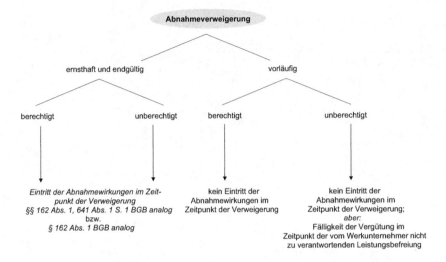

Abb. 15: Formen der Abnahme und deren Folge auf die Abnahmewirkungen –
Ergänzung

Ausblick und Zusammenfassung

Diese Ausarbeitung hat gezeigt, dass nach der Konzeption der §§ 631 ff. BGB zwischen Werkunternehmer und Besteller keine „Waffengleichheit" herrscht. Aufgrund des Abnahmeerfordernisses ist der Besteller in seinem Rechtsstatus deutlich bessergestellt als der Werkunternehmer – mit anderen Worten: der Werkunternehmer ist in erheblichem Maße vom Besteller abhängig. Im zweiten und dritten Teil der Untersuchung wurden deshalb Instrumente aufgezeigt, mit denen die Abnahme fingiert werden kann oder bei denen sie gar entbehrlich ist.

Solange die Abnahme die Abwicklung des Vertrages als „Dreh- und Angelpunkt" bestimmt, sind sowohl die Abnahmefiktion als auch die Tatbestände entbehrlicher Abnahme unerlässlich, um für ein annäherndes Kräftegleichgewicht zwischen den Vertragsparteien sorgen.

A. Ausblick: Auflösung der Abhängigkeit zwischen Werkunternehmer und Besteller durch Abkehr vom Abnahmeerfordernis

Das führt zu der abschließend zu erörternden Frage, ob die Abhängigkeit zwischen Werkunternehmer und Besteller durch eine bewusste Abkehr vom Abnahmeerfordernis nicht vollständig aufgelöst werden könnte und sollte. Für diesen Fall könnte *de lege ferenda* auf die oben entwickelten „Hilfskonstruktionen" vollständig verzichtet werden.

Das Rechtsinstitut der Abnahme hielt bisher sämtlichen Novellierungen im Werk- und Bauvertragsrecht stand.[1378] Der Kerngehalt des § 640 Abs. 1 BGB wurde nicht angegriffen.[1379]

1378 *Messerschmidt*, Zur normativen Weiterentwicklung der Abnahme gemäß § 640 BGB, FS Leupertz, 2021, 399.
1379 *Messerschmidt*, Zur normativen Weiterentwicklung der Abnahme gemäß § 640 BGB, FS Leupertz, 2021, 399.

I. Vorschläge

1. Abschaffung des Abnahmeerfordernisses

Die Kommission zur Überarbeitung des Schuldrechts hatte 1992 in ihrem Abschlussbericht den Vorschlag gemacht, auf das Abnahmeerfordernis zumindest teilweise zu verzichten.[1380] Sie plädierte dafür, statt der Abnahme auf die Fertigstellung der Bau- und Werkleistung abzustellen und daran die Fälligkeit der Vergütung zu knüpfen. Auf die Abnahme sollte es nur noch ankommen, wenn sie nach der Beschaffenheit des Werkes üblich ist oder eine entsprechende Parteivereinbarung getroffen wurde. § 640 BGB sollte wie folgt lauten:

> „640 BGB-KE (Fälligkeit der Vergütung/Abnahme). (1) Der Anspruch auf Vergütung wird fällig, sobald der Unternehmer das Werk fertiggestellt hat.
>
> (2) Ist die Abnahme vereinbart oder nach der Beschaffenheit des Werkes üblich, so ist der Besteller zur Abnahme des fertig gestellten Werkes verpflichtet. Mit der Abnahme wird der Anspruch auf Vergütung fällig. Der Abnahme steht es gleich, wenn der Besteller die Abnahme des fertiggestellten Werkes nicht innerhalb einer ihm vom Unternehmer bestimmten angemessenen Frist vornimmt.“[1381]

Zuletzt forderte *Muffler* die vollständige Abschaffung der Abnahme im Werk- und Bauvertragsrecht und ging damit noch einen Schritt weiter als die Kommission.[1382] Er sieht in der Abnahme generell keine notwendige Zäsur zwischen Erfüllungs- und Gewährleistungsstadium. Die Billigung des Werkes sage über den wahren Zustand der Leistung wenig aus. Selbst ein Sachverständiger könne deren Ordnungsgemäßheit oft nicht vollständig beurteilen, weshalb *Muffler* den Begriff der „Unwissenheitserklärung“ anstelle der „Abnahmeerklärung“ für treffender hält. Es erschließe sich nicht, wieso insbesondere die Fälligkeit der Vergütung von der Abnahmeerklärung abhängen solle.[1383] Als Alternative schlägt *Muffler* Folgendes

---

1380 Bundesminister der Justiz, Abschlußbericht der Kommission zur Überarbeitung des Schuldrechts, S. 262 ff.; zu vorherigen Reformbestrebungen s. *Fischer,* Die zweifelhafte Abnahmefiktion des § 640 Abs. 1 S. 3 BGB, S. 85 ff.
1381 Bundesminister der Justiz, Abschlußbericht der Kommission zur Überarbeitung des Schuldrechts, S. 262.
1382 *Muffler* BauR 2020, 703 (708).
1383 *Muffler* BauR 2020, 703 (704).

vor:[1384] Sämtliche Abnahmewirkungen sollen an eine Fertigstellungsmitteilung des Werkunternehmers anknüpfen, wobei dem Besteller zur Abwendung der „Abnahmewirkungen" – jetzt: „Fertigstellungswirkungen" – ein Widerspruchsrecht zustehen soll. Mit Zugang der Fertigstellungsmitteilung, die auch in der Erteilung der Schlussrechnung liegen könne, soll eine einmonatige Widerspruchsfrist beginnen. Der Besteller soll dann innerhalb dieses Monats mit der Begründung widersprechen können, dass mindestens ein wesentlicher Mangel vorliege. Mehrere unwesentliche Mängel könnten dabei in ihrer Summe einem wesentlichen Mangel gleichkommen. Widerspricht der Besteller nicht (rechtzeitig), sollen mit Fristablauf sämtliche Fertigstellungswirkungen eintreten. Widerspricht der Besteller, hält *Muffler* eine Zustandsfeststellung nach dem Vorbild des § 650g BGB für sinnvoll. Wird dort kein wesentlicher Mangel angegeben, sollen wiederum die Fertigstellungswirkungen eintreten. Im Übrigen müsse gegebenenfalls gerichtlich festgestellt werden, ob das Werk im Wesentlichen mangelfrei ist. Hat der Besteller unberechtigterweise widersprochen, sollten die Fertigstellungswirkungen eintreten als wäre kein Widerspruch erfolgt, d.h. mit Ablauf der Widerspruchsfrist. Dadurch soll vermieden werden, dass der Besteller durch einen Widerspruch „ins Blaue hinein" bessergestellt wird, als hätte er gar nicht widersprochen. War der Widerspruch dagegen berechtigt, sollen die Fertigstellungswirkungen erst nach Mängelbeseitigung und erneuter Fertigstellungsmitteilung eintreten können.

2. Streichung des § 641 BGB

Ohne den vollständigen Verzicht auf das Abnahmeerfordernis wäre es denkbar, nur die Fälligkeit des Vergütungsanspruchs von der Abnahme abzukoppeln. *Vygen* schlug hierzu vor, die Fälligkeit – ähnlich wie beim Kauf – mit der *Übergabe und Nutzung* der Werkleistung durch den Besteller eintreten zu lassen. Nutze der Besteller die Werkleistung, müsse der Werkunternehmer auch die Gegenleistung, also den Werklohn nutzen können.[1385]

Alternativ könnte § 641 Abs. 1 BGB ersatzlos gestrichen werden. Die Fälligkeit der Vergütung würde sich dann mangels spezieller Regelung wieder nach § 271 Abs. 1 BGB richten. Im Ergebnis würde in diesem Fall das gelten,

---

[1384] *Muffler* BauR 2020, 703 (708 ff.).
[1385] *Vygen* BauR 2004, 1004 (1007).

was *Peters* schon deshalb vertritt, weil er § 641 Abs. 1 BGB nicht für eine Fälligkeitsregelung hält:[1386] Nach § 271 Abs. 1 BGB kann der Gläubiger die Leistung sofort verlangen, wenn eine Zeit für die Leistung weder bestimmt noch aus den Umständen zu entnehmen ist. Ob sich eine Leistungszeit aus den „Umständen" ergibt, hängt insbesondere von der Natur des Schuldverhältnisses und der Beschaffenheit der Leistung ab.[1387] Im Werk- und Bauvertragsrecht existiert die geschuldete Leistung im Zeitpunkt des Vertragsschlusses noch nicht. Die Fälligkeit könnte deshalb regelmäßig erst dann eintreten, wenn die zur Herstellung erforderliche Zeit vergangen ist.[1388]

II. Stellungnahme

Der Vorschlag der Kommission zur Überarbeitung des Schuldrechts, die Regelungen über die Abnahme zu ändern, wurde zurecht mehrheitlich abgelehnt.[1389] Die Kommission hat selbst erkannt, dass insbesondere im Baubereich regelmäßig die förmliche Abnahme vereinbart wird – mit der Folge, dass es hier wegen § 640 Abs. 2 S. 1 BGB-KE doch wieder auf die Abnahme angekommen wäre.[1390] Zu erheblicher Rechtsunsicherheit hätte außerdem die Frage geführt, wann die Abnahme nach der Beschaffenheit des Werkes üblich ist.[1391] Die Kommission führte hierzu aus, dass das vor allem bei handwerklichen Leistungen, deren Vertragsgemäßheit leicht zu beurteilen ist, beispielsweise bei Maler- oder Tapezierarbeiten, der Fall sei.[1392] Es ist zweifelhaft, in wie vielen Fällen tatsächlich auf die Fertigstellung abzustellen gewesen wäre. Der Abnahme wäre wohl weiterhin eine nicht unerhebliche Bedeutung zugekommen.[1393]

1386 Dazu S. 69.
1387 BeckOK BGB/*Lorenz* § 271 Rn. 21.
1388 Staudinger/*Peters* § 641 BGB Rn. 4.
1389 Ständige Deputation des Deutschen Juristentages, Verhandlungen des Sechzigsten Deutschen Juristentages, Band II/2, K 241, Ziff. 8b).
1390 Bundesminister der Justiz, Abschlußbericht der Kommission zur Überarbeitung des Schuldrechts, S. 264 f.
1391 *Kniffka* ZfBR 1993, 97 (101).
1392 Bundesminister der Justiz, Abschlußbericht der Kommission zur Überarbeitung des Schuldrechts, S. 265.
1393 Vgl. Kniffka ZfBR 1993, 97 (101); ähnlich *Fischer,* Die zweifelhafte Abnahmefiktion des § 640 Abs. 1 S. 3 BGB, S. 99, der in § 640 Abs. 2 S. 1 BGB-KE eine wesentliche Einschränkung der suggerierten Abstandnahme von der bisherigen Abnahme mit ihren Abnahmewirkungen sah.

Der Vorschlag von *Muffler*, die Abnahme durch die Fertigstellungsmitteilung zu ersetzen, ist demgegenüber sicherlich ausgereifter, als es der der Kommission gewesen ist. Es ist aber zweifelhaft, inwieweit seine Umsetzung eine tatsächliche Verbesserung im Vergleich zur bestehenden Rechtslage bringen würde.[1394] Tatbestandlich wäre die Billigung des Werkes nicht mehr Voraussetzung für den Eintritt der Fertigstellungswirkungen. Faktisch hätte der Besteller aber durch das Widerspruchsrecht weiterhin eine erhebliche Einflussmöglichkeit. Das Widerspruchsrecht wäre, anders als in § 640 Abs. 2 BGB, zwar auf wesentliche Mängel beschränkt. Das muss aber nicht bedeuten, dass die Rechtsposition des Werkunternehmers dadurch gestärkt wird. Im Gegenteil: Es käme wie in § 640 Abs. 1 S. 3 BGB a.F. erneut auf die Unterscheidung zwischen wesentlichen und unwesentlichen Mängeln an. Auf diese Differenzierung wollte der Gesetzgeber aus Gründen der Rechtsklarheit in der Neuformulierung der Abnahmefiktion gerade verzichten. Sie birgt nämlich das Risiko einer langwierigen prozessualen Auseinandersetzung. Dem Werkunternehmer wäre dadurch wenig geholfen.

Die Abkehr vom Abnahmeerfordernis, sei es durch die vollständige Aufgabe des Rechtsinstituts oder durch Abkoppelung der Fälligkeit von der Abnahme, ist nicht zu befürworten.[1395] Auf die Abnahme kann weder vollständig noch in Bezug auf einzelne Rechtsfolgen verzichtet werden. Zwar enthält das Werkvertragsrecht mit § 646 BGB selbst eine Vorschrift, die die Abnahme für verzichtbar hält.[1396] Der hinter § 646 BGB stehende Gedanke ist aber nicht verallgemeinerungsfähig.[1397] § 646 BGB betrifft nur solche Werke, bei denen die Billigung aufgrund des konkreten Charakters der geschuldeten Leistung nach der Verkehrsanschauung nicht erforderlich ist.[1398] Das betrifft *Einzelfälle*, beispielsweise Theateraufführungen oder Konzerte. Aus § 646 BGB kann deshalb nicht geschlossen werden, dass die Billigung

---

1394 Ebenso *Messerschmidt*, Zur normativen Weiterentwicklung der Abnahme gemäß § 640 BGB, FS Leupertz, 2021, 399 (404 f.), der lediglich eine Problemverlagerung befürchtet.

1395 Ebenso *Messerschmidt*, Zur normativen Weiterentwicklung der Abnahme gemäß § 640 BGB, FS Leupertz, 2021, 399 (405 f., 409); *Schlier*, Mängelrechte vor der Abnahme im BGB-Bauvertrag, S. 158; Kapellmann/Messerschmidt/*Havers* § 12 VOB/B Rn. 259.

1396 *Messerschmidt*, Zur normativen Weiterentwicklung der Abnahme gemäß § 640 BGB, FS Leupertz, 2021, 399 (401).

1397 *Messerschmidt*, Zur normativen Weiterentwicklung der Abnahme gemäß § 640 BGB, FS Leupertz, 2021, 399 (401 f.).

1398 BeckOK BGB/*Voit* § 646 Rn. 4; Prütting/Wegen/Weinreich/*Leupertz*/*Halfmeier* § 646 BGB Rn. 1; Messerschmidt/Voit/*Messerschmidt* § 646 BGB Rn. 3.

als das wesentliche Element der Abnahme für sämtliche Werk- und Bauleistungen nicht entscheidend ist.

Die Besonderheit einer Abnahme wie sie nur das Werk- und Bauvertragsrecht kennt, ist auf den *Charakter des Werk- und Bauvertrags* zurückzuführen, der die beiden Vertragstypen vom Kauf- und Dienstvertrag ganz wesentlich unterscheidet. Der Sinn und Zweck, der hinter dem Abnahmeerfordernis als solchem und insbesondere auch hinter § 641 Abs. 1 S. 1 BGB steht, macht die Abnahme als „Dreh- und Angelpunkt" des Werkvertrages und als Fälligkeitsvoraussetzung unverzichtbar. Das dem Besteller richtigerweise zuzubilligende Prüfungsrecht darf durch eine Abkehr vom Abnahmeerfordernis nicht beschnitten werden.[1399]

Das bedeutet gleichzeitig aber, dass sich das aus dem Abnahmeerfordernis resultierende Abhängigkeitsverhältnis zwischen Werkunternehmer und Besteller nicht vermeiden und schon gar nicht vollständig auflösen lässt.

B. Zusammenfassung: Thesenartige Ergebnisse

Als Ergebnis der Betrachtung kann daher Folgendes festgehalten werden:

I. Abnahme als zentrale Figur in der Vertragsabwicklung

An der Konzeption des Werk- und Bauvertragsrechts und der Abnahme als zentrale Figur in der Vertragsabwicklung ist grundsätzlich festzuhalten.

Die Abnahme ist zu verstehen als die körperliche Entgegennahme des Werkes verbunden mit der Billigung als im Wesentlichen vertragsgerechte Leistung. Sie ist ausgehend vom besonderen und im BGB in dieser Form einzigartigen Charakter von Werk- und Bauverträgen zu Recht die Zäsur zwischen Erfüllungs- und Nacherfüllungsstadium und der Anknüpfungspunkt für die Fälligkeit der dem Werkunternehmer zustehenden Gesamtvergütung.

Um dem Bedürfnis nach Herstellung eines Kräftegleichgewichts zwischen Werkunternehmer und Besteller gerecht werden zu können, sind Fallgruppen unerlässlich, in denen die Fälligkeit der Vergütung ohne Abnahme eintreten kann. Es bedarf allerdings einer Neugestaltung und Ergän-

---

1399 Ebenso *Messerschmidt*, Zur normativen Weiterentwicklung der Abnahme gemäß § 640 BGB, FS Leupertz, 2021, 399 (405); zum Prüfungsrecht des Bestellers siehe S. 63 f.

zung der vorhandenen Bestimmungen, um eine annähernde „Waffengleichheit" zwischen den Parteien zu gewährleisten.

II. Abnahmefiktion

Mit § 640 Abs. 2 BGB und § 12 Abs. 5 Nr. 1, Nr. 2 VOB/B wird nur ein kleiner Teilbereich der Situationen, in denen die Gesamtvergütung ohne Abnahme fällig werden müsste, abgedeckt.

§ 640 Abs. 2 S. 1 BGB fingiert die Abnahme, wenn der Besteller sich völlig passiv verhält oder auf das Abnahmeverlangen des Werkunternehmers durch eine unfundierte Abnahmeverweigerung „ins Blaue hinein" reagiert.

Die Bestimmung weist eine Reihe von Schwächen auf, die zum Zwecke der gerechten Verteilung der Interessen, Risiken und Belastungen zwischen Werkunternehmer und Besteller eine Neugestaltung des Tatbestandes der Abnahmefiktion erforderlich machen. Darin sollte vor allem die Beweislast für das Nichtvorliegen einer fristgerechten und qualifizierten Abnahmeverweigerung dem Besteller auferlegt werden. Zudem sollte eine Präklusionswirkung für solche Mängel vorgesehen werden, die der Besteller der erstmaligen Abnahmeaufforderung nach § 640 Abs. 2 S. 1 BGB trotz Kenntnis nicht entgegengehalten hat.

Die in § 12 Abs. 5 Nr. 1 und Nr. 2 VOB/B enthaltenen Tatbestände werden regelmäßig ebenfalls als Abnahmefiktionen bezeichnet. Dabei handelt es sich allerdings jeweils nicht um gesetzliche Fiktionen, sondern um die formularvertragliche Vereinbarung, dass einem konkreten Verhalten des Auftraggebers rechtlich die Bedeutung der Abgabe einer konkludenten Willenserklärung beigemessen werden soll. § 12 Abs. 5 Nr. 1 VOB/B knüpft dabei für den Eintritt der Abnahmewirkungen an die Fertigstellungsmitteilung durch den Auftragnehmer an, § 12 Abs. 5 Nr. 2 VOB/B an das abnahmetypische Verhalten der Inbenutzungnahme.

§ 12 Abs. 5 VOB/B hat in der Praxis aus rechtlichen sowie aus tatsächlichen Gründen kaum Bedeutung und bedarf deshalb gleichermaßen einer Überarbeitung durch den zuständigen DVA. So sollte gerade § 12 Abs. 5 Nr. 1 VOB/B an die sich aus den §§ 307 ff. BGB ergebenden Vorgaben angepasst werden, um der Bestimmung auch außerhalb der Privilegierung der VOB/B in § 310 Abs. 1 S. 3 BGB einen Anwendungsbereich zu verschaffen.

III. Entbehrlichkeit der Abnahme

Eine weitaus bedeutendere Rolle als die Abnahmefiktionen spielen gerade im Bauwesen die Tatbestände, in denen die Abnahme entbehrlich ist. Gemeint sind damit weniger die gesetzlich angeordneten Entbehrlichkeitstatbestände in § 646 BGB und § 641 Abs. 2 S. 1 BGB, die kaum praktische Relevanz haben, sondern in erster Linie die Rechtsfortbildung zum Abrechnungsverhältnis und dessen Anwendung in der Praxis. Nicht die Abnahme, sondern der Übergang des Vertragsverhältnisses in das Abrechnungsverhältnis ist oft der „wahre Dreh- und Angelpunkt" bei der Abwicklung des Vertragsverhältnisses und damit regelmäßig zentrale Frage in gerichtlichen Streitigkeiten.

Mit der Rechtsfigur des Abrechnungsverhältnisses haben die Zivilgerichte die besonders praxisrelevanten Sachverhalte aufgegriffen, in denen der Besteller den Verlust seines Erfüllungsinteresses in Bezug auf ein mit wesentlichen Mängeln behaftetes Werk kundtut, ohne zugleich die Abnahme erklären zu wollen. Es handelt sich dabei vor allem um die Fälle, in denen der Besteller nur noch Schadensersatzansprüche geltend macht oder vorhandene Mängel selbst beseitigt. Für den Übergang des Vertragsverhältnisses in das Abrechnungsverhältnis genügt nach dem Verständnis der Zivilgerichte aber beispielsweise bereits das Aussprechen eines Baustellenverbotes. Auch die Erklärung der Minderung durch den Besteller soll die Abnahmeerklärung entbehrlich machen.

Das Abrechnungsverhältnis war in der Vergangenheit immer wieder Kritik ausgesetzt. Bemängelt wurde zum einen der in sich widersprüchliche und zirkelschlüssige Tatbestand, der in erheblichem Maß zu Rechtsunsicherheit führt. Zum anderen wird entgegengehalten, dass das Abrechnungsverhältnis trotz jahrelanger Rechtsprechung nie besonders begründet, geschweige denn eine Legitimationsgrundlage hierfür geliefert wurde.

Rechtliche Grundlage für das Abrechnungsverhältnis ist eine Rechtsanalogie zu den §§ 162 Abs. 1, 641 Abs. 1 S. 1 BGB. § 162 BGB konkretisiert den Grundsatz, dass niemand aus einem von ihm treuwidrig herbeigeführten Ereignis Vorteile herleiten darf und normiert das für Rechtsgeschäfte, die unter einer Bedingung stehen. Die in § 162 Abs. 1 BGB enthaltene Fiktionswirkung verhilft im Falle der treuwidrigen Vereitelung des Bedingungseintritts zur Durchsetzung des ursprünglich Vereinbarten.

Der treuwidrigen Bedingungsvereitelung gleichzustellen sind die Fälle der „maximalen Kooperationsverweigerung" durch den Vertragspartner. In den Sachverhaltskonstellationen des Abrechnungsverhältnisses liegt eine solche „maximale Kooperationsverweigerung" immer dann vor, wenn der Besteller hinsichtlich des Werkes in seiner Gesamtheit endgültig keine weitere Erfüllung mehr durch den Werkunternehmer verlangt und die Abnahme ernsthaft und endgültig (aber grundsätzlich berechtigt) verweigert. Die ernsthafte und endgültige Abnahmeverweigerung kann der Besteller insbesondere dadurch zum Ausdruck bringen, dass er sämtliche Mängel selbst beseitigt und/oder hinsichtlich sämtlicher Mängel nur noch Schadensersatz statt der Leistung verlangt. Ein Schadensersatzverlangen hinsichtlich einzelner Defizite bzw. die Beseitigung einzelner Mängel genügen für die Annahme einer ernsthaften und endgültigen Abnahmeverweigerung demgegenüber für sich genommen nicht.

Rechtsfolge des § 162 Abs. 1 BGB ist die Fiktion des Umstands, dessen Eintritt unmittelbar vereitelt wird. Weil den Sachverhaltskonstellationen des Abrechnungsverhältnisses stets ein mit wesentlichen Mängeln behaftetes Werk zugrunde liegt, vereitelt der Besteller durch die beschriebenen Verhaltensweisen unmittelbar nur die Herbeiführung der Erfüllung durch den Werkunternehmer. Mit Hilfe des § 162 Abs. 1 BGB alleine könnte dementsprechend lediglich die wesentliche Mangelfreiheit des Werkes fingiert werden, nicht hingegen die nur mittelbar vereitelte Abnahme. § 162 Abs. 1 BGB bildet deshalb für sich genommen keine hinreichende dogmatische Grundlage für das Abrechnungsverhältnis.

Ergänzend kann allerdings der Rechtsgedanke des § 641 Abs. 1 S. 1 BGB herangezogen werden. Danach soll die Fälligkeit der Gesamtvergütung davon abhängen, dass der Besteller den Wegfall jeglichen Erfüllungsinteresses kundtut. Bezogen auf die Sachverhaltskonstellationen des Abrechnungsverhältnisses bringt der Besteller den Verlust des Erfüllungsinteresses stets in den Fällen zum Ausdruck, die oben als „maximale Kooperationsverweigerung" umschrieben worden sind.

Sowohl der Eintritt der Rechtsfolge des § 641 Abs. 1 S. 1 BGB als auch der des § 162 Abs. 1 BGB hängen demzufolge davon ab, dass die endgültige Beendigung der weiteren vertraglichen Kooperation durch eine Vertragspartei angestrebt wird. In beiden Fällen soll der mit der Kooperation verbundene rechtliche Erfolg eintreten.

In der Zusammenschau lässt sich hieraus Folgendes ableiten: § 641 Abs. 1 S. 1 BGB knüpft an die Kundgabe des Fortfalls des Erfüllungsinteresses mit der Fälligkeit der Vergütung an eine der gesetzlich vorgesehenen Abnahmewirkungen an. § 162 Abs. 1 BGB will gerade in einer solchen Situation den ursprünglichen Regelungswillen *vollumfänglich* durchsetzen. Dann muss es den Wertungen des Gesetzes entsprechen, wenn in Rechtsanalogie zu beiden Bestimmungen *sämtliche Abnahmewirkungen* als eingetreten gelten.

Überträgt man die methodischen Überlegungen zu den §§ 162 Abs. 1, 641 Abs. 1 S. 1 BGB auf den Tatbestand des Abrechnungsverhältnisses, so ist dieser auf *die ernsthafte und endgültige berechtigte Abnahmeverweigerung* durch den Besteller als einzige Voraussetzung zu reduzieren. Eine derartige Konkretisierung des von der Rechtsprechung bisher deutlich weiter gefassten Tatbestandes ist nicht nur aus methodischen Gründen, sondern auch aus verfassungsrechtlicher Sicht zum Zwecke der Schaffung von Rechtssicherheit geboten.

Es würde zu weit führen, dem Gesetzgeber aus einer Verletzung des Untermaßverbotes – konkret aus dem unzureichenden Schutz des Art. 12 Abs. 1 GG zulasten des Werkunternehmers – eine Pflicht zur Kodifikation des Abrechnungsverhältnisses aufzuerlegen. Zwar herrscht mit den vorhandenen gesetzlichen Bestimmungen zweifelsfrei noch keine „Waffengleichheit" zwischen Werkunternehmer und Besteller. Das bestehende Schutzkonzept kann aber dennoch nicht als völlig unzureichend eingestuft werden. Nichtsdestotrotz ist die Ergänzung des § 640 BGB um eine Regelung zur Entbehrlichkeit der Abnahme nach Übergang des Vertragsverhältnisses in das Abrechnungsverhältnis dringend zu empfehlen.

Die einzufügende Bestimmung müsste über das Abrechnungsverhältnis sogar hinausgehen und auch die *ernsthafte und endgültige unberechtigte Abnahmeverweigerung* erfassen. Diese bildet nach der Rechtsprechung der Zivilgerichte neben dem Abrechnungsverhältnis den zweiten „Entbehrlichkeitstatbestand". Die Fälligkeit der Gesamtvergütung ohne erklärte Abnahme lässt sich in diesem Fall auf eine Gesetzesanalogie zu § 162 Abs. 1 BGB stützen.

Für die Frage, ob eine zur treuwidrigen Bedingungsvereitelung vergleichbare „maximale Kooperationsverweigerung" vorliegt, spielt es nämlich keine Rolle, ob der Besteller die Abnahme berechtigt oder unberechtigt verweigert hat. Entscheidend ist nur, dass der Besteller ernsthaft und endgültig jegliches Erfüllungsinteresse verloren hat und nicht die Abnahme als das gesetzlich vorgesehene Erklärungsmittel nutzt, um dies kundzutun. Im Unterschied zum Abrechnungsverhältnis, d.h. zur ernsthaften und endgültigen berechtigten Abnahmeverweigerung, ist aufgrund der bereits bestehenden wesentlichen Mangelfreiheit des Werkes bei der ernsthaften und endgültigen unberechtigten Abnahmeverweigerung der unmittelbar vereitelte Umstand die Abnahme selbst. Diese kann folglich im Wege der analogen Anwendung von § 162 Abs. 1 BGB fingiert werden, ohne dass es der ergänzenden Heranziehung des Rechtsgedankens des § 641 Abs. 1 S. 1 BGB bedarf.

Konsequenterweise kann vor dem Hintergrund der Erwägungen zu § 162 Abs. 1 BGB und § 641 Abs. 1 S. 1 BGB demgegenüber nicht nur die *vorläufige berechtigte*, sondern auch die *vorläufige unberechtigte* Abnahmeverweigerung die Fälligkeit der Gesamtvergütung nicht auslösen, was in dieser Deutlichkeit von der Rechtsprechung bisher nicht klargestellt wurde. Letztere führt zunächst „nur" zum Annahme- und nach Mahnung zum Schuldnerverzug des Bestellers. Es bleibt dem Werkunternehmer unbenommen, unmittelbar Klage auf Zahlung der Gesamtvergütung zu erheben. Hierin liegt zugleich eine konkludente Abnahmeklage. Die Vergütung wird dann allerdings erst mit dem konkludenten gerichtlichen Ausspruch der Abnahmereife des Werkes fällig.

Etwas anderes muss hinsichtlich des Fälligkeitszeitpunktes gelten, wenn der Werkunternehmer ohne ein Vertretenmüssen seinerseits von der Leistungspflicht befreit wird, während sich der Besteller mit der Annahme im Verzug befindet. Die Fälligkeit der Gesamtvergütung im Zeitpunkt des Untergangs der Leistungspflicht lässt sich in diesem Fall auf eine Rechtsanalogie zu §§ 641 Abs. 1 S. 1 BGB, 644 Abs. 1 S. 2, 326 Abs. 2 S. 1 Hs. 2 BGB stützen.

Die nachfolgende Übersicht fasst die hier gefundenen Ergebnisse zur Fälligkeit der Gesamtvergütung ohne Abnahme abschließend zusammen.

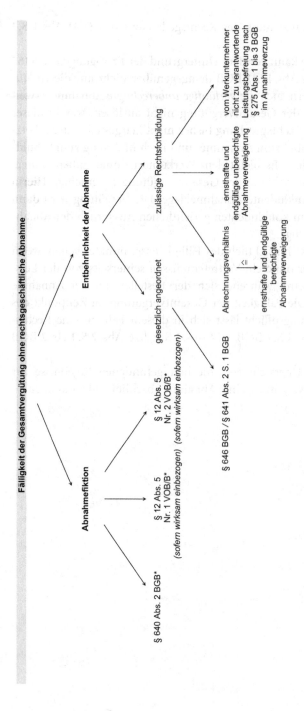

Abb. 16: Fälligkeit der Gesamtvergütung ohne Abnahme

Entscheidungsregister

Übersicht zitierter Entscheidungen in chronologischer Reihenfolge

Gericht	Entscheidungsform	Datum	Aktenzeichen	Fundstelle(n)
RG	Urteil	09.12.1902	II 265/02	RGZ 53, 161
RG	Urteil	22.04.1904	VII 490/03	RGZ 57, 337
RG	Urteil	13.07.1904	V 48/04	RGZ 58, 406
RG	Urteil	30.10.1906	II 139/06	RGZ 64, 236
RG	Urteil	24.04.1925	VI 10/25	RGZ 110, 404
RG	Urteil	08.06.1928	III 426/27	RGZ 120, 355
RG	Urteil	26.08.1943	II 39/43	RGZ 171, 297
BVerfG	Urteil	15.01.1958	1 BvR 400/51	BVerfGE 7, 198
BGH	Urteil	06.02.1958	VII ZR 39/57	NJW 1958, 706
BVerfG	Urteil	11.06.1958	1 BvR 596/56	BVerfGE 7, 377
BGH	Urteil	26.11.1959	VII ZR 120/58	NJW 1960, 431
BGH	Urteil	21.12.1960	VIII ZR 9/60	NJW 1961, 730
EuGH	Urteil	05.02.1963	C-26/92	ECLI:EU:C: 1961:1, Slg. 1962, 7 – *Van Gend &Loos/Niederländische Finanzverwaltung*
BGH	Urteil	18.09.1967	VII ZR 88/65	NJW 1967, 2259
BGH	Urteil	16.05.1968	VII ZR 40/66	NJW 1968, 1873
BGH	Urteil	24.11.1969	VII ZR 177/67	NJW 1970, 421
BGH	Urteil	22.10.1970	VII ZR 71/69	NJW 1971, 99
BGH	Urteil	30.09.1971	VII ZR 20/70	NJW 1972, 99

Gericht	Entscheidungsform	Datum	Aktenzeichen	Fundstelle(n)
BGH	Urteil	16.06.1972	V ZR 174/70	WM 1972, 1025
BVerfG	Beschluss	14.02.1973	1 BvR 112/65	BVerfGE 34, 269
BGH	Urteil	04.06.1973	VII ZR 112/71	NJW 1973, 1792
BGH	Urteil	10.01.1974	VII ZR 28/72	NJW 1974, 551
OLG Düsseldorf	Urteil	01.06.1976	21 U 224/74	BauR 1976, 433
BGH	Urteil	02.12.1976	VII ZR 302/75	NJW 1977, 376
BVerfG	Beschluss	08.06.1977	2 BvR 499/74 2 BvR 1042/75	BVerfGE 45, 142
OLG Hamm	Urteil	14.12.1977	12 U 193/76	NJW 1978, 649
BVerfG	Beschluss	08.08.1978	2 BvL 8/77	BVerfGE 49, 89
BGH	Urteil	26.10.1978	VII ZR 249/77	NJW 1979, 214
BGH	Urteil	23.11.1978	VII ZR 29/78	NJW 1979, 549
BGH	Urteil	18.12.1980	VII ZR 43/80	NJW 1981, 822
BGH	Urteil	26.02.1981	VII ZR 287/79	NJW 1981, 1448
BGH	Urteil	23.09.1982	VII ZR 82/82	NJW 1983, 113
BVerfG	Beschluss	20.10.1982	1 BvR 1470/80	BVerfGE 61, 260
BGH	Urteil	16.12.1982	VII ZR 92/82	NJW 1983, 816
BGH	Urteil	21.03.1984	VIII ZR 286/82	NJW 1984, 2568
BGH	Urteil	20.09.1984	VII ZR 377/83	NJW 1985, 731
BGH	Urteil	09.10.1986	VII ZR 249/85	NJW 1987, 382
BGH	Urteil	04.12.1986	VII ZR 354/85	NJW 1987, 837

Gericht	Entscheidungsform	Datum	Aktenzeichen	Fundstelle(n)
BGH	Urteil	26.02.1987	VII ZR 217/85	NJW-RR 1987, 724
KG	Urteil	28.04.1987	21 U 6140/86	BauR 1988, 230
BGH	Urteil	17.09.1987	VII ZR 155/86	NJW 1988, 55
BVerfG	Beschluss	29.10.1987	2 BvR 624/83 2 BvR 1080/83 2 BvR 2029/83	BVerfGE 77, 170
BVerfG	Beschluss	07.02.1990	1 BvR 26/84	BVerfGE 81, 242
BGH	Urteil	15.05.1990	X ZR 128/88	NJW 1990, 3008
BVerfG	Beschluss	26.06.1991	1 BvR 779/85	BVerfGE 84, 212
OLG Hamm	Urteil	29.10.1992	23 U 3/92	NJW-RR 1993, 340
BVerfG	Beschluss	02.03.1993	1 BvR 1213/85	BVerfGE 88, 103
BVerfG	Beschluss	30.03.1993	1 BvR 1045/89 1 BvR 1381/90 1 BvL 11/90	BVerfGE 88, 145
BVerfG	Beschluss	25.05.1993	1 BvR 1509/91 BvR 1648/91	BVerfGE 88, 384
BVerfG	Urteil	28.05.1993	2 BvF 2/901 2 BvF 4/921 2 BvF 5/92	BVerfGE 88, 203
BGH	Urteil	29.06.1993	X ZR 60/92	NJW-RR 1993, 1461
BGH	Urteil	25.11.1993	VII ZR 17/93	NJW 1994, 659
BGH	Urteil	27.10.1994	VII ZR 217/93	NJW 1995, 399
BGH	Urteil	25.01.1996	VII ZR 26/95	NJW 1996, 1280
BGH	Urteil	27.02.1996	X ZR 3/94	NJW 1996, 1749
BGH	Urteil	23.05.1996	VII ZR 140/95	NJW-RR 1996, 1108
BGH	Urteil	23.05.1996	VII ZR 245/94	NJW 1996, 2158

Gericht	Entscheidungsform	Datum	Aktenzeichen	Fundstelle(n)
BGH	Urteil	10.10.1996	VII ZR 224/95	BauR 1997, 302
BGH	Urteil	24.10.1996	VII ZR 98/94	NJW-RR 1997, 339
BGH	Urteil	02.10.1997	VII ZR 44/97	NJW-RR 1998, 235
BVerfG	Urteil	17.02.1998	1 BvF 1/91	BVerfGE 97, 228
BGH	Urteil	03.03.1998	X ZR 4/95	NJW-RR 1998, 1027
BGH	Urteil	25.03.1998	VIII ZR 298/97	NJW 1998, 2060
BGH	Urteil	16.07.1998	VII ZR 350/96	NJW 1998, 3707
OLG Düsseldorf	Urteil	20.11.1998	22 U 104/98	BauR 1999, 404
BGH	Urteil	11.02.1999	VII ZR 399/97	NJW 1999, 1867
BGH	Urteil	10.06.1999	VII ZR 170/98	NJW-RR 1999, 1246
OLG Dresden	Urteil	01.03.2000	11 U 2968/98	BauR 2001, 809
BGH	Urteil	04.05.2000	VII ZR 394/97	ZfBR 2000, 471
BGH	Urteil	22.12.2000	VII ZR 310/99	NZBau 2001, 132
BGH	Urteil	13.09.2001	VII ZR 113/00	NJW-RR 2002, 160
BGH	Urteil	27.09.2001	VII ZR 320/00	NJW 2002, 288
OLG Düsseldorf	Urteil	28.09.2001	5 U 39/99	BeckRS 2001, 14324
BGH	Urteil	09.10.2001	X ZR 153/99	BauR 2002, 775
BGH	Urteil	13.12.2001	VII ZR 27/00	NZBau 2002, 266
BGH	Urteil	21.03.2002	VII ZR 493/00	NJW 2002, 2470
BGH	Urteil	25.04.2002	IX ZR 254/00	NZBau 2002, 437
BGH	Urteil	25.04.2002	IX ZR 313/99	NZI 2002, 375

Gericht	Entscheidungsform	Datum	Aktenzeichen	Fundstelle(n)
BGH	Urteil	16.05.2002	VII ZR 479/00	NJW 2002, 3019
BGH	Versäumnisurteil	10.10.2002	VII ZR 315/01	NJW 2003, 288
BGH	Urteil	19.12.2002	VII ZR 103/00	NZBau 2003, 265
BGH	Urteil	19.12.2002	VII ZR 440/01	NJW 2003, 1601
OLG Saarbrücken	Urteil	24.06.2003	7 U 930/01	juris
BGH	Urteil	09.07.2003	IV ZR 74/02	NJW-RR 2003, 1247
BGH	Urteil	05.11.2003	VIII ZR 10/03	NJW 2004, 1598
BGH	Urteil	22.01.2004	VII ZR 419/02	NZBau 2004, 267
BGH	Urteil	03.03.2004	VIII ZR 149/03	NJW 2004, 1739
BGH	Urteil	15.04.2004	VII ZR 471/01	NJW-RR 2004, 957
OLG München	Urteil	02.11.2004	13 U 3554/04	NJW-RR 2005, 1108
BGH	Urteil	23.06.2005	VII ZR 197/03	NJW 2005, 2771
BGH	Urteil	16.09.2005	V ZR 244/04	NJW 2005, 3417
OLG Naumburg	Urteil	04.11.2005	10 U 11/05	BauR 2006, 849
BGH	Urteil	09.03.2006	VII ZR 268/04	NJW-RR 2006, 740
BGH	Urteil	11.05.2006	VII ZR 146/04	NJW 2006, 2475
BGH	Urteil	23.10.2007	XI ZR 423/06	NJW-RR 2008, 1269
BGH	Urteil	08.11.2007	VII ZR 183/05	NJW 2008, 511
OLG Düsseldorf	Urteil	08.12.2007	5 U 95/06	BauR 2010, 480
BAG	Urteil	12.12.2007	10 AZR 97/07	NJW 2008, 872

Gericht	Entscheidungsform	Datum	Aktenzeichen	Fundstelle(n)
BGH	Teilurteil	29.04.2008	KZR 2/07	NJW 2008, 2172
BGH	Urteil	24.07.2008	VII ZR 55/07	NZBau 2008, 640
BGH	Urteil	23.10.2008	VII ZR 64/07	NZBau 2009, 117
OLG Branden-burg	Beschluss	19.11.2008	12 W 52/08	BeckRS 2008, 24166
OLG Celle	Urteil	18.12.2008	6 U 65/08	BauR 2010, 1764
OLG Stuttgart	Urteil	21.04.2009	10 U 9/09	BauR 2010, 1083
OLG München	Urteil	02.06.2009	9 U 2141/06	BauR 2009, 1923
BGH	Versäumnisurteil	12.08.2009	VIII ZR 254/08	NJW 2009, 3153
BGH	Urteil	29.08.2009	VII ZR 212/07	BauR 2009, 1736
BGH	Urteil	08.12.2009	XI ZR 181/08	NJW 2010, 1284
BGH	Urteil	17.02.2010	VIII ZR 67/09	NJW 2010, 1131
BGH	Urteil	25.02.2010	VII ZR 64/09	NZBau 2010, 318
OLG Karlsruhe	Urteil	06.04.2010	4 U 129/08	NJW-RR 2010, 1609
BGH	Beschluss	18.05.2010	VII ZR 158/09	NZBau 2010, 557
BGH	Urteil	08.07.2010	VII ZR 171/08	NZBau 2010, 768
BGH	Urteil	20.07.2010	XI ZR 236/07	NJW 2010, 3510
OLG Stuttgart	Urteil	16.11.2010	10 U 77/10	NZBau 2011, 167
BVerfG	Beschluss	25.01.2011	1 BvR 918/10	BVerfGE 128, 193
OLG Düsseldorf	Urteil	04.02.2011	22 U 76/10	NJW-RR 2011, 597
BGH	Urteil	24.02.2011	VII ZR 61/10	NZBau 2011, 310

Gericht	Entscheidungsform	Datum	Aktenzeichen	Fundstelle(n)
BGH	Urteil	07.04.2011	VII ZR 209/07	NJW 2011, 1729
OLG Düsseldorf	Urteil	08.04.2011	22 U 165/10	BauR 2013, 1686
BVerfG	Beschluss	19.07.2011	1 BVR 1916/09	BVerfGE 129, 78
OLG Stuttgart	Urteil	15.11.2011	10 U 66/10	juris
OLG Branden-burg	Urteil	25.01.2012	4 U 7/10	NJW-RR 2012, 655
BGH	Urteil	26.01.2012	VII ZR 19/11	NZBau 2012, 226
OLG Branden-burg	Urteil	07.06.2012	12 U 234/11	NJW-RR 2013, 23
OLG Düsseldorf	Urteil	19.06.2012	23 U 122/11	BauR 2012, 1413
OLG Stuttgart	Urteil	03.07.2012	10 U 33/12	NZBau 2012, 771
BGH	Urteil	25.07.2012	IV ZR 201/10	NJW 2012, 3023
BGH	Urteil	24.01.2013	VII ZR 98/12	NJW-RR 2013, 534
OLG Düsseldorf	Urteil	19.02.2013	21 U 24/12	BeckRS 2013, 12641
BVerfG	Urteil	19.03.2013	2 BvR 2628/10 2 BvR 2883/10 2 BvR 2155/11	BVerfGE 133, 168
BGH	Urteil	08.05.2013	IV ZR 84/12	NJW 2013, 2739
BGH	Versäumnisurteil	06.06.2013	VII ZR 355/12	NJW 2013, 3022
KG	Urteil	23.07.2013	27 U 72/11	BauR 2014, 115
BGH	Urteil	26.09.2013	VII ZR 220/12	NJW 2013, 3513
BGH	Urteil	21.11.2013	IX ZR 52/13	NJW 2014, 547
OLG Koblenz	Hinweisbeschluss	03.01.2014	5 U 1310/13	NZBau 2014, 293
BGH	Urteil	20.02.2014	VII ZR 26/12	ZfBR 2014, 362

Gericht	Entscheidungsform	Datum	Aktenzeichen	Fundstelle(n)
BGH	Urteil	05.06.2014	VII ZR 276/13	NJW-RR 2014, 1204
OLG Düsseldorf	Urteil	22.07.2014	21 U 193/13	juris
BGH	Versäumnisurteil	10.09.2014	XII ZR 56/11	NJW 2014, 3722
BVerfG	Beschluss	16.12.2014	1 BvR 2142/11	NVwZ 2015, 510
BGH	Urteil	08.01.2015	VII ZR 6/14	NJW-RR 2015, 469
EuGH	Urteil	15.02.2015	C-117/14	ECLI:EU:C: 2015:60 – *Nisttahuz Poclava/Ariza Toledano*
BVerfG	Beschluss	24.02.2015	1 BvR 472/14	BVerfGE 138, 377
OLG Bamberg	Urteil	03.03.2015	8 U 31/14	NJW 2015, 1533
BGH	Urteil	18.03.2015	VIII ZR 176/14	NJW 2015, 2564
BVerfG	Beschluss	21.04.2015	2 BvR 1322/12 2 BvR 1989/12	BVerfGE 139, 19
BGH	Urteil	05.11.2015	VII ZR 43/15	NZBau 2016, 93
OLG München	Urteil	10.11.2015	9 U 4218/14	BauR 2016, 846
BGH	Urteil	09.12.2015	VIII ZR 349/14	NJW 2016, 2101
OLG Schleswig	Urteil	18.12.2015	1 U 125/14	NZBau 2016, 298
BGH	Urteil	20.01.2016	VIII ZR 77/15	NJW 2016, 2493
BGH	Urteil	28.01.2016	I ZR 60/14	NJW-RR 2016, 498
OLG Karlsruhe	Urteil	05.02.2016	8 U 16/14	NJW 2016, 2755
OLG Düsseldorf	Urteil	08.04.2016	22 U 165/15	BauR 2017, 1540
OLG Düsseldorf	Urteil	22.04.2016	22 U 148/15	BauR 2018, 706

Gericht	Entscheidungsform	Datum	Aktenzeichen	Fundstelle(n)
BGH	Urteil	12.05.2016	VII ZR 171/15	NJW 2016, 2878
BGH	Beschluss	24.08.2016	VII ZR 41/14	NJW-RR 2016, 1423
BGH	Urteil	15.12.2016	IX ZR 117/16	NZI 2017, 60
BGH	Urteil	19.01.2017	VII ZR 301/13	NJW 2017, 1604
BGH	Urteil	19.01.2017	VII ZR 235/15	NJW 2017, 1607
BGH	Urteil	19.01.2017	VII ZR 193/15	BauR 2017, 879
BGH	Urteil	04.07.2017	XI ZR 233/16	WM 2017, 1652
OLG Frankfurt	Urteil	02.08.2017	29 U 216/16	juris
BGH	Urteil	09.11.2017	VII ZR 116/15	NJW 2018, 697
BGH	Urteil	22.02.2018	VII ZR 46/17	NJW 2018, 1463
BGH	Urteil	27.02.2018	VI ZR 109/17	NJW 2018, 1756
BVerfG	Beschluss	22.03.2018	2 BvR 780/16	NJW 2018, 1935
BVerfG	Beschluss	06.06.2018	1 BvL 7/14 1 BvR 1375/14	BVerfGE 149, 126
KG	Urteil	10.07.2018	21 U 152/17	NJW 2018, 3258
OLG Düsseldorf	Urteil	18.12.2018	I-22 U 93/18	BauR 2020, 991
OLG Hamburg	Urteil	20.12.2018	4 U 80/18	BauR 2019, 1306
BGH	Urteil	21.02.2019	I ZR 98/17	NJW 2019, 2322
OLG Düsseldorf	Urteil	25.04.2019	5 U 91/18	NJW 2019, 2944
OLG Hamm	Urteil	30.04.2019	24 U 14/18	NJW 2019, 3240
OLG München	Endurteil	08.05.2019	20 U 124/19	BeckRS 2019, 9398
BGH	Urteil	09.05.2019	VII ZR 154/18	NZBau 2019, 572

Gericht	Entscheidungsform	Datum	Aktenzeichen	Fundstelle(n)
BGH	Urteil	16.05.2019	IX ZR 44/18	NJW 2019, 2166
BGH	Beschluss	02.07.2019	VIII ZR 74/18	NJW-RR 2019, 1202
OLG München	Hinweisbeschluss	02.08.2019	28 U 441/19	BeckRS 2019, 63745
BGH	Urteil	08.08.2019	VII ZR 34/18	ZfBR 2019, 777
BGH	Urteil	28.05.2020	VII ZR 108/19	NJW 2020, 2270
BGH	Urteil	10.06.2020	VIII ZR 289/19	NJOZ 2021, 375
BGH	Urteil	14.10.2020	VIII ZR 318/19	NJW 2021, 464
BGH	Beschluss	04.11.2020	VII ZR 261/18	NJW-RR 2021, 147
BGH	Urteil	26.02.2021	V ZR 290/19	ZWE 2021, 282
OLG Nürnberg	Hinweisbeschluss	17.05.2021	13 U 365/21	NZBau 2021, 539
BVerfG	Beschluss	03.11.2021	1 BvL 1/19	BVerfGE 159, 183
BGH	Beschluss	19.01.2022	XII ZB 183/21	NJW 2022, 1088
OLG München	Beschluss	08.03.2022	28 U 9184/21	juris
OLG Stuttgart	Urteil	02.06.2022	13 U 9/21	NZBau 2022, 658
OLG Hamm	Urteil	27.09.2022	24 U 57/21	NJW 2023, 2045
BVerfG	Beschluss	08.11.2022	2 BvR 2480/10 2 BvR 421/13 2 BvR 756/16 2 BvR 786/15 2 BvR 561/18	GRUR 2023, 549
OLG Koblenz	Urteil	15.12.2022	1 U 516/22	NZBau 2023, 381
BGH	Urteil	19.01.2023	VII ZR 34/20	NJW 2023, 1356
OLG Oldenburg	Urteil	23.04.2024	2 U 128/23	ZfBR 2024, 420

Literaturverzeichnis

Bachem, Eberhard/ Bürger, Andreas	Die Neuregelung zur Abnahmefiktion im Werkvertragsrecht, NJW 2018, 118
Basedow, Jürgen	Das BGB im künftigen europäischen Privatrecht: Der hybride Kodex, Systemsuche zwischen nationaler Kodifikation und Rechtsangleichung, AcP 200 (2000), 446
Baumgärtel, Gottfried (Begr.)/ Laumen, Hans-Willi (Hrsg.)/ Prütting, Hanns (Hrsg.)	Handbuch der Beweislast, Band 1 Grundlagen, 5. Auflage, Hürth 2023 (zit.: Baumgärtel/Laumen/Prütting/*Bearbeiter*, Handbuch der Beweislast, Bd. 1, Kap. Rn.)
Bennemann, Jürgen	Fiktionen und Beweislastregelungen in Allgemeinen Geschäftsbedingungen, Frankfurt am Main 1987
Bolz, Stephan	Die Erfolgshaftung des Werkunternehmers, Jahrbuch Baurecht 2011, 107
Bolz, Stephan/ Jurgeleit, Andreas	VOB/B, Vergabe- und Vertragsordnung für Bauleistungen Teil B, Kommentar zu den Allgemeinen Vertragsbedingungen für die Ausführung von Bauleistungen, München 2023 (zit.: Bolz/Jurgeleit/*Bearbeiter* § Rn.)
Braun, Eberhard (Hrsg.)	Insolvenzordnung (InsO), InsO mit EuInsVO (2015), Kommentar, 10. Auflage, München 2024 (zit.: Braun/*Bearbeiter* § Rn.)
Breitling, Tobias	Abnahme und Zustandsfeststellung nach neuem Recht, NZBau 2017, 393
Buchwitz, Wolfram	Vorbehaltlose Abnahme einer Werkleistung in Kenntnis eines Mangels, NJW 2017, 1777
Bumke, Christian	Verfassungsrechtliche Grenzen fachrichterlicher Rechtserzeugung, in: *Bumke* (Hrsg.), Richterrecht zwischen Gesetzesrecht und Rechtsgestaltung, Tübingen 2012, 33
Bundesminister der Justiz (Hrsg.)	Abschlußbericht der Kommission zur Überarbeitung des Schuldrechts, Köln 1992
Bunte, Hermann-Josef	Die Begrenzung des Kompensationseinwandes bei der richterlichen Vertragskontrolle, Festschrift für Hermann Korbion zum 60. Geburtstag am 18. Juni 1986, Düsseldorf 1986, 17
Bydlinski, Franz	Juristische Methodenlehre und Rechtsbegriff, 2. Auflage, Nachdruck, Wien 2011 (zit.: *Bydlinski*, Juristische Methodenlehre und Rechtsbegriff, S.)
Canaris, Claus Wilhelm	Die Feststellung von Lücken im Gesetz, Eine methodologische Studie über Voraussetzungen und Grenzen der

	richterlichen Rechtsfortbildung praeter legem, 2. Auflage, Berlin 1983
Dauner-Lieb, Barbara (Hrsg.)/ Langen, Werner (Hrsg.)	Nomos Kommentar zum BGB, Schuldrecht, Band 2/2: §§ 488–661a, 4. Auflage, Baden-Baden 2021 (zit.: NK-BGB/*Bearbeiter* § Rn.)
Denninger, Erhard	Vom Elend des Gesetzgebers zwischen Übermaßverbot und Untermaßverbot, Festschrift für Ernst Gottfried Mahrenholz, Baden-Baden 1994, 561
Detterbeck, Steffen	Öffentliches Recht, Ein Basislehrbuch zum Staatsrecht, Verwaltungsrecht und Europarecht mit Übungsfällen, 12. Auflage, München 2022
Deutscher Vergabe- und Vertragsaus- schuss für Bauleistungen (DVA)	Satzung, Fassung November 2017, https://www.bmwsb.bund.de/SharedDocs/downloads/Webs/BMWSB/DE/veroeffentlichungen/bauen/satzung-dva.pdf?__blob=publicationFile&v=2 (zuletzt aufgerufen am 17.11.2024)
Dreier, Horst (Begr.)/ Brosius-Gersdorf, Frauke (Hrsg.)	Grundgesetz-Kommentar, Band I: Präambel, Vorbemerkungen, Artikel 1–19, 4. Auflage, Tübingen 2023, (zit.: Dreier/*Bearbeiter* Art. Rn.)
Dreier, Horst (Hrsg.)	Grundgesetz-Kommentar, Band II: Artikel 20–82, 3. Auflage, Tübingen 2015 (zit.: Dreier/*Bearbeiter* Art. Rn.)
Engisch, Karl	Einführung in das juristische Denken, 13. Auflage, Stuttgart 2024 (zit.: *Engisch,* Einführung in das juristische Denken, Kap., S.)
Enneccerus, Ludwig	Lehrbuch des bürgerlichen Rechts, Erster Band, erste Abteilung: Einleitung, Allgemeiner Teil, 12. Bearbeitung, Marburg 1928 (zit.: *Enneccerus,* Lehrbuch des Bürgerlichen Rechts /1,1, §, S.)
Epping, Volker/ Lenz, Sebastian/ Leydecker, Philipp	Grundrechte, 10. Auflage, Berlin 2024
Epping, Volker (Hrsg.)/ Hillgruber Christian (Hrsg.)	BeckOK Grundgesetz, 58. Edition, Stand 15.06.2024, München 2023 (zit.: BeckOK GG/*Bearbeiter* Art. Rn.)
Erkelenz, Peter	Wieder einmal: Gesetz zur Beschleunigung fälliger Zahlungen – Rechtspolitisches und Rechtliches, ZfBR 2000, 435
Fenn, Herbert	Der Grundsatz der Tarifeinheit – Zugleich zu Voraussetzungen und Grenzen richterlicher Rechtsfortbildung –, Festschrift für Otto Rudolf Kissel zum 65. Geburtstag, München 1994, 213

Fikentscher, Wolfgang — Methoden des Rechts in vergleichender Darstellung, Band III: Mitteleuropäischer Rechtskreis, Tübingen 1976 (zit.: *Fikentscher*, Methoden des Rechts, Bd. III, S.)

Fikentscher, Wolfgang — Methoden des Rechts in vergleichender Darstellung, Band IV: Dogmatischer Teil, Tübingen 1977 (zit.: *Fikentscher*, Methoden des Rechts, Bd. IV, S.)

Fischer, Christian Felix — Die zweifelhafte Abnahmefiktion des § 640 Abs. 1 S. 3 BGB, Eine Untersuchung der Voraussetzungen und Rechtsfolgen, ihres Sinn und Zwecks sowie der Folgen für die Praxis, Frankfurt am Main 2010

Flume, Werner — Allgemeiner Teil des Bürgerlichen Rechts, Zweiter Band: Das Rechtsgeschäft, 4. Auflage, Berlin/Heidelberg 1992 (zit: *Flume*, Allgemeiner Teil des Bürgerlichen Rechts, §, S.)

Franke, Horst (Hrsg.)/ Kemper, Ralf (Hrsg.)/ Zanner, Christian (Hrsg.)/ Grünhagen, Matthias (Hrsg.)/ Mertens, Susanne (Hrsg.) — VOB-Kommentar, Bauvergaberecht, Bauvertragsrecht, Bauprozessrecht, 7. Auflage, Köln 2020 (zit.: Franke/Kemper/Zanner/Grünhagen/Mertens/*Bearbeiter* § Rn.)

Friedhoff, Tobias — Die vorläufige, unberechtigte Abnahmeverweigerung, BauR 2022, 1409

Ganns, Karl-Julius — Die analoge Anwendung des § 162 BGB, 1983

Ganten, Hans (Hrsg.)/ Jansen, Günther (Hrsg.)/ Voit, Wolfgang (Hrsg.) — Beck´scher VOB-Kommentar: Vergabe- und Vertragsordnung für Bauleistungen Teil B, Allgemeine Vertragsbedingungen für die Ausführung von Bauleistungen, 3. Aufl. 2013, 4. Aufl. 2023 (zit.: Beck´scher VOB/B-Komm./*Bearbeiter* § Rn.)

Gartz, Benjamin — Keine Mängelrechte vor Abnahme auch bei Insolvenz des Unternehmers, NZBau 2018, 404

Gernhuber, Joachim (Hrsg.) — Handbuch des Schuldrechts in Einzeldarstellungen, Das Schuldverhältnis: Begründung und Änderung, Pflichten und Strukturen, Drittwirkungen: Band 8, Tübingen 1989 (zit.: *Gernhuber*, Das Schuldverhältnis, §, S.)

Glöckner, Jochen — Geltendmachung von Mängelrechten vor Abnahme des Werks, LMK 2017, 392720

Grigoleit, Hans Christoph/ Riehm, Thomas — Grenzen der Gleichstellung von Zuwenig-Leistung und Sachmangel, ZGS 2002, 115

Groß, Heinrich — Die verweigerte Abnahme, Festschrift für Horst Locher zum 65. Geburtstag, Düsseldorf 1990, 53

Grüneberg, Christian (Hrsg.) — Bürgerliches Gesetzbuch mit Nebengesetzen, 83. Auflage, München 2024 (zit.: Grüneberg/*Bearbeiter* § Rn.)

Gsell, Beate/ Krüger, Wolfgang/ Lorenz, Stephan/ Reymann, Christoph (GesamtHrsg.) — Beck-Online.Grosskommentar zum Zivilrecht (zit.: BeckOGK/*Bearbeiter*, Stand, § Rn.)

343

Haratsch, Andreas/ Koenig, Christian/ Pechstein, Matthias	Europarecht, 13. Auflage, Tübingen 2023 (zit: *Haratsch/Koenig/Pechstein*, Europarecht, Rn.)
Hartmann, Christoph von	Das Ende der Fälligkeit des Werklohnanspruches ohne Abnahme? – Ausblick zum Urteil des BGH vom 11.05.2006, VII ZR 146/04, ZfBR 6/2006, S. 561 ff., ZfBR 2006, 737
Hartung, Sven	Die Abnahme im Baurecht, NJW 2007, 1099
Hartwig, Sven Marco	Zur Möglichkeit des Bestellers, frei zwischen der Selbstvornahme und der Nacherfüllung zu wechseln, BauR 2018, 720
Hau, Wolfgang (Hrsg.)/ Poseck, Roman (Hrsg.)	Beck'scher Onlinekommentar BGB, 71. Edition, München 2024 (zit.: BeckOK BGB/*Bearbeiter* § Rn.)
Heiermann, Wolfgang	Durchführung der Abnahme von der Anzeige bis zum Protokoll, Seminar Abnahme und Gewährleistung in VOB und BGB, 44
Heiermann, Wolfgang (Hrsg.)/ Riedl, Richard (Hrsg.)/ Rusam, Martin (Hrsg.)	Handkommentar zur VOB, VOB Teile A und B, VSVgV, Rechtschutz im Vergabeverfahren, 14. Auflage/VOB Ausgabe 2016, Wiesbaden 2017 (zit.: Heiermann/Riedl/Rusam/*Bearbeiter* § VOB/B Rn.)
Henkel, Andreas	Die ungeschriebenen Tatbestandsvoraussetzungen und die Rechtsnatur der „Abnahmefiktion" in § 12 Nr. 5 Abs. 1 und Abs. 2 VOB/B, Jahrbuch Baurecht 2003, 87
Henkel, Andreas	Die Pflicht des Bestellers zur Abnahme des unwesentlich unfertigen Werkes, MDR 2004, 361
Henkel, Andreas	Die Abnahmefiktionen im Werkvertragsrecht, Aachen 2004
Hildebrandt, Thomas/ Abu Saris, Amneh	Die Abnahme von Bauleistungen, 3. Auflage, Hürth 2020 (zit.: *Hildebrandt/Abu Saris,* Die Abnahme von Bauleistungen, Kapitel Rn.)
Höpfner, Clemens	Anforderungen an die Fristsetzung – Bestimmtheitsgebot und Angemessenheit der Frist, NJW 2016, 3633
Höpfner, Clemens	Gesetzesbindung und verfassungskonforme Auslegung im Arbeits- und Verfassungsrecht, RdA 2018, 321
Hopt, Klaus J. (Hrsg.)	Handelsgesetzbuch mit GmbH & Co., Handelsklauseln, Bank- und Kapitalmarktrecht, Transportrecht (ohne Seerecht), 43. Auflage, München 2024 (zit.: Hopt/*Bearbeiter* § Rn.)
Huber, Ulrich/ Gernhuber, Joachim (Hrsg.)	Handbuch des Schuldrechts in Einzeldarstellungen, Leistungsstörungen: Die allgemeinen Grundlagen – Der Tatbestand des Schuldnerverzugs – Die vom Schuldner zu vertretenden Umstände: Band 9/1, Tübingen 1999 (zit.: *Huber,* Leistungsstörungen I, §, S.)
Ingenstau, Heinz (Begr.)/ Korbion, Hermann (Begr.)/	VOB Teile A und B, Kommentar, 22. Auflage, Hürth 2023 (zit.: Ingenstau/Korbion/*Bearbeiter* § VOB/B Rn.)

Leupertz, Stefan (Hrsg.)/
Wietersheim, Mark von (Hrsg.)

Ipsen, Jörn — Staatsrecht II Grundrechte, 24. Auflage, München 2021 (zit.: *Ipsen*, Staatsrecht II, Rn.)

Jachmann, Monika — Zur Reichweite der Wesentlichkeitstheorie des Bundesverfassungsgerichts und ihrer Bedeutung für die richterliche Entscheidung, JA 1994, 399

Jacoby, Florian — Neuerung des Rechts der Abnahme, PiG 106, 45

Jagenburg, Walter — Die Rechtsprechung zum privaten Bau- und Bauvertragsrecht im Jahre 1973, NJW 1974, 2264

Jakobs, H.H. — Die Abnahme beim Werkvertrag, AcP 183 (1983), 145

Jauernig, Othmar (Begr.)/
Stürner, Rolf (Hrsg.) — Bürgerliches Gesetzbuch: BGB mit Rom-I-VO, Rom-II-VO, Rom-III-VO, EG-UnthVO/HUntProt und EuErbVO, 19. Auflage, München 2023 (zit.: Jauernig/*Bearbeiter* § Rn.)

Jensen, Christina — Das Dilemma der Bauverträge, Insbesondere: Ein Vorschlag zur Entschärfung von Nachtragskonflikten, Baden-Baden 2006

Jocham, Felix — Die Grenzen der richterlichen Rechtsfortbildung im Privatrecht, Berlin 2021

Jordan, Maximilian — Der zeitliche Anwendungsbereich des allgemeinen Leistungsstörungsrechts und der besonderen Gewährleistungsrechte beim Kauf-, Werk- und Mietvertrag, Frankfurt am Main 2015

Joussen, Edgar — Vereinbarung der VOB/B bei Werklieferungsverträgen, BauR 2014, 1195

Joussen, Edgar — Fiktive Abnahme und Zustandsfeststellung nach neuem Recht, BauR 2018, 328

Jürgens, Horst — Kostenvorschuss vor der Abnahme, BauR 2021, 1033

Jürgens, Horst — Das Abrechnungsverhältnis, BauR 2022, 1695

Kaiser, Gisbert — Das Mängelhaftungsrecht in Baupraxis und Bauprozeß, Ein systematisches Handbuch, 7. Auflage, Heidelberg 1992

Kapellmann, Klaus D. (Hrsg.)/
Messerschmidt, Burkhard (Hrsg.)/
Markus, Jochen (Hrsg.) — VOB Teile A und B, Vergabe- und Vertragsordnung für Bauleistungen mit Vergabeverordnung (VgV), 8. Auflage, München 2022 (zit.: Kapellmann/Messerschmidt/*Bearbeiter* § VOB/B Rn.)

Kaufmann, Arthur — Rechtsphilosophie zum Mitdenken, 5. Kapitel: Einführung in die juristische Methodenlehre, Der Prozess der Rechtserkenntnis, II. Teil, JURA 1992, 346

Kimpel, Ralph — Der Entwurf des gesetzlichen Bauvertragsrechts aus Sicht des gewerblichen Unternehmers, NZBau 2016, 734

Kirsch, Wilhelm Michael — Das deutsche Verdingungswesen, Stuttgart 1936

Kleine-Möller, Nils (Begr.)/ Merl, Heinrich (Begr.)/ Glöckner, Jochen (Hrsg.)	Handbuch des privaten Baurechts, 6. Auflage, München 2019 (zit.: Kleine-Möller/Merl/Glöckner/*Bearbeiter* § Rn.)
Kniffka, Rolf	Änderungen des Bauvertragsrechts im Abschlußbericht der Kommission zur Überarbeitung des Schuldrechts, ZfBR 1993, 97
Kniffka, Rolf	Das Gesetz zur Beschleunigung fälliger Zahlungen – Neuregelung des Bauvertragsrechts und seine Folgen –, ZfBR 2000, 227
Kniffka, Rolf	Das neue Recht nach dem Gesetz zur Reform des Bauvertragsrechts, zur Änderung der kaufrechtlichen Mängelhaftung und zur Stärkung des zivilprozessualen Rechtsschutzes (BauVG), BauR 2017, 1747
Kniffka, Rolf (Begr.)/ Jurgeleit, Andreas (Hrsg.)	Bauvertragsrecht, Kommentar zu den Grundzügen des gesetzlichen Bauvertragsrechts (§§ 631–650v BGB) unter besonderer Berücksichtigung der Rechtsprechung des Bundesgerichtshofs, 4. Auflage, München 2022 (zit.: Kniffka/Jurgeleit/*Bearbeiter* § Rn.)
Kniffka, Rolf (Hrsg.)/ Koeble, Wolfgang (Hrsg.)/ Jurgeleit, Andreas (Hrsg.)/ Sacher, Dagmar (Hrsg.)	Kompendium des Baurechts, Privates Baurecht und Bauprozess, 5. Auflage, München 2020 (zit.: Kniffka/Koeble/Jurgeleit/Sacher/*Bearbeiter* Teil Rn.)
Koch, Raphael	Die Fristsetzung zur Leistung oder Nacherfüllung – Mehr Schein als Sein? Was bleibt noch vom Fristsetzungserfordernis?, NJW 2010, 1636
Koeble, Wolfgang	Abnahmesurrogate, BauR 2012, 1153
Köhler, Helmut	BGB Allgemeiner Teil, 48. Auflage, München 2024 (zit.: *Köhler,* BGB Allgemeiner Teil, § Rn.)
Koenen, Andreas	Das neue Bauvertragsrecht: Anfang vom Ende der VOB/B?, BauR 2018, 1033
Koppmann, Werner	Vergütung vollständig gezahlt: Leistung dadurch abgenommen?, IBR 2012, 698
Kraus, Steffen/ Vygen, Klaus/ Oppler, Peter Michael	Ergänzungsentwurf Kraus/Vygen/Oppler zum Entwurf eines Gesetzes zur Beschleunigung fälliger Zahlungen der Fraktionen der SPD und Bündnis 90/Die Grünen, BauR 1999, 964
Langen, Werner (Hrsg.)	Werk- und Bauvertragsrecht, Spezialkommentar zu den §§ 631–650v BGB, Baden-Baden 2020 (zit.: HK-WerkBauVertrR/*Bearbeiter* § Rn.)
Larenz, Karl	Richterliche Rechtsfortbildung als methodisches Problem, NJW 1965, 1
Larenz, Karl	Lehrbuch des Schuldrechts, Zweiter Band: Besonderer Teil, 1. Halbband, 13. Auflage, München 1986 (zit.: *Larenz,* SchuldR BT, Bd. 2/1, §, S.)
Larenz, Karl (Begr.)/ Canaris, Claus-Wilhelm	Methodenlehre der Rechtswissenschaft, 3. Auflage, Berlin 1995

Lederer, Marvin	Die geschuldete Funktion des Werkerfolgs, Vom Dogma des Werkvertrags zum unerkannten Vorbild für das Kaufrecht, BauR 2017, 605
Leinemann, Ralf	Das neue Bauvertragsrecht und seine praktischen Folgen, NJW 2017, 3113
Leinemann, Ralf (Hrsg.)	VOB/B Kommentar, 8. Auflage, Köln 2024 (zit.: Leinemann/*Bearbeiter* § Rn.)
Leineweber, Anke	Handbuch des Bauvertragsrechts, Eine systematische Darstellung des Rechts der Bauverträge, Baden-Baden 2000
Leitzke, Walther	Verweigerung der Abnahme, BauR 2009, 146
Leupertz, Stefan	Der verpreiste Leistungsumfang und der geschuldete Erfolg, Überlegungen zur Struktur des Bauvertrages, BauR 2010, 273
Leupertz, Stefan (Hrsg.)/ Preussner, Mathias (Hrsg.)/ Sienz, Christian (Hrsg.)	Bauvertragsrecht, 2. Auflage, München 2021 (zit.: Leupertz/Preussner/Sienz/*Bearbeiter* § Rn.)
Looschelders, Dirk	Schuldrecht Allgemeiner Teil, 21. Auflage, München 2023 (zit.: *Looschelders*, Schuldrecht AT, § Rn.)
Looschelders, Dirk/ Roth, Wolfgang	Juristische Methodik im Prozeß der Rechtsanwendung, Zugleich ein Beitrag zu den verfassungsrechtlichen Grundlagen von Gesetzesauslegung und Rechtsfortbildung, Berlin 1996 (zit.: *Looschelders/Roth*, Juristische Methodik, S.)
Mangoldt, Hermann von (Begr.)/ Klein Friedrich/ Starck, Christian/ Huber, Peter M. (Hrsg.)/ Voßkuhle, Andreas (Hrsg.)	Grundgesetz Kommentar, Band 1: Präambel, Artikel 1–19, 8. Auflage, München 2024 (zit.: Huber/Voßkuhle/*Bearbeiter* Art. Rn.)
Maunz, Theodor (Begr.)/ Dürig, Günter (Begr.)/ Herzog, Roman (Hrsg.)/ Scholz, Rupert (Hrsg.)/	Grundgesetz, Band I, Band II, Band III, Band VI, 101. Ergänzungslieferung, München 2023, 104. Ergänzungslieferung, München 2024 (zit.: Dürig/Herzog/Scholz/*Bearbeiter* Art. Rn.)
Meier, Johannes	Die konkludent erklärte Abnahme, BauR 2016, 565
Merten, Detlef (Hrsg.)/ Papier, Hans-Jürgen (Hrsg.)	Handbuch der Grundrechte in Deutschland und Europa, Band III Grundrechte in Deutschland: Allgemeine Lehren II, Heidelberg 2009 (zit.: Merten/Papier/*Bearbeiter*, Handbuch der Grundrechte, Bd. III, § Rn.)
Messerschmidt, Burkhard	Zur normativen Weiterentwicklung der Abnahme gemäß § 640 BGB, Festschrift für Stefan Leupertz zum 60. Geburtstag, 2021, 399
Messerschmidt, Burkhard (Hrsg.)/ Voit, Wolfgang (Hrsg.)	Privates Baurecht, Kommentar zu §§ 631 ff. BGB samt systematischen Darstellungen sowie Kurzkommentierungen zu VOB/B, HOAI und BauFordSiG, 4. Auflage, München 2022

	(zit.: Messerschmidt/Voit/*Bearbeiter* Teil A. Rn./§ Rn.)
Möllers, Thomas M.J.	Juristische Methodenlehre, 5. Auflage, München 2023 (zit.: *Möllers*, Juristische Methodenlehre, § Rn.)
Motzke, Gerd	Abschlagszahlung, Abnahme und Gutachterverfahren nach dem Beschleunigungsgesetz, NZBau 2000, 489
Motzke, Gerd (Hrsg.)/ Seewald Thomas M.A. (Hrsg.)/ Tschäpe, Philipp (Hrsg.)	Prozesse in Bausachen, 4. Auflage, Baden-Baden 2024 (zit.: Motzke/Seewald/Tschäpe/*Autor*, § A. Rn.)
Muffler, Joachim	Ein Plädoyer für die Abschaffung der Abnahme im Werkvertragsrecht, BauR 2020, 703
Mugdan, Benno	Die gesamten Materialien zum Bürgerlichen Gesetzbuch für das Deutsche Reich, II. Band, Recht der Schuldverhältnisse, Berlin 1899 (zit.: Protokolle/Motive, II, S. (= *Mugdan*, S.))
Musielak, Hans-Joachim/ Voit, Wolfgang	Grundkurs ZPO, Eine Darstellung zur Vermittlung von Grundlagenwissen im Zivilprozessrecht (Erkenntnisverfahren und Zwangsvollstreckung) mit Fällen und Fragen zur Lern- und Verständniskontrolle sowie mit Übungsklausuren, 16. Auflage, München 2022 (zit.: *Musielak/Voit*, Grundkurs ZPO, Rn.)
Neuner, Jörg	Allgemeiner Teil des Bürgerlichen Rechts, 13. Auflage, München 2023 (zit.: *Neuner*, BGB Allgemeiner Teil, § Rn.)
Nickel, Thomas	Die Erklärungsfiktion im Bürgerlichen Recht unter besonderer Berücksichtigung des § 10 Nr. 5 AGBG, Frankfurt am Main 1997
Nicklisch, Fritz (Begr.)/ Weick, Günter (Begr.)/ Jansen, Günther Arnold (Hrsg.)/ Seibel, Mark (Hrsg.)	VOB Teil B, Vergabe- und Vertragsordnung für Bauleistungen, Kommentar, 5. Aufl., München 2019 (zit.: Nicklisch/Weick/Jansen/Seibel/*Bearbeiter* § Rn.)
Niemöller, Christian/ Kraus, Steffen	Das Gesetz zur Beschleunigung fälliger Zahlungen und die VOB/B 2000 – Zwei nicht abnahmefähige Werke, Jahrbuch Baurecht 2001, 225
Oberhauser, Iris	Bauvertragsrecht im Umbruch – Vorschläge zu einer Neukonzeption, Düsseldorf 2000
Oberhauser, Iris	Das Abrechnungsverhältnis – Voraussetzungen und Folgen, NZBau 2024, 379
Oertmann, Paul	Die Rechtsbedingung (condicio iuris), Untersuchungen zum Bürgerlichen Recht und zur allgemeinen Rechtslehre, Leipzig 1924
Oetker, Hartmut/ Maultzsch, Felix	Vertragliche Schuldverhältnisse, 5. Auflage, Berlin 2018 (zit.: *Oetker/Maultzsch*, Vertragliche Schuldverhältnisse, § Rn.)
Oppler, Peter	Die Folgen der rechtwidrigen Nichtabnahme einer Bauleistung, Festschrift für Ulrich Werner zum 65. Geburtstag, München 2005, 185

Orlowski, Matthias	Das gesetzliche Bauvertragsrecht – Übersicht und Stellungnahme zum Gesetzentwurf der Bundesregierung –, ZfBR 2016, 419
Peters, Frank	Die Fälligkeit des Werklohns bei einem gekündigten Bauvertrag, NZBau 2006, 559
Peters, Frank	Zu der Struktur und den Wirkungen einer auf § 649 BGB gestützten Kündigung des Bestellers, BauR 2012, 11
Peters, Frank	Zur werkvertraglichen Abnahme, BauR 2013, 381
Pietsch, Matthias	Die Abnahme im Werkvertragsrecht – geschichtliche Entwicklung und geltendes Recht, 1976
Prütting, Hanns (Hrsg.)/ Wegen, Gerhard (Hrsg.)/ Weinreich, Gerd (Hrsg.)	Bürgerliches Gesetzbuch, Kommentar, 19. Auflage, Hürth 2024 (zit.: Prütting/Wegen/Weinreich/*Bearbeiter* § Rn.)
Radbruch, Gustav	Rechtsphilosophie II, 2. Bearb. von Arthur Kaufmann, Heidelberg 1993 (zit.: *Radbruch*, Rechtsphilosophie II, S.)
Rauscher, Thomas (Hrsg.)/ Krüger, Wolfgang (Hrsg.)	Münchener Kommentar zur Zivilprozessordnung mit Gerichtsverfassungsgesetz und Nebengesetzen, Band 1: §§ 1–354, 6. Auflage, München 2020 (zit.: MüKoZPO/*Bearbeiter* § Rn.)
Reimer, Franz	Juristische Methodenlehre, 2. Auflage, Baden-Baden 2020 (zit.: *Reimer,* Juristische Methodenlehre, Rn.)
Retzlaff, Björn	Bauverträge ohne Abnahme, BauR 2016, 733
Rodemann, Tobias	Das Abrechnungsverhältnis – Prozesslage oder Gestaltung?, Festschrift für Klaus Eschenbruch zum 65. Geburtstag, 2019, 347
Röhl, Klaus F./ Röhl, Hans Christian	Allgemeine Rechtslehre, 3. Auflage, München 2008 (zit.: *Röhl/Röhl,* Allgemeine Rechtslehre, S.)
Rosenberg, Leo (Begr.)/ Schwab, Karl Heinz Gottwald, Peter	Zivilprozessrecht, 18. Auflage, München 2018 (zit.: *Rosenberg/Schwab/Gottwald*, Zivilprozessrecht, § Rn.)
Rosenberg, Leo	Die Beweislast auf der Grundlage des Bürgerlichen Gesetzbuchs und der Zivilprozessordnung, 5. Auflage, Berlin 1965
Ruffert, Matthias	Vorrang der Verfassung und Eigenständigkeit des Privatrechts, Eine verfassungsrechtliche Untersuchung zur Privatrechtswirkung des Grundgesetzes, Tübingen 2001
Rüthers, Bernd	Die heimliche Revolution vom Rechtsstaat zum Richterstaat, Verfassung und Methoden, Ein Essay, 2. Auflage, Tübingen 2016
Rüthers, Bernd/ Fischer, Christian/ Birk, Axel	Rechtstheorie und Juristische Methodenlehre, 12. Auflage, München 2022 (zit.: *Rüthers/Fischer/Birk*, Rechtstheorie, Rn.)
Sachs, Michael (Hrsg.)	Grundgesetz Kommentar, 9. Auflage, München 2021 (zit.: Sachs/*Bearbeiter* Art. Rn.)

Säcker, Franz Jürgen (Hrsg.)/ Rixecker, Roland (Hrsg.)/ Oetker, Hartmut (Hrsg.)/ Limperg Bettina (Hrsg.)

Münchener Kommentar zum Bürgerlichen Gesetzbuch, Band 1, 9. Auflage 2021, Band 2, 9. Auflage, München 2022, Band 3, 9. Auflage, München 2022, Band 4/1, 9. Auflage, München 2024, Band 6, 9. Auflage, München 2023,
(zit.: MüKoBGB/*Bearbeiter* § Rn.)

Saenger, Ingo

Zum Beginn der Verjährungsfrist bei kaufrechtlichen Gewährleistungsansprüchen, NJW 1997, 1945

Saenger, Ingo (Hrsg.)

Zivilprozessordnung, Familienverfahren, Gerichtsverfassung, Europäisches Verfahrensrecht, 10. Auflage, Baden-Baden 2023
(zit.: HK-ZPO/*Bearbeiter* § Rn.)

Schettler, Jochen

Sekundäre Mängelrechte vor Abnahme infolge des Abrechnungsverhältnisses, NZBau 2023, 432

Scheuch, Alexander

Die Fristsetzung zur Abnahme im neuen Werkvertragsrecht, NJW 2018, 2513

Schiedermair, Gerhard

Das Anwendungsgebiet des § 162 BGB, Bonn 1929

Schlier, Thorsten

Mängelrechte vor der Abnahme im BGB-Bauvertrag, Überlegungen de lege lata und de lege ferenda, Baden-Baden 2017

Schmeel, Günter

Zur Privilegierung der „VOB/B als Ganzes", § 310 Abs. 1 Satz 3 BGB, BauR 2021, 1729

Schmid, Pirmin/ Senders, Julian

Das Abrechnungsverhältnis im Werkvertragsrecht, Grundlagen, Einzelfragen und kritische Würdigung, NZBau 2016, 474

Schmid, Pirmin/ Senders, Julian

Der mangelhafte Mangelvorbehalt bei der Abnahme, BauR 2018, 161

Schmidt, Hubert

Einbeziehung von AGB im unternehmerischen Geschäftsverkehr, NJW 2011, 3329

Schmitt, Laura

Die Rügepflicht des Bestellers nach § 640 Abs. 3 BGB – ein schuldrechtliches Relikt, JR 2019, 1

Schmitz, Claus

Einige Gedanken zum Abrechnungsverhältnis, Festschrift für Stefan Leupertz zum 60. Geburtstag, 2021, 651

Schroeder, Werner

Grundkurs Europarecht, 8. Auflage, München 2024
(zit.: *Schroeder*, Grundkurs Europarecht, § Rn.)

Schubert, Werner

Zur Entstehung der VOB (Teile A und B) von 1926, Festschrift für Hermann Korbion zum 60. Geburtstag am 18. Juni 1986, 1986, 389

Schulze, Reiner (Hrsg.)/ Dörner, Heinrich (Hrsg.)/ Ebert, Ina (Hrsg.) u.a.

Bürgerliches Gesetzbuch Handkommentar, 12. Auflage, Baden-Baden 2024
(zit.: HK-BGB/*Bearbeiter* § Rn.)

Schuppert, Gunnar Folke

Funktionell-rechtliche Grenzen der Verfassungsinterpretation, Königstein im Taunus 1980

Schwab, Martin	Schuldrecht: Verjährte Besteller-Ansprüche als Verteidigung gegen die Werklohnklage des Unternehmers, JuS 2021, 455
Schwenker, Hans Christian	Keine Mängelrechte vor Abnahme, NJW 2017, 1579
Schwepke, Florian	Die Wirksamkeit der Fristsetzung zur Nacherfüllung vor Abnahme, NJW 2023, 2006
Siegburg, Peter	Zum AGB-Charakter der VOB/B und deren Privilegierung durch das AGB-Gesetz, BauR 1993, 9
Soergel, Carl	Wirkung der Abnahme und der unberechtigten Nichtabnahme, Seminar Abnahme und Gewährleistung in VOB und BGB, 25
Soergel, Hans-Theodor (Begr.)	Bürgerliches Gesetzbuch mit Einführungsgesetz und Nebengesetzen: Band 2, Schuldrecht I (§§ 241–432), 12. Auflage, Stuttgart 1990, Band 5/2, Schuldrecht 3/2 §§ 320–327, 13. Auflage, Stuttgart 2005, Band 9/2, Schuldrecht 7/2 §§ 631–651y, 13. Auflage, Stuttgart 2022 (zit.: Soergel/*Bearbeiter* § Rn.)
Sonntag, Gerolf	Die Abnahme im Bauvertrag, NJW 2009, 3084
Ständige Deputation des Deutschen Juristentages (Hrsg.)	Verhandlungen des Sechzigsten Deutschen Juristentages in Münster 1994, Band II/2: Sitzungsberichte – Diskussion und Beschlussfassung, Teil K, Abteilung Zivilrecht, München 1994
Staudinger, Julius von (Begr.)	Kommentar zum Bürgerlichen Gesetzbuch mit Einführungsgesetz und Nebengesetzen, Berlin -Buch 1 Allgemeiner Teil: §§ 90–124; 130–133 (Sachbegriff, Geschäftsfähigkeit, Willenserklärung, Anfechtung, Auslegung), Neubearbeitung 2021 -Buch 1 Allgemeiner Teil: §§ 134–138; ProstG (Gesetzliches Verbot, Verfügungsverbot, Sittenwidrigkeit), Neubearbeitung 2021 -Buch 1 Allgemeiner Teil: §§ 139–163 (Teilnichtigkeit, Anfechtung, Vertrag, Bedingung und Zeitbestimmung), Neubearbeitung 2020 -Buch 2 Recht der Schuldverhältnisse: §§ 241–243 (Treu und Glauben), Neubearbeitung 2019 -Buch 2 Recht der Schuldverhältnisse: §§ 249–254 (Schadensersatzrecht), Neubearbeitung 2021 -Buch 2 Recht der Schuldverhältnisse: §§ 255–304 (Leistungsstörungsrecht 1), Neubearbeitung 2019 -Buch 2 Recht der Schuldverhältnisse: §§ 305–310; UKlaG (AGB-Recht 1 und Unterlassungsklagegesetz), Neubearbeitung 2022 -Buch 2 Recht der Schuldverhältnisse: §§ 315–326 (Leistungsstörungsrecht 2), Neubearbeitung 2020 -Buch 2 Recht der Schuldverhältnisse: §§ 362–396 (Erfüllung, Hinterlegung, Aufrechnung), Neubearbeitung 2022

	-Buch 2 Recht der Schuldverhältnisse: §§ 631–650v (Werkvertrag, Bauvertrag, Verbraucherbauvertrag, Bauträgervertrag), Neubearbeitung 2019 (zit.: Staudinger/*Bearbeiter* § Rn.)
Stein, Friedrich (Begr.)/ Jonas, Martin (Begr.)/ Bork, Reinhard (Hrsg.)/ Roth, Herbert (Hrsg.)	Kommentar zur Zivilprozessordnung, Band 3: §§ 148–270, 23. Auflage, Tübingen 2016 (zit.: Stein/Jonas/*Bearbeiter* § Rn.)
Stern, Klaus (Hrsg.)/ Sodan, Helge (Hrsg.)/ Möstl, Markus (Hrsg.)	Das Staatsrecht des Bundesrepublik Deutschland im europäischen Staatenverbund, Band III: Allgemeine Lehren der Grundrechte, Band IV: Die einzelnen Grundrechte, 2. Auflage, München 2022 (zit.: Stern/*Bearbeiter*, Das Staatsrecht der Bundesrepublik Deutschland, Bd. III/IV, § Rn.)
Stürner, Rolf (Hrsg.)/ Eidenmüller, Horst (Hrsg.)/ Schoppmeyer, Heinrich (Hrsg.)	Münchener Kommentar zur Insolvenzordnung, Band 1, 4. Auflage, München 2019 (zit.: MüKoInsO/*Bearbeiter* § Rn.)
Thode, Reinhold	Werkleistung und Erfüllung im Bau- und Architektenvertrag, ZfBR 1999, 116
Ulmer, Peter (Begr.)/ Brandner, Hans Erich (Begr.)/ Hensen, Horst-Diether (Begr.)/	AGB-Recht, Kommentar zu den §§ 305–310 BGB und zum Unterlassungsklagengesetz, 13. Auflage, Köln 2022 (zit.: Ulmer/Brandner/Hensen/*Bearbeiter* § Rn.)
Voit, Wolfgang	Mängelrechte vor der Abnahme nach den Grundsatzentscheidungen des BGH, NZBau 2017, 521
Voit, Wolfgang	Ab wann bewirkt die Ausgestaltung eines Bauvertrages ein AGB-rechtlich relevantes „inhaltliches Abweichen" von der VOB/B?, Endbericht im Auftrag des Bundesinstituts für Bau-, Stadt- und Raumforschung (BBSR) im Bundesamt für Bauwesen und Raumordnung (BBR), abrufbar unter https://www.bbsr.bund.de/BBSR/DE/forschung/programme/zb/Auftragsforschung/3Rahmenbedingungen/2017/abweichung-vob/endbericht.pdf?__blob=publicationFile&v=1 (zuletzt aufgerufen am 17.11.2024) (zit.: *Voit* Gutachten BBSR, S.)
Vygen, Klaus	Fiktive Abnahme oder Annahmeverzug nach Abnahmeverweigerung und Inbenutzungnahme, BauR 2004, 1004
Wank, Rolf	Grenzen richterlicher Rechtsfortbildung, Berlin 1978
Wank, Rolf	Die juristische Begriffsbildung, München 1985
Wank, Rolf	Rechtsfortbildung im Kündigungsschutzrecht, RdA 1987, 129
Wank, Rolf	Richterliche Rechtsfortbildung und Verfassungsrecht – Korreferat –, ZGR 1988, 314
Wank, Rolf	Juristische Methodenlehre, Eine Anleitung für Wissenschaft und Praxis, München 2020 (zit.: *Wank*, Juristische Methodenlehre, § Rn.)
Wank, Rolf/	Die Auslegung von Gesetzen, 7. Auflage, München 2022

Maties, Martin

(zit.: *Wank/Maties*, Die Auslegung von Gesetzen, §, S.)

Weick, Günter

Allgemeine Geschäftsbedingungen oder Verkörperung von Treu und Glauben?, Zum Bild der VOB in Rechtsprechung und Literatur, Festschrift für Hermann Korbion zum 60. Geburtstag am 18. Juni 1986, 1986, 451

Werner, Ulrich (Hrsg.)/
Pastor, Walter (Hrsg.)

Der Bauprozess, prozessuale und materielle Probleme des zivilen Bauprozesses, 18. Auflage, Hürth 2023 (zit.: Werner/Pastor/*Bearbeiter* Rn.)

Westermann, Harm Peter (Hrsg.)/
Grunewald, Barbara (Hrsg.)/
Maier-Reimer, Georg (Hrsg.)

Erman Bürgerliches Gesetzbuch, Kommentar mit Nebengesetzen (AGG, BVersTG, EGBGB, ErbbauRG, ProdhaftG, VBVG, VersAusglG, WEG – teils in Auszügen) und Internationalem Privatrecht, 17. Auflage, Köln 2023 (zit.: Erman/*Bearbeiter* § Rn.)

Willebrand, Elmar/
Detzer, Klaus

Abnahmeverweigerung – Strategie und Abwehrmaßnahmen, BB 1992, 1801

Wolf, Manfred (Begr.)/
Lindacher, Walter F. (Hrsg.)/
Pfeiffer Thomas (Hrsg.)

AGB-Recht, Kommentar, 7. Auflage, München 2020 (zit.: Wolf/Lindacher/Pfeiffer/*Bearbeiter* § Rn.)

Zippelius, Reinhold

Juristische Methodenlehre, 12. Auflage, München 2021 (zit.: *Zippelius*, Juristische Methodenlehre, §, S.)